Vermietermehrheiten

Europäische Hochschulschriften
Publications Universitaires Européennes
European University Studies

Reihe II
Rechtswissenschaft

Série II Series II
Droit
Law

Bd./Vol. 3652

PETER LANG
Frankfurt am Main · Berlin · Bern · Bruxelles · New York · Oxford · Wien

Alkje Thon

Vermietermehrheiten

Eine Untersuchung zur Beteiligung mehrerer Vermieter am Mietverhältnis unter besonderer Berücksichtigung der Vermieterposition in Umwandlungsfällen nach dem Wohnungseigentumsgesetz

PETER LANG
Europäischer Verlag der Wissenschaften

Bibliografische Information Der Deutschen Bibliothek
Die Deutsche Bibliothek verzeichnet diese Publikation in der Deutschen Nationalbibliografie; detaillierte bibliografische Daten sind im Internet über <http://dnb.ddb.de> abrufbar.

Zugl.: Kiel, Univ., Diss., 2002

D 8
ISSN 0531-7312
ISBN 3-631-50970-7

www.peterlang.de

Meinen Eltern

Vorwort

Diese Untersuchung lag der Rechtswissenschaftlichen Fakultät der Christian-Albrechts-Universität zu Kiel im Sommersemester 2002 als Dissertation vor. Rechtsprechung und Schrifttum sind bis Februar 2002 berücksichtigt.

An erster Stelle möchte ich Herrn Prof. Dr. Jürgen Sonnenschein danken, der die Anregung zu der Untersuchung dieses mietrechtlichen Themas gab. Er hat mir bis zuletzt mit Rat und Tat zur Seite gestanden. Die wissenschaftliche Begleitung der Fortentwicklung des Mietrechts war ihm Zeit seines Lebens ein großes Anliegen. Ich hoffe, mit der vorliegenden Arbeit einen Beitrag in seinem Sinne geleistet zu haben.

Herrn Prof. Dr. Jörn Eckert danke ich für seine Bereitschaft, die Betreuung der Arbeit als Doktorvater zu übernehmen. Er hat mir jederzeit seine freundliche Unterstützung zuteil werden lassen. Herrn Prof. Dr. Joachim Jickeli danke ich für die zügige Erstellung des Zweitgutachtens.

Zu danken habe ich ferner dem Land Schleswig-Holstein für die großzügige Gewährung eines Promotionsstipendiums.

Frau Dr. Birgit Weitemeyer bin ich für die Durchsicht des Manuskripts und die hilfreichen fachlichen Diskussionen dankbar. Desweiteren danke ich Frau Brigitte Haller für die mühevolle Arbeit des Korrekturlesens und Herrn Dr. Malte Sievers für seine Hilfe bei der Erstellung der Druckvorlage.

Mein besonderer Dank gilt meinen Eltern, die mir meine wissenschaftliche Ausbildung ermöglicht und mich während der gesamten Studienzeit und darüber hinaus in jeder erdenklichen Weise unterstützt haben.

Kiel, im November 2002 *Alkje Thon*

Inhaltsverzeichnis

1. Teil: Einführung

A. Problemdarstellung

Nach den mietrechtlichen Vorschriften des Bürgerlichen Gesetzbuches (BGB) wird der Mietvertrag zwischen Mieter und Vermieter geschlossen. Dieses von den Begriffen her einfache Verhältnis kann jedoch rechtlich durch Mehrheiten auf beiden Seiten des Vertrages durchaus kompliziert und deshalb schwierig handhabbar werden. Es können statt natürlicher oder juristischer Einzelpersonen Personenmehrheiten wie Personengesellschaften, Erbengemeinschaften oder Bruchteilsgemeinschaften am Vertragsschluß beteiligt werden. Dabei ergeben sich bei den angesprochenen Personenmehrheiten im Gegensatz zu den juristischen Personen, die ihrer Natur nach grundsätzlich auch aus mehreren Personen bestehen, besondere Probleme, da bei ihnen keine rechtliche Verselbständigung der Personenmehrheit vorliegt. Anders als beim Organisationsmodell der juristischen Person, bei dem eigene Regelungen hinsichtlich der Stellvertretung, Haftung oder Unabhängigkeit vom Personenbestand existieren, fehlen solche Lösungen gerade bei den rechtlich nicht verselbständigten, „echten" Mehrheiten. Hier liegt der Grund der angesprochenen Problematik: Existieren keine Sonderregelungen, muß in jedem Problemfall auf die allgemeinen Regelungen, wie beispielsweise zu den Gläubiger- und Schuldnermehrheiten in den §§ 420 ff. BGB, zur Stellvertretung in den §§ 164 ff. BGB oder zur Zurechnung fremden Verhaltens etwa in § 278 BGB, zurückgegriffen werden. Ziel dieser Untersuchung soll es daher sein, festzustellen, ob Mietverhältnisse mit der Beteiligung mehrerer Vermieter rechtlich durch die Anwendung dieser allgemeinen Regelungen und der sich im Mietrecht speziell herausgebildeten Sonderregelungen handhabbar sind und eine angemessenen Lösung der auftretenden Problematik bieten.

Da Personenmehrheiten wie Personengesellschaften, Erbengemeinschaften oder Bruchteilsgemeinschaften eben gerade nicht rechtlich verselbständigt sind, ergeben sich auf allen Ebenen eines Mietverhältnisses, sei es Begründung, Durchführung oder Beendigung, zahlreiche Probleme. Die Konstellationen zeichnen sich dadurch aus, daß die Berechtigung oder Verpflichtung zur Vornahme von rechtlichen Handlungen bei einer Mehrzahl von Rechtssubjekten liegt. Für den anderen Vertragspartner bedeutet dies, daß vertraglich veranlaßte Handlungen wie Zahlungen oder die Wahrnehmung von Gestaltungsrechten grundsätzlich nicht gegenüber einer einzigen Person vorgenommen werden müssen, sondern gegenüber einer Mehrheit von Personen. Rechtliche Lösungen sind folglich schwieriger als bei der Beteiligung nur zweier Personen, da in Fällen mit der Beteiligung mehrerer Personen auf einer oder beiden Seiten mehrfach Interessen bewertet und zueinander in Beziehung gesetzt werden müssen.[1] Dieses Phänomen drückt auch eine alte Repetitorenweisheit aus, wonach juristische Probleme erst anfangen, wenn an einem Vertragsverhältnis nicht

---

1 *Wolf*, JA 1985, 369, 369.

zwei, sondern mehrere Personen beteiligt sind.[2] Dabei will die vorliegende Arbeit sich auf die Probleme beschränken, die sich aus dem Umstand ergeben, daß mehrere Vermieter gleichzeitig am Mietverhältnis beteiligt sind.

Wie bei allen Schuldverhältnissen können jedoch an einem Mietverhältnis nicht nur nebeneinander, sondern auch nacheinander mehrere Personen beteiligt sein. Dies ist speziell für die Rechtsnachfolge bei Mietverträgen kraft Gesetzes durch Gesamtrechtsnachfolge gemäß §§ 1922, 1967 BGB, Einzelrechtnachfolge gemäß § 566 BGB[3] und rechtsgeschäftlich durch die gesetzlich nicht geregelte Vertragsübernahme möglich. Auch in diesen Fällen sind mehrere Vermieter an einem einzigen Mietverhältnis beteiligt.[4] Dennoch sollen die dargestellten Fälle der Rechtsnachfolge von der Untersuchung ausgenommen werden, soweit durch sie nicht eine Personenmehrheit begründet, verändert oder beendet wird. Anliegen der Arbeit ist es nämlich, die besonderen Probleme darzustellen und zu erörtern, die sich daraus ergeben, daß am Mietvertrag gleichzeitig mehrere Vermieter beteiligt sind. Hier hat sich in der Praxis gezeigt, daß regelmäßig spezifische Probleme entstehen, die darauf zurückzuführen sind, daß auf mindestens einer Seite eine Personenmehrheit vorliegt. Als Beispiel soll an dieser Stelle nur auf die Erbengemeinschaft hingewiesen werden. Vielfach setzt der Erblasser ohne juristische Kenntnisse oder Hilfe ein Testament auf, das die Erben vor unerwartete Probleme stellt. Mindestens genauso problematisch stellt sich die Situation dar, wenn nicht einmal ein Testament vorliegt. So können sich die Erben plötzlich in der Position des Vermieters befinden, ohne sich vorher über die rechtlichen Gegebenheiten einer Vermietung informiert zu haben. So titelte eine überregionale Tageszeitung in Deutschland beispielsweise „Nur jeder vierte Deutsche macht ein Testament – Die Entstehung einer Erbengemeinschaft bedeutet meist das Ende von Immobilienvermögen."[5]

Die dargestellten Probleme bezüglich der gleichzeitigen Beteiligung mehrerer an einem Vertragsverhältnis verschärfen sich noch, wenn zwei verschiedene Rechtsge-

---

2 *Beuermann*, GE 1997, 1282, 1282.

3 Die Paragraphenangaben im Text beziehen sich auf die ab dem 01.09.2001 geltende Fassung, die die mietrechtlichen Vorschriften durch das Gesetz zur Neugliederung, Vereinfachung und Reform des Mietrechts (Mietrechtsreformgesetz) vom 19.06.2001 (BGBl. I, 1149) gefunden haben. Falls sich die Paragraphen auf die bis zum 31.08.2001 geltende Fassung beziehen, ist dies durch den Zusatz „a.F." (alte Fassung) gekennzeichnet. Das gleiche gilt für Paragraphenangaben in den Fußnoten, die sich nicht auf Literaturnachweise beziehen. Die Paragraphenangaben in den Fußnoten, die dagegen Literaturangaben darstellen, beziehen sich grundsätzlich auf die bis zum 31.08.2001 geltende Fassung, da die Kommentarliteratur im Erstellungszeitraum der Arbeit noch nicht aktualisiert war. Nur die Kommentierung des Palandts war bereits zum Abschluß der vorliegenden Arbeit auf dem heute gültigen Stand und bezieht sich daher auf die seit dem 01.09.2001 geltende Fassung. Für einen schnellen Überblick befindet sich am Ende der Arbeit eine Gegenüberstellung der unterschiedlichen Fassungen.

4 Keine Beteiligung mehrerer Vermieter in diesem Sinne liegt jedoch bei der Abtretung nach §§ 398 ff. BGB und der Schuldübernahme nach §§ 414 ff. BGB vor, da in beiden Fällen der Zedent bzw. der Schuldner Vertragspartei bleibt.

5 Süddeutsche Zeitung Nr. 22 vom 27./28.01.2001, S. 33.

biete aufeinandertreffen, wie bei der Beteiligung mehrerer Vermieter das Mietrecht und das Gesellschaftsrecht, zumal ein erster Blick vermuten läßt, daß die beiden Rechtsgebiete nicht aufeinander abgestimmt sind.

In der Praxis treten auf dem Gebiet des Mietrechts besagte Konstellationen jedoch deshalb besonders häufig auf, weil Mietwohnungen immer seltener durch Einzelpersonen als Bauherren errichtet werden. Auch der gemeinschaftliche Erwerb von Grundstücken durch Ehepartner zu hälftigem Miteigentum ist heute durchaus üblich. Dennoch hat der Gesetzgeber kaum Regelungen für den Fall der Beteiligung mehrerer am Mietverhältnis getroffen und diese betreffen ausschließlich den Fall, daß auf Mieterseite mehrere Personen beteiligt sind.[6] Treten in der Praxis Probleme auf, müssen sie durch die Anwendung von Vorschriften anderer Regelungsbereiche und allgemeiner Rechtsgrundsätze gelöst werden. Bei Wohnungseigentum von Eheleuten oder Lebenspartnern ist weiterhin zu prüfen, ob die persönlichen Beziehungen in die rechtliche Bewertung mit einbezogen werden müssen, um sachgerechte Ergebnisse zu erlangen.[7] Im Gegensatz zu der weiten Verbreitung von Vermietermehrheiten in der Praxis, die zahlreiche Probleme mit sich bringt, steht eine stiefmütterliche Behandlung dieser Probleme in der Literatur: Trotz der großen praktischen Relevanz ist eine Zusammenstellung aller oder doch zumindest der wichtigsten Probleme, die sich durch das Vorliegen einer Vermietermehrheit ergeben, noch nicht erfolgt. So wurde der Problemkreis um die Mehrheit von Vermietern in jüngster Vergangenheit gar als einer der wenigen noch „weißen oder grauen Flecke auf der juristischen Landkarte" tituliert.[8]

B. Gang der Untersuchung

Hier soll die Arbeit ansetzen und anhand des zeitlichen Ablaufs eines Mietverhältnisses – Begründung, Abwicklung und Beendigung – im einzelnen die Probleme aufdecken, die sich durch eine Vermietermehrheit ergeben. Zunächst soll geklärt werden, wann auf der Vermieterseite überhaupt von einer Vermietermehrheit zu sprechen ist. Dabei sollen die verschiedenen Gesellschafts- und Gemeinschaftsformen, zu denen sich mehrere natürliche Personen zusammenschließen können, daraufhin untersucht werden, ob Vertragspartei die beteiligten Personen oder die Gemeinschaft als solche werden. Nur in dem Fall, in dem die Gemeinschaft oder Gesellschaft nicht selbst als Rechtssubjekt in die Position des Vermieters einrückt, sind mehrere Personen in der Weise am Mietverhältnis beteiligt, daß sich aus dieser Vervielfältigung der Vermieterstellung Fragen und Unklarheiten ergeben, was die Begründung, Abwicklung und Beendigung des Mietverhältnisses betrifft. Generell bedeutet dies, daß die Beteiligung mehrerer Personen immer dann keine Vermieter-

---

6 Hier ist an §§ 563, 563a BGB n.F. zu denken, die abweichend von den erbrechtlichen Vorschriften einen gesetzlichen Eintritt des Ehegatten oder der Familienangehörigen in die Mieterstellung bei Tod des Mieters beziehungsweise Mitmieters anordnen.

7 So *Kloster-Harz/Schmid*, 1.

8 *Sonnenschein*, FS für Kraft, 607, 607.

mehrheit im hier verstandenen Sinn bedeutet, wenn die Art der Zusammenkunft derart rechtlich verselbständigt ist, daß die Gemeinschaft unabhängig von den beteiligten Personen selbst rechtsfähig ist, wie dies beispielsweise bei juristischen Personen der Fall ist. Ob dies darüber hinaus auch auf weitere Gesellschaftsformen zutrifft, gilt es zu untersuchen. Daneben sind weitere Formen der Vermietung anzusprechen, die scheinbar eine Vermietermehrheit voraussetzen, wie beispielsweise die Untervermietung.

Ist sodann geklärt, welche Gemeinschaften unter den hier verwendeten Begriff der Vermietermehrheit fallen, soll als erstes die Entstehung von Mietverhältnissen mit der Beteiligung mehrerer Vermieter erörtert werden. Dabei ist zwischen der vertraglichen Entstehung, der gesetzlichen Entstehung und der Entstehung durch Richterakt zu unterscheiden. Einen Schwerpunkt der Arbeit soll dabei die gesetzliche Entstehung durch Rechtsnachfolge bei der Wohnraummiete bilden. Hier soll die Vermieterstellung beim Erwerb von Wohnungseigentum besondere Beachtung finden, wenn die Wohnung nach Überlassung an den Mieter in Wohnungseigentum umgewandelt worden ist und zusammen mit der Wohnung Räume vermietet sind, die nach der Teilungserklärung im Gemeinschaftseigentum aller Wohnungseigentümer stehen. Hier kommt es aufgrund des Grundsatzes „Kauf bricht nicht Miete" gemäß § 566 Abs. 1 BGB zu der Frage, ob der Wohnungseigentümer allein oder die gesamte Wohnungseigentümergemeinschaft Vermieter des gesamten Mietverhältnisses wird. Hierfür streitet auf den ersten Blick der Wortlaut des § 566 Abs. 1 BGB und der Grundsatz der Einheitlichkeit des Mietverhältnisses. Andere betonen dagegen die Probleme, die diese Vervielfältigung der Vermieterstellung mit sich bringt und suchen nach anderen Lösungsmöglichkeiten. Insbesondere ist zu untersuchen, ob der in der jüngst ergangenen Entscheidung des BGH[9] dargestellte Lösungsweg verallgemeinerungsfähig ist. In dieser Entscheidung hatte sich der BGH gegen eine Vervielfältigung der Vermieterstellung ausgesprochen. Eine ähnliche Konstellation liegt vor, wenn zu der Wohnung ein mitvermieteter Nebenraum gehört, der ganz oder teilweise im Sondereigentum eines anderen Wohnungseigentümers steht.[10] Ob diese Fallgestaltung nach Maßgabe der vom BGH getroffenen Entscheidung gelöst werden darf, ist äußerst fraglich. Würde man auch hier den Erwerber der Eigentumswohnung als alleinigen Vermieter ansehen, hätte der Eigentümer des mitvermieteten Nebenraums keine Mietrechtsansprüche gegen den Mieter. Dies käme einer Enteignung des Eigentümers des Nebenraumes gleich.

Nach einer Untersuchung, welche Auswirkungen sich aus einem Personenwechsel innerhalb einer Mehrheit von Vermietern für das Innen- und Außenverhältnis ergibt, insbesondere der Frage, ob ein Wechsel in der personellen Zusammensetzung

9 BGHZ 141, 239, 239 ff. = BGH NJW 1999, 2177 = NZM 1999, 553 = GE 1999, 770 = WuM 1999, 390 = ZMR 1999, 546 = DWW 1999, 291; im folgenden wird nur noch die amtliche Sammlung angegeben; der Rechtsentscheid erging noch nach alter Rechtslage anhand des § 571 BGB a.F.

10 LG Hamburg, ZMR 1999, 765, 765 ff.

immer auch einen Wechsel in der Vermieterposition nach sich zieht, soll auf die verschiedenen Rechte und Pflichten einer Vermietermehrheit und deren rechtliche Handhabung eingegangen werden. Da der Mietvertrag einen gegenseitigen Vertrag darstellt, befindet sich jeder Vertragsteil in einer Doppelrolle, nämlich einmal in der des Gläubigers, einmal in der des Schuldners. Diese Erkenntnis ist bedeutsam, da die Rechtssätze für die Gemeinschaft an Rechten andere sind als die Rechtssätze über gemeinschaftliche Schulden.[11] Weil es sich hierbei um die wesentlichen Merkmale eines Mietverhältnisses handelt, soll der Schwerpunkt der Untersuchung auf der Mietzahlung und der Überlassung der Mietsache nach § 535 Abs. 1 und 2 BGB liegen.

Dem chronologischen Vorgehen entsprechend soll am Ende der Arbeit die Beendigung und Rückabwicklung des Mietverhältnisse mit der Beteiligung mehrerer Vermieter stehen. Besonderer Raum soll dabei der Kündigung solcher Mietverhältnisse zukommen, da in der Praxis gerade bei der Kündigung von Wohnraummietverhältnissen die größten Reibungspunkte zu erkennen sind. So beschäftigen sich rund 40% aller gerichtlichen Mietstreitigkeiten mit Fragen der Beendigung und Abwicklung des Mietverhältnisses. Die außergerichtliche Beilegung solcher Streitigkeiten ist dabei naturgemäß nicht berücksichtigt und treibt die absolute Zahl weiter in die Höhe.[12] Im Rahmen der Kündigung durch oder gegen eine Vermietermehrheit soll insbesondere untersucht werden, ob die pauschale Aussage, die sich aus einer Anwendung der §§ 420 ff. BGB ergibt, eine Kündigung könne immer nur von und gegenüber allen Vermietern gemeinschaftlich ausgesprochen werden, in allen Einzelfällen gerechtfertigt ist. Hierbei ist insbesondere zu untersuchen, welche Auswirkungen es hat, wenn der Kündigungsgrund nicht bei allen Vermietern, sondern nur bei einzelnen vorliegt und ob eine Kündigung stets das gesamte Mietverhältnis beendet oder ob durch eine Art „Teilkündigung" auch einzelne Vermieter aus dem ansonsten weiter bestehenden Mietverhältnis ausscheiden können.

11 *Roquette*, § 535 Rn. 83.
12 *Eisenschmid*, PiG 26 (1987) 73, 75.

2. Teil: Die Parteien des Mietvertrages

A. Die Vermietermehrheit als Vertragspartei

Der Wortlaut des § 535 BGB geht davon aus, daß nur ein Vermieter am Mietverhältnis beteiligt ist. Diese Formulierung entspricht dem Grundmodell des Schuldverhältnisses nach dem BGB, wonach gemäß § 241 BGB jeweils einem Gläubiger ein Schuldner gegenüber steht.[13] Dies ist aber nicht zwingend, wie die Regelungen in den §§ 420 ff. BGB zeigen. So finden sich zunehmend Rechtsverhältnisse mit Beteiligung mehrerer in einer Rechts- und Wirtschaftsordnung, die durch Spezialisierung, Großobjekte oder Knappheit bestimmter Güter zur Zusammenarbeit zwingt.[14] Dies gilt wie bei allen anderen Schuldverhältnissen auch beim Mietvertrag, mit der Folge, daß mehrere Vermieter nebeneinander am Mietvertrag beteiligt sein können.

I. Die Personenmehrheit auf Vermieterseite

Ist ein Mietvertrag mit mehreren Personen auf der Vermieterseite zustande gekommen, ergibt sich die Frage, ob Vertragspartei die einzelnen Personen und damit eine Personenmehrheit oder die Personenvereinigung als eigenes Rechtssubjekt, sei es in Form einer Gesellschaft oder einer Gemeinschaft, geworden ist. Kurz formuliert ist somit danach zu fragen, ob die Personenvereinigung eine Einheit oder eine Mehrheit bildet.[15]

1. Bruchteilsgemeinschaft

Mehreren Personen kann eine zu vermietende Sache als Miteigentümern im Sinne der §§ 741 ff., 1008 ff. BGB zustehen. Sie bilden dann eine Bruchteilsgemeinschaft. Der Begriff der Bruchteilsgemeinschaft wird in § 741 BGB definiert als Rechtsverhältnis zwischen mehreren Personen, das dann besteht, wenn den Personen ein Recht gemeinschaftlich zusteht, und wenn die Anwendung der §§ 742 – 758 BGB nicht durch Gesetz ausgeschlossen ist. Die Bruchteilsgemeinschaft setzt somit drei Tatbestandsmerkmale voraus: Es muß sich zunächst um ein Recht handeln, weiter müssen mindestens zwei Teilhaber vorhanden sein und schließlich darf die Anwendbarkeit der §§ 741 ff. BGB nicht gesetzlich ausgeschlossen sein.[16]

Ob die Bruchteilsgemeinschaft als solche Partei des Mietvertrages sein kann, oder ob es sich um eine Vermietermehrheit bestehend aus den einzelnen Miteigentümern handelt, ist in der Literatur streitig.

---

13 *Wolf*, JA 1985, 369, 369; *Medicus*, JuS 1980, 697, 697.

14 *Wolf*, JA 1985, 369, 369.

15 *Behrens*, 26.

16 Vgl. beispielsweise Staudinger/*Langhein*, § 741 Rn. 4.

Flume[17] nimmt an, die Miteigentümer bei gemeinsamer Vermietung bildeten ipso jure eine Gesamthandsgemeinschaft, die neben die Gemeinschaft trete und Vermieter sei. Ausgangspunkt dieser Überlegung ist, daß die Rechtsstellung, die die Bruchteilsgläubiger einer Forderung als Partei des Schuldverhältnisses im Ganzen einnehmen, kein „Recht“ ist und Bruchteilsgemeinschaften nur an Rechten, nicht aber an Rechtsverhältnissen bestehen können.[18]

Gegen diese Ansicht wendet sich mit Recht die herrschende Meinung, die als Vertragspartei die einzelnen Miteigentümer als Personenmehrheit ansieht.[19] Dies folge aus dem regelmäßigen Parteiwillen, der dahingeht, daß die Miteigentümer auch an den Erträgen des Miteigentums zu Bruchteilen berechtigt sind.[20] Folglich ist nicht die Bruchteilsgemeinschaft als solche Partei des Mietverhältnisses, sondern Vermieter sind die einzelnen Miteigentümer, so daß im Falle der Bruchteilsgemeinschaft von einer Vermietermehrheit im hier geforderten Sinne gesprochen werden muß.

Eine in der Praxis häufig anzutreffende Erscheinungsform der Bruchteilsgemeinschaft stellt die Bauherrengemeinschaft dar.[21] Auch als sogenanntes Bauherrenmodell bezeichnet man damit den Zusammenschluß mehrerer Kapitalanleger, die sich zu einer Bauherrengemeinschaft zusammenschließen, um Eigentumswohnungen oder ähnliche Bauwerke zur späteren Vermietung zu errichten. Das Motiv für diesen Zusammenschluß besteht darin, die für den Wohnungsbau bestehenden steuerlichen Vergünstigungen zu nutzen, die den Bauherren stärker begünstigen als den Käufer einer Immobilie.[22] Wegen erheblicher Veränderungen im Steuerrecht, die diese Vorteile zum Teil wieder zunichte machen, hat sich die Motivationslage etwas geändert, dennoch wird das Bauherrenmodell auch weiterhin anzutreffen sein. Grund dafür ist zum einen eine erweiterte Gestaltungsmöglichkeit im Rahmen des Gewährleistungsrechts, zum anderen die Möglichkeit, das Finanzierungsrisiko abzuwälzen.[23] Die Bauherrengemeinschaft gründet sich auf mehrere Verträge, wobei die Beteiligten regelmäßig alle mit der Errichtung, Finanzierung und z. T. auch der

---

17 *Flume* I/1, § 8, 116, 118; *Flume* ZHR 136 (1972), 177, 205.

18 So auch Staudinger/*Langhein*, § 741 Rn. 124 und MünchKomm/*Schmidt*, § 741 Rn. 18, beide jedoch mit anderer Schlußfolgerung.

19 MünchKomm/*Schmidt*, § 741 Rn. 20; *Sonnenschein*, FS für Kraft, 607, 610; Staudinger/*Langhein*, § 741 Rn. 124; Staudinger/*Emmerich*, Vorbem zu §§ 535, 536 Rn. 187 f.; BGH NJW 1958, 1723, 1723 f. = LM § 743 Nr. 1; BGH WM 1983, 604, 604 f.; RGZ 89, 176, 167 f.; RG DR 1940, 2169, 2169 f., m. Anm. *Roquette*; KG OLGE 20, 107, 107 f.; *Enneccerus-Lehmann* § 127 III; *Larenz* I § 36 I b; *Esser/Schmidt* SR I/2 § 38 IV 1.a; Soergel/*Hadding*,, § 741 Rn. 13 und § 743 Rn.3; Erman/*Aderhold*, § 741 Rn. 7; RGRK/*Weber* Vor § 420 Rn. 8; RGRK/*Gelhaar* Vor § 535 Rn. 284; RGZ 97, 79, 79 ff.

20 MünchKomm/*Schmidt*, § 741 Rn. 20.

21 Die Bauherrengemeinschaft kann jedoch auch als BGB-Gesellschaft ausgestaltet sein, siehe dazu die weiteren Ausführungen.

22 Für einen einführenden Überblick über die verschiedentlichen steuerlichen Vorteile vgl. beispielsweise *Klunzinger*, Gesellschaftsrecht, § 4 II 3 f) bb) und cc).

23 Siehe dazu ausführlicher Weitnauer/*Weitnauer*, Anh. § 3, Rn. 1 ff.

späteren Vermietung des Objekts anfallenden Aufgaben auf einen Treuhänder übertragen. Der Treuhänder ist berechtigt, im Namen und für Rechnung der Beteiligten ein Baubetreuungsunternehmen mit der Errichtung des Gebäudes zu beauftragen und soweit notwendig auch weitere Verträge abzuschließen. Die Mitwirkung des einzelnen Bauherren beschränkt sich damit fast ausschließlich auf die Unterzeichnung des Vertragswerkes und die Bereitstellung des notwendigen Kapitals. Das Bauherrenmodell verschafft dem Kapitalanleger in steuerlicher Hinsicht die Stellung eines Bauherren.[24] In der Praxis haben sich verschiedene Bauherrenmodelle herausgebildet, die sich aber letztlich alle auf ein Grundkonzept zurückführen lassen.[25] Auch wenn gegen das Bauherrenmodell in seinen verschiedenen Gestaltungsformen gelegentlich Bedenken geäußert werden, weil sie nur als Kapitalanlage dienten, der Bauherr jedoch keine Eigennutzung anstrebe, was den Begriff des Bauherren weit ausdehne, ist doch anzuerkennen, daß auf diese Weise große Bauvorhaben, besonders auch Mietwohnungen, in nicht unerheblicher Zahl geschaffen werden können.[26]

Die Einordnung der Bauherrengemeinschaft als Bruchteilsgemeinschaft i.S.d. §§ 741 ff., 1008 ff. BGB ist nicht zwingend. So wird eine Vielzahl von Bauherrengemeinschaften in Form der Gesellschaft bürgerlichen Rechts gemäß §§ 705 ff. BGB geführt. Es ist aber auch möglich, Bauherrengemeinschaften als Bruchteilsgemeinschaften auszugestalten. Im Innenverhältnis wird man auch bei Annahme einer Bruchteilsgemeinschaft regelmäßig das Vorliegen einer BGB-Innengesellschaft zwischen den Bauherren annehmen. Gemeinsamer Zweck der Gemeinschaft bürgerlichen Rechts ist dabei die Errichtung des Bauwerkes und die Bildung von Wohnungseigentum. Zur Behandlung von BGB-Innengesellschaften siehe die folgenden Erörterungen zur BGB-Gesellschaft.

2. *Wohnungseigentum*

Neben den Bruchteilsgemeinschaften i.S.d. §§ 741 ff. BGB gibt es weitere Gemeinschaften nach Bruchteilen, die ihrer Struktur nach zwar Bruchteilsgemeinschaften sind, bei denen die §§ 741 – 758 BGB jedoch weitgehend durch Sonderregeln ausgeschlossen sind. Um eine solche Bruchteilsgemeinschaft besonderen Rechts[27] handelt es sich bei der Gemeinschaft der Wohnungseigentümer, auf die gemäß § 10 Abs. 1 Wohnungseigentumsgesetz (WEG) die §§ 741 ff. BGB nur subsidiär anwendbar sind. Dabei ist die Rechtsnatur der Gemeinschaft der Woh-

---

24 Vgl. *Klunzinger*, Gesellschaftsrecht, § 4 II 3 f) aa).

25 Weitnauer/*Weitnauer*, Anh. § 3, Rn. 1 ff.; *Crezelius*, JuS 1981, 494, 494 f.; *Fleischmann*, DB 1981, Beilage 9; *Lauer*, WM 1980; 786, 786 f.; *Maser*, NJW 1980, 961, 962; *Reithmann*, BB 1984, 681, 681.

26 Weitnauer/*Weitnauer*, Anh. § 3 Rn. 1.

27 Begriff aus Staudinger/*Langhein*, § 741 Rn. 5.

nungseigentümer seit Schaffung des WEG umstritten und noch nicht geklärt worden.[28]

Allerdings sind Wohnungseigentümer nicht aufgrund der Tatsache, daß sie Wohnungseigentum oder Teileigentum an einer Wohnung in Verbindung mit einem Miteigentumsanteil am gemeinschaftlichen Eigentum gemäß § 1 WEG an dem selbem Grundstück haben, auch zwingend gemeinsam Vermieter. Wer Vermieter ist, bestimmt sich ganz allgemein danach, wer am Vertragsschluß auf Vermieterseite beteiligt war. Dies ist in der Regel der einzelne Wohnungseigentümer. Daß dieser sich aufgrund der Tatsache, daß es sich bei dem vermieteten Objekt um Wohnungseigentum handelt, in einer Wohnungseigentümergemeinschaft befindet, ist für die Beurteilung, wer Vermieter geworden ist, unerheblich. Vermietet Wohnungseigentümer A seine Wohnung an Mieter A, Wohnungseigentümer B seine Wohnung an Mieter B, sind zwei rechtlich selbständige Mietverträge entstanden, deren Einzelvermieter Wohnungseigentümer A beziehungsweise Wohnungseigentümer B sind. Die Vorschriften des WEG treffen unmittelbar keine Regelungen, die sich auf das Mietverhältnis zwischen Wohnungseigentümer und Mieter auswirken. Zwar enthält das WEG auch Vorschriften über allgemeine Benutzungsregelungen sowie die Bindung eines Sonderrechtsnachfolgers daran und regelt damit auch die Vermietbarkeit von Wohnungseigentum. Jedoch betrifft das WEG in erster Linie das Verhältnis der Wohnungseigentümer untereinander, so daß es für die Beteiligung mehrerer Vermieter am Mietverhältnis keine Sondervorschriften enthält, die die allgemeinen Vorschriften wie beispielsweise die §§ 741 ff. BGB im Fall der Miteigentümer, die eine Bruchteilsgemeinschaft bilden, verdrängen könnten. Nur dann, wenn aus bestimmten Gründen mehrere Wohnungseigentümer gemeinsam Vermieter des Wohnungseigentums sind, können die Regelungen des WEG ergänzend herangezogen werden. Auf diese Sonderfälle wird an gegebener Stelle eingegangen, so daß der Fall des Wohnungseigentums hier nicht weiter vertieft werden soll.

3. Gesamthandsgemeinschaften

Die typischen Formen der Gesamthandsgemeinschaften zeichnen sich dadurch aus, daß das Gesellschaftsvermögen einer gesamthänderischen Bindung unterliegt. Es handelt sich bei diesem somit um ein Sondervermögen, das gegenüber dem Privatvermögen der Gesellschafter beziehungsweise der Mitglieder der Gesamthandsgemeinschaft abgegrenzt ist. Ausgehend von dieser Vermögenszuordnung ist fraglich, ob Gesamthandsgemeinschaften als solche oder aber die Gesamthänder als Personenmehrheit an Rechtsverhältnissen beteiligt sind und im letzteren Fall damit eine Vermietermehrheit bilden. Dies ist stark umstritten und muß für die gesetzlich unterschiedlich ausgestalteten Arten der Gesamthandsgemeinschaft einzeln untersucht werden.

---

28 Siehe dazu MünchKomm/*Röll*, Vor § 1 WEG Rn. 10 ff.; *Bärmann*, 7 ff., 36 ff., der von einer teilweisen Rechtsfähigkeit ausgeht.

a. Gesellschaft bürgerlichen Recht

Über die Rechtsfähigkeit der Gesellschaft bürgerlichen Rechts wird seit 30 Jahren in Literatur und Rechtsprechung ein Grundlagenstreit geführt, der zu den dogmengeschichtlich bemerkenswertesten Streitfragen und zu den die Praxis am nachhaltigsten verändernden Rechtsfortbildungsprozessen unter dem BGB geführt hat.[29] Dieser Streit ist in jüngster Zeit durch ein Grundsatzurteil des BGH[30] zugunsten der Rechtsfähigkeit der BGB-Außengesellschaft entschieden worden, das in der Literatur zwar nicht nur Zustimmung gefunden hat, jedoch allgemein als ein „Meilenstein in der Fortentwicklung des Rechts der Personengesellschaften“[31] angesehen wird. Danach besitzt die Außen-Gesellschaft bürgerlichen Rechts Rechtsfähigkeit, soweit sie durch Teilnahme am Rechtsverkehr eigene Rechte und Pflichten begründet, ohne jedoch juristische Person zu sein. Dies bedeutet für die Vermietung durch eine BGB-Außengesellschaft, daß Vertragspartei nicht mehr wie bislang in der Praxis angenommen werden mußte, die einzelnen Gesellschafter sind, sondern daß die BGB-Gesellschaft selbst in die Vermieterposition einrückt.

Zwar ist der BGH trotz umfangreicher Beleuchtung des Problems nicht auf die vermietende BGB-Gesellschaft eingegangen, da die Ausführungen allgemein gehalten sind, lassen sie sich jedoch ohne weiteres auf die mietrechtlichen Rechtsverhältnisse übertragen. Trotz weiterhin vorhandener kritischer Stimmen in der Literatur wird man in der Praxis daher davon ausgehen müssen, daß die vermietende BGB-Gesellschaft rechtsfähig ist, wenn sie als solche als Vermieterin auftritt, auch wenn es sich dabei beispielsweise um den Fall einer Ehegatten-Grundstücksgesellschaft handelt, bei der die Ehegatten ihr bisheriges Miteigentum in eine von ihnen zum Zweck des gemeinsamen Handelns und Verwaltens gegründete BGB-Gesellschaft eingebracht haben.[32] Eine eingehendere Beschäftigung mit der Frage, inwieweit die Außengesellschaft in Abweichung von der Entscheidung des BGH als rechtsfähig angesehen werden kann oder sollte, soll in der vorliegenden Arbeit ausdrücklich nicht erfolgen. Der dogmatische Streit über die Rechtsnatur der BGB-Gesellschaft ist uferlos und würde den hier gesteckten Rahmen weit überschreiten.[33] Zudem entspricht der Streitstand auch nicht der Zielsetzung der Untersuchung, die vorwiegend die rechtliche Behandlung von Vermietermehrheiten am Mietverhältnis beleuchten soll.

Etwas anderes gilt jedoch, wenn die vermietende BGB-Gesellschaft nicht als Außengesellschaft, sondern als reine Innengesellschaft einzustufen ist. Die

---

29 *Schmidt*, NJW 2001, 993, 993.

30 BGHZ 146, 341, 341 ff.

31 Siehe nur *Schmidt*, NJW 2001, 993, 1003; vgl. auch *Ulmer*, ZIP 2001, 585, 599.

32 *Beuermann*, GE 2001, 403, 403; *Armbrüster*, GE 2001, 821, 824 f.; a.A. *Ulmer*, ZIP 2001, 585, 592; *Schmidt*, NJW 2001, 993, 1001 f.

33 Eingehend zur Vermietung durch eine BGB-Gesellschaft *Weitemeyer*, Gedächtnisschrift für Sonnenschein, 431 ff.; zum Überblick über den gesamten Streitstand vgl. auch die Zusammenfassung bei *Kraft/Kreutz*, C Vorbem, 97 f. und C I 1 d), 102 ff. m.w.N.

Entscheidung des BGH erfaßt ausdrücklich nur Außengesellschaften, so daß es für die Innengesellschaft bürgerlichen Rechts bei der Beurteilung bleiben muß, daß Vermieter nicht die Innengesellschaft als solche, sondern die Innengesellschafter sind. Damit rückt die bislang kaum notwendige Unterscheidung zwischen Außen- und Innengesellschaften in den Vordergrund.[34]

Als typische Merkmale der Innengesellschaft werden zwei Umstände genannt: Einerseits die Nichtteilnahme der Gesellschaft am Rechtsverkehr und damit verbunden das Fehlen von Vertretungsregelungen im Gesellschaftsvertrag, andererseits der Verzicht auf Bildung von Gesamthandsvermögen.[35] Allgemein anerkannt ist daher, daß Bauherrengemeinschaften als BGB-Innengesellschaft ausgestaltet sein können. Die Innengesellschaft mit dem Zweck der Bauwerkserrichtung und der Bildung von Wohnungseigentum ist sogar nach Schätzungen die häufigere Variante.[36] Das Merkmal des Fehlens von Gesamthandsvermögen ist nach umstrittener Ansicht jedoch kein begriffsnotwendiges Merkmal für den Charakter als Innengesellschaft.[37] Deshalb kann eine von mehreren Miteigentümern zum Zwecke der Grundstücksverwaltung gegründete BGB-Gesellschaft auch dann eine Innengesellschaft sein, wenn das zu verwaltende Grundstück Gesamthandsvermögen darstellt, solange die Gesellschaft als solche nicht am Rechtsverkehr teilnehmen soll. Damit sind hinsichtlich der Eigentumsverhältnisse an der Mietsache unterschiedliche Varianten der BGB-Innengesellschaft vorstellbar. Denn auch die Vermietung durch mehrere Personen, die eine BGB-Innengesellschaft bilden und die Mietsache nicht in das Gesellschaftsvermögen eingebracht haben, ist möglich. Das Mietobjekt kann sogar nur einem der Gesellschafter gehören, während die Kosten und Pflichten, die sich aus der Vermietung ergeben, im Verhältnis der Gesellschafter untereinander auf gemeinsame Rechnung gehen sollen.[38]

Das zentrale Kriterium für das Vorliegen einer Innengesellschaft bürgerlichen Rechts ist vielmehr das fehlende Auftreten der Gesellschaft als solcher nach außen.[39] Das bedeutet nicht zwangsläufig, daß die Geschäfte, die im Innenverhältnis auf gemeinsame Rechnung gehen sollen, von einem der Innengesellschafter allein und im eigenen Namen geführt werden müssen.[40] In diesem Fall würde nur der handelnde Gesellschafter im Falle des Abschlusses eines Mietvertrags Vermieter und es läge im hier verstandenen Sinn keine Vermietermehrheit vor. Gegenstand der Untersuchung

---

34 *Beuermann*, GE 2001, 403, 403.

35 MünchKomm/*Ulmer*, § 705, Rn. 239.

36 Vgl. beispielsweise *Schmidt*, § 58 III 2; BGH NJW-RR 1996, 869, 869.

37 Vgl. MünchKomm/*Ulmer*, § 705 Rn. 234; *Schmidt*, § 58 II 2 b), jeweils m.w.N.; a.A. *Eisenhardt*, Rn. 102; *Flume*, I/1, § 1 III, S. 6.

38 Vgl. BGH WM 1962, 1086, 1086 f, Zwei Personen schlossen sich zusammen, um auf dem Grundstück des einen von ihnen ein Haus zu errichten, das auch im Eigentum des Grundstückseigentümers stehen sollte. Hier bestünde ein gesellschaftsähnliches Verhältnis, auf das die §§ 705 ff. BGB entsprechend anzuwenden seien.

39 MünchKomm/*Ulmer*, § 705 Rn. 233; *Schmidt*, § 58 II 2 a).

40 So zu eng *Eisenhardt*, Rn. 102; wie hier *Schmidt*, § 60 I 2 a).

sind vielmehr die Fälle, in denen die Innengesellschafter alle rechtsgeschäftlich handeln, jedoch als Einzelpersonen und nicht für die BGB-Gesellschaft. Die Gesellschafter können also auch im Außenverhältnis solidarisch auftreten, ohne eine Außengesellschaft zu werden. Dies hängt mit dem hier zugrundegelegten Verständnis der Innengesellschaft zusammen, nach dem diejenigen Gesellschaften als Innengesellschaften bezeichnet werden, die nicht als solche, das heißt als Rechtsträger, nach außen in Erscheinung treten.[41]

Hier tauchen in der Praxis Schwierigkeiten auf, wenn unklar bleibt, ob eine Erklärung von den Gesellschaftern im Namen der Gesellschaft oder im Namen der Gesellschafter persönlich abgegeben worden ist.[42] Ein klares Abgrenzungskriterium fehlt, da die Gesellschaft bürgerlichen Rechts anders als beispielsweise die OHG keinem Namenszwang unterliegt. Es ist daher durch Auslegung zu ermitteln, wer die Erklärung abgegeben hat. Dies richtet sich wie auch bei sonstigen Zweifelsfällen nach den §§ 133, 157 BGB. Entscheidend ist daher, wie die Situation nach dem objektiven Empfängerhorizont zu bewerten ist. Die von der Rechtsprechung für sogenannte unternehmensbezogene Rechtsgeschäfte aufgestellten Grundsätze, wonach unter anderem der Verwendungszweck eine entscheidende Rolle spielt, sind für den vorliegenden Fall nur begrenzt hilfreich, da es beim Vertragsschluß gerade der Entscheidung der Gesellschafter obliegt, ob sie als Einzelpersonen oder als Gesellschaft verpflichtet werden wollen. Dagegen erscheint die Annahme sinnvoll, daß die Erklärung der Gesellschafter beispielsweise eines Mieterhöhungsverlangens als Erklärung der Gesellschaft verstanden werden soll, wenn die Gesellschaft Vermieterin geworden ist.[43] Damit bleiben nur die Fälle der Vertragsbegründung problematisch. Hier muß weiterhin auf den objektiven Empfängerhorizont abgestellt werden, um festzustellen, ob die beteiligten Personen für die BGB-Gesellschaft gehandelt haben oder nicht. Allerdings dürfen die Anforderungen an die Erkennbarkeit nicht zu hoch angesetzt werden. Insbesondere bei Erklärungen, die vor der Entscheidung des BGH abgegeben worden sind, darf nicht zu formalistisch auf die Einhaltung besonderer Voraussetzungen gepocht werden, da der Rechtsverkehr insofern schützenswertes Vertrauen auf die bis zur Entscheidung des BGH geltende Rechtslage genießt.[44] Festzuhalten bleibt damit, daß nur die BGB-Innengesellschaft eine Vermietermehrheit darstellt, wenn die Gesellschafter zwar im Innenverhältnis auf gemeinsame Rechnung vorgehen wollen, im Außenverhältnis jedoch als Einzelperson aufgetreten sind.

---

41 *Schmidt*, § 60 I 2 a).

42 *Armbrüster*, GE 2001, 821, 825.

43 Anders *Armbrüster*, GE 2001, 821, 825.

44 Vgl. *Armbrüster*, GE 2001, 821, 825.

b. Eheliche Gütergemeinschaft

Der gesetzliche Güterstand der Ehe ist die Zugewinngemeinschaft gemäß §§ 1363 ff. BGB. Das bedeutet, die Ehegatten leben im Güterstand der Zugewinngemeinschaft, wenn sie nicht durch Ehevertrag etwas anderes vereinbaren (§ 1363 Abs. 1 BGB). An Stelle dieses gesetzlichen Güterstandes sieht das Gesetz zwei weitere Wahlgüterstände vor, nämlich die Gütertrennung gemäß § 1414 BGB und die Gütergemeinschaft gemäß §§ 1415 ff. BGB. Allein bei der Gütergemeinschaft kann fraglich sein, ob bei Vertragsschluß die einzelnen Ehepartner oder aber die Gütergemeinschaft selbst Vertragspartei wird.

Bei der Gütergemeinschaft wird grundsätzlich das gesamte Vermögen beider Ehegatten im Gesamtgut zu einem gemeinschaftlichen Vermögen zusammengefaßt. Nicht zum Gesamtgut gehören rechtsgeschäftlich nicht übertragbare Gegenstände, die das sogenannte Sondergut bilden (§ 1417 BGB) und Gegenstände, die gemäß § 1418 Abs. 2 BGB zum Sondervermögen der einzelnen Ehepartner gehören. Sowohl beim Vorbehaltsgut als auch beim Sondergut der Ehepartner tritt keine gesamthänderische Bindung ein. Das Gesamtgut dagegen steht den Ehepartnern zur gesamten Hand zu. Dabei kommt der Gesamthand nach herrschender Meinung weder eine eigene Identität zu, noch stellt die Gesamthand der Ehegatten eine Handlungseinheit dar.[45] Daran ändert auch die oben dargestellte Entscheidung des BGH[46] zur Teilrechtsfähigkeit der BGB-Gesellschaft nichts.[47]

Auch wenn die BGB-Gesellschaft, und damit die Grundform der Gesamthandsgemeinschaft, als teilrechtsfähig anzusehen ist, bedeutet es nicht, daß dies für alle Gesamthandsgemeinschaften gelten muß oder kann. Es gibt nicht „das" Einheitsmodell der Gesamthand. Vielmehr läßt sich eine Abstufung erkennen: Das Gesamtgut der Gütergemeinschaft ist nur ein Sondervermögen der Ehegatten,[48] gleiches gilt nach überwiegender Ansicht auch für die Erbengemeinschaft.[49] Demgegenüber stehen die Personenhandelsgesellschaften und der nichtrechtsfähige Verein, die selbst Träger von Rechten und Pflichten sein können.[50] Dazwischen steht die BGB-Gesellschaft, deren Struktur bis zur Entscheidung des BGH äußerst umstritten war und bei der auch weiterhin noch nicht alle Fragen abschließend geklärt sind. Der Umstand, daß Gesamthand eben nicht gleich Gesamthand ist, bedingt, daß die Entscheidung zur Rechtsfähigkeit der BGB-Gesellschaft nicht einfach auf die eheliche Gütergemeinschaft übertragen werden kann.

---

45 Staudinger/*Thiele*, § 1416 Rn. 5 f.; Soergel/*Gaul* § 1416 Rn. 3; MünchKomm/*Kannzleiter*, § 1416 Rn. 3; *Gernhuber/Coester-Waltjen*, 38 II 3, *Schmidt*, § 8 III 3; *ders.* NJW 2001, 993, 996; a.A. *Fabricius*, 152 ff.; *Schünemann*, FamRZ 1976, 137, 138.

46 BGHZ 146, 341, 341 ff.

47 *Armbrüster*, GE 2001, 821, 823; *Schmidt*, NJW 2001, 993, 996.

48 *Schmidt*, § 8 III 3; *Dölle*, § 66 III, *Gernhuber/Coester-Waltjen*, § 38 II 3 je m.w.N.; anders als die h.L. *Fabricius*, 152 ff.; *Schünemann*, FamRZ 1976, 137, 138; *Schmidt*, FamRZ 1976, 683, 683 ff.

49 *Schmidt*, § 8 III 3 m.w.N.

50 *Schmidt*, § 8 III 3.

Schließen folglich in Gütergemeinschaft lebende Ehepartner einen Mietvertrag über eine zum Gesamtgut gehörende Sache ab, so werden Vermieter die beiden Partner als Personenmehrheit, nicht die Gütergemeinschaft als solche. Das gleiche gilt für die fortgesetzte Gütergemeinschaft gemäß §§ 1483 ff. BGB, wonach die Gütergemeinschaft nach Tod eines Ehegatten zwischen dem überlebenden Teil und den gemeinschaftlichen Abkömmlingen, die bei gesetzlicher Erbfolge als Erben berufen sind, fortgesetzt wird.

Im Gegensatz zur ehelichen Gütergemeinschaft liegt bei Ehepartnern, die im gesetzlichen Güterstand der Zugewinngemeinschaft nach §§ 1363 ff. BGB leben oder Gütertrennung nach § 1414 BGB vereinbart haben, keine besondere Form der Vermietermehrheit vor, wenn sie eine Sache gemeinsam vermieten. Wie bei sonstigen Personen, die eine Sache gemeinsam vermieten, können sie eine Bruchteilsgemeinschaft oder eine BGB-Gesellschaft bilden. Die Beurteilung ihrer rechtlichen Beziehungen untereinander erfolgt dann anhand der für diese Formen geltenden Vorschriften.

c. Erbengemeinschaft

Nach der BGB-Gesellschaft (§§ 705 ff. BGB) und der ehelichen Gütergemeinschaft (§§ 1415 ff. BGB) ist die Erbengemeinschaft gemäß §§ 2032 ff. BGB die dritte Gesamthandsgemeinschaft des BGB. Ihre Besonderheit gegenüber den anderen beiden Formen der Gesamthandsgemeinschaft liegt darin, daß sie auf Auseinandersetzung gerichtet (§ 2042 Abs. 1 BGB) und somit nicht auf Dauer angelegt ist. Eine eigenständige Handlungsfähigkeit, wie sie für OHG und KG in den §§ 124 Abs. 1, 161 Abs. 2 HGB geregelt ist, sieht das Gesetz für die Erbengemeinschaft nicht vor.[51] Wird eine zum gemeinschaftlichen Vermögen einer Erbengemeinschaft gehörende Sache vermietet, wird mangels eigener Rechtsfähigkeit nicht die Erbengemeinschaft als solche Vertragspartei, sondern die einzelnen Miterben werden als Mehrheit Partei des Mietverhältnisses. Folglich liegt auch bei der Vermietung durch eine Erbengemeinschaft eine Vermietermehrheit vor. Eine andere Beurteilung wie sie beispielsweise *Grunewald*[52] oder *Flume*[53] befürworten, die zu weitgehend von einem umfassenden Verständnis der Gesamthand als Subjekt mit Rechtszuständigkeit ausgehen und daher auch die Erbengemeinschaft als eigenes Rechtssubjekt ansehen, ergibt sich auch nach dem Grundsatzurteil des BGH[54] zur Rechtsfähigkeit der BGB-Gesellschaft nicht, da sich die Entscheidung des BGH auf (Außen-) Gesellschaften

---

51 *Behrens*, 34; MünchKomm/*Dütz*, § 2032 Rn. 12 m.w.N.; Staudinger/*Werner* § 2032 Rn. 7; a.A. *Flume* I/1 § 4 II, S. 59 Fn. 48.

52 *Grunewald*, AcP (197) 1997 305, 315.

53 *Flume*, ZHR 136 (1972), 177, 189.

54 BGHZ 146, 341, 341 ff.

bürgerlichen Rechts beschränkt und sich eine Gleichbehandlung aller Gesamthandsgemeinschaften aus den oben dargestellten Gründen verbietet.[55]

4. Personenhandelsgesellschaften

Zu den Personenhandelsgesellschaften gehören die Offene Handelsgesellschaft (OHG) und die Kommanditgesellschaft (KG). Sie sind Spezialfälle der BGB-Gesellschaft[56], deren Zweck auf den Betrieb eines Handelsgewerbes unter gemeinschaftlicher Firma gerichtet ist. Zwar finden die Regelungen der §§ 705 ff. BGB über die Gesellschaft bürgerlichen Rechts ergänzend Anwendung, für die Frage der rechtlichen Verselbständigung von OHG und KG enthalten die §§ 124 Abs. 1 und 161 Abs. 2 HGB jedoch eine eigenständige Regelung. Danach gehören sie zwar gemäß der herrschenden Meinung nicht zu den juristischen Personen,[57] sind jedoch insoweit rechtlich verselbständigt, als die Personenhandelsgesellschaft selbst als Vermieter anzusehen ist, wenn OHG oder KG unter ihrer Firma eine Sache vermieten. Konsequenz dieser rechtlichen Verselbständigung ist, daß Wechsel im Mitgliederbestand der Personenhandelsgesellschaften keinen Einfluß auf die Vermieterstellung und damit auf das Mietverhältnis haben, da Vertragspartei nicht die einzelnen Mitglieder sind, sondern die Personengesellschaft selbst ist. Daher fallen die Personenhandelsgesellschaften nicht unter den hier verwendeten Begriff der Vermietermehrheit.

5. Körperschaften

Zu den Körperschaften zählen die Kapitalgesellschaften und der in den §§ 55 ff. BGB geregelte eingetragene Verein. Sie treten als eigenständige juristische Person auf und sind damit rechtsfähig.[58] Sie sind selbst Träger von Rechten und Pflichten und nehmen unabhängig von ihren Mitgliedern selbständig am Rechtsverkehr teil. Vermietet eine Körperschaft eine Sache, so ist Vertragspartei die Körperschaft als solche und damit keine Personenmehrheit im vorliegenden Sinne.

6. Nichtrechtsfähige Vereine

Der nichtrechtsfähige Verein findet im BGB eine andere Regelung als der rechtsfähige Verein. So ordnet § 54 S. 1 BGB an, daß auf Vereine, die nicht rechtsfähig sind, die Vorschriften über die Gesellschaft Anwendung finden. Dies spricht dafür, wie bei der Vermietung durch eine Gesellschaft bürgerlichen Rechts auch bei der Vermietung durch einen nichtrechtsfähigen Verein die einzelnen Mitglieder als

---

55 Siehe oben auf S. 28, vgl. auch *Ulmer*, AcP 198 (1998), 113, 124 ff.; *Armbrüster*, GE 2001, 821, 823, *Schmidt*, NJW 2001, 993, 996.

56 *Klunzinger*, Gesellschaftsrecht, § 5 Einleitung und § 6 Einleitung.

57 *Kraft/Kreutz* D I 4a) und E I 2 m.w.N.

58 *Kraft/Kreutz* A III 1 e; *Klunzinger*, Gesellschaftsrecht, § 1 II.

Personenmehrheit als Vertragspartei anzusehen. Jedoch wird heute die Vorschrift des § 54 BG historisch verstanden und es werden auf den nichtrechtsfähigen Verein weitgehend die Vorschriften über den rechtsfähigen Verein gemäß §§ 55 ff. BGB angewendet. Die scharfe und bewußt unbillige Differenzierung zwischen rechtsfähigem und nichtrechtsfähigem Verein hatte politische Gründe,[59] die sich heute als überholt und mit geltendem Verfassungsrecht, vor allem mit der Vereinigungsfreiheit in Art 9 GG, nicht vereinbar herausgestellt haben. Ob die Korrektur über ein Außerkrafttreten des § 54 S. 1 für Idealvereine[60] oder durch eine berichtigende Auslegung erfolgt, die sich darauf stützt, daß das Gesellschaftsrecht weitgehend dispositiv ist[61], ist für die eingangs gestellte Frage nach der Vermieterstellung bei Vermietung einer Sache durch einen nichtrechtsfähigen Verein unerheblich. Allein festzuhalten ist, daß in der Praxis auch der nichtrechtsfähige Verein einen Personenverband darstellt, der unabhängig vom Wechsel der Mitglieder ist und ein eigenes, von dem der Mitglieder getrenntes Vermögen hat.[62] Der nichtrechtsfähige Verein wird somit kraft allgemeinen gesellschaftlichen Konsenses als Einheit betrachtet,[63] so daß bei Fehlen eines entgegenstehenden Willens der nichtrechtsfähige Verein als solcher als Vermieter angesehen werden kann und damit keine Personenmehrheit auf Vermieterseite vorliegt.

Zusammenfassend läßt sich sagen, daß als Vermietermehrheit im hier geforderten Sinn die Bruchteilsgemeinschaft gemäß §§ 741 ff., 1008 ff. BGB, die BGB-Innengesellschaft gemäß §§ 705 ff. BGB, die Erbengemeinschaft gemäß §§ 2032 ff. BGB und die eheliche Gütergemeinschaft gemäß §§ 1415 ff. BGB gelten.

II. Abgrenzung zu Arten der Vermietung, die scheinbar eine Vermietermehrheit voraussetzen

Nachdem nun einzelne Gesellschafts- beziehungsweise Gemeinschaftsformen auf ihre Eigenschaft als eigenständiges Rechtssubjekt untersucht wurden, um damit die Frage zu beantworten, wann die Beteiligung mehrer Vermieter an einem einheitlichen Mietverhältnis vorliegt und wann nicht, soll noch auf den Fall zweier spezieller Formen der Vermietung eingegangen werden, die auf den ersten Blick eine Vermietermehrheit zu begründen scheinen.

1. Die Untervermietung

Die Untervermietung ist der wichtigste Fall der Gebrauchsüberlassung i.S.d. §§ 540, 553 BGB. Bei der Untervermietung vermietet der Hauptmieter die gemietete Sache

59 Vgl. dazu Staudinger/*Weick*, § 54 Rn. 2.
60 MünchKomm/*Reuter*, § 54 Rn. 4.
61 Staudinger/*Weick*, § 54 Rn. 2.
62 Staudinger/*Weick*, § 54 Rn. 2; *Enneccerus/Nipperdey* § 116 II.
63 *Behrens*, 32 f.

an einen Untermieter weiter,[64] wobei der Untermietvertrag einen normalen Mietvertrag i.S.d. §§ 535 ff. BGB darstellt und unabhängig von einer Erlaubnis des Vermieters gültig ist.[65] Zwischen Vermieter und Untermieter entstehen durch den Untermietvertrag grundsätzlich keine vertraglichen Beziehungen,[66] auch wenn der § 546 Abs. 2 BGB auf den ersten Blick eine andere Beurteilung suggerieren mag. Der Herausgabeanspruch aus § 546 Abs. 2 BGB ist aber allein aus praktischen Gründen eingeführt worden und stellt nur einen quasi-vertraglichen Anspruch dar. Folglich besteht kein einheitlicher Mietvertrag zwischen Untermieter und zwei Vermietern, nämlich Mieter und Vermieter, sondern es bestehen zwei getrennte Mietverhältnisse: Zunächst einmal das Hauptmietverhältnis zwischen Vermieter und Mieter und dann das Untermietverhältnis zwischen Mieter und Untermieter. Damit stellt die Untervermietung als solche, wenn man vom Normalfall ausgeht, daß es sich bei Vermieter und Mieter jeweils um einzelne Personen handelt, keinen Fall der Beteiligung mehrerer Vermieter an einem Mietverhältnis dar. Gleiches gilt für die gewerbliche Zwischenmiete i.S.v. § 565 BGB, die nur insofern einen Sonderfall der Untervermietung darstellt, als der Mieter die Wohnung gewerblich weitervermietet.

2. Die Doppelvermietung

Anders als bei der Doppelmiete, bei der ein einziger Vermieter dieselbe Sache in getrennten Vereinbarungen an mehrere Mieter vermietet, liegt es bei der Doppelvermietung. Zu einer Doppelvermietung kann es kommen, wenn gemäß §§ 1896 ff. BGB ein Betreuer für einen körperlich oder geistig behinderten, jedoch geschäftsfähigen Eigentümer bestellt ist.[67] Der geschäftsfähige Eigentümer kann für sich selbst rechtsgeschäftlich verbindlich handeln, folglich auch wirksam einen Mietvertrag schließen. Daneben hat der Betreuer entsprechend seines Aufgabenbereiches die Stellung eines gesetzlichen Vertreters. Daher wird der Betreute durch die vom Betreuer geschlossenen Verträge berechtigt und verpflichtet. Vermietet der Betreuer nun dieselbe Sache, die auch der Betreute an einen anderen Mieter vermietet hat, so liegt eine Doppelvermietung vor. In diesem Fall entsteht keine Vermietergemeinschaft aus Betreuer und Betreutem, sondern es werden zwei wirksame Verträge begründet, bei denen der Betreute die Vermieterstellung inne hat. Er kann entscheiden, welchen Vertrag er erfüllt. Die zeitliche Abfolge der Verträge ist unerheblich. Der Mieter, dem die Sache nicht überlassen wird, ist dann auf Schadensersatzansprüche angewiesen. Genauso ist eine Doppelvermietung denkbar, wenn zwei Miteigentümer einer Sache diese unabhängig voneinander und ohne Kenntnis des jeweils anderen an verschiedene Personen vermieten. Auch hier besteht keine Vermietergemeinschaft aus den beiden Miteigentümern, sondern es liegen zwei wirksame Miet-

---

64 Die Bezeichnung der beteiligten Personen ist nicht einheitlich, so wird der Vermieter oft auch als Hauptvermieter bezeichnet und der Mieter als Hauptmieter oder Untervermieter.

65 Emmerich/Sonnenschein/Weitemeyer/*Emmerich*, § 549 Rn. 24 f.

66 RGZ 81, 59, 61; 110, 124, 126; 150, 193, 203; vgl. auch Staudinger/*Sonnenschein*, § 556 Rn. 51.

67 *Schmidt-Futterer/Blank*, Vor §§ 535, 536 Rn. 136.

verträge vor. Vertragsparteien sind jeweils die miteinander in Verhandlung getretenen Miteigentümer als Vermieter auf der einen und der Mieter auf der anderen Seite.

B. Die vertragliche Entstehung von Mietverhältnissen mit Beteiligung mehrerer Vermieter

Nachdem dargestellt wurde, in welchen Fällen bei Beteiligung mehrerer natürlicher Personen eine Personenmehrheit im Sinne dieser Untersuchung vorliegt, soll nun auf die Entstehung eines solchen Mietvertrages eingegangen werden.

Aufgrund der Privatautonomie sind die Parteien bei der inhaltlichen Gestaltung des Mietvertrags grundsätzlich frei, soweit nicht zwingende Vorschriften des BGB, insbesondere die §§ 307 ff. BGB, entgegenstehen. Es ist den Vertragsparteien daher ohne weiteres möglich, Mietverträge mit der Beteiligung mehrerer Vermieter zu schließen. Dabei ist es sowohl möglich, ein Mietverhältnis mit Beteiligung einer Vermietermehrheit vertraglich zu begründen, als auch ein bestehendes Mietverhältnis so zu erweitern, daß eine Vermietermehrheit entsteht.

I. Ursprünglich

Sind am Vertragsschluß mehrere Vermieter beteiligt, so entsteht bei Beachtung der rechtlichen Vorschriften von Anfang an ein Mietverhältnis mit der Beteiligung mehrerer Vermieter. Dabei kommt es bei der Vermietung durch eine Personenmehrheit einerseits auf das Rechtsverhältnis dieser Personen zueinander und andererseits auf die Rechtsbeziehungen zwischen diesen Personen und dem Mieter an. Dies ist die Unterscheidung zwischen Innen- und Außenverhältnis. Die Vorschriften für das Innenverhältnis richten sich nach der jeweiligen Rechtsform der Personenmehrheit. Dies können wie oben dargestellt entweder Bruchteilsgemeinschaften oder bestimmte Formen der Gesamthandsgemeinschaft sein. Grundlage für die Rechtsbeziehungen zwischen der Vermietermehrheit und dem Mieter im Außenverhältnis bildet dagegen der Mietvertrag.[68] Innen- und Außenverhältnis sind während der gesamten Durchführung eines Mietvertrages daher konsequent zu trennen.

1. Die Bruchteilsgemeinschaft

a. Das Innenverhältnis

Mehrere Personen, denen eine Sache gemeinschaftlich gehört, können eine Bruchteilsgemeinschaft i.S.d. §§ 1008 ff., 741 ff. BGB bilden. Der Abschluß eines Mietvertrages stellt dann im Innenverhältnis eine Maßnahme der Verwaltung i.S.d. §§ 744 – 746 BGB dar, die gemäß § 744 Abs. 1 BGB grundsätzlich gemeinschaft-

68 *Sonnenschein*, FS für Kraft, 607, 607.

lich getroffen werden muß.[69] Dieser Grundsatz gemeinschaftlicher Verwaltung wird durch § 745 Abs. 1 BGB modifiziert, da diese Vorschrift es ermöglicht, eine der Beschaffenheit des gemeinschaftlichen Gegenstandes entsprechende ordnungsgemäße Verwaltung und Benutzung durch Stimmenmehrheit zu beschließen. Die Vermietung einer Sache stellt in der Regel eine ordnungsgemäße Verwaltung dar,[70] so daß im Innenverhältnis bei der Vermietung durch eine Personenmehrheit die Mehrheit der Gesellschafter über eine solche Maßnahme entscheiden kann. Zur Beschlußfassung ist bei Pattsituationen, d.h. wenn genauso viele Stimmen für eine Vermietung vorliegen wie dagegen,[71] zu bemerken, daß eine geplante Maßnahme unterbleiben muß, wenn sich keine Mehrheit ergibt. Den Beteiligten bleibt nur die Möglichkeit, sich zu einigen oder ein Verfahren nach § 745 Abs. 2 BGB anzustreben.[72] Hier ist insbesondere an den Fall zu denken, daß die Teilhaber Ehegatten[73] sind und sich getrennt haben. Wenn ein Ehepartner nach der Trennung allein die den Ehepartnern gemeinschaftlich gehörende und bislang gemeinschaftlich genutzte Ehewohnung bewohnt, erscheint es naheliegend, ihm einen Anspruch auf Abschluß eines Mietvertrages mit ihm gemäß § 744 Abs. 2 BGB zuzusprechen.[74]

Fraglich ist, ob eine Vermietung als eine zur Erhaltung des Gegenstandes notwendige Maßregel i.S.d. § 744 Abs. 2 BGB angesehen werden kann. Eine Maßnahme ist dann notwendig, wenn ohne diese der Bestand der Sache auf längere Sicht bedroht ist und es wirtschaftlich vernünftig ist, die Maßnahme, die auf Dauer nicht unterbleiben kann, sofort vorzunehmen. Daß die Maßnahme keine Aufschub duldet, ist dagegen nicht Voraussetzung.[75] So ist es einerseits vertretbar, die Vermietung in keinem Fall als notwendige Maßnahme i.S.d. § 744 Abs. 2 BGB anzusehen, da die Vermietung keine Maßnahme darstellt, die den Wert eines Gegenstandes erhält und damit gegen eine Gefährdung seines Bestandes sichert.[76] Andererseits könnte es in begründeten Ausnahmefällen ausreichen, die Vermietung als notwendige Maßnahme i.S.v. § 744 Abs. 2 BGB zu qualifizieren, wenn ohne eine Vermietung die laufenden Kosten auf Dauer nicht gedeckt werden können. Solche Kosten können bei einem Grundstück beispielsweise feste Kosten wie öffentliche Abgaben oder Versicherungen sein. Diese Argumentation ist jedoch recht schwach, so daß es grundsätzlich dabei bleibt, daß die Vermietung keine notwendige Maßnahme i.S.d. § 744 Abs. 2 BGB darstellt. Der Abschluß eines Mietvertrages ist damit grundsätz-

---

69 *Sonnenschein,* FS für Kraft, 607, 608 f.; Staudinger/*Langhein,* § 744 Rn. 9; MünchKomm/*Schmidt,* §§ 744, 745 Rn. 4; RGZ 89, 176, 178.

70 Staudinger/*Langhein,* § 745 Rn. 6, 40 m.w.N., *Sonnenschein,* FS für Kraft, 607, 609.

71 Die Mehrheit bestimmt sich dabei nach der Größe der Anteile, nicht nach Köpfen, § 745 Abs. 1 S. 2.

72 Staudinger/*Langhein,* § 745 Rn. 15; MünchKomm/*Schmidt,* §§ 744, 745 Rn. 16.

73 Dies gilt dann, wenn die Ehegatten nicht im Güterstand der ehelichen Gütergemeinschaft leben.

74 Vgl. MünchKomm/*Schmidt,* §§ 744, 745 Rn. 29 m.w.N.

75 Staudinger/*Langhein,* § 745 Rn. 21.

76 *Roquette,* § 535 Rn. 98.

lich nicht ohne Mitwirkung zumindest der Mehrheit der Teilhaber durch einen einzelnen Miteigentümer im Innenverhältnis möglich. Zulässig ist jedoch, die Verwaltung durch einstimmigen Beschluß auf einen einzelnen Gesellschafter oder auf einen unbeteiligten Dritten zu übertragen.[77]

Ein besonderer Fall liegt vor, wenn die gemeinsame Sache an einen oder mehrere Teilhaber vermietet werden soll. Dies ist generell möglich.[78] Im Innenverhältnis unproblematisch ist ein hierauf gerichteter Beschluß, wenn sich alle Teilhaber i.S.d. § 744 Abs. 1 BGB einig sind.[79] Sind alle Teilhaber mit einer Vermietung an einen oder mehrere Mitglieder einverstanden, so ist es unproblematisch, wenn auch die mietwilligen Teilhaber mitstimmen können, da ihre Stimme niemals entscheidungserheblich sein kann. Sowohl eine Stimmabgabe als auch eine Enthaltung oder Nichtabgabe der Stimme führen bei Zustimmung aller übrigen Teilhaber zu einem einstimmigen Beschluß i.S.v. § 744 Abs. 1 BGB, so daß ein Stimmrechtsausschluß überflüssig ist.

Wird der Beschluß jedoch aufgrund einer Mehrheitsentscheidung gemäß § 745 Abs. 1 BGB gefaßt, so ist der Fall denkbar, daß sich eine Mehrheit für die Vermietung nur aufgrund der Stimme des Teilhabers ergibt, der die Sache mieten will. Ob dies ausreichend ist, erscheint fraglich. An dieser Stelle muß über einen Stimmrechtsausschluß wegen Interessenkollision nachgedacht werden. In Betracht kommt hier eine Anwendung der Rechtsgedanken aus § 181 BGB oder § 34 BGB. § 181 BGB will eine Schädigung des Vertretenen verhindern, die sich daraus ergeben kann, daß der Vertreter auf beiden Seiten des Rechtsgeschäftes steht. In dieser Situation besteht immer die Gefahr des Fehlgebrauchs einer Vertretungsmacht, auch wenn sie nur in einer unbewußten Beeinträchtigung der Urteils- oder Kritikfähigkeit begründet ist.[80] Sinn und Zweck des § 181 BGB ist es also, den Vertretenen zu schützen. Bei der Frage nach dem Ausschluß von Stimmrechten aufgrund auftretender Interessenkollisionen geht es dagegen um den Schutz verbandsinterner Willensbildung. Daher paßt § 181 BGB nach seinem Schutz- und Anwendungsbereich nicht auf den Fall der Vermietung eines gemeinsamen Gegenstandes an einen oder mehrere Teilhaber.[81]

In Betracht kommt jedoch eine analoge Anwendung des § 34 BGB, der ein Mitglied unter anderem dann für nicht stimmberechtigt erklärt, wenn die Beschlußfassung die Vornahme eines Rechtsgeschäftes zwischen ihm und dem Verein betrifft.[82] Der Sinn der Vorschrift besteht darin, „verbandsfremde Sonderin-

---

77 BGH NJW 1983, 449, 449 ff.; BGHZ 34, 367, 368 f.

78 Siehe dazu im Einzelnen und insbesondere zu der Frage der Konfusion *Erbarth*, NZM 1998, 740, 740 ff. m.w.N.

79 *Sonnenschein*, FS für Kraft, 607, 609.

80 *Stürner*, AcP 173, (1973) 402, 442.

81 Staudinger/*Langhein*, § 745 Rn. 24; MünchKomm/*Ulmer*, § 709 Rn. 63; a.A. MünchKomm/*Schmidt*, §§ 744, 745 Rn. 16; *Flume* AT I/1, § 14 IX; *Wilhelm*, JZ 1976, 674, 676 f.

82 So die h.M. BGHZ; 56, 47, 52; BGH NJW 1983, 449, 450, RGRK/*von Gamm*, § 745 Rn. 9; Staudinger/*Langhein*, § 745 Rn. 21 und 25 f.; offen gelassen von BGHZ 34, 367, 371.

teressen von der Auswirkung auf Verbandsentscheidungen fernzuhalten".[83] Die gleiche Interessenlage besteht auch bei der Bruchteilsgemeinschaft, wenn diese eine Vermietung einer gemeinsamen Sache an einen ihrer Teilhaber beschließen will. Schließlich ist es auch nicht ausreichend, die übrigen Teilhaber darauf zu verweisen, den Beschluß mit der Argumentation anzufechten, er entspreche nicht einer ordnungsgemäßen Verwaltung i.S.d. § 745 Abs. 1 BGB.[84] Denn die Vermietung muß nicht unbedingt einer ordnungsgemäßen Verwaltung widersprechen, solange sie wirtschaftlich nicht völlig sinnlos ist. Da der Gesetzgeber für diesen Fall im Rahmen der §§ 741 ff. BGB jedoch keine Anordnungen getroffen hat, ist eine analoge Anwendung des § 34 BGB gerechtfertigt. Ausdrücklich geregelt ist der Stimmrechtsausschluß für die Gemeinschaft der Wohnungseigentümer in § 25 Abs. 5 WEG. Diese Tatsache untermauert die Berechtigung einer Analogie bei der Bruchteilsgemeinschaft zusätzlich, weil das Wohnungseigentum als Bruchteilsgemeinschaft besonderen Rechts[85] eine enge Verbindung zur Bruchteilsgemeinschaft der Miteigentümer aufweist.

b. Das Außenverhältnis

Haben die Miteigentümer im Innenverhältnis beschlossen, den Gegenstand zu vermieten, müssen sie im Außenverhältnis einen Mietvertrag abschließen. Der interne Beschluß der Miteigentümer und der externe Vertragsschluß sind als zwei verschiedene Rechtsakte deutlich zu unterscheiden.[86] Der Vertragsschluß ist unproblematisch, wenn sich alle Miteigentümer – sei es aufgrund eines einstimmigen Beschlusses gemäß § 744 Abs. 1 BGB oder eines Mehrheitsbeschlusses gemäß § 745 Abs. 1 BGB – daran mit eigenen Willenserklärungen beteiligen und somit keine Stellvertretung nach §§ 164 ff. BGB vorliegt.

Unklar ist dagegen, ob sich allein aus einem auf die Vermietung einer gemeinschaftlichen Sache gerichteten Mehrheitsbeschluß nach § 745 Abs. 1 BGB die Berechtigung der Mehrheit ergibt, die überstimmte Minderheit beim Abschluß des Mietvertrages zu vertreten. Praktisch bedeutsam wird diese Frage vor allem bei Erbengemeinschaften, da § 2038 Abs. 2 S. 1 BGB, der die Verwaltungsbefugnis in der Erbengemeinschaft regelt, auf § 745 BGB verweist. Im Gesetz finden sich keine Regelungen für die Frage der Wirkung eines Mehrheitsbeschlusses nach § 745 Abs. 2 S. 1 BGB im Außenverhältnis, so daß die ergangene Rechtsprechung zu dieser Frage nicht einheitlich ist. Teilweise läßt der BGH die Frage offen, teilweise bejaht er die Außenwirkung,[87] wobei er jedoch eindeutig nur eine Vertretungsmacht

83 Vgl. MünchKomm/*Reuter*, § 34 Rn. 1.
84 Staudinger/*Langhein*, § 745 Rn. 25, a.A. Lange/*Kuchinke*, § 45 II 2d.
85 Begriff aus Staudinger/*Langhein*, § 741 Rn. 5.
86 *Sonnenschein*, FS für Kraft, 607, 609.
87 BGHZ 56, 47, 50 ff. für eine Erbengemeinschaft.

in Not- und Eilfällen annimmt,[88] woraus ansonsten wohl seine grundsätzliche Ablehnung der Außenwirkung geschlossen werden kann.[89]

Auch in der Literatur wird die Frage kontrovers erörtert. Wird die Außenwirkung verneint[90], so geschieht dies zumeist mit dem Verweis darauf, daß die Mehrheit statt dessen darauf angewiesen sei, die Minderheit auf Abgabe einer entsprechenden Willenserklärung zu verklagen. Als Begründung dafür wird zunächst die persönliche Haftung der Teilhaber angeführt. Denn auch der überstimmte Teilhaber übernimmt zumindest für Schadensersatzansprüche die persönliche Haftung. Verpflichtungsgeschäfte, die das Privatvermögen der Teilhaber treffen, können aber grundsätzlich nur einstimmig beschlossen werden. Hätte der Gesetzgeber hier eine Ausnahme machen wollen, so hätte er eine dem § 714 BGB entsprechende Vorschrift erlassen müssen, um auch für den betroffenen Dritten eine klare Rechtslage zu schaffen.[91] Des weiteren wird diese Auffassung dadurch gestützt, daß sich auch in den Protokollen zum BGB kein Anhalt für eine im Mehrheitsbeschluß enthaltene Vertretungsmacht findet.[92]

Flume zieht daraus die Schlußfolgerung, daß der beabsichtige Mietvertrag nur mit der Mehrheit der Teilhaber abgeschlossen werden soll, die überstimmte Minderheit also nicht Vermieter wird, den abgeschlossenen Mietvertrag jedoch im Rahmen der Lasten- und Kostentragung gemäß § 748 BGB gegen sich gelten lassen muß.[93] Gegen das Argument der persönlichen Haftung ist einzuwenden, daß den überstimmten Teilhabern durch den Mietvertrag keine auf eine Geldleistung gerichtete Primärverpflichtung auferlegt werden kann.[94] Auch der Vorschlag *Flumes*, den Mietvertrag nur mit der Mehrheit der Teilhaber abzuschließen, ist nicht überzeugend, da der Dritte als zukünftiger Mieter wegen der Herausgabeansprüche aus § 985 BGB der nicht beteiligten Miteigentümer ein Interesse daran hat, mit allen Teilhabern zu kontrahieren.

Zudem sprechen praktische Erwägungen für eine Außenwirkung des § 745 Abs. 1 BGB. So würde auch eine nicht unbedingt eilbedürftige, jedoch ordnungsgemäße Verwaltung erheblich beeinträchtigt, wenn eine Vermietung auf längere Zeit, nämlich die des erforderlichen Prozesses, nicht möglich wäre.[95] So können sich beispielsweise durch entgangene Mietzahlungen während der Dauer des anhängigen Prozesses finanzielle Nachteile für die gesamte Gemeinschaft ergeben, obwohl intern ein Mehrheitsbeschluß vorliegt, der eine Vermietung vorsieht und alle Teilhaber dazu verpflichtet, an der Ausführung des Beschlusses mitzuwirken. Ein Verweis auf Schadensersatzansprüche der Mehrheit gegenüber der überstimmten Minderheit er-

88 BGHZ 149, 183, 192 f. für eine Erbengemeinschaft.
89 *Sonnenschein*, FS für Kraft, 607, 610 Fn. 7; Erman/*Aderhold*, § 745 Rn. 5.
90 *Flume* AT I/1, 117; Staudinger/*Langhein*, § 745 Rn. 39 f.
91 Staudinger/*Langhein*, § 745 Rn. 40.
92 *Flume* AT I/1, 116.
93 *Flume* AT I/1, 117; *ders.* Rechtsgeschäft, 907.
94 *Sonnenschein*, FS für Kraft, 607, 610.
95 *Sonnenschein*, FS für Kraft, 607, 610; vgl. auch BGHZ 56, 47, 50 ff.

scheint aufgrund der gesetzlichen Wertung daher nicht ausreichend. Es ist somit davon auszugehen, daß ein nach § 745 Abs. 1 BGB gefaßter Mehrheitsbeschluß die Mehrheit berechtigt, die überstimmte Minderheit auch nach außen zu vertreten.[96]

Eine ähnliche Frage stellt sich auch bei der Übertragung der Verwaltung an einen Gemeinschafter oder einen Dritten. Diese ist vorliegend aber nicht generell zu beantworten. Vielmehr muß im konkreten Einzelfall geklärt werden, ob mit der Erteilung des Verwaltungsauftrages, der im Innenverhältnis zum Verwalter regelmäßig vorliegt,[97] gleichzeitig die Erteilung von Vertretungsmacht verbunden ist, die den Verwalter berechtigt, die Gesellschafter Dritten gegenüber zu verpflichten.[98]

Schließlich ist wie im Innenverhältnis auf den Sonderfall einzugehen, daß die gemeinschaftlich Sache an einen oder mehrere Teilhaber vermietet wird. In diesem Fall können der interne Beschluß und der externe Abschluß des Mietvertrages zwar zeitlich zusammenfallen, rechtlich bilden sie aber wie die Vermietung an Dritte zwei unterschiedliche Rechtshandlungen.[99] Eine Besonderheit ergibt sich beim Zustandekommen des Mietvertrages. Zwar ist es unerheblich, daß der mietende Miteigentümer auf beiden Seiten des Vertrages steht, jedoch muß § 181 BGB beachtet werden, wenn er gleichzeitig einen anderen Teilhaber i.S.d. §§ 164 ff. BGB vertreten will. Da der im Außenverhältnis abgeschlossene Vertrag nicht als Erfüllung des Beschlusses aus dem Innenverhältnis angesehen werden kann, muß dem mietenden Teilhaber das Selbstkontrahieren zusätzlich gestattet werden. Wurde ihm speziell für diesen Vorgang eine Vollmacht erteilt, wird darin zumindest konkludent gleichzeitig die Gestattung des Selbstkontrahierens liegen.[100]

2. Die BGB-Innengesellschaft

a. Das Innenverhältnis

Sind am Vertragsschluß mehrere Personen beteiligt, die nach außen als Einzelpersonen auftreten, im Innenverhältnis jedoch eine BGB-Gesellschaft bilden, richtet sich der Vertragsschluß als Geschäftsführungsmaßnahme in erster Linie nach dem Gesellschaftsvertrag. Wie die Gesellschafter die Geschäftsführungsbefugnis im Gesellschaftsvertrag regeln wollen, steht ihnen weitestgehend zur freien Disposition. Die Regelungen über die Geschäftsführungsbefugnis können daher von dem gesetzlichen Grundbild in § 709 BGB, der Gesamtgeschäftsführung, über die mehrheitliche Geschäftsführung nach § 709 Abs. 2 BGB bis hin zur (funktionell beschränkten) Einzelgeschäftsführung reichen. Enthält der Gesellschaftsvertrag konkludent oder ausdrücklich keine Regelungen über die Geschäftsführung, sind die gesetzlichen Re-

---

96 H.M. BGHZ 56, 47, 49 f.; Erman/*Aderhold*, § 745 Rn. 2; Palandt/*Thomas*, § 745 Rn. 4; MünchKomm/*Schmidt*, §§ 744, 745 Rn. 26; Soergel/*Hadding*, § 745 Rn. 9; jeweils m.w.Nw.

97 RGZ 160, 122, 125; Motive II, 876.

98 Staudinger/*Langhein*, § 744 Rn. 13.

99 *Sonnenschein*, FS für Kraft, 607, 609.

100 *Sonnenschein*, FS für Kraft, 607, 609.

gelungen zur BGB-Gesellschaft in den §§ 709 – 713 BGB auch für die Innengesellschaft anwendbar.[101] Das bedeutet, daß es gemäß § 709 Abs. 1 BGB allen Gesellschaftern gemeinschaftlich zusteht, über den Abschluß eines Mietvertrages zu entscheiden. Ein wirksamer Beschluß im Innenverhältnis liegt somit nur vor, wenn alle Gesellschafter ihre Zustimmung zur geplanten Vermietung geben. Anders als bei der Bruchteils- oder Erbengemeinschaft sieht das Gesetz keine Sonderregelungen für Maßnahmen vor, die einer ordnungsgemäßen Verwaltung entsprechen. Auch ein Notgeschäftsführungsrecht, das einen einzelnen Gesellschafter in bestimmten Notsituationen zur alleinigen Entscheidung über Geschäftsführungsmaßnahmen ermächtigt, ist in den §§ 709 ff. BGB nicht geregelt. Allerdings ist in Einzelfällen eine Befugnis zur Notgeschäftsführung analog § 744 Abs. 2 BGB anzuerkennen.[102] Die Vermietung einer Sache stellt jedoch regelmäßig keine notwendige Maßnahme dar, da sie nicht unbedingt zum Erhalt einer Sache erforderlich ist. Zwar ist auch eine der Gesellschaft drohende Gefahr über den Wortlauf des § 744 Abs. 2 BGB hinaus ein anerkannter Fall der Notgeschäftsführungsbefugnis. Eine Gefahr, die durch den Abschluß eines Mietvertrages behoben werden kann, ist jedoch nur schwer vorstellbar. Daher bleibt es im Grundsatz beim Fehlen anderweitiger Vereinbarungen im Gesellschaftsvertrag beim schwerfälligen Einstimmigkeitsprinzip.

Gemindert wird dieser Umstand jedoch dadurch, daß den einzelnen Gesellschafter eine Pflicht zur Geschäftsführung trifft.[103] Das bedeutet freilich nicht, daß die Gesellschafter verpflichtet sind, eine Entscheidung bestimmten Inhalts abzugeben, die einer ordnungsgemäßen Verwaltung entsprechen würde.[104] Allerdings sind die Gesellschafter aufgrund ihrer Treuepflicht verpflichtet, eigennützige Interessen grundsätzlich dem gemeinsamen Zweck unterzuordnen. Dies bedeutet immer noch nicht, daß der einzelne Gesellschafter einer bestimmten Maßnahme zustimmen muß, nur weil sie dem gemeinsamen Zweck, der regelmäßig in der Verwaltung des eingebrachten Gegenstandes besteht, förderlich ist. Er kann nur in Ausnahmefällen zur Zustimmung verpflichtet sein, wenn eine Ablehnung einen Ermessensmißbrauch darstellte. Wann ein solcher Mißbrauch vorliegt, wird im Einzelfall zu klären sein. Grundsätzlich sind jedoch hohe Anforderungen zu stellen. Aufgrund der engen Beziehungen, die sich aus einem Dauerschuldverhältnis wie dem Mietverhältnis ergeben, wird man daher beispielsweise nicht von einem Ermessensmißbrauch sprechen können, wenn ein Gesellschafter den Abschluß eines Mietvertrages mit einer bestimmten Person aus persönlichen Gründen ablehnt. In bestimmten Notsituationen könnte sich eine Zustimmungspflicht aber aufgrund einer Ermessensreduzierung auf Null ergeben. Dabei ist an solche Maßnahmen zu denken, die nach herrschender Meinung zur Notgeschäftsführungsbefugnis analog § 744 Abs. 2 BGB berechtigen

---

101 MünchKomm/*Ulmer*, § 705 Rn. 238.

102 H.M. MünchKomm//*Ulmer*, § 709 Rn. 21; BGHZ 17, 181, 183; RGRK/*von Gamm*, § 709 Rn. 6; *Hueck*, OHG § 10 II 7; *Flume* I/1, § 15 II 1 Fn. 17.

103 MünchKomm/*Ulmer*, § 709 Rn. 29.

104 Vgl. *Flume* I/1, § 15 II 1; MünchKomm/*Ulmer*, § 709 Rn. 30.

würden. Allerdings stellt die Vermietung wie bereits dargestellt regelmäßig keine Maßnahme dar, die den Wert eines Gegenstandes erhält und damit gegen eine Gefährdung seines Bestandes sichert, so daß eine Ermessensreduzierung im Normalfall zu verneinen ist.

Fraglich ist, ob es zu dem Sonderfall der Vermietermehrheit bei Vermietung durch die Mitglieder einer Innengesellschaft an einen der Gesellschafter kommen kann, oder ob durch die Vermietung an einen der Gesellschafter zwingend eine Außengesellschaft entsteht. Bejaht man die Möglichkeit der Vermietung durch die Mitglieder einer Innengesellschaft an einen der beteiligten Gesellschafter, wäre über einen Stimmrechtsausschluß des interessierten Gesellschafters von der Beschlußfassung nachzudenken, wenn der Gesellschaftsvertrag eine Mehrheitsentscheidung nach § 709 Abs. 2 BGB vorsieht. Gleiches gilt für die Vereinbarung der Alleingeschäftsführungsbefugnis des konkret interessierten Gesellschafters. Hier könnte ein Stimmrechtsausschluß dazu führen, daß keiner der Gesellschafter zu einer Entscheidung über eine solche Maßnahme berechtigt wäre. Schließlich müßte man in den Fällen der Vermietung an einen der Gesellschafter auch an eine Versagung des Widerspruchsrechts aus § 711 BGB denken, wenn zwei oder mehreren Gesellschaftern Einzelgeschäftsführungsbefugnis zusteht.

Man könnte jedoch einwenden, daß ein solcher Fall gar nicht existiert, da bei der Vermietung an einen der Gesellschafter dieser Kenntnis davon hat, daß die Personen im Innenverhältnis eine BGB-Gesellschaft bilden. Schließen sie nun einen Mietvertrag ab, könnte diese Tatsache dazu zwingen, die Erklärungen der beteiligten Personen gemäß §§ 133, 157 BGB so auszulegen, daß Vermieter nicht die einzelnen Personen sind, sondern die Gesellschaft ist. In diesem Fall läge eine Außengesellschaft vor, die als eigenes Rechtssubjekt selbst in die Vermieterposition einrücken würde. Hiergegen spricht jedoch, daß eine Innengesellschaft nicht voraussetzt, daß der Rechtsverkehr nicht weiß, daß es sich um eine solche Gesellschaft handelt. Vielmehr kommt es darauf an, daß die Gesellschaft nicht als solche im Rechtsverkehr auftritt. Schließen die Gesellschafter also im eigenen Namen ab und deuten auch keine anderen Umstände auf eine Verpflichtung für die Gesellschaft hin, ist es durchaus denkbar, daß die Personen einer Innengesellschaft an einen ihrer Gesellschafter vermieten können. Es gelten daher die gleichen Erwägungen wie bei einer BGB-Außengesellschaft, so daß mit der bereits oben zur Bruchteilsgemeinschaft entwickelten Ansicht ein Stimmrechtsausschluß entsprechend § 34 BGB des betroffenen Gesellschafters anzunehmen ist, wenn der Gesellschaftsvertrag eine Mehrheitsentscheidung gemäß § 709 Abs. 2 BGB vorsieht.[105] Gleiches gilt bei Einzelgeschäftsführung mit Widerspruchsrecht, wenn der zum Widerspruch berechtigte Gesellschafter potentieller Mieter der Sache ist.[106] Allerdings erlangt die Frage nach einem Stimmrechtsausschluß beim Abschluß des Mietvertrages in der Regel keine

105 *Sonnenschein*, FS für Kraft, 607, 612, m.w.N. auch zur Gegenansicht; vlg. auch MünchKomm/*Ulmer*, § 709 Rn. 62, 64 und oben auf S. 35.

106 MünchKomm/*Ulmer*, § 709 Rn. 62 und § 711 Rn. 2.

Bedeutung, da der widerspruchsberechtigte Gesellschafter sein Widerspruchsrecht nach § 711 BGB nicht ausüben wird, da er gerade an einem Vertragsschluß mit sich selbst interessiert ist. Bedeutsam wird der Ausschluß erst in den Fällen, in denen die Gesellschafter eine für den mietenden Gesellschafter nachteilige Vereinbarung treffen wollen. Hier ist an Mieterhöhungen oder Kündigungen zu denken.

Schließlich fragt sich, ob ein solcher Stimmrechtsausschluß auch anzunehmen ist, wenn es sich bei dem Gesellschafter, der die Sache mieten möchte, um den alleingeschäftsführungsbefugten Gesellschafter handelt. Konsequenz dieser Annahme wäre, daß in diesen Fällen im Innenverhältnis ein entsprechender Mietvertrag nicht vereinbart werden könnte. Allerdings haben die von der Geschäftsführung ausgeschlossenen Gesellschafter dem zur alleinigen Geschäftsführung befugten Gesellschafter durch die vereinbarte Art der Geschäftsführung das größtmögliche Maß an Verantwortung für die Gesellschaft übertragen, so daß dem Alleingeschäftsführer auch der Beschluß über eine Vermietung an ihn persönlich möglich sein muß. Begrenzt wird die Stellung des Alleingeschäftsführers in diesem Fall nur durch die Möglichkeit, ihm die Geschäftsführung nach § 712 Abs. 1 BGB zu entziehen.

b. Das Außenverhältnis

Ein Außenverhältnis der BGB-Innengesellschaft gibt es bereits aus logischen Gründen nicht. Da die Innengesellschaft nicht als solche nach außen auftritt, gibt es auch keine Beziehungen der Gesellschaft zu Dritten. Daher sind insbesondere die Vertretungsregelungen der BGB-Gesellschaft nach §§ 714 f. BGB unanwendbar und auch der Gesellschaftsvertrag enthält keine Vertretungsregelungen. Vielmehr handeln die Gesellschafter als Einzelpersonen und geben die erforderlichen Willenserklärungen im eigenen Namen und nicht in dem der Gesellschaft ab. Das bedeutet jedoch nicht, daß Stellvertretung generell ausgeschlossen ist. Auch hier kann einer der Gesellschafter einen Dritten oder einen anderen Gesellschafter bevollmächtigen, für ihn eine Willenserklärung abzugeben. Für den Sonderfall der Vermietung an einen der Gesellschafter ist wiederum § 181 BGB zu beachten.[107] Probleme treten dabei bei der Innengesellschaft bürgerlichen Rechts jedoch wohl kaum auf, da die Vertretungsmacht des auf beiden Seiten Kontrahierenden nur auf einer rechtsgeschäftlich erteilten Vollmacht beruhen kann und in diesen Fällen davon auszugehen ist, daß das Selbstkontrahieren gestattet sein soll.

Mehrere Personen, die eine BGB-Innengesellschaft bilden, werden folglich durch ihre auf den Abschluß eines Mietvertrages gerichteten Willenserklärungen selbst berechtigt und verpflichtet werden. Vertragspartner und damit Vermieter sind die Einzelpersonen, nicht die selbst nicht rechtsfähige BGB-Innengesellschaft. Es gelten damit die unten dargestellten Grundsätze über die Beteiligung mehrerer Personen am Vertragsschluß ohne Modifizierungen.

---

107 Vgl. auch *Sonnenschein*, FS für Kraft, 607, 613 für die Außengesellschaft bürgerlichen Rechts.

3. *Die Erbengemeinschaft*

a. Das Innenverhältnis

Wie bei der Bruchteilsgemeinschaft hat das Gesetz für die Miterbengemeinschaft keine klare Unterscheidung zwischen der Geschäftsführung und der Vertretung, also zwischen Innen- und Außenverhältnis getroffen.[108] Dennoch ist eine Unterscheidung in Innen- und Außenverhältnis möglich und erforderlich, um die verschiedenen Beziehungen der Beteiligten fassen zu können und sodann die entsprechenden Vorschriften anzuwenden. Wollen mehrere Erben eine Sache aus dem Nachlaß vermieten, so stellt die Vermietung wie auch bei der Bruchteilsgemeinschaft im Innenverhältnis eine Verwaltungsmaßnahme dar. Regeln über die gemeinschaftliche Verwaltung enthält § 2038 Abs. 1 BGB, wonach den Miterben die Verwaltung grundsätzlich gemeinsam zusteht. Der Grundsatz der gemeinschaftlichen Verwaltung entspricht dem Gesamthandcharakter der Erbengemeinschaft.[109] Grundsätzlich ist damit ein einstimmiger Beschluß aller Miterben bezüglich der Vermietung erforderlich. Dieser Grundsatz wird jedoch für eine ordnungsgemäße Verwaltung und für notwendige Erhaltungsmaßregeln durch §§ 2038 Abs. 2 S. 1, 745 BGB beziehungsweise § 2038 Abs. 1 S. 2, 2. Halbsatz BGB durchbrochen. Wie bereits bei der Bruchteilsgemeinschaft dargestellt, handelt es sich bei der Vermietung wohl regelmäßig um eine ordnungsgemäße Verwaltung, so daß bei fehlender Einstimmigkeit über die Vermietung durch § 2038 Abs. 2 S. 1 BGB aufgrund seines Verweises auf § 745 BGB ein Mehrheitsbeschluß ausreichend ist. Der Stimmenanteil bemißt sich wiederum nicht nach Kopfteilen, sondern nach der Höhe der Erbanteile, §§ 2038 Abs. 2 S. 1, 745 Abs. 1 S. 2 BGB.[110]

Problematisch kann sein, ob ein Miterbe, der unter Berücksichtigung seiner Vorempfänge gemäß § 2055 BGB nichts mehr zu erhalten hat, dennoch stimmberechtigt ist. Dies ist wohl zu bejahen.[111] Es widerspricht zwar dem Sinn und Zweck des § 745 Abs. 1 S. 2 BGB, jedem entsprechend seinem Anteil an der gemeinschaftlichen Sache unterschiedliches Gewicht bei der Stimmenverteilung zuzuordnen, da derjenige, der aufgrund bereits erhaltener Zuwendungen bei einer Auseinandersetzung leer ausgeht, faktisch gar keinen Anteil am Nachlaß inne hat. Dennoch ist der Wortlaut insoweit eindeutig, da er sich nicht auf das im konkreten Einzelfall rechnerisch ermittelte Guthaben bezieht. Schließlich besteht auch kein Bedarf an einer Reduktion des § 745 Abs. 1 S. 2 BGB, wenn man die Stimmrechtsausübung des bereits bedachten Miterben unter Umständen als rechtsmißbräuchlich und damit als unzulässig ansieht. Dies kann beispielsweise dann der Fall sein, wenn der besagte

---

108 *Brox*, Erbrecht, Rn. 465.

109 Staudinger/*Werner*, § 2038 Rn. 2.

110 BayObLGZ 1963, 319, 324; MünchKomm/*Dütz*, § 2038 Rn. 35.

111 Staudinger/*Werner*, § 2038 Rn. 36; Palandt/*Edenhofer*, § 2038 Rn. 10; MünchKomm/*Dütz*, § 2038 Rn. 35; *Brox*, Erbrecht, Rn. 470; *Kipp-Coing*, § 114 IV 3a; a.A. *Ebbecke*, LZ 1920, 945, 949 f.

Miterbe sich grundlos vernünftigen Anliegen widersetzt oder er sich von Miterben für eine bestimmte Stimmabgabe bezahlen läßt.

Eine Handlungsberechtigung des einzelnen Miterben nach § 2038 Abs. 1 S. 2 2. Hs BGB, der inhaltlich § 744 Abs. 2 BGB entspricht, wird sich wie bei der Bruchteilsgemeinschaft nicht begründen lassen. Es ist nicht vorstellbar, daß ohne eine Vermietung der Nachlaß insgesamt oder ein einzelner Nachlaßgegenstand Schaden erleiden würde, zumal in diesem Fall zumindest Zeit bliebe, die übrigen Miterben um Zustimmung zu fragen. Allerdings können die Miterben gemäß §§ 2038 Abs. 2, 745 BGB vereinbaren, daß einem oder mehreren Erben die Verwaltungsmacht allein eingeräumt wird.[112] Dies gilt allerdings nur, wenn den Erben die Verwaltungsbefugnis nicht entzogen ist. So fehlt den Erben die Verwaltungsbefugnis, wenn der Erblasser die Einsetzung eines Testamentsvollstreckers (§ 2205 BGB) angeordnet hat oder wenn ein Nachlaßverwalter (§ 1984 Abs. 1 S. 1 BGB) oder ein Insolvenzverwalter (§ 56 InsO) eingesetzt wurde. Der Entzug von Verwaltungs- und Verfügungsbefugnissen gilt im Falle der Eröffnung eines Insolvenzverfahrens selbstverständlich nicht nur für die Erbengemeinschaft, so daß das Nichtvorliegen eines solchen Verfahrens bei allen Formen der Vermietermehrheiten Voraussetzung für eine gemeinschaftliche Verwaltung darstellt.

Auch hinsichtlich des Sonderfalles der Vermietung einer zum Nachlaß gehörenden Sache an einen Miterben ergeben sich keine von der Bruchteilsgemeinschaft abweichenden Besonderheiten. Der mietinteressierte Miterbe ist ebenfalls von einer Beschlußfassung analog § 34 BGB ausgeschlossen, um eine Interessenkollision zu vermeiden.[113] Bei einstimmigem Beschluß ergeben sich keine Probleme. Der interessierte Miterbe ist genauso stimmberechtigt wie bei der Vermietung an einen Dritten. Dies liegt wiederum daran, daß es bei Zustimmung aller übrigen Miterben unerheblich ist, ob der interessierte Miterbe nicht abstimmt, sich enthält oder zustimmt. Insofern kann seine Stimmabgabe niemals ausschlaggebend sein, ein Stimmrechtsausschluß ist somit überflüssig.

b. Das Außenverhältnis

Wurde im Innenverhältnis die Vermietung eines Nachlaßgegenstandes beschlossen, muß im Außenverhältnis ein Mietvertrag abgeschlossen werden. Es ergeben sich die gleichen Probleme wie bei der Bruchteilsgemeinschaft, wenn nicht alle Miterben eine eigene Willenserklärung abgeben. Auch bei der Erbengemeinschaft ist fraglich, ob der Mehrheit aufgrund eines Beschlusses im Innenverhältnis nach §§ 2038 Abs. 2 S. 1, 745 BGB Vertretungsmacht zusteht, so daß sie die Erbengemeinschaft im Namen der überstimmten Minderheit nach außen wirksam vertreten kann.

---

112 BGH WM 1968, 1172, 1173; BGHZ 56, 47, 51.

113 *Sonnenschein*, FS für Kraft, 607, 611; Staudinger/*Werner* § 2038 Rn. 36; MünchKomm/*Dütz*, § 2038 Rn. 37; Palandt/*Edenhofer*, § 2038 Rn. 10; a.A. Lange/*Kuchinke*, § 45 II 2d.

Es stellt sich somit als ein Parallelproblem zur Frage nach der Außenwirkung des § 745 BGB bezüglich der Bruchteilsgemeinschaft dar. Überwiegend wird auch hier eine Außenwirkung des § 2038 BGB bejaht.[114] Neben den bereits angeführten Argumenten wie beispielsweise der Beeinträchtigung der Verwaltung durch Verzögerungen spricht auch die Fassung des § 2038 BGB für eine solche Auslegung. § 2038 Abs. 1 S. 1 BGB spricht von der Verwaltung, wobei Begriff und Inhalt gesetzlich nicht näher bestimmt werden. Es ist daher auf das allgemeine Sprachverständnis zurückzugreifen. So werden allgemein unter Verwaltung alle rechtlichen und tatsächlichen Maßregeln verstanden, welche der Verwahrung, Sicherung, Erhaltung, Vermehrung, Nutzungsgewinnung, Verwertung von Nachlaßgegenständen und der Schuldbegleichung dienen.[115] Dazu gehört neben der inneren Willensbildung auch das Auftreten nach außen, so daß § 2038 BGB nicht nur die Geschäftsführung, sondern auch die Vertretung regeln soll. Eine Begrenzung auf die Geschäftsführung widerspricht dem Wortlaut, da dieser nicht von innerer Willensbildung oder Beschlußfassung spricht, sondern gerade von Verwaltung.[116]

Diese Auslegung ist nicht auf § 2038 Abs. 1 S. 1 BGB zu beschränken, da die Vorschrift in den anderen Sätzen den gleichen Verwaltungsbegriff zugrunde legt.[117] Eine Einschränkung erfährt § 2038 BGB nur durch § 2040 BGB für Verfügungen über Nachlaßgegenstände. § 2040 BGB ist im Verhältnis zu § 2038 BGB die speziellere Vorschrift[118] und muß daher vorrangig angewendet werden. Streitig ist dabei, wieweit § 2038 BGB durch § 2040 BGB eingeschränkt wird. Diese Frage ist an dieser Stelle jedoch nicht von Interesse, da die Vermietung eines Nachlaßgegenstandes keine Verfügung sondern ein Verpflichtungsgeschäft darstellt, so daß § 2040 BGB nicht einschlägig ist. Eine entsprechende Norm für Verpflichtungsgeschäfte enthält das Gesetz nicht, so daß aus § 2038 BGB für Verpflichtungsgeschäfte auch die Regelung des Außenverhältnisses entnommen werden kann. Einem Mehrheitsbeschluß nach §§ 2038 Abs. 2 S. 1, 745 BGB kommt daher Außenwirkung zu, so daß die Mehrheit berechtigt ist, die überstimmten Miterben wirksam zu vertreten. Dieses Ergebnis ist auch sachgerecht, da eine Vertretungsregelung notwendige Voraussetzung für eine ordnungsgemäße Verwaltung darstellt und zugleich auf diese Weise ein ausreichender Verkehrsschutz Dritter gewährleistet wird.

---

114 MünchKomm/*Dütz*, § 2038 Rn. 51; Staudinger/*Werner*, § 2038 Rn. 40; Palandt/*Edenhofer*, § 2038 Rn. 12; Soergel/*Wolf*, § 2038 Rn. 11; *Lange/Kuchinke*, § 45 III 6 c); *Kipp-Coing*, § 114 IV 2 c; *Brox*, Erbrecht, Rn. 482; *Sonnenschein*, FS für Kraft, 607, 611; *Boehmer*, AcP 144 (1938) 32, 65 ff.; OLG Hamm, BB 1969, 514, 514; BGHZ 56, 47, 52; einschränkend *Schlüter*, Rn. 678; Erman/*Schlüter*, § 2038 Rn. 12 f.; BGHZ 49, 183, 192 f., die nur für die Notgeschäftsführung nach § 2038 Abs. 1 S. 2 2. Hs eine Vertretungsmacht anerkennen, Vertretungsmacht insgesamt verneinend *Jülicher*, AcP 175 (1975), 143, 156.

115 BGH FamRZ 1965, 267, 269; Erman/*Schlüter*, § 2038 Rn.1 m.w.N.

116 Staudinger/*Werner*, § 2038 Rn. 6.

117 Staudinger/*Werner*, § 2038 Rn. 40.

118 Vgl. dazu Staudinger/*Werner*, § 2038 Rn. 7 m.w.Nw.

Schließlich ist wieder auf § 181 BGB zu verweisen, wenn die Erbengemeinschaft einen Nachlaßgegenstand an einen oder mehrere ihrer Miterben vermieten will.

4. Die eheliche Gütergemeinschaft

Auch bei der ehelichen Gütergemeinschaft enthält das Gesetz keine klare Trennung zwischen Innen- und Außenverhältnis. Statt dessen beruhen die Regelungen über die Vornahme tatsächlicher oder rechtlicher Handlungen auf der Unterscheidung zwischen der Verwaltung durch den Mann oder die Frau und der Verwaltung durch beide Ehegatten. Dennoch ist auch hier im Fall der Vermietung einer zum Gesamtgut gehörenden Sache eine Differenzierung zwischen Innen- und Außenverhältnis nötig. Die Entscheidung über den Abschluß eines Mietvertrages über Gegenstände aus dem Gesamtgut gehört zu den Verwaltungshandlungen innerhalb einer ehelichen Gütergemeinschaft. Wer die Verwaltung des Gesamtgutes übernimmt, muß von den Ehepartnern festgelegt werden. Nach § 1421 S. 1 BGB sollen die Ehepartner bestimmen, wer von ihnen das Gesamtgut verwalten soll. Grundsätzlich steht die Verwaltung des Gesamtgutes beiden Ehegatten gemeinschaftlich zu, § 1421 S. 2 BGB. Die Verwaltung des Gesamtgutes durch beide Ehegatten wird sodann in den §§ 1450 – 1470 BGB geregelt. Die Ehepartner können aber auch im Ehevertrag bestimmen, daß die Verwaltung entweder auf die Frau oder auf den Mann übertragen werden soll. Die Verwaltung durch einen der Ehepartner ist in den §§ 1422 – 1449 BGB geregelt. Ein selbständiges Verwaltungsrecht beider Ehegatten dagegen ist mit der herrschenden Meinung abzulehnen[119], da § 1421 BGB insoweit abschließend ist. Es bleibt somit bei drei Wahlmöglichkeiten, nämlich der gemeinschaftlichen Verwaltung, der Verwaltung durch die Ehefrau oder der durch den Ehemann. Aufgrund dieser Differenzierung muß jeweils geprüft werden, welche Regelung für die Verwaltung des Gesamtgutes getroffen wurde.

a. Die gemeinschaftliche Verwaltung

aa. Das Innenverhältnis

Bei der gemeinschaftlichen Verwaltung müssen sich beide Partner für ein Mietverhältnis aussprechen, um im Innenverhältnis wirksam eine Vermietung zu beschließen. Sind die Ehepartner uneinig, so kommt kein wirksamer Beschluß zustande. Allerdings könnte der Ehepartner, der eine Vermietung anstrebt, unter Umständen einen Anspruch gegen den anderen Partner auf Zustimmung zu der beabsichtigten Maßnahme haben. Als Anspruchsgrundlage kommt § 1451 BGB in Betracht, der jeden Ehegatten dazu verpflichtet, an Maßregeln mitzuwirken, die zur ordnungsmä-

119 Staudinger/*Thiele*, § 1421 Rn.1, 10; Erman/*Heckelmann*, Anm. zu § 1421; Palandt/*Brudermüller*, § 1421 Rn. 1; MünchKomm/*Kanzleiter*, § 1421 Rn. 2; RGRK/*Finke*, § 1421 Rn. 5; Soergel/*Gaul* § 1421 Rn. 3; *Gernhuber/Coester-Waltjen*, § 32 III 6; Beitzke § 16 III 1; *Mikat*, FS für Felgentraeger, 323, 327.

ßigen Verwaltung des Gesamtgutes erforderlich sind. § 1451 BGB entspricht der Vorschrift des § 1435 BGB für die Verwaltung durch einen Ehepartner. § 1435 BGB verpflichtet den verwaltenden Ehegatten dazu, das Gesamtgut ordnungsmäßig zu verwalten. Bei der gemeinschaftlichen Verwaltung stellt § 1451 BGB eine ordnungsmäßige Verwaltung durch die Verpflichtung beider Partner zur Mitwirkung sicher. Da zur ordnungsgemäßen Verwaltung solche Maßnahmen gehören, die unter Beachtung der Grundsätze einer vernünftigen Wirtschaftsführung auf Erhaltung, Sicherung und Vermehrung des Gesamtgutes im Interesse der Ehegatten und eventuell vorhandener Kinder abzielen,[120] wird die Vermietung von Sachen, die zum Gesamtgut gehören, in den meisten Fällen eine ordnungsmäßige Verwaltungsmaßnahme darstellen. Zusätzlich muß die Maßnahme erforderlich sein.[121] Da es meist mehrere Möglichkeiten einer ordnungsgemäßen Wirtschaftsführung gibt, ist es möglich, daß keine der von dem anderen Ehepartner vorgeschlagenen Maßnahmen in dem Sinne erforderlich ist, daß nur durch sie ein Nachteil vom Gesamtgut abgewendet werden kann. Die Mitwirkungspflicht ist in diesem Fall bereits dann gegeben, wenn es erforderlich scheint, überhaupt zu handeln.[122]

Dies wird zu bejahen sein, wenn es sich bei der zum Gesamtgut gehörenden Sache beispielsweise um eine Wohnung handelt, deren Kosten ohne Mieteinnahmen nicht zu decken sind. Zu denken ist dabei zum Beispiel an öffentliche Lasten in Form von Müllgebühren oder Gebäudeversicherungen oder sonstige Kosten, die sich unabhängig von einer Vermietung ergeben. Da § 1451 BGB die gesamte Verwaltung erfaßt und die Ehepartner unter anderem dazu verpflichtet, Rechtsgeschäfte abzuschließen, muß er auch im Innenverhältnis einen Anspruch auf Zustimmung zu einem geplanten Rechtsgeschäft wie der Vermietung gewähren.

Auch bei einer ehelichen Gütergemeinschaft ist denkbar, daß ein zum Gesamtgut gehörender Gegenstand an einen der Ehepartner vermietet werden soll. Über einen Stimmrechtsausschluß wie bei der Bruchteilsgemeinschaf oder der Erbengemeinschaft wird hier allerdings nicht diskutiert. Das entspricht auch dem der Ehe zugrundeliegenden Leitbild, ohne auf einzelne Ehelehren eingehen zu wollen. So ist doch aber das Zusammenleben der Ehepartner von Vertrauen und gegenseitiger Rücksicht geprägt, das der Gesetzgeber nicht überreglementieren sollte.[123] Dies gilt insbesondere dann, wenn die Ehepartner den Güterstand der Gütergemeinschaft gewählt haben, weil sie das Vermögen beider Partner als gemeinschaftlich ansehen und sich entsprechend gemeinschaftlich verantworten wollen.[124]

---

120 Staudinger/*Thiele*, § 1451 Rn. 4.

121 Zur Definition der Erforderlichkeit im Sinne des § 1451 vgl. nur MünchKomm/*Kanzleiter*, § 1426 Rn. 3 f.

122 Staudinger/*Thiele*, § 1451 Rn. 5.

123 Vgl. auch *Beitzke*, § 2 II 3 a.E.

124 Vgl. MünchKomm/*Kanzleiter*, Vor § 1415 Rn. 17.

bb. Das Außenverhältnis

Wollen die gemeinschaftlich verwaltenden Ehepartner die zum Gesamtgut gehörende Sache vermieten, können sie den Mietvertrag gemeinsam abschließen. Das bedeutet, daß jeder der Partner eine Willenserklärung gegenüber dem Mieter abgibt. In diesem Fall werden beide Partner Vermieter. Für eine gemeinschaftliche Verwaltung ist es aber auch ausreichend, wenn ein Ehegatte den Mietvertrag abschließt und der andere dem Vertrag zustimmt. Hierbei handelt es sich nicht um eine Vertretung gemäß §§ 164 ff. BGB sondern vielmehr um eine Zustimmung gemäß §§ 182 ff. BGB. Um die Frage beantworten zu können, ob beide Ehepartner in die Vermieterposition einrücken, muß auf die Willenserklärung des handelnden Partners abgestellt werden. Es ist daher entscheidend, ob der handelnde Partner den Mietvertrag im eigenen Namen oder im Namen der Gesamthand oder im Namen beider Ehepartner abgeschlossen hat. Hat der Partner beim Vertragsschluß im Namen der Gesamthand oder im Namen beider Ehepartner gehandelt, so beinhaltet seine Willenserklärung, daß auch beide Ehepartner Vermieter werden sollen. Dementsprechend treten beide Ehepartner in die Vermieterrolle ein, wenn der Mieter dieses Angebot annimmt.

Anders liegt der Fall, wenn der Partner den Mietvertrag in eigenem Namen abschließt. Hier bringt seine Willenserklärung nur zum Ausdruck, daß er selbst Vertragspartner werden will. Die Zustimmung des anderen Ehepartners begründet nur die zusätzliche Haftung des Gesamtgutes gemäß §§ 1459 Abs. 1, 1460 Abs. 1 BGB und die persönliche Haftung des Zustimmenden gemäß § 1459 Abs. 2 S. 1 BGB.[125] Es entsteht somit keine Vermietermehrheit. Festzuhalten ist aber, daß sich aufgrund der Anordnung in § 1416 Abs. 1 S. 2 BGB bezüglich der rechtlichen Behandlung eine fast identische Situation ergibt. Gemäß § 1416 Abs. 1 S. 2 BGB fallen die durch das Rechtsgeschäft begründeten Rechte in das Gesamtgut, so daß entsprechend dem Sinn und Zweck der Vorschrift auch die Nebenrechte mit übergehen. Somit müssen insbesondere bei der Ausübung von Gestaltungsrechten wie Kündigungen, Anfechtungen oder Rücktrittserklärungen beide Ehepartner mitwirken.[126]

Neben der Verwaltung durch beide Ehepartner sieht das Gesetz einzelne Ausnahmen von diesem Grundsatz vor, um eine funktionsfähige Gesamtgutverwaltung zu gewährleisten. Das bedeutet, daß ein Ehepartner in gesetzlich bestimmten Ausnahmefällen ohne Mitwirkung des anderen Ehepartners Rechtsgeschäfte mit Wirkung für und gegen das Gesamtgut vornehmen kann. Diese Einzelverwaltungsbefugnis ist entweder an bestimmte Ausnahmesituationen wie beispielsweise die Verhinderung eines Ehepartners (§ 1454 BGB) oder den Betrieb eines Erwerbsgeschäftes mit Einwilligung des anderen Ehepartners (§ 1456 BGB) oder bestimmte andere Voraussetzungen, die eine Einzelverwaltung rechtfertigen (§ 1455 BGB), ge-

---

125 Staudinger/*Thiele*, § 1450 Rn. 20 f.; *Gernhuber/Coester-Waltjen* § 38 VIII Fn. 16; RGRK/*Finke*, § 1450 Rn. 3.

126 Staudinger/*Thiele*, § 1450 Rn. 21.

knüpft.[127] Ob bei Vorliegen der jeweiligen Voraussetzungen beide Ehepartner in die Position des Vermieters einrücken, hängt wiederum davon ab, ob der Ehepartner nur in seinem oder im Namen beider Ehepartner gehandelt hat. Fraglich ist zunächst, ob die Vermietung überhaupt unter die Vorschrift des § 1455 BGB subsumiert werden kann. Von den Voraussetzungen her paßt allein § 1455 Nr. 5 BGB. Nach dieser Vorschrift ist es den Ehepartnern möglich, ohne Mitwirkung des anderen Ehegatten diesem gegenüber ein Rechtsgeschäft vorzunehmen. Hierunter könnte die Vermietung einer zum Gesamtgut gehörenden Sache an einen der Ehepartner fallen. Der Grund der Regelung des § 1455 Nr. 5 BGB liegt jedoch darin, trotz gegensätzlicher Interessen der Ehegatten eine Verwaltung im Interesse des Gesamtgutes zu ermöglichen. Dies ist beispielsweise dann der Fall, wenn der betroffene Ehegatte die Maßnahme ablehnt und seine Mitwirkung verweigert. Unter diesen Umständen wäre bei gemeinschaftlicher Verwaltung niemals die Durchsetzung der geplanten Maßnahme möglich. Daher soll der andere Ehegatte allein berechtigt sein. Diese Situation entsteht aber nicht, wenn die Vermietung an einen Ehegatten im Raum steht, da der betroffene Ehegatte die Maßnahme in jedem Fall befürworten wird. Ob § 1455 BGB deshalb restriktiv ausgelegt werden muß und somit die Vermietung an einen Ehepartner nicht erfaßt, kann jedoch offen bleiben. § 1455 BGB berechtigt nämlich nur zur Vornahme von Rechtsgeschäften im eigenen Namen.[128] Der Ehepartner ist daher auch bei Vorliegen der Voraussetzungen des § 1455 BGB nicht zur Vornahme des Rechtsgeschäftes im Namen beider Ehegatten berechtigt, welche zur Begründung einer Vermietermehrheit erforderlich wäre.

Schließlich ist im Fall der Vermietung eines zum Gesamtgut gehörenden Gegenstandes an einen Ehegatten § 181 BGB zu beachten, wenn der mietinteressierte Ehepartner den anderen Ehegatten vertritt.

b. Die Einzelverwaltung

aa. Das Innenverhältnis

Haben die Eheleute die Verwaltung durch den Mann oder die Frau vereinbart, entscheidet der zum Verwalter bestimmte Partner, ob er ein Mietverhältnis begründen will oder nicht. Im Innenverhältnis wird er dabei nur durch das Gebot ordnungsgemäßer Verwaltung aus §§ 1435, 1447 Nr. 1 Fall 2, Nr. 3 BGB beschränkt.[129] Ansonsten kann der zum Verwalter bestimmte Ehepartner nach seinen eigenen Zweckmäßigkeitsvorstellungen entscheiden.[130] Diese äußerst schwache Stellung des nicht

127 Daneben verweist § 1458 BGB auf die Vorschriften über die Verwaltung durch die Frau oder den Mann nach §§ 1422 ff. BGB, wenn ein Ehepartner unter elterlicher Sorge oder Vormundschaft steht.

128 Staudinger/*Thiele*, § 1455, Rn. 9.

129 Staudinger/*Thiele*, § 1422 Rn. 6.

130 Vgl. RGZ 54, 282, 284 zur allgemeinen Gütergemeinschaft vor der Neuregelung der Gütergemeinschaft durch das Gleichberechtigungsgesetz.

verwaltenden Ehepartners gegenüber der des Gesamtgutsverwalters entspricht der der Vereinbarung der Einzelverwaltung durch einen Ehepartner zugrundeliegenden Vorstellung der Ausschließlichkeit der Verwaltungsrechte, die zugleich ein Verbot der Einmischung des anderen Ehegatten beinhaltet.[131]

bb. Das Außenverhältnis

Will der Verwalter sodann im Außenverhältnis einen Mietvertrag abschließen, so ist es gemäß § 1422 S. 1 BGB ausreichend, wenn er ohne Mitwirkung des anderen Partners den Vertrag abschließt. Allerdings besagt § 1422 S. 2 BGB, daß dadurch der andere Ehepartner nicht persönlich verpflichtet wird. Insbesondere ist der verwaltende Ehepartner nicht der Vertreter des anderen Ehegatten.[132] Das bedeutet, daß bei Abschluß eines Mietvertrages durch den verwaltenden Ehegatten nur dieser Vermieter wird. Es liegt damit keine Vermietermehrheit vor. Etwas anderes könnte gelten, wenn § 1357 BGB einschlägig ist. Allerdings stellt die Vermietung einer Sache im Gegensatz beispielsweise zur Anmietung einer Familienwohnung kein Geschäft zur Deckung des Lebensbedarfs dar. § 1357 BGB erfaßt nämlich nur Geschäfte der Bedarfsdeckung, nicht jedoch Geschäfte, die der Einkommensmehrung oder der Beschaffung von Mitteln für den Unterhalt dienen.[133] Eine Mitverpflichtung des anderen Ehepartners und damit die Begründung einer Vermietermehrheit kommt folglich nur in Frage, wenn der andere Ehepartner den Verwalter bevollmächtigt hat und dieser in beider Namen gehandelt hat. Eine solche Vollmacht muß aber ausdrücklich erteilt werden.

Möglich ist daneben auch die Vornahme des Verpflichtungsgeschäftes durch den nicht verwaltenden Ehepartner, wenn der Verwalter zugestimmt hat, § 1438 Abs. 1 BGB. Fraglich ist, ob in dieser Zustimmung eine Bevollmächtigung zum Abschluß auch im Namen des Verwalters gesehen werden kann. Dies ist im konkreten Einzelfall zu entscheiden. Kommt in der Erklärung des Verwalters keine entsprechende Bevollmächtigung zum Ausdruck, wird man sie im Regelfall verneinen müssen.

Schließlich ist noch ein Handeln des nicht verwaltenden Ehepartners mit Wirkung für und gegen das Gesamtgut aufgrund der §§ 1438 Abs. 1, 1428, 1429, 1431, 1433 BGB möglich. Ob sowohl der aufgrund des § 1429 BGB handelnde Partner als auch der im Ehevertrag als Verwalter bestimmte Ehepartner in die Vermieterposition einrücken, soll am Beispiel des § 1429 BGB erörtert werden. Nach § 1429 BGB kann der nicht verwaltende Ehegatte ein Rechtsgeschäft vornehmen, wenn der Verwalter aus tatsächlichen Gründen verhindert ist, die Verwaltung wahrzunehmen. Hinzukommen muß weiter eine Gefahr für das Gesamtgut. Die Gefahr ist dabei nach objektiven Gesichtspunkten zu beurteilen. Nimmt man mit dem OLG Ham-

131 Staudinger/*Thiele*, § 1422 Rn. 4.

132 Allg.M. RG SeuffA 73 Nr. 31; MünchKomm/*Kanzleiter*, § 1422 Rn. 3; Staudinger/*Thiele*, § 1422 Rn. 5, 24; Palandt/*Brudermüller*, § 1422 Rn. 1 je m.w.N.

133 *Gernhuber/Coester-Waltjen*, § 19 IV6.

burg[134] an, Gefahr sei im Verzug, wenn die Konjunktur gerade sehr günstig erscheine, so müßte dies eine Vermietung durch den nicht verwaltenden Ehepartner rechtfertigen, wenn beispielsweise die Lage auf dem Wohnungsmarkt derzeit sehr angespannt und daher eine relativ hohe Miete zu erwarten ist. Die Vermietung kann der gemäß § 1429 BGB berechtigte Ehepartner nach seiner Wahl im eigenen Namen oder im Namen des Verwalters vornehmen (§ 1429 S. 1 2. Hs BGB). Fraglich ist sodann, wer in den unterschiedlichen Konstellationen Vertragspartner und somit verpflichtet wird. Handelt der Notverwalter im Namen des Verwalters, so wird der Verwalter gemäß § 164 Abs. 1 BGB persönlich verpflichtet, zusätzlich entsteht gemäß §§ 1437, 1438 BGB eine Gesamtgutverbindlichkeit. Eine Gesamtgutverbindlichkeit ist eine Verbindlichkeit, für die der Gläubiger Befriedigung aus dem Gesamtvermögen verlangen kann, unabhängig davon, ob der Mann oder die Frau oder beide Ehepartner Schuldner sind.[135] Diese Tatsache enthält folglich keine Aussage darüber, wer in die Vermieterposition einrückt.

Der Notverwalter selbst wird daneben nicht verpflichtet, wenn es dem Dritten erkennbar ist, daß er nicht in eigenem Namen gehandelt hat. Es werden dann nicht beide Ehepartner Vermieter, sondern nur der Verwalter. Fraglich ist, ob der Fall anders zu beurteilen ist, wenn der Notverwalter in eigenem Namen handelt. Hierbei verpflichtet er sich zunächst selbst. Daneben begründet er eine Gesamtgutverbindlichkeit nach §§ 1437 Abs. 1, 1438 Abs. 1 BGB und die persönliche Haftung des Verwalters nach § 1437 Abs. 2 S. 1 BGB. Die Begründung einer Gesamtgutverbindlichkeit besagt wie dargelegt nichts über die Verpflichtung des Verwalters. Weiter wird die persönliche Haftung des Verwalters nach § 1437 Abs. 2 S. 1 BGB begründet. Der Begriff der persönlichen Haftung besagt ebenfalls nichts über die Frage nach der Schuld des Verwalters. Persönliche Haftung i.S.d. § 1437 Abs. 2 S. 1 BGB bedeutet lediglich die Haftung mit dem Sonder- und Vorbehaltsgut des Ehegatten.[136] Das bedeutet, daß Vermieter allein der Notverwalter wird, wenn er gemäß § 1429 BGB im eigenen Namen auftritt. Anders liegt der Fall nur, wenn er im Namen beider Partner gehandelt hat. Dann verpflichtet er sich selbst und gleichzeitig gemäß § 164 Abs. 1 den Verwalter. Es liegt dann eine Vermietermehrheit bestehend aus beiden Ehepartnern vor.

Fraglich ist, ob bei der Verwaltung durch den Mann oder die Frau nach §§ 1422 ff. BGB auch gemeinsames Handeln der Ehegatten möglich ist. Dies ist nicht selbstverständlich, da beim Abschluß eines Mietvertrages bereits der verwaltende Ehegatte Wirkungen für das Gesamtgut erzielen würde, so daß das Handeln des anderen Ehegatten überflüssig wäre.[137] Ob beide Ehepartner Vermieter werden, wäre wiederum danach zu entscheiden, ob der Verwalter im eigenen Namen oder im Namen beider Ehepartner gehandelt hat. Da in der Konstellation klar zum Ausdruck

---

134 OLG Hamburg, OLGE 44, 68, 68.
135 Staudinger/*Thiele*, § 1437 Rn. 5 ff.
136 Staudinger/*Thiele*, § 1437 Rn. 11.
137 Vgl. *Gernhuber/Coester-Waltjen*, § 38 VI 4.

kommt, daß beide Ehepartner als Vertragspartner beteiligt werden wollen, müßte man regelmäßig ein Handeln im Namen beider Ehepartner annehmen und gelangte so zur Annahme einer Vermietermehrheit bestehend aus den Ehepartnern. Läßt man die Möglichkeit gemeinsamen Handelns zusätzlich zu, so gelangt man zum selben Ergebnis. Es würden beide Ehepartner aufgrund ihrer jeweiligen Willenserklärung zum Vertragspartner. Die Frage, ob bei einer Verwaltung nach §§ 1422 ff. BGB gemeinsames Handeln der Ehegatten möglich ist, kann somit in diesem Zusammenhang offen bleiben.

Auch bei der Verwaltung durch den Mann oder die Frau kann es zu einer Vermietung einer Sache aus dem Gesamtgut an einen Ehepartner kommen. Will der Verwalter die Sache mieten und ist vom anderen Ehegatten bevollmächtigt worden, den Mietvertrag auch in seinem Namen abzuschließen, ist wiederum § 181 BGB zu beachten.

5. Das Zustandekommen des Mietvertrags

Aus den voranstehenden Ausführungen ist erkennbar, daß im Außenverhältnis jeweils ein Mietvertrag abgeschlossen werden muß. Wie dieser zustande kommt, ist eine eigenständige Frage. Dabei lassen sich unabhängig von der Art der Personenmehrheit gemeinsame Grundprinzipien erkennen.

Die vertragliche Begründung eines Mietverhältnisses mit jeweils einer Person als Vertragspartner ist wie die Begründung eines jeden vertraglichen Schuldverhältnisses an den §§ 145 ff. BGB zu messen. Es fragt sich nur, ob das Bürgerliche Gesetzbuch spezielle Regelungen für die Begründung von Schuldverhältnissen mit der Beteiligung mehrerer enthält. Hier könnte man an die Regelungen in den §§ 420 ff. BGB denken, die sich mit der Mehrheit von Schuldnern und Gläubigern beschäftigen. Dagegen spricht aber, daß die §§ 420 ff. BGB bereits ein bestehendes Gesamtschuldverhältnis voraussetzen.[138] Darüber, wann und unter welchen Voraussetzungen ein solches Gesamtschuldverhältnis entsteht, treffen die Vorschriften keine Aussage. Somit bleibt es auch bei der vertraglichen Begründung eines Mietverhältnisses mit Beteiligung mehrerer Personen auf der Vermieterseite bei der Anwendung der §§ 145 ff. BGB. Dabei vollzieht sich die Einigung der Parteien in der Regel durch Angebot und Annahme. Der Gesetzgeber hielt das zeitliche Nacheinander von Angebot und Annahme für den Regelfall und hat nur diesen Fall in den §§ 145 – 153 BGB geregelt. Das BGB geht aber davon aus, daß es nicht nur den Antrag-Annahme-Mechanismus gibt. So geht beispielsweise aus § 154 Abs. 2 BGB hervor, daß es weitere Arten des Vertragsabschlusses geben muß.[139] Gerade bei komplizierteren Verträgen wie dem Mietvertrag über Wohnraum ist ein Vertragsschluß durch Angebot und Annahme selten. So ist es häufig der Fall, daß beim Abschluß eines Mietvertrages der Vertragstext schriftlich niedergelegt wird, sei es, daß die Parteien ihn

138 RGZ 99, 52, 54.
139 *Leenen*, AcP 188 (1988) 381, 393.

ausgehandelt oder daß sie einen vorgefertigten Vertragsentwurf verwendet haben. Diesen Vertragstext unterschreiben beide Teile häufig auch gleichzeitig, beispielsweise weil sich Vermieter und Mieter gleich bei der Wohnungsbesichtigung einig werden und sodann den Mietvertrag abschließen. Das schriftliche Niederlegen mit Unterschrift aller Beteiligten bietet sich bei der Wohnraummiete auch deshalb an, weil § 550 S. 1 BGB für Mietverträge, die für längere Zeit als ein Jahr geschlossen werden, Schriftform verlangt. Das gleiche gilt gemäß § 578 BGB auch für Mietverträge über Grundstücke und Räume. Auch wenn die Unterschriften in diesem Fall praktisch zeitlich nacheinander erfolgen, handelt es sich nicht um Angebot und Annahme,[140] sondern um die Zustimmung zu einem Vertragstext.[141] Entscheidend für die Vertragsbindung ist aber letztendlich nicht die Technik, sondern der Konsens der Parteien, so daß der übereinstimmende Rechtsbindungswille auch auf die eben dargestellte Weise herbeigeführt werden kann.

a. Die Einigung durch Angebot und Annahme

Sind am Vertragsschluß wie bei der gemeinschaftlichen Vermietung mehrerer mehr als zwei Personen beteiligt, wird gelegentlich von einem mehrseitigen Rechtsgeschäft gesprochen.[142] Ob man den Begriff für aussagekräftig hält oder nicht,[143] hat keinen Einfluß darauf, daß auch bei einem Vertrag zwischen mehr als zwei Beteiligten die Einigung das entscheidende Element darstellt und damit die §§ 145 ff. BGB Anwendung finden. Das bedeutet für die gemeinsame Vermietung mehrerer, daß sich sämtliche Angehörige der Personenmehrheit auf der Vermieterseite mit dem Mieter[144] darüber einigen müssen, daß zwischen diesem und der Personenmehrheit ein Mietvertrag zustande kommen soll. Dazu erklärt jeder einzelne Vermieter gegenüber dem Mieter, daß er die Begründung eines Mietverhältnisses mit den genannten Personen möchte. Genauso erklärt der Mieter gegenüber jedem der Vermietermehrheit, er wolle die Begründung eines Mietverhältnisses mit den beteiligten Vermietern. Das bedeutet nicht, daß der Mieter mehrere, nämlich der Anzahl der beteiligten Vermieter entsprechende Willenserklärungen abgeben muß. Für ihn stellt der Vertragsabschluß unabhängig von der Anzahl der beteiligten Vermieter einen einheitlichen Vorgang dar, so daß er auch nur eine einzige Willenserklärung abgibt.[145] Diese muß allerdings jedem einzelnen Vermieter nach § 130 Abs. 1 S. 1 BGB zuge-

---

140 *Honsell/Holz-Dahrenstaedt*, JuS 1986, 969, 969.

141 Staudinger/*Bork*, Vorbem zu §§ 145 ff. Rn. 38; *Leenen*, AcP 188 (1988) 381, 399; *Flume* II, § 34 2.

142 *Medicus* AT, Rn. 204.

143 Dazu *Larenz/Wolf*, § 23 Rn. 15.

144 Streng genommen kann derjenige, der eine Sache vermieten will, erst nach Vertragsschluß als Vermieter, derjenige, der eine Sache mieten will, erst nach Vertragsschluß als Mieter bezeichnet werden. Die Begriffe sollen aber aufgrund der eindeutigen Zuordnungsmöglichkeit dennoch verwendet werden.

145 So zur Mietermehrheit *Behrens*, 58.

hen. Da Willenserklärungen, die auf den Abschluß eines Mietvertrages abzielen, Rechtsfolgen erzeugen und in die Rechtsverhältnisse des Adressaten eingreifen und somit dessen Rechtslage verändern, muß sich dieser hierauf einstellen können. Das soll durch das gesetzliche Erfordernis des Zugangs sichergestellt werden.[146] Das Interesse an rechtzeitiger Information besteht für jeden einzelnen Angehörigen der Personenmehrheit auf Vermieterseite, was grundsätzlich den Zugang der Willenserklärung des Mieters bei jedem einzelnen Vermieter erfordert.

Eine Ausnahme bezüglich des Zugangs gilt jedoch, wenn die beteiligten Vermieter Ehepartner sind, die gemäß §§ 1415 ff. BGB den Güterstand der Gütergemeinschaft gewählt haben. Zur Erleichterung des Rechtsverkehrs bestimmt § 1450 Abs. 2 BGB, daß eine Willenserklärung, die den Ehegatten gegenüber abzugeben ist, nur gegenüber einem der beiden abgegeben werden muß. Derjenige, dem die Erklärung zugegangen ist, muß den anderen aufgrund seiner Verpflichtung zur Mitwirkung bei der Verwaltung unterrichten.[147] Dies gilt nicht nur für einseitige Willenserklärungen,[148] sondern für alle Willenserklärungen und damit auch für Vertragsannahmen, da der Wortlaut des § 1450 Abs. 2 BGB keinerlei Einschränkungen in dieser Hinsicht enthält. Dem § 1450 Abs. 2 BGB entsprechende Vorschriften gibt es für BGB-Gesellschaften, Erbengemeinschaften und Bruchteilsgemeinschaften nicht. Es läßt sich deshalb zusammenfassend sagen, daß jeder Vertragsbeteiligte eine Willenserklärung abgeben muß, die dem Vertragspartner zugeht. Das ist bei einer Personenmehrheit jede einzelne Person dieser Gruppe, es sei denn, die Personen sind verheiratet und leben im Güterstand der Gütergemeinschaft.

Klarzustellen bleibt, daß die einzelnen Personen sich entsprechend der §§ 164 ff. BGB vertreten lassen können. Dabei ist sowohl an rechtsgeschäftliche Vertretungsmacht als auch an gesetzliche Vertretungsmacht[149] zu denken. Auch die Regeln über den Vertreter ohne Vertretungsmacht finden Anwendung.

b. Der Widerruf

Die Erkenntnis, daß die auf den Abschluß eines Mietvertrages gerichtete Willenserklärung bei einer Vermietermehrheit grundsätzlich jedem Vermieter zugehen muß, führt zu der Frage, wie es rechtlich zu beurteilen ist, wenn der Mieter seine Willenserklärung widerruft, dieser Widerruf aber nicht allen Vermietern rechtzeitig zugeht. Gemäß § 130 Abs. 1 S. 2 BGB wird eine empfangsbedürftige Willenserklärung trotz rechtzeitigen Zugehens nicht wirksam, wenn dem Empfänger gleichzeitig oder vorher ein Widerruf zugeht. Diese Vorschrift regelt nur den Fall, daß zwei Personen am Vertragsschluß beteiligt sind. Dennoch kann die ratio der Vorschrift herangezogen werden, um die Rechtslage bei einem Vertragsschluß mit mehr als zwei Beteiligten zu klären.

---

146 *Larenz/Wolf*, § 26 Rn. 8.

147 MünchKomm/*Kanzleiter*, § 1450 Rn. 19.

148 So aber Erman/*Heckelmann*, § 1450 Rn. 4.

149 Siehe dazu ab S. 36 ff. jeweils im Außenverhältnis.

Zunächst könnte man erwägen, einen Vertragsschluß bereits abzulehnen, wenn auch nur einem Beteiligten der Vermietermehrheit ein Widerruf zugeht. Dies ließe sich damit begründen, daß eine der Voraussetzungen, nämlich Zugang bei jedem einzelnen der Personenmehrheit, nicht vorliegt. Der Widerruf wäre wirksam, sobald er mindestens einer Person der Vermietermehrheit vor oder gleichzeitig mit der Erklärung zugeht, einen Mietvertrag abschließen zu wollen. Dagegen spricht aber die Wertung des Gesetzgebers. Durch die Vorschrift des § 130 Abs. 1 S. 2 BGB hat er das Risiko, daß der Widerruf den Empfänger später als die Erklärung erreicht, dem Absender auferlegt.[150] Es muß somit auch zu seinen Lasten gehen, wenn er mit einer Personenmehrheit einen Vertrag schließen wollte und seine Willenserklärung nicht rechtzeitig i.S.v. § 130 Abs. 1 S. 2 BGB gegenüber jeder einzelnen Person widerruft. Folglich liegt kein wirksamer Widerruf vor, wenn der Widerruf nicht allen beteiligten Vermietern rechtzeitig zugeht.

c. Die Rechtzeitigkeit der Annahme

Ein Angebot auf Abschluß eines Mietvertrages erlischt nicht nur durch einen wirksamen Widerruf, sondern unter anderem auch, wenn es nicht gemäß §§ 147 – 149 BGB rechtzeitig angenommen wird. Nimmt bei einer Vermietermehrheit ein Vermieter das Angebot des Mieters auf Abschluß eines Mietvertrages verspätet an, scheitert der Vertragsschluß an der fehlenden Einigung zwischen allen Personen. Nicht interessengerecht ist es, durch Auslegung zu ermitteln, ob zumindest eine Einigung zwischen den zustimmenden Vertragspartnern vorliegt und damit ein Mietvertrag zwischen diesen Personen entsteht. Diese Frage stellt sich vielmehr, wenn einer der angesprochenen Vermieter das Angebot des Mieters ablehnt.[151] Hier ist statt dessen zu untersuchen, ob trotz der mangelnden Rechtzeitigkeit der Annahmeerklärung eines Vermieters ein Vertrag zwischen allen Beteiligten zustande kommt, da grundsätzlich alle Beteiligten mit dem Vertragsschluß einverstanden sind. Man könnte zunächst erwägen, dem verspäteten Vermieter eine Art Wiedereinsetzung in den vorigen Stand zu gewähren, wenn er unverschuldet seine Erklärung zu spät abgegeben hat. Allerdings ist die Wiedereinsetzung in den vorigen Stand ein Rechtsinstitut, das aus dem Bereich des öffentlichen Rechts stammt und von einem Über- und Unterordnungsverhältnis der beteiligten Personen ausgeht und somit dem Vertragsrecht des Zivilrechts nicht gerecht wird. Ein solcher Rückgriff ist aber auch nicht erforderlich, da die Erklärungen der Vermieter als ein modifiziertes Angebot nach § 150 Abs. 1 BGB gewertet werden können, so daß es im Belieben des Mieters steht, ob er seinerseits noch an einem Vertragsschluß interessiert ist und annimmt.

---

150 So die h.M. siehe nur Erman/*Palm*, § 130 Rn. 15; ausdrücklich *Larenz/Wolf*, § 26 Rn. 45; anders *Hübner*, Rn. 737.

151 Siehe dazu unter Ablehnung des Vertragsschlusses durch einen Beteiligten der Vermietermehrheit auf S. 55.

d. Annahme unter Erweiterungen, Einschränkungen oder sonstigen Änderungen

Die Annahmeerklärung muß dem Antrag inhaltlich entsprechen. Eine Annahme unter Erweiterungen, Einschränkungen oder sonstigen Änderungen gilt nach § 150 Abs. 2 BGB als Ablehnung verbunden mit einem neuen Angebot. Es ist jedoch durch Auslegung zu ermitteln, ob der Annehmende den Antrag dennoch mit dem ursprünglichen Inhalt annehmen und nur zusätzliche Modalitäten in einen gesonderten Antrag fassen wollte.[152] Eine solche Konstellation könnte vorliegen, wenn bei einer Vermietermehrheit nicht alle angesprochenen Vermieter das Angebot annehmen oder das Vertragsangebot durch mehr Vermieter angenommen wird als vom Mieter angesprochen wurden.

aa. Ablehnung des Vertragsschlusses durch einen Beteiligten der Vermietermehrheit

Wird einer Vermietermehrheit von einem Mieter ein Angebot auf den Abschluß eines Mietvertrages gemacht und lehnt ein Teil der Vermieter den Vertragsschluß ab, so scheitert ein Vertragsschluß zwischen den erwähnten Personen an einer fehlenden Einigung zwischen allen Personen. Fraglich ist aber, ob durch Auslegung ermittelt werden kann, daß eine Einigung zwischen den zustimmenden Vertragspartnern vorliegt und damit ein Mietvertrag nur zwischen diesen Personen entsteht. Dies wäre der Fall, wenn Mieter M an die Vermietermehrheit V1 und V2 ein Angebot auf Abschluß eines Mietvertrages richtet, V1 dieses Angebot annimmt, V2 dagegen ablehnt. Könnte man den Erklärungen von M und V1 entnehmen, daß sie auch ohne Beteiligung des V2 einen Mietvertrag abschließen wollen, könnte ein Vertragsschluß alleine zwischen M und V1 zustande gekommen sein. Eine solche Auslegung widerspricht aber dem Willen des Mieters. Der Mieter hat wegen §§ 985, 986 BGB grundsätzlich ein Interesse daran, jeden Eigentümer oder sonst Berechtigten als Vertragspartner zu haben, um nicht dem dinglichen Herausgabeanspruch aus § 985 BGB ausgesetzt zu sein. Ein Vertragsschluß zwischen M und V1 scheidet damit durch Auslegung aus.

Weiter ist zu untersuchen, ob es sich bei der Erklärung des V1 zumindest um ein modifiziertes Angebot nach § 150 Abs. 2 BGB handelt. Dies wird man nur annehmen können, wenn V1 bei Abgabe seiner Willenserklärung wußte, daß V2 nicht annehmen wird. Zwar ist kein Bewußtsein, einen neuen Antrag abzugeben, erforderlich,[153] jedoch ergibt eine Auslegung nach §§ 133, 157 BGB keine Abweichung vom ursprünglichen Angebot, wenn der annehmende Vermieter nicht wußte, daß der andere Vermieter ablehnen wird.[154] In diesem Fall könnte § 139 BGB heranzuziehen sein. *Behrens*[155] führt aus, es mache keinen Unterschied, ob eine Willenserklärung unwirksam oder überhaupt nicht abgegeben worden sei, so daß

152 *Hübner*, Rn. 1012.

153 Soergel/*Wolf*, § 150 Rn. 8; Palandt/*Heinrichs*, § 150 Rn. 2.

154 So zum vergleichbaren Fall bei einer Mietermehrheit auch *Behrens*, 59.

155 *Behrens*, 60.

auch im letzteren Fall eine entsprechende Anwendung des § 139 BGB geboten sei. Dies erscheint jedoch zweifelhaft, zumal die Anwendung von § 139 BGB zu keinen anderen Ergebnissen führt als eine Auslegung der Erklärungen der zustimmenden Personen, ob ein Vertrag allein unter ihnen zustande kommen soll[156]. Eine entsprechende Anwendung von § 139 BGB ist daher abzulehnen. Es bleibt somit dabei, daß kein Vertrag – weder zwischen M, V1 und V2 noch zwischen M und V2 – zustande kommt und daß die Erklärung des V1 nur als modifiziertes Angebot gemäß § 150 Abs. 2 BGB gelten kann, wenn dieser von der Ablehnung des V2 gewußt hat.

Etwas anderes könnte gelten, wenn der ablehnende Vermieter nicht Eigentümer oder sonst Berechtigter ist, beispielsweise, weil es sich um einen Fall der Untermiete handelt. In diesem Fall steht dem ablehnenden Vermieter kein Anspruch aus § 985 BGB zu. Hier könnte eine Auslegung geboten sein, wonach ein Vertrag zwischen M und V1 zustande kommt. Dagegen spricht jedoch, daß beim Fehlen sonstiger Anhaltspunkte davon auszugehen ist, daß ein an mehrere Personen gemeinschaftlich gerichtetes Vertragsangebot auch nur von allen gemeinschaftlich angenommen werden kann, da für jede der Personen die Mitverpflichtung der anderen wesentlich war.[157]

bb. Annahme eines Vertragsangebotes durch mehr Vermieter, als vom Mieter angesprochen wurden

Denkbar sind weiterhin Fälle, in denen ein Mieter ein Angebot auf Abschluß eines Mietvertrages an einen oder mehrere Vermieter richtet und dieses Angebot von mehr Personen als angesprochen angenommen wird. Diese Situation liegt beispielsweise vor, wenn der angesprochene Vermieter nur Miteigentümer der Mietsache ist und auch der andere Miteigentümer das Angebot annimmt.

Eine Einigung zwischen dem Mieter und den annehmenden Vermietern aufgrund übereinstimmender Willenserklärungen liegt nur dann vor, wenn der Willenserklärung des Mieters durch Auslegung zu entnehmen ist, daß er sein Angebot auch an eine Mehrheit von Vermietern gerichtet hätte. Für eine solche Auslegung spricht zunächst das Interesse des Mieters. Für einen Mieter ist es grundsätzlich von Bedeutung, eine vertragliche Beziehung zum Eigentümer der Sache zu haben, um diesem gegen den dinglichen Herausgabeanspruch aus § 985 BGB ein Recht zum Besitz i.S.v. § 986 BGB entgegenhalten zu können. Im oben genannten Beispiel wäre es für den Mieter somit von Vorteil, auch den anderen Miteigentümer als Vertragspartner zu haben. Dagegen spricht aber, daß es gegen das Prinzip der Privatautonomie verstoßen würde, dem Mieter einen Vertragspartner aufzuzwingen, den er sich eventuell selbst nicht ausgesucht hätte. Weiterhin darf auch nicht übersehen werden, daß jeder Mieter ein Interesse daran haben kann, möglichst mit nur einem Vertragspartner einen Vertrag abzuschließen, da die Vertragsabwicklung um so

---

156 Siehe dazu die Ausführungen zu Beginn des Abschnittes, S. 55.

157 BGH MDR 1965, 572, 572; RG SeuffArch 77 Nr. 20, 38, 39.

komplizierter wird, je mehr Personen beteiligt sind. Somit scheitert auch in diesem Fall ein Vertragsschluß durch Auslegung der Erklärung des Mieters. Vielmehr handelt es sich um eine Ablehnung mit einem neuen Antrag der Vermieter gemäß § 150 Abs. 2 BGB. Dies gilt wie bereits ausgeführt nur für den Fall, daß der angesprochene Vermieter Kenntnis von der Erklärung des neben ihm zustimmenden Vermieters hat.[158] Für einen Vertragsschluß ist somit eine Annahme des Mieters notwendig.

Von der dargestellten Konstellation sind die Fälle zu unterscheiden, in denen der Mieter sein Angebot an keinen bestimmten oder nicht ausreichend bestimmten Empfänger richtet, worauf mehrere Personen eine Annahmeerklärung abgeben. Ein solcher Fall liegt beispielsweise vor, wenn der Mieter an mehrere Miteigentümer herantritt, aber offen läßt, wer Vertragspartner werden soll. Hier ist fraglich, ob überhaupt ein wirksames Angebot durch den Mieter vorliegt, da ein Angebot nur wirksam ist, wenn es hinreichend bestimmt ist. Der Antrag muß inhaltlich so beschaffen sein, daß der Annehmende durch ein einfaches „ja" oder durch einfache Wahl zwischen mehreren angebotenen Möglichkeiten den Vertrag annehmen kann. Danach müssen insbesondere der Vertragsgegenstand, der Vertragstyp und die Vertragsparteien festgelegt oder zumindest bestimmbar sein.[159] Liegt auch kein Angebot an einen unbestimmten Personenkreis[160] vor, ist die Erklärung des Mieters nicht bestimmt genug, so daß aus diesem Grund seine Erklärung nicht als Angebot zu werten ist. Als solches kann dann die Annahmeerklärung der Vermieter gewertet werden.

cc. *Ablehnung einzelner Vermieter durch den Mieter*

Schließlich ist noch die Situation denkbar, daß eine Vermietermehrheit einem Mieter ein Angebot auf Abschluß eines Mietvertrages macht, jener einzelne Vermieter der Personenmehrheit ablehnt. Dieser Fall wird in der Praxis eher nicht auftauchen, da es für den Mieter von Interesse ist, mit allen Eigentümern oder sonstigen Berechtigten eine vertragliche Beziehung zu haben. Spielt man den Fall dennoch theoretisch durch, sind keine Anhaltspunkte für eine Auslegung, die einen Vertragsschluß mit den akzeptierten Vermietern ergeben würde, ersichtlich, so daß es sich bei der Erklärung des Mieters um eine Ablehnung mit neuen Angebot gemäß § 150 Abs. 2 BGB handelt.

e. *Unwirksamkeit einer Willenserklärung*

Als empfangsbedürftige Willenserklärungen unterliegen sowohl das Angebot auf Abschluß eines Mietvertrages als auch die Annahme den allgemeinen Wirksamkeits-

---

158 Vgl. oben auf S. 55.

159 Die sogenannten essentialia negotii, Staudinger/*Bork*, § 145, Rn. 17; Soergel/*Wolf*, § 145, Rn. 4; Palandt/*Heinrichs*, § 145 Rn. 1.

160 Vgl. dazu Staudinger/*Bork*, § 145 Rn. 19.

erfordernissen für Willenserklärungen.[161] Sie können also wie bei anderen Rechtsgeschäften von Unwirksamkeitsgründen betroffen sein. Unproblematisch sind die Fälle, in denen sämtliche Willenserklärungen einer oder beider Parteien nichtig sind. Ist auch nur die Erklärung beziehungsweise sind die Erklärungen einer Vertragspartei nichtig, so ist damit notwendigerweise der Vertrag als zweiseitiges Rechtsgeschäft nichtig.[162] Ausnahmen von diesem Grundsatz können sich für den Mietvertrag bei einzelnen Nichtigkeitsgründen ergeben. So sind beispielsweise wucherische Mietverträge nach ganz herrschender Meinung nicht nach § 138 BGB oder § 5 WiStr i.V.m. § 134 BGB insgesamt nichtig, sondern geltungserhaltend zu reduzieren und nur eine Teilnichtigkeit nach § 139 BGB anzunehmen. Der Schutzzweck von § 5 WiStG und § 138 BGB geht dahin, den Mieter vor überhöhten Mietforderungen zu schützen, nicht jedoch dem Mieter die vertragliche Grundlage zu nehmen, mit der Folge daß dieser dann dem Eigentümer die Mietsache nach § 985 BGB wieder herausgeben muß.[163] Abgesehen von der besonderen Rechtsfolge stellt dies jedoch noch kein besonderes Problem im Rahmen der Beteiligung mehrerer am Vertragsschluß dar. Problematisch ist beim Vertragsschluß zwischen mehr als zwei Personen erst die Frage, welche rechtliche Auswirkungen es auf den Vertragsschluß hat, wenn nur einzelne Willenserklärungen nichtig sind. Kommt bei nichtiger Willenserklärung eines Beteiligten der Vertrag zumindest unter den Beteiligten zustande, die sich geeinigt haben?

aa. Anwendbarkeit des § 425 BGB

Ein Rückgriff auf § 425 BGB scheidet aus bereits angesprochenen Gründen aus. Zwar stellt § 425 BGB für Gesamtschuldverhältnisse den Grundsatz auf, daß Tatsachen nur für und gegen den Gesamtschuldner wirken, in dessen Person sie eintreten. Dies könnte dafür sprechen, daß die Unwirksamkeit einer Willenserklärung eines Vermieters unerheblich für die Erklärungen der anderen beteiligten Vermieter ist. Jedoch setzen die §§ 420 ff. BGB und somit auch § 425 BGB ein bereits bestehendes Schuldverhältnis voraus, so daß sich die Anwendung des § 425 BGB für den Fall der Nichtigkeit der Willenserklärung nur eines Vermieters innerhalb einer Vermietermehrheit verbietet.[164]

161 Vgl. nur Larenz/*Wolf*, § 29 Rn. 50.

162 Vgl. nur Larenz/*Wolf*, § 29 Rn. 6.

163 Hierbei ist streitig, ob auf die höchstzulässige Miete, siehe BGHZ 89, 316, 320 f.; LG Mannheim NJW 1977, 1729, 1730 f.; LG Stuttgart NJW-RR 1993, 279, 279 f.; *Larenz* AT, § 22 II; Soergel/*Hefermehl*, § 134 Rn. 62, oder auf die ortsübliche Vergleichsmiete, siehe OLG Stuttgart NJW 1981, 2365, 2365; OLG Karlsruhe NJW 1982, 1161, 1162; OLG Hamburg ZMR 1983, 100, 102; LG Köln NJW 1965, 157, 157 f., MünchKomm/*Mayer-Maly/Armbrüster*, § 134 Rn. 107 abzustellen ist.

164 Siehe Fn. 138.

bb. Anwendbarkeit des § 139 BGB

Des weiteren ist an eine Lösung über § 139 BGB zu denken, wenn die Beteiligten keine Regelungen für den Fall einer Teilnichtigkeit getroffen haben und sich auch nicht durch Auslegung gemäß den §§ 133, 157 BGB der wirkliche oder hypothetische Wille ermitteln läßt. Da § 139 BGB die Nichtigkeit eines Teil eines Rechtsgeschäftes voraussetzt, müßte eine einzelne Willenserklärung eines Vermieters ein abtrennbarer Teil eines einheitlichen Rechtsgeschäftes sein, nämlich der Vereinbarung eines Mietverhältnisses mit Beteiligung mehrerer Vermieter. Bei der Beteiligung mehrerer Vermieter am Mietverhältnis handelt es sich eindeutig um ein einheitliches Rechtsgeschäft. Denn zwischen den beteiligten Vermietern und dem Mieter besteht nur ein einheitlicher Mietvertrag, nicht aber mehrere Mietverträge jeweils zwischen einem Vermieter und dem Mieter. Dieses Rechtsgeschäft ist auch teilbar, da Teilbarkeit gegeben ist, wenn bei Wegfall eines Teils des Rechtsgeschäftes ein Rest bleibt, der als selbständiges Rechtsgeschäft bestehen bleiben kann[165] und ein Mietvertrag mit mindestens einem Vermieter rechtlich möglich ist. Folglich ist § 139 BGB anwendbar, wenn nicht alle Willenserklärungen der beteiligten Vermieter nichtig sind.[166] Nach § 139 BGB ist somit der gesamte Mietvertrag grundsätzlich nichtig. Eine Ausnahme ergibt sich nur, wenn die Parteien den Mietvertrag auch ohne den Beteiligten, dessen Erklärung nichtig ist, abgeschlossen hätten. In diesem Fall kommt ein Mietvertrag mit den Vermietern zustande, die eine wirksame Willenserklärung abgegeben haben. Eine solche Annahme muß jedoch im Einzelfall sorgsam geprüft werden, da der Mieter wegen des Herausgabeanspruchs aus § 985 BGB grundsätzlich ein Interesse daran hat, den Mietvertrag mit all denjenigen abzuschließen, die ein dingliches Recht am Mietobjekt haben.[167] Allerdings hat der Mieter ohne einen Mietvertrag mit den restlichen Vermietern gar keine Sicherung. Zudem gibt es auch Konstellationen, in denen der Vermieter nicht auch Eigentümer der Mietsache ist, wie beispielsweise bei der Untermiete. Eine Pauschalaussage verbietet sich daher aus den genannten Gründen.

Um von vornherein eine Nichtigkeit des gesamten Mietvertrags zu vermeiden, wird oftmals auf eine sogenannte „Teilunwirksamkeitsklausel“ zurückgegriffen. Solche Klauseln sollen bewirken, daß ein in Teilen nichtiges Rechtsgeschäft in seinen übrigen Teilen gerettet wird.[168] Eine solche Klausel kann beispielsweise lauten: „Sollte eine oder mehrere Bestimmungen dieses Vertrages nicht wirksam sein, so wird die Gültigkeit der übrigen Bestimmungen nicht berührt.“[169] Gegen die

165 Soergel/*Hefermehl*, § 139 Rn. 23; BGH NJW 1962, 912, 913; RGZ 146, 234, 236.

166 So allgemein RGRK/*Krüger-Nieland/Zöller*, § 139, Rn. 31; Erman/*Palm*, § 139 Rn. 18; Palandt/*Heinrichs*, § 139 Rn. 11; MünchKomm/*Mayer-Maly/Busche*, § 139 Rn. 27.

167 So schon auf S. 55.

168 MünchKomm/*Mayer-Maly/Busche*, § 139 Rn. 5.

169 Formulierungsbeispiel aus *Sternel*, I Rn. 413. Unzulässig sind dagegen sogenannte salvatorische Klauseln, die die Parteien verpflichten, an Stelle der unwirksamen Regelung eine neue zu vereinbaren, *Sternel*, I Rn. 416; a.A. *Bub*, PiG 20 (1985), 45, 66.

Wirksamkeit solcher Klauseln bestehen grundsätzlich keine Bedenken, da ihre Folge dem § 306 Abs. 1 BGB (§ 6 Abs. 1 AGBG a.F.) entspricht und bei Wohnraummietverhältnissen als Regel anerkannt ist.[170] Jedoch kann unter Umständen trotz Vorhandenseins einer solchen Folgeregelung Gesamtnichtigkeit nach § 139 BGB anzunehmen sein. Dies ist insbesondere dann der Fall, wenn nicht nur eine Nebenabrede, sondern eine wesentliche Vertragsbestimmung unwirksam ist und durch eine Teilnichtigkeit der Gesamtcharakter des Vertrages verändert würde.[171] Bei der Bestimmung der Vertragsparteien handelt es sich wie bei Miethöhe, -dauer oder – gegenstand um wesentliche Vertragsbestimmungen, so daß die Teilunwirksamkeitsklausel auf den zugrunde liegenden Fall, daß eine Willenserklärung nur eines Vermieters einer Vermietermehrheit nichtig ist, nicht anwendbar ist.[172] Weiterhin ist zu beachten, daß solche Klauseln keine Regelung für den Fall der Nichtigkeit einer Willenserklärung eines Vermieters einer Vermietermehrheit darstellen, sondern nur welche für den Fall der Nichtigkeit einzelner Vertragsbestimmungen.[173] Dies bedeutet, daß eine Vertragsklausel erst Rechtswirkungen entfalten kann, wenn ein Vertrag wirksam entstanden ist, nicht aber wie im vorliegenden Fall, wenn bereits beim Vertragsschluß ein Fehler vorliegt. Die Auslegungsregel des § 139 BGB ist folglich auch bei Teilunwirksamkeitsklauseln nicht ausgeschlossen, weil keine Regelung durch die Vertragsparteien getroffen wurde, die der Vorschrift vorgehen würde.

Die soeben entwickelten grundsätzlichen Ausführungen sollen nun auf einzelne Unwirksamkeitsgründe angewendet werden.

cc. Mangelnde Geschäftsfähigkeit eines Vermieters

Keine besonderen Probleme ergeben sich, wenn ein Vermieter einer Vermietermehrheit gemäß §§ 104 f. BGB nicht geschäftsfähig oder gemäß §§ 106 ff. BGB nicht voll geschäftsfähig ist. Hier ist entsprechend dem oben Ausgeführten § 139 BGB anzuwenden. Es wird im Regelfall Gesamtnichtigkeit anzunehmen ist, da es dem Mieter wegen des Herausgabeanspruches aus § 985 BGB wichtig ist, mit allen Eigentümern oder sonst dinglich Berechtigten zu kontrahieren.

dd. Formnichtigkeit der Erklärung eines Vermieters

Ob ein Mietvertrag einer bestimmten Form bedarf, hängt zunächst von Mietgegenstand und Mietdauer ab. Für Grundstücks-, Wohnraum- und Raummietverträge, die für länger als ein Jahr geschlossen werden, schreiben die §§ 550 S. 1, 578 BGB Schriftform vor, ansonsten gilt der Vertrag als auf unbestimmte Zeit geschlossen. Alle anderen Mietverträge dagegen bedürfen entsprechend dem Grundsatz der Formlosigkeit obligatorischer Verträge, vgl. § 311 Abs. 1 BGB, keiner besonderen

170 *Sternel*, I Rn. 413; RGRK/*Gelhaar*, Vor § 535 Rn. 121.
171 BGH NJW 1996, 773, 774.
172 So auch *Behrens*, 78.
173 *Behrens*, 78.

Form, solange nichts anderes vereinbart ist. Wahren in letzterem Fall nicht alle Vermieter einer Vermietermehrheit die vereinbarte Schriftform, so ist zunächst anhand der §§ 125 S. 2, 127, 154 Abs. 2 BGB zu entscheiden, ob der Formmangel die Wirksamkeit des Rechtsgeschäfts überhaupt berührt. Erst wenn feststeht, daß nach diesen Vorschriften ein Teil des Vertrages formunwirksam ist, ist nach § 139 BGB zu entscheiden, ob dies Gesamtnichtigkeit des Vertrages nach sich zieht, oder ob der Mietvertrag zwischen den Parteien entsteht, die ihre Erklärungen formgerecht abgegeben haben.

Anders dagegen ist der Fall zu beurteilen, in denen § 550 S. 1 BGB die Schriftform vorschreibt. Wahrt hier ein beteiligter Vermieter die Schriftform nicht, so gilt der Vertrag gemäß § 550 S. 1 2. Hs BGB als für unbestimmte Zeit geschlossen. Fraglich ist dabei, ob die durch § 550 BGB vorgeschriebene Mietdauer für die gesamte Vermietermehrheit gilt oder ob nur der Vermieter, der die Schriftform nicht gewahrt hat, auf unbestimmte Zeit verpflichtet ist. Gegen letztere Annahme spricht bereits die Tatsache, daß es sich nicht um mehrere Verträge, sondern um einen einheitlichen Mietvertrag zwischen der Vermietermehrheit und dem Mieter handelt und § 550 S. 1 2. Hs BGB anordnet, daß „der Vertrag" als auf unbestimmte Zeit geschlossen gilt. Weiterhin spricht auch der Sinn und Zweck des § 550 BGB gegen eine solche Einschränkung: Hauptzweck des § 550 BGB ist nach fast allgemeiner Ansicht, daß der Grundstückserwerber, der nach § 566 BGB in den bestehenden Mietvertrag eintritt, die Möglichkeit hat, sich über den Umfang der auf ihn übergehenden Bindungen zu unterrichten.[174] Diese Möglichkeit besteht für den Erwerber gerade nicht, wenn er sich nicht sicher sein kann, ob der Mietvertrag für alle Vermieter einer Vermietermehrheit auf unbestimmte Zeit geschlossen gilt. Auch die teilweise dem § 550 BGB zugesprochene Beweisbarkeit längerfristiger Abreden zwischen den Parteien[175] und der dem Mieter durch Abänderung des § 125 BGB gewährleistete Mindestschutz bei formloser Vereinbarung längerfristiger Verträge[176] sprechen für diese Auslegung. Die Schriftform i.S.v. § 550 S. 1 BGB ist somit insgesamt nicht gewahrt, wenn einzelne Willenserklärungen nicht schriftlich erfolgt sind.[177]

ee. Anfechtung

Da auch beim Mietvertrag als einem Dauerschuldverhältnis eine Anfechtung vor Übergabe der Mietsache unstreitig zulässig ist und nach Übergabe von der vorherr-

---

174 Siehe dazu nur Staudinger/*Emmerich*, § 566 Rn. 2.

175 BGHZ 81, 46, 50 f.; OLG Schleswig ZMR 1971, 377, 377; OLG Düsseldorf ZMR 1995, 404, 405 = NJW-RR 1995, 1417; Staudinger/*Emmerich*, § 566 Rn. 3; Bub/Treier/*Heile*, Rn. II 727; *Heile* NJW 1991, 6, 10.

176 Staudinger/*Emmerich*, § 566 Rn. 3; *Sternel*, I Rn. 191, 200; a.A. *Heile*, NJW 1991, 6, 10 f.

177 OLG Rostock, NJW-RR 2001, 514, 514 = ZMR 2001, 29 = NZM 2001, 46.

schenden Meinung[178] ebenfalls als möglich angesehen wird, ist bei Vorliegen eines Irrtums nach § 119 BGB oder arglistiger Täuschung oder Drohung nach § 123 BGB an eine Anfechtung nach § 142 BGB zu denken. Bei einer Vermietermehrheit kann diese einmal als Anfechtungsberechtigte und einmal als Anfechtungsgegnerin auftreten.

(1) Die Vermietermehrheit als Anfechtungsberechtigte

Das Recht, eine Willenserklärung anzufechten, steht in der Regel demjenigen zu, in dessen Person der Anfechtungstatbestand gegeben ist.[179] Sind dies im Falle der Vermietermehrheit mehrere Personen, so ist nach der Rechtsprechung des Reichsgerichts[180], die auch in der Literatur Zustimmung gefunden hat[181], jede für sich anfechtungsberechtigt. Die Anfechtung wirkt nur für und gegen den Anfechtenden. Etwas anderes gilt lediglich bei der ehelichen Gütergemeinschaft. Zwar kann ein Rechtsgeschäft, das von den Ehegatten gemeinsam vorgenommen wurde, von dem Ehegatten, in dessen Person der Anfechtungsgrund besteht, angefochten werden, wenn auch nur bei einem Ehegatten ein Willensmangel vorlag.[182] Jedoch wird durch die Anfechtung eines Ehegatten das gesamte Rechtsgeschäft vernichtet. Es bleibt nicht für den Ehegatten, der keinen Anfechtungsgrund hatte, mit der Haftung seines Vorbehalts- oder Sonderguts wirksam.

Abgesehen vom Fall der Gütergemeinschaft bedeutet dies, daß jeder Vermieter, der einen Anfechtungsgrund hat, ohne Mitwirkung der restlichen Vermieter selbständig anfechten kann. Ob das Mietverhältnis unter den restlichen Vermietern fortbesteht, bestimmt sich dann nach § 139 BGB.[183] Fraglich ist jedoch, ob sich aus der Besonderheit des zwischen den Vermietern bestehenden Verhältnisses in bestimmten Fällen die Notwendigkeit einer Anfechtung durch alle anfechtungsberechtigten Personen ergeben kann.[184] In diesem Zusammenhang ist auf ein Urteil des Reichsgerichtes[185] einzugehen, in dem entschieden wurde, daß ein einzelner Erbe

178 *Gitter*, § 3 B V 1; MünchKomm/*Mayer-Maly/Busche*, § 142, Rn. 15; KG MDR 1967, 404, 404; LG Kassel ZMR 1967, 133, 133; LG Nürnberg-Fürth, MDR 1966, 1003, 1003 f. m. Anm. *Weimar*; Staudinger/*Emmerich*, Vorbem zu §§ 535, 536 Rn. 182; Palandt/*Heinrichs*, Einf v. § 145, Rn. 29; LG Trier MDR 1990, 342, 342; a.A. Erman[9]/*Brox*, § 142 Rn. 10; *Roquette*, Vorbem §§ 537 – 543, Rn. 16 ff.; LG Nürnberg-Fürth MDR 1966, 1003, 1003 f.; *Brox*, Irrtumsanfechtung, 237, 274; *Sternel*, I Rn. 242.

179 Erman/*Palm*, § 143 Rn. 4.

180 RGZ 56, 423, 424; 65, 399, 405.

181 *Flume* II, § 31 4; Soergel/*Hefermehl*, § 143, Rn. 7; *Ennecerus/Nipperdey*, § 203 III 3; Staudinger/*Roth*, § 143 Rn. 15; Erman/*Palm*, § 143, Rn. 4; RGRK/*Krüger-Nieland/Zöller*, 143, Rn. 11; a.A. *Hellwig*, 189, der § 356 BGB analog anwendet.

182 MünchKomm/*Kanzleiter*, § 1450 Rn. 15; RGRK/*Finke*, § 1450 Rn. 6; Soergel/*Gaul*, § 1450 Rn. 13; Staudinger/*Thiele*, § 1450 Rn. 15.

183 Vgl. *Flume* II, § 31 4 und oben auf S. 59.

184 Vgl. Erman/*Palm*, § 143 Rn. 4; RGZ 107, 238, 239; BGH NJW 1951, 308, 308.

185 RGZ 107, 238, 239.

einer Miterbengemeinschaft einen vom Erblasser geschlossenen Kaufvertrag wegen Irrtums des Erblassers nicht gemäß §§ 119 ff. BGB anfechten kann. Eine Anfechtung ist in diesem Fall nur möglich, wenn die Miterben sie gemeinsam ausüben. Begründet wurde die Entscheidung damit, daß die Anfechtung ein Gestaltungsrecht darstellt, das nicht unter § 2039 BGB fällt, sondern gemäß den in §§ 2032 Abs. 1, 2038 Abs. 1 S. 1, 2040 Abs. 1 BGB ausgesprochenen Grundsätzen nur von den Miterben gemeinschaftlich ausgeübt werden kann. Nichts anderes kann sich für den Fall ergeben, daß der Erblasser statt eines Kauf- einen Mietvertrag abgeschlossen hat, so daß eine Anfechtung nach §§ 119 ff. BGB nur gemeinsam von den Miterben als Vermietermehrheit ausgeübt werden kann.[186] Dies steht nicht im Widerspruch dazu, daß der Irrende, Bedrohte oder Getäuschte grundsätzlich selbständig anfechten kann, denn im letzten Fall wurde der Erblasser getäuscht, bedroht oder hat sich geirrt und nicht der Anfechtende selbst. Es ist festzuhalten, daß eine Anfechtung einer Erbengemeinschaft als Vermieter nur gemeinschaftlich möglich ist, wenn der Anfechtungsgrund in der Person des Erblassers begründet war.

(2) Die Vermietermehrheit als Anfechtungsgegner

Ebenso kann sich die Situation ergeben, daß eine Vermietermehrheit Anfechtungsgegner ist, nämlich wenn dem Mieter ein Anfechtungsgrund gegen die Vermietermehrheit zusteht. Hier ist zweierlei problematisch: Muß die Anfechtung gegenüber allen Vermietern der Vermietermehrheit erfolgen, und welche rechtlichen Konsequenzen zieht es nach sich, wenn der Anfechtungsgrund nicht gegenüber allen Vermietern der Vermietermehrheit besteht?

Die Frage, ob es möglich ist, eine Anfechtung gegenüber einzelnen Vermietern zu erklären und die Anfechtungswirkung auf diese zu beschränken, wird teilweise bejaht. Die Auswirkung auf die restlichen Vertragsbeteiligten soll sich dann nach § 139 BGB bestimmen.[187] Hiergegen wendet *Behrens*[188] überzeugend ein, daß eine Vertragspartei, die mit einer Personenmehrheit einen Vertrag abschließt, nicht so viele Willenserklärungen abgibt wie Personen auf der anderen Vertragsseite beteiligt sind, sondern nur eine Willenserklärung, die gemäß § 130 Abs. 1 S. 1 BGB jedem einzelnen der Personenmehrheit zugehen muß. Ficht im vorliegenden Fall der Einzelmieter seine Willenserklärung an, kann dies nur gegenüber der gesamten Vermietermehrheit erfolgen, mit der Folge, daß das gesamte Mietverhältnis gemäß § 142 Abs. 1 BGB ex tunc nichtig ist.

---

186 Vgl. Palandt/*Edenhofer*, § 2039, Rn. 4; Palandt/*Heinrichs*, § 143 Rn. 4; Erman/*Schlüter*, § 2039 Rn. 4; MünchKomm/*Dütz*, § 2039, Rn. 9; Staudinger/*Werner*, § 2039 Rn. 14; Staudinger[12]/*Dilcher*, § 143 Rn. 15; Soergel/*Hefermehl*, § 143 Rn. 7; BGHZ 108, 21, 30; BGHZ 14, 251, 254.

187 Allgemein zur Anfechtung gegenüber mehreren Anfechtungsgegnern Staudinger[12]/*Dilcher*, § 143 Rn. 16; *Enneccerus/Nipperdey* § 203 III 3 c Fn. 22; Erman[6]/*Westermann* Rn. 5; RGZ 65, 399, 404; 71, 199, 203.

188 *Behrens*, 82.

Eine Ausnahme von diesem Grundsatz könnte sich unter dem Aspekt der Teilbarkeit des Mietvertrages ergeben. Eine isolierte Anfechtung gegenüber einem Vermieter soll auch nach der Ansicht, die grundsätzlich eine Anfechtung gegenüber allen beteiligten Anfechtungsgegner fordert, möglich sein, wenn sich das Geschäft seiner Natur nach aufteilen läßt.[189] Dies soll der Fall sein, wenn das durch das Rechtsgeschäft begründete Rechtsverhältnis der anderen Geschäftspartner durch die isolierte Anfechtung nicht betroffen wird.[190] Davon ist aber bei der Vermietung durch mehrere nicht auszugehen, da der Mieter gegebenenfalls Herausgabeansprüchen nach § 985 BGB ausgesetzt sein kann und die restlichen Vermieter sich dem Mieter gegenüber schadensersatzpflichtig machen können.

Ist die Anfechtung damit allen Vermietern gegenüber zu erklären, ergibt sich die zweite Frage, wie es zu bewerten ist, wenn ein Anfechtungsgrund nur gegenüber einzelnen Vermietern der Vermietermehrheit besteht. Dies ist denkbar, wenn nur ein Vermieter der Vermietermehrheit i.S.d. § 123 BGB beispielsweise über die Größe der Mietwohnung getäuscht hat. In diesem Fall wird in der Literatur teilweise eine Anfechtung gänzlich ausgeschlossen,[191] oder aber für möglich mit einer Anwendung des § 139 BGB erklärt[192], jedoch ohne überzeugende Argumentation. Eine solche findet sich bei *Behrens*[193], der die Frage als ein Kausalitätsproblem auffaßt. Eine Anfechtung gegenüber allen Anfechtungsgegnern sei dann möglich, wenn die Drohung oder Täuschung i.S.d. § 123 BGB oder der Irrtum i.S.d. § 119 Abs. 2 BGB auf die Abgabe der Willenserklärung des Anfechtungsberechtigten Einfluß hatte. Dies bedeutet im obigen Beispiel über die Täuschung der Wohnungsgröße, daß eine Anfechtung des Mietvertrags möglich ist, wenn der Mieter mit den anderen Vermietern nicht weiter über die Größe der Wohnung gesprochen hat und diese auch keine anderslautenden Angaben gemacht haben. Dieses Ergebnis ist interessengerecht, da es dem Mieter zuzumuten ist, am Vertrag festgehalten zu werden, wenn die genaue Wohnungsgröße für ihn zumindest in gewissem Ausmaß unerheblich für den Vertragsschluß war oder er sich aufgrund unterschiedlicher Angaben der Vermieter nicht auf bestimmte Größen verlassen durfte.

f. Fehlende Unterschrift des im Rubrum mitgenannten Vermieters

Besonders bei der Vermietung von Wohnraum vollzieht sich der Vertragsschluß häufig derart, daß ein bereits ausformulierter Vertragstext von beiden Parteien unterzeichnet wird. Der Abschluß von Mietverträgen unter Verwendung solcher Vertragsformulare, die von den Interessenverbänden der Vermieter oder von Großver-

---

189 Soergel/*Hefermehl*, § 143 Rn. 8; *Flume* II § 31 5 d; Staudinger/*Roth*, § 143 Rn. 24.

190 *Flume* II, § 31 5 d.

191 *Flume* II, § 31 5 d; Soergel/*Hefermehl*, § 143 Rn. 8; beide allgemein zu Rechtsbeziehungen mit Beteiligung mehrerer mit der Ausnahme, wenn das Rechtsgeschäft teilbar ist.

192 Staudinger[12]/*Dilcher*, § 143 Rn. 16; RGRK/*Krüger-Nieland/Zöller*, § 143 Rn. 19.

193 *Behrens*, 82 f.

mietern herausgegeben werden, ist heute der Normalfall in der Praxis.[194] Die Formulierung kann auch durch eine Vertragspartei, einen unbeteiligten Dritten, durch Verwendung eines Formularbuches oder durch eine Behörde erfolgen. Daher stellen auch der vom Bundesminister der Justiz herausgegebene Mustermietvertrag von 1976[195] und der deutsche Einheitsmietvertrag von 1934[196], Formularverträge dar.[197] Gerade bei der Verwendung von Formularverträgen, aber auch bei der Zustimmung zu Individualvereinbarungen durch Unterzeichnung eines Vertragstextes ergeben sich in der Praxis regelmäßig Probleme, welche die Frage nach den Parteien des Mietvertrags betreffen.

Eine mögliche Fehlerkonstellation in der Praxis bei der Verwendung von Vertragstexten sieht so aus, daß ein im Mietvertrag als Vermieter mit aufgeführter Eigentümer den Mietvertrag nicht unterzeichnet.[198] Hier stellt sich die Frage, wer Vermieter geworden ist. Das Landgericht Hamburg geht in diesem Fall davon aus, daß auch der nicht unterzeichnende Eigentümer Mitvermieter wird, wenn der unterzeichnende Eigentümer von ihm bevollmächtigt war, sämtliche mit dem Grundbesitz zusammenhängende Geschäfte vorzunehmen.[199] Diese Vollmacht gelte gleichermaßen für den Abschluß eines Mietvertrages. Zudem sei das Vorliegen der Vollmacht dadurch, daß beide Eigentümer im Vertragskopf aufgeführt seien, genügend zum Ausdruck gekommen. Fraglich ist jedoch, ob allein das tatsächliche Vorliegen einer Vollmacht ausreichend ist, oder ob sich auch aus den Umständen des Falles ergeben muß, daß eine solche Bevollmächtigung vorlag. In letzterer Weise könnte *Scholz*[200] verstanden werden, wenn er eine Stellung des nicht Unterzeichnenden als Vertragspartei ablehnt, da keine Anhaltspunkte für eine Bevollmächtigung vorlägen. Ein solcher Anhalt ergäbe sich nach seiner Ansicht erst, wenn beispielsweise beide im Rubrum erwähnten Personen bei der Besichtigung der Wohnung und anschließend bei der Unterzeichnung anwesend waren.[201] Diese Interpretation entspricht der Formulierung des § 164 Abs. 2 S. 2 BGB, der die Anforderungen an das Offenkundigkeitsprinzip nur als gewahrt ansieht, wenn sich aus den Umständen ergibt, daß die Erklärung in fremden Namen erfolgen soll. Das Vorliegen einer Vollmacht in Verbindung mit der Nennung im Rubrum erfüllt diese Anforderungen entgegen der Ansicht des LG Hamburg allein noch nicht.

---

194 *Sternel*, I Rn. 307.

195 Beilage 2/76 zum Bundesanzeiger Nr. 22 vom 3. Februar 1976, abgedruckt in Soergel/*Kummer*, § 535 Rn. 200 ff.

196 Soergel/*Metzger*[10], § 535 Rn. 62 ff., der DEMV ist als Vertragsmuster durch das Erste Gesetz zur Änderung mietrechtlicher Vorschriften (v. 29.07.1963, BGBl. I, 505) und das Zweite Gesetz zur Änderung mietrechtlicher Vorschriften (v. 14.07.1964, BGBl. I, 457) überholt oder zum Teil Gesetz geworden.

197 *Sternel*, I Rn. 311.

198 Vgl. LG Hamburg WuM 1994, 423, 423 f.

199 LG Hamburg, WuM 1994, 423, 423 f.

200 *Scholz*, WuM 1986, 5, 5, am Beispiel einer Mietermehrheit.

201 *Scholz*, WuM 1986, 5, 5 am Beispiel einer Mietermehrheit.

Diese Auffassung stützt auch das Urteil des LG Berlin, das zu entscheiden hatte, ob der Umstand, daß im Kopf des Mietvertrags der Verwalter des Hauseigentümers mit dem Zusatz „Hausverwaltung" als Vermieter angegeben ist, ausreichend für die Annahme ist, daß der Verwalter den Mietvertrag als Vertreter des Hauseigentümers für diesen geschlossen hat.[202] Unter Hinweis auf § 164 Abs. 2 BGB lehnt das LG Berlin diese Aussage ab, denn ohne das Hinzutreten weiterer Umstände, die auf ein Handeln als Hausverwaltung hindeuteten, sei der etwa vorhandene Wille, im Namen des Hauseigentümers zu handeln, nicht erkennbar hervorgetreten und damit unbeachtlich. Fraglich ist, ob sich daraus ergibt, daß in diesem Fall zumindest der Unterzeichnende Vermieter wird. Die Situation ist vergleichbar mit der oben dargestellten Konstellation,[203] daß ein Vermieter das Vertragsangebot des Mieters ablehnt beziehungsweise nicht annimmt. Hat der Mieter eindeutig eine Willenserklärung abgegeben, die darauf abzielte, einen Mietvertrag mit allen im Rubrum genannten Personen abzuschließen, so muß man einen Vertragsschluß mangels Vorliegen der notwenigen Willenserklärungen aller Beteiligten ablehnen. Das bedeutet, daß kein wirksamer Mietvertrag zustande gekommen ist und folglich weder die im Rubrum benannten Personen insgesamt noch der Unterzeichnende allein Vermieter geworden sind. Um allerdings einen vertragslosen Zustand zu vermeiden, ist es möglich, die Unterschrift des Vermieters in ein modifiziertes Angebot gemäß § 150 Abs. 2 BGB umzudeuten, das der Mieter seinerseits durch seine Erklärung annehmen kann. Sieht man in der Unterzeichnung des Mietvertrages keine Annahme des modifizierten Angebotes, weil die Erklärung des Mieters eindeutig alle im Rubrum aufgezählten Personen erfaßte, so könnte man zumindest in der Inbesitznahme des Mieters, beispielsweise durch Einzug in die Wohnung, eine konkludente Annahme sehen. Hier wird allerdings die Schriftform des § 550 BGB nicht gewahrt sein, so daß bei Grundstücken regelmäßig ein unbefristeter Mietvertrag zustande kommt. Auf die beschriebene Weise wird nur der Unterzeichnende Vermieter, nicht die übrigen im Rubrum benannten Personen.

Im Rahmen dieser Problematik ist weiterhin ein in jüngster Zeit vom OLG Rostock[204] ergangenes Urteil zu beachten. Das OLG Rostock hat festgestellt, daß das Schriftformerfordernis nach § 550 S. 1 BGB nicht gewahrt sei, wenn die Vollmacht des Unterzeichners nicht aus objektiven, außerhalb der Urkunde liegenden Umständen hervorgehe. In erster Linie betrifft das Urteil somit die Frage, ob das Schriftformerfordernis gewahrt ist, wenn bei einer Vermietermehrheit nicht alle Erklärungen schriftlich abgegeben wurden. Diese Problematik wurde bereits angesprochen und im Sinne des OLG Rostock bewertet.[205] Insofern ist der Entscheidung

---

202 LG Berlin, WuM 1987, 49, 49.

203 Siehe oben auf S. 54 und 55.

204 OLG Rostock, NJW-RR 2001, 514, 514 f.; das Urteil erging vor dem Grundsatzurteil des BGH zur Teilrechtsfähigkeit der GbR, BGHZ 146, 341, 341 ff. und hält die Vermieter-GbR nach der damals vorherrschenden Ansicht für nicht rechtsfähig und damit für eine Vermietermehrheit.

205 Siehe oben auf S. 60.

zuzustimmen. Allerdings sagt das OLG Rostock daneben auch etwas über die Vertragsparteien aus, wenn ein im Rubrum benannter Vermieter den Mietvertrag nicht unterschreibt. Würden nämlich zwei Vermieter im Rubrum genannt und unterschreibe dann nur der eine von ihnen den Vertrag, sei die gemäß § 550 BGB geforderte Schriftform nur unter den genannten Voraussetzungen gewahrt. Das bedeutet aber, daß das OLG Rostock stillschweigend voraussetzt, daß der Mietvertrag mit der Beteiligung der im Eingangstext genannten Personen als Vermieter zustande kommt. Denn nur dann stellt sich die Frage, ob die in § 550 BGB geforderte Schriftform eingehalten wurde, obwohl nicht alle genannten Vermieter unterzeichnet haben. Ob alle im Rubrum genannten Personen auch Vermieter geworden sind, hat das OLG Rostock aber gerade nicht geprüft.[206] Die Argumentationskette des OLG Rostock ist also unvollständig. Es hätten vielmehr noch Ausführungen dazu gemacht werden müssen, ob vor der schriftlichen Unterzeichnung bereits alle Erklärungen mündlich erteilt wurden, oder ob Stellvertretung nach §§ 164 ff. BGB vorlag. Für die Annahme einer Stellvertretung hätte auch hier, wie gerade ausgeführt, aus den Umständen erkennbar sein müssen, daß die Erklärung im fremden Namen abgegeben wurde.

g. Unterschrift eines nicht im Rubrum aufgeführten Vermieters

Sozusagen umgekehrt liegt der Fall, wenn ein Vermieter nicht im Rubrum oder sonst im Vertragstext mit aufgeführt ist, er jedoch den Vertrag unterschreibt. Ein solcher Fall scheint dem Urteil des LG Schweinfurt[207] zugrunde gelegen zu haben. Der Ehemann der im Rubrum als Vermieterin angegebenen Klägerin hatte den Mietvertrag unterschrieben und soll nach Ansicht des LG Schweinfurt dadurch neben seiner Frau Vermieter geworden sein.[208] Dieses Ergebnis ließe sich begründen, wenn man die Erklärung des Mieters dahingehend auslegen könnte, daß er auch den zusätzlich unterschreibenden Vermieter als Vertragspartner akzeptieren wollte. Eine solche Auslegung könnte sich ergeben, wenn der Mietvertrag im Beisein beider Parteien unterzeichnet wurde und somit sowohl der im Rubrum genannte als auch der nicht im Vertragstext erwähnte Vermieter bei der Unterschrift des Mieters anwesend waren. Die Erklärung des Mieters ließe sich in diesem Fall dahin gehend verstehen, daß er beide Personen als Vermieter angesehen hat, weil ihm die Divergenz von Rubrum und Unterschrift vielleicht gar nicht aufgefallen ist.[209] Dies ist jedoch nicht

206 OLG Rostock, NJW-RR 2001, 514, 514: „Geben auf Vermieterseite mehrere die auf Vertragsschluß abzielenden Willenserklärungen ab, so sind diese Erklärungen der mehreren Vermieter in Schriftform abzugeben. Dies erfordert grundsätzlich die Unterschrift sämtlicher – hier beider – Vermieter [...]."

207 LG Schweinfurt, WuM 1989, 362, 362.

208 Ob auch die Klägerin den Mietvertrag unterschrieben hat, bleibt aufgrund der Einlassung, die Klägerin habe ihren Ehemann dazu bevollmächtigt, fraglich, siehe LG Schweinfurt, WuM 1989, 362, 362.

209 *Scholz*, WuM 1986, 5, 5.

zwingend. Verdeutlicht man sich den Normalfall des Vertragsschlusses, so erscheint es grundsätzlich näherliegend, daß bei Abfassung der Vertragsurkunde die Parteien grundsätzlich davon ausgehen, daß der im Rubrum genannte Vermieter alleiniger Vermieter wird. Dies liegt daran, daß die Parteien in der Regel den Vertrag nicht im Beisein der anderen Vertragspartei unterschreiben. Vielmehr wird in der Praxis dem Mieter die Vertragsurkunde in zweifacher Ausfertigung per Post zugeschickt wird, der Mieter unterschreibt und schickt den für den Vermieter bestimmten Vertrag an diesen zurück. Die Erklärung des Mieters ist in diesem Fall nur darauf gerichtet, den im Rubrum genannten Vermieter als Vertragspartner anzuerkennen. Die Unterschrift des weiteren Vermieters ändert an dieser Tatsache nichts. Man könnte daher argumentieren, daß die Erklärung des nicht genannten Vermieters keine rechtliche Bedeutung habe und nur der im Rubrum aufgeführte Vermieter, der den Vertrag auch unterschrieben haben muß, Vertragspartei geworden sei. Dagegen spricht jedoch die Regelung in § 150 Abs. 2 BGB. Wie bei der Annahme eines Vertragsangebots durch mehr Vermieter, als vom Mieter angesprochen,[210] sind die Erklärungen als Ablehnung verbunden mit einem neuen Angebot zu werten. Die Annahme dieses modifizierten Angebots wird in der Regel konkludent im Einzug des Mieters liegen. Damit sind alle Personen, die den Vertrag unterschrieben haben, Vermieter geworden. Das Schriftformerfordernis in § 550 S. 1 BGB wirft in dieser Konstellation keine Probleme auf, da alle Vermieter auch unterschrieben haben.

h. Einzelne Formularklauseln zur rechtsgeschäftlichen Gestaltung bei Personenmehrheiten

Die genannten Beispiele zeigen, daß durch Fehler beim Ausarbeiten des Mietvertrages in der Praxis immer wieder Zweifel aufkommen können, wer Vermieter geworden ist. Ist dem Mieter nicht klar, ob sein Vermieter eine Einzelperson oder eine Personenmehrheit ist, weil im Rubrum oder bei den Unterschriften mehrere Personen aufgetreten sind, so ist ihm lapidar nur zu raten, lieber eine Erklärung zu viel abzugeben, als eine zu wenig. Das heißt, er sollte seine Erklärungen immer an alle Personen richten, die als potentielle Vermieter in Betracht kommen.[211] Um den dargestellten Schwierigkeiten von vornherein zu begegnen, werden von den Vermietern in der Praxis häufig Klauseln in den Mietvertrag aufgenommen, die sogenannte Empfangsvollmachten auf Seiten der Mieter enthalten.[212] Solche Klauseln gibt es in verschiedenen Ausgestaltungen, wobei zu einigen bereits zahlreiche Rechtsentscheide ergangen sind, allerdings ohne eine verbindliche Klärung der Rechtslage zu erreichen.[213] Entsprechende Klauseln, wonach mehrere Vermieter sich gegenseitig zur Entgegennahme von Erklärungen des Mieters bevollmächtigen, finden sich in der Praxis aufgrund der immer noch wirtschaftlich und sozial überlegenen Position des Vermieters im Bereich der Wohnraummieter jedoch nicht.

210 Siehe oben auf S. 56.
211 So *Scholz*, WuM 1986, 5, 5.
212 Statt vieler *Sternel*, I Rn. 402 ff.; vgl. auch § 16 Mustermietvertrag (Fn. 195).
213 *Schmidt-Futterer/Blank*, B 44a.

II. Durch Vertragsübernahme

Neben der oben dargestellten Begründung eines Mietverhältnis mit der sofortigen Beteiligung mehrerer Vermieter ist es auch möglich, ein Mietverhältnis, das zunächst nur mit einem einzelnen Vermieter geschlossen war, durch Eintritt eines weiteren Vermieters oder einer Vermietermehrheit zu einem Mietverhältnis mit der Beteiligung mehrerer Vermieter zu erweitern. Dieser Eintritt ist durch Vertragsübernahme einer Personenmehrheit denkbar. Ein Parteiwechsel durch Vertragsübernahme einer Personenmehrheit hinsichtlich unbeweglicher Mietsachen kommt in der Praxis aufgrund der Sondervorschrift des § 566 BGB auf Vermieterseite selten vor. Vielmehr ist hier an die Fälle zu denken, in denen ein Mieter seine vorzeitige Entlassung aus dem Mietvertrag unter Stellung eines Ersatzmieters anstrebt. Dennoch ist auch auf der Vermieterseite eine solche Vertragsübernahme grundsätzlich möglich und insbesondere bei der Veräußerung beweglicher Mietsachen erforderlich, da eine dem § 566 BGB entsprechende Vorschrift für bewegliche Sachen, die einen Eintritt des Erwerbers in das Mietverhältnis vorschreibt, fehlt. Aber auch bei Immobilien kommt es gelegentlich zu einer rechtsgeschäftlichen Vertragsübernahme auf Vermieterseite. So liegt es beispielsweise, wenn ein Eigentümer einer Vermietungsgesellschaft die Verwaltung und Fortführung eines von ihm begründeten Mietverhältnisses über eine Immobilie übertragen will,[214] weil er die mit einer Vermietung verbundenen Abwicklungen nicht mehr leisten kann oder will.

Grundsätzlich setzt die rechtsgeschäftliche wie die gesetzliche Vertragsübernahme und die Vertragsübernahme kraft richterlicher Gestaltung einen bestehenden Vertrag voraus, wobei eine Vertragspartei durch eine neue Partei ersetzt wird.[215] Daraus folgt, daß bei einer Vertragsübernahme zwingend drei Vertragsparteien beteiligt sind. Im Fall der Übernahme eines Mietverhältnisses durch eine Vermietermehrheit sind die Übernehmer die Vermietermehrheit, der ehemalige Vermieter ausscheidender Teil und der Mieter der verbleibende Teil. Gesetzlich geregelt ist die rechtsgeschäftliche Vertragsübernahme nicht, jedoch besteht Einigkeit darüber, daß sie mehr ist als eine bloße Addition von Abtretung und Schuldübernahme. Auch die dogmatische Konstruktion ist weitgehend geklärt.[216] Unabhängig davon, ob die rechtsgeschäftliche Vertragsübernahme durch dreiseitigen Vertrag oder durch Vertrag zwischen zwei beteiligten Vertragsparteien unter Zustimmung des dritten Teils erfolgt, ist damit wie bei der vertraglichen Begründung eine Willenserklärung jeder einzelnen beteiligten Person notwendig.[217]

Auch nach den Grundsätzen über die rechtsgeschäftliche Vertragsübernahme muß der Fall beurteilt werden, daß einzelne Personen nachträglich in ein mit einem Einzelvermieter bestehendes Mietverhältnis als Mitvermieter aufgenommen werden.

---

214 *Derleder*, JZ 1997, 981, 981 f.

215 Kurz formuliert als Auswechslung eines Vertragspartners von *Medicus*, SR I, Rn. 751.

216 Vgl. dazu nur *Pöggeler*, JA 1995, 641, 642 ff.

217 Vgl. dazu die Ausführungen zur vertraglichen Begründung auf S. 52 ff.

Ein solches Bedürfnis kann bestehen, wenn ein Miteigentümer, der nicht am Vertragsschluß beteiligt war, in den Vertrag mit eintreten soll.

C. Gesetzliche Entstehung

Neben der vertraglichen Entstehung von Mietverhältnissen unter Beteiligung mehrerer Vermieter ist auch die gesetzliche Entstehung denkbar. Allerdings kann die erstmalige Begründung eines solchen Mietverhältnisses nur rechtsgeschäftlich, nicht aber gesetzlich herbeigeführt werden. Ein gesetzlicher Tatbestand, bei dessen Vorliegen ein Mietverhältnis mit Beteiligung mehrerer Vermieter entsteht, existiert nicht. Die gesetzliche Entstehung ist somit nur aufgrund von Rechtsnachfolge möglich. Hierbei handelt es sich um den vom Gesetz bei Vorliegen eines bestimmten Tatbestandes angeordneten zusätzlichen Eintritt einer oder mehrerer Personen in das bestehende Mietverhältnis. Dies kann durch Einzel- oder Gesamtrechtsnachfolge erfolgen.

I. Gesamtrechtsnachfolge gemäß §§ 1922, 1967 BGB

Ein Eintritt im Wege der Gesamtrechtsnachfolge gemäß §§ 1922, 1967, 2032, 2058 BGB ist möglich, wenn der Vermieter stirbt und von mehreren Erben, das heißt einer Erbengemeinschaft, beerbt wird. Der Gesetzgeber hat sich mit der Regelung des Erbrechts im BGB dafür entschieden, daß die Rechte und Pflichten, die durch den Tod des Erblassers ihr bisheriges Zuordnungsobjekt verloren haben, grundsätzlich nicht untergehen, sondern auf eine oder mehrere andere Personen übergehen. Nach § 1922 Abs. 1 BGB erfolgt der Übergang des Vermögens des Erblassers auf den oder die Erben mit dem Zeitpunkt des Todes ohne rechtliche Zwischenschritte. Man spricht vom sogenannten Vonselbsterwerb, der jedoch durch den Erben im Wege der Ausschlagung rückgängig gemacht werden kann. Allerdings wird der Erbe nicht nur Inhaber des Vermögens, sondern er tritt auch in alle nicht an den individuellen Pflichtträger geknüpfte Rechte und Pflichten ein. Der Inhalt der Rechts- und Pflichtverhältnisse, die der Erbe fortführt, bleibt der gleiche, wie er beim Erbfall war.[218]

Das gleiche gilt, wenn die Erbschaft nach § 2032 BGB auf mehrere Miterben übergeht. Der Nachlaß wird gemäß § 2032 Abs. 1 BGB gemeinschaftliches Vermögen aller Miterben. Genauso wie beim Abschluß eines Mietvertrags gehören die sich aus dem geerbten Mietverhältnis ergebenen Ansprüche dann in das Gesamthandsvermögen und stehen allen Miterben gemeinschaftlich zu.[219] Folglich entsteht mit dem Todesfall des Erblassers eine Vermietermehrheit bestehend aus den einzelnen Personen der Miterbengemeinschaft, wenn der Erblasser als Vermieter einen Mietvertrag abgeschlossen hatte. Da jedem Erben jedoch das Recht zusteht, die Erbschaft gemäß § 1942 Abs. 1 BGB auszuschlagen, entsteht bis zur endgültigen Annahme

218 Ausführlich dazu Staudinger/*Marotzke*, § 1922, Rn. 41 ff.
219 *Sonnenschein*, FS für Kraft, 607, 614.

ein Schwebezustand, der erst durch die Annahme der Erbschaft beseitigt wird.[220] Erfolgt die Annahme durch alle Miterben, so entstehen keine Schwierigkeiten. Alle Miterben rücken in die Vermieterposition ein.

Fraglich ist, was passiert, wenn einer der Miterben die Erbschaft ausschlägt. Jeder Erbe hat die Möglichkeit, durch öffentlich beglaubigte Erklärung gegenüber dem Nachlaßgericht nach Eintritt des Erbfalls innerhalb von sechs Wochen die Erbschaft auszuschlagen. Der Anfall der Erbschaft an ihn gilt dann als nicht erfolgt. Damit fingiert das Gesetz, daß der Ausschlagende die Erbschaft nie erhalten hat.[221] Die Rechtsstellung des Ausschlagenden ist daher eindeutig: Er verliert seine vorläufige Rechtsstellung und damit auch seine Vermieterstellung. Bestand die Miterbengemeinschaft nur aus dem Ausschlagenden und einem weiteren Erben, der die Erbschaft angenommen hat, so fragt sich, ob dieser Erbe nun alleiniger Vermieter wird. Das hängt davon ab, welche Auswirkungen die Ausschlagung auf den Nachlaß hat. Nach § 1953 Abs. 2 BGB fällt die Erbschaft demjenigen zu, der berufen wäre, wenn der Ausschlagende zur Zeit des Erbfalls nicht gelebt hätte, das heißt, er wird behandelt, als ob er bereits vorverstorben wäre. Dabei wird gemäß § 1953 Abs. 2 2. Hs BGB fingiert, daß der Anfall mit dem Erbfall erfolgt ist. Nächstberufener Erbe ist daher zunächst der Ersatzerbe gemäß § 2096 BGB.[222] Hat der Erblasser einen solchen benannt, wird der Ersatzerbe zunächst vorläufiger Erbe und – wenn er die Erbschaft annimmt – endgültiger Erbe. Folglich würde im Beispielsfall eine Vermietermehrheit entstehen. Hat der Erblasser keinen Ersatzerben benannt, gilt bei der gewillkürten Erbfolge das Prinzip der Anwachsung gemäß §§ 1924 ff., 1935, 2094 BGB, wenn sich auch durch Auslegung kein Eintritt der Abkömmlinge des Ausschlagenden ergibt. Im gewählten Beispielsfall würde der Erbe folglich Alleinerbe und damit alleiniger Vermieter. Bei der gesetzlichen Erbfolge fällt der Erbteil gemäß § 1925 Abs. 3 S. 1 BGB an die erbberechtigten Abkömmlinge des Ausschlagenden (sogenanntes Eintrittsrecht). Das bedeutet, daß die Abkömmlinge, wenn sie nicht ihrerseits ausschlagen, Miterben und damit Mitvermieter werden, so daß eine Vermietermehrheit entsteht. Hatte der Ausschlagende keine Abkömmlinge und fehlen auch Angehörige der nächsten Ordnung,[223] erhöht sich der Anteil der übrigen Miterben der gleichen Ordnung entsprechend der §§ 1924 ff., 1935 BGB. Im Beispielsfall wäre der verbleibende Miterbe, der die Erbschaft angenommen hat, folglich Alleinerbe und damit Einzelvermieter.

Neben der Gesamtrechtsnachfolge aufgrund von §§ 1922, 1967 BGB kennt das BGB noch zwei mietrechtliche Sondervorschriften, die eine gesetzliche Einzelrechtsnachfolge anordnen, nämlich § 566 BGB und § 565 BGB.

---

220 *Brox*, Erbrecht, Rn. 301.

221 *Brox*, Erbrecht, Rn. 299.

222 Soergel/*Stein*, § 1953, Rn. 5.

223 *Brox*, Erbrecht, Rn. 300; Soergel/*Stein*, § 1953, Rn. 5.

II. Einzelrechtsnachfolge gemäß § 566 BGB

1. Vom Einzelvermieter zur Mehrheit von Vermietern

Handelt es sich bei der Mietsache um ein Grundstück, Wohnraum oder sonstige Räume kann eine Vermietermehrheit auch durch Veräußerung des Grundstücks entstehen. § 566 BGB ordnet für den Fall einer Veräußerung des Mietobjektes an, daß der Erwerber an die Stelle des Vermieters in das Mietverhältnis eintritt. Es kommt somit gemäß § 566 BGB zu einer Vervielfältigung der Vermieterstellung, wenn eine Einzelperson die Mietsache an mehrere Personen veräußert. Gäbe es die Vorschrift des § 566 BGB nicht, so hätte diese Veräußerung aufgrund der Relativität des Schuldverhältnisses auf das Mietverhältnis und die beteiligten Personen keinen Einfluß. So liegt der Fall auch bei der Veräußerung beweglicher Sachen, da eine dem § 566 BGB entsprechende Vorschrift fehlt. Hier tritt der oder die Erwerber nur in das Mietverhältnis ein, wenn Vermieter, Mieter und Erwerber einverständlich eine Vertragsübernahme vereinbaren.

Die Regelungen bezüglich der Miete von Grundstücken dagegen waren in Deutschland vor Inkrafttreten des BGB uneinheitlich, so daß der Gesetzgeber bei der Schaffung des BGB es für notwendig hielt, eine Lösung zu finden, die einen angemessenen Schutz des Mieters vor der Veräußerung des Grundstücks und die damit verbundene „vorzeitige Austreibung" enthielt. Nach langwierigen und zum Teil auch in der Öffentlichkeit lebhaft diskutierten Erwägungen entschied man sich in der zweiten Kommission sodann für das schlagwortartig umschriebene Prinzip „Kauf bricht nicht Miete" nach dem Vorbild des preußischen und französischen Rechtes.[224] Obwohl der Gesetzgeber Einigkeit darüber erlangte, daß es sich bei der Regelung um einen gesetzlichen Eintritt des Erwerbers in alle Rechte und Pflichten des Vermieters handelt, ist insbesondere die Frage, ob § 566 BGB als Rechtsnachfolge zu qualifizieren ist, heute noch umstritten.[225] Dies ist für die vorliegende Untersuchung jedoch unerheblich, da zumindest die Rechte und Pflichten genauso entstehen, als hätte der Erwerber den Mietvertrag selbst abgeschlossen.[226]

Gegen die Vervielfältigung der Vermieterstellung spricht auch nicht der Gesetzeswortlaut in § 566 BGB, der zwar nur von dem „Erwerber" im Singular spricht, unstreitig aber auch mehrere Erwerber in Bruchteils- oder Gesamthandsgemeinschaft erfaßt.[227] Veräußert ein Einzelvermieter folglich sein vermietetes Grundstück oder Wohnraum an mehrere Erwerber, so erwerben diese Miteigentum. Zumeist bilden die Erwerber eine Bruchteilsgemeinschaft i.S.d. §§ 1008 ff., 741 ff. BGB, wenn es sich nicht um ein Ehepaar im Güterstand der Gütergemeinschaft oder eine

224 Protokolle II, 137 ff.; Staudinger/*Emmerich*, § 571 Rn. 1 m.w.N.

225 Zum Streitstand über die rechtliche Qualifikation des durch § 571 BGB a.F. (§ 566 BGB n.F.) angeordneten Eintritts des Erwerbers in den Mietvertrag vgl. Staudinger/*Emmerich*, § 571 Rn. 7 ff. m.w.N.

226 *Sonnenschein*, FS für Kraft, 607, 614.

227 Anm. *Sonnenschein* zu LM § 571 Nr. 40.

Erbengemeinschaft handelt. Darüber hinaus haben die Erwerber die Möglichkeit, vertraglich zu vereinbaren, daß die Immobilie einem gemeinsamen Zweck zugeführt werden soll. Treten die Erwerber auch als Gesellschaft im Rechtsverkehr auf, bilden sie eine Außengesellschaft bürgerlichen Rechts i.S.d. §§ 705 ff. BGB. Erwerberin ist dann die GbR selbst und nicht die einzelnen Gesellschafter. Folglich kommt es nur zur Entstehung einer Vermietermehrheit, wenn die Erwerber keine Außengesellschaft bürgerlichen Rechts oder andere Personenhandelsgesellschaften oder juristische Personen bilden. Unschädlich ist es, wenn der veräußernde Vermieter selbst Teilhaber der Bruchteilsgemeinschaft wird.[228]

Fraglich ist, ob § 566 BGB auch dann Anwendung findet, wenn das Grundstück an eine Personenmehrheit veräußert wird, zu der unter anderem der Mieter gehört. Eine Anwendung des § 566 BGB mit der Folge, daß der Erwerber in das Mietverhältnis eintritt, ist abzulehnen, wenn der Mieter alleiniger Erwerber ist.[229] Nach Ansicht des KG brauche der Mieter keinen Schutz gegen den neuen Eigentümer, wenn er selbst der Erwerber sei. Zudem sei ein Mietverhältnis zwischen derselben Person als Vermieter und gleichzeitig als Mieter undenkbar, da eine Person nicht Vermieter und Mieter zugleich sein könne.[230] Fraglich ist, ob diese Argumentation auch für den Fall gilt, in dem der Mieter nicht Alleineigentümer, sondern nur Miteigentümer wird. Dies ist abzulehnen, da der Miteigentümer ansonsten gemäß § 985 BGB die Einräumung des ihm zustehenden Mitbesitzes verlangen könnte, der Mieter aber aufgrund des Mietvertrages grundsätzlich gerade zum Alleinbesitz berechtigt ist. Folglich ist § 566 BGB auch dann anzuwenden, wenn der Mieter Miterwerber des Grundstücks ist, so daß in diesem Fall eine Vermietermehrheit entsteht.

2. Die Umwandlung in Wohnraum nach WEG und die Veräußerung nach § 566 BGB

Die Anwendung des § 566 BGB, die auf den ersten Blick recht unproblematisch erscheint, wirft enorme Schwierigkeiten auf, wenn zu der Veräußerung i.S.v. § 566 BGB die Umwandlung vermieteter Grundstücke in Wohnungseigentum kommt. Sodann treffen nämlich das im Bürgerlichen Gesetzbuch geregelte Mietrecht und das Wohnungseigentumsgesetz aufeinander, die für den vorliegenden Fall keine klaren Konturen bezüglich ihrer Abgrenzung aufweisen und nicht genügend aufeinander abgestimmt sind.[231] Das schwierige Verhältnis läßt sich unter anderem darauf zurückführen, daß der Gesetzgeber bei der Schaffung der inhaltsgleichen Vorgängerregelung des § 566 BGB, dem § 571 BGB a.F., lediglich daran dachte, daß Gegenstand des Mietvertrages ein Grundstück oder ein Teil eines Grundstücks sein kann.[232] Zu diesem Zeitpunkt war noch nicht abzusehen, daß es durch das 1951

---

228 *Sonnenschein,* FS für Kraft 607, 614; a.A. KG ZMR 1999, 246, 249 = NZM 1998, 925 (LS) = WuM 1998, 717 = MM 1999, 3336; so wohl auch *Kossmann* § 17 Rn. 13.

229 KG OLGE 13, 378, 378.

230 KG OLGE 13, 378, 378.

231 *Weitemeyer,* NZM 1999, 111, 111; *dies.,* NZM 1998, 169, 169.

232 Protokolle II, 134.

geschaffene WEG möglich und in der Praxis auch durchaus üblich würde, Sondereigentum an einzelnen Wohnungen oder nicht zu Wohnzwecken dienenden Räumen selbst zum Gegenstand des Rechtsverkehrs zu machen.[233] Dieser Umstand macht deutlich, warum es bei der Anwendung des § 566 BGB zu Problemen kommen mußte und die an sich unspektakuläre Zuteilung eines Kellerraumes bis vor den BGH gelangen konnte.

a. Der Grundkonflikt

Zunächst hatte das LG Berlin[234] darüber zu entscheiden, wer nach Umwandlung eines vermieteten Hausgrundstücks in Wohnungseigentum gemäß § 8 WEG und anschließender Veräußerung der Wohnungen Vermieter derselben geworden ist, um über Ansprüche auf Schadensersatz wegen unterlassener Schönheitsreparaturen und Beschädigungen der Mietsache sowie rückständiger Miete zu urteilen. Dabei wurde durch die Umwandlung die streitige Wohnung Sondereigentum, der mitvermietete Keller dagegen ging entsprechend der Teilungserklärung gemäß § 8 WEG in Gemeinschaftseigentum sämtlicher Wohnungseigentümer über. Im Zusammenhang mit der Teilungserklärung wurde dem beklagten Mieter der Kellerraum zugeordnet, das heißt zur alleinigen Nutzung überlassen. Nun wollte der Erwerber mietvertragliche Rechte in der dargestellten Form ausüben, was das LG Berlin zu der Frage nach der alleinigen Aktivlegitimation des Klägers führte. Diese wiederum hängt davon ab, wer bei der Veräußerung der vor der Umwandlung bereits vermieteten Eigentumswohnung gemäß § 566 BGB als neuer Vermieter in das Mietverhältnis eingetreten ist. Unproblematisch ist § 566 BGB auf das Wohnungseigentum an den einzelnen Wohnungen als Eigentum i.S.v. § 903 BGB entsprechend § 1 Abs. 1 WEG anwendbar.[235] Nach streng wortlautgetreuer Auslegung würde somit der Erwerber bezüglich der einzelnen Wohnung an die Stelle des veräußernden Alleineigentümers treten. Bezüglich des mitvermieteten Kellerraums, der durch die Umwandlung zum Gemeinschaftseigentum der Miteigentümer wurde, wird der Erwerber der Wohnung nicht alleiniger Eigentümer. Vielmehr werden Eigentümer besagter Wohnungseigentümer und alle übrigen Wohnungseigentümer, so daß sie gemäß § 566 BGB als Erwerber in das Mietverhältnis eintreten würden. Nun könnte man davon ausgehen, daß sich das bis zur Veräußerung einheitliche Mietverhältnis über die Wohnung und den Kellerraum in zwei Mietverhältnisse aufspaltet, so daß einerseits ein Mietverhältnis über die Wohnung mit dem Wohnungseigentümer der besagten Wohnung

---

233 Anm. *Sonnenschein* zu LM § 571 Nr. 40; zur Entstehungsgeschichte des WEG ausführlich Weitnauer/*Weitnauer*, Vor § 1 Rn. 12 ff.

234 LG Berlin WuM 1998, 87, 87 = NZM 1998, 433 = MM 97, 405; das AG Charlottenburg hatte als Eingangsinstanz die Klage abgewiesen. Dem Kläger stünde die Sach- und Prozeßführungsbefugnis nicht allein zu, da es aufgrund des § 571 BGB zu einer Vermietermehrheit gekommen sei, vgl. KG ZMR 1999, 246, 246 f. = NZM 1998, 925 = WuM 1998, 717 = MM 1999, 3336.

235 *Emmerich*, JuS 1999, 1231, 1231.

und andererseits ein weiteres Mietverhältnis über den Kellerraum mit der gesamten Wohnungseigentümergemeinschaft entsteht.

Hiergegen spricht jedoch der seit langem allgemein anerkannte Grundsatz der Einheitlichkeit des Mietverhältnisses, der besagt, daß ein Mietverhältnis auch bei Teilung des Mietobjektes und anschließender Veräußerung an verschiedene Personen nicht aufgespaltet werden darf.[236] Dieser für die Realteilung des Mietobjektes aufgestellte Dogma muß auch im Falle der Veräußerung von umgewandeltem Wohnungseigentum gelten, da der Mieter in beiden Fällen das gleiche Schutzbedürfnis hat. Spaltet sich das Mietverhältnis nämlich auf, so können die verschiedenen Vermieter die Mietverhältnisse getrennt voneinander kündigen, was bei einem einheitlichen Mietverhältnis aufgrund der grundsätzlichen Unzulässigkeit von Teilkündigungen nicht möglich ist. Genauso stellt sich die Situation bei der Geltendmachung von Mängelrechten dar, die für den Mieter nur wirtschaftlich sinnvoll sind, wenn er sie für das gesamte Mietobjekt geltend machen kann.[237] Die Aufspaltung des Mietverhältnisses kann auch nicht aus § 577a Abs. 1 BGB gefolgert werden, wie es das LG Hamburg[238] ohne überzeugende Argumentation für die gleichlautende Vorschrift des § 564b Abs. 2 Nr. 2 S. 2 BGB a.F. angedacht hat. Diese Vorschrift macht nur deutlich, daß auch der Gesetzgeber von der Anwendbarkeit des § 566 BGB auf die Veräußerung von Wohnungseigentum nach Umwandlung gemäß WEG ausgeht.[239] Es muß somit bei einem einheitlichen Mietverhältnis über Wohnung und Keller bleiben, in das aufgrund der eben dargestellten wortlautgemäßen Anwendung des § 566 BGB alle Miteigentümer als Vermieter eintreten.

Diese Vervielfältigung der Vermieterstellung führt aber gerade bei größeren Wohnanlagen mit wechselnden Eigentümern zu einer kaum handhabbaren Verwaltung des Mietverhältnisses,[240] da beispielsweise die Berechtigung zu Mieterhöhungen, Kündigungen oder Durchführung von Schönheitsreparaturen von der Vermieterposition abhängen. Für laufende Verwaltungsaktivitäten müßten sich folglich die gesamte Miteigentümergemeinschaft versammeln, um Beschlüsse zu fassen, die außer den betroffenen Eigentümer der Wohnung keinen interessieren.[241] Auch für den Mieter ist es wichtig, Klarheit über seinen Vertragspartner zu haben, um zu wissen, wem gegenüber er kündigen muß oder von wem er die Betriebskostenabrechnung oder bei Vertragsende die Rückerstattung einer gezahlten Kaution verlangen kann. Aus welchen Personen sich die Miteigentümergemeinschaft zum fraglichen Zeitpunkt gerade zusammensetzt, ist dem Mieter jedoch in den wenigsten Fällen bekannt. Kurz gesagt ist eine praxisgerechte Handhabbarkeit des Mietverhältnisses durch die Vervielfältigung der Vermieterstellung erheblich erschwert, wenn

236 H.M. seit RGZ 124, 195, 198 f.; siehe nur Staudinger/*Emmerich*, § 571 Rn. 46 m.w.N.; a.A. *Mittelstein*, 662.

237 RGZ 124, 195, 199.

238 LG Hamburg, WuM 1994, 539, 540.

239 Vgl. *Weitemeyer*, NZM 1999, 111, 111.

240 Vgl. *Weitemeyer*, NZM 1999, 111, 112; BGHZ 141, 239, 244.

241 *Derleder*, JZ 2000, 260, 261.

nicht gar völlig ausgeschlossen. Dennoch nahm die bis zum Entscheidungszeitpunkt vorherrschende Meinung an, daß aufgrund der oben dargestellten Anwendung des § 566 BGB in Verbindung mit dem Grundsatz der Einheitlichkeit des Mietverhältnisses sowohl der Erwerber der Wohnung als auch die gesamte Miteigentümergemeinschaft in das Mietverhältnis eintritt.[242] Dabei ist festzustellen, daß sogar auch sonst praxisnahe Instanzgerichte zu diesem Ergebnis gelangten, das sie insofern als unvermeidlich ansahen. Allerdings wurden auch Stimmen laut, die einen Eintritt der gesamten Miteigentümergemeinschaft kritisch betrachteten und nach Auswegen aus der dargestellten Problematik suchten.

b. Lösungsansätze in der Literatur bis zum Rechtsentscheid des BGH vom 28.04.1999[243]

Happ[244] setzte sich 1994 erstmals mit den Problemen auseinander, die sich durch unterschiedliche wohnungs- und mietrechtliche Aufteilungen ergeben können. Dabei sah er zunächst, daß es bei jeder Aufteilung in Wohnungseigentum und anschließender Veräußerung vermieteter Wohnungen zu einer Vermietermehrheit aller Wohnungseigentümer kommen könnte, weil jedem Mieter das Recht zusteht, neben der gemieteten Wohnung auch Räume oder Flächen wie beispielsweise das Treppenhaus zu nutzen, die nach der Aufteilung und Veräußerung zwangsläufig im Gemeinschaftseigentum stehen. Dies verneint er mit der Begründung, daß dem Mietrecht des Mieters nicht das gesamte Treppenhaus, sondern nur dessen Mitbenutzung unterliegt.[245] Zu bemerken bleibt jedoch, daß *Happ* zwar versucht, seine Fälle möglichst umfassend zu wählen, er dennoch den Fall, daß ein mitgemieteter Nebenraum nach der Aufteilung im Gemeinschaftseigentum steht, dem Mieter aber zur alleinigen Nutzung überlassen worden war, nicht erfaßt hat. Allerdings könnte man die Ansicht auf den problematischen Fall entsprechend übertragen, so daß man eine Tendenz in Richtung der alleinigen Vermieterstellung mutmaßen könnte. Diese Vermutung wird durch die Ausführungen *Happs* zu weiteren Varianten gestützt, in denen er jeweils zu einer alleinigen Vermieterstellung des Wohnungserwerbers gelangt.

---

242 KG OLGZ 1994, 20, 21 = WuM 1993, 423 = ZMR 1993, 380; OLG Hamburg, NJWE-MietR 1996, 254, 254 ff. = WuM 1996, 637 = ZMR 1996, 614; BGH NJW 1973, 455, 455 f.; BayObLG NJW-RR 1991, 651, 651 = WM 1991 78; LG Berlin, GE 1997, 745, 745; LG Hamburg, WuM 1994, 539, 540; LG Hamburg, WuM 1997, 47, 47 f.; LG Stuttgart, WuM 1988, 404, 404; AG Schöneberg, NZM 1998; 913, 913 f. = GE 1998, 683; *Weitemeyer*, NZM 1998, 169, 173; *Beuermann*, WuM 1995; 5, 6 f.; *Bub*, PiG 31 (1989), 163, 171; *Riecke*, WuM 1997, 88, 92; *Teitge*, ZMR 1987, 281, 284; *Sternel*, MDR 1997, 315, 316; *Sternel*, I 49; *Sternel*, FS für Bärmann und Weitnauer, 661, 665 f.; *Pause*, NJW 1992, 671, 672.

243 BGHZ 141, 239, 239 ff.

244 *Happ*, Hamburger Grundeigentum 1994, 372, 372 f.; ihm folgend *Riecke*, WuM 1997, 88, 90.

245 *Happ*, Hamburger Grundeigentum 1994, 372, 373.

1997 griff *Sternel*[246] die Problematik wieder auf, nachdem er sich 1990[247] noch für eine Vermietermehrheit bestehend aus Erwerber und den übrigen Wohnungseigentümern für den Fall ausgesprochen hatte, daß Mietflächen nach der Umwandlung zum Teil Sondereigentum und zum Teil Gemeinschaftseigentum werden. Nunmehr schlägt er vor, § 566 BGB teleologisch zu reduzieren. Dabei sieht er die Lösung darin, den Begriff des Überlassens in § 566 BGB auf die Einräumung des Alleinbesitzes zu reduzieren. Dies sei sinnvoll, da nur die Räume, die der Mieter in Alleinbesitz nehmen kann, den „eigentlichen Mietbesitz" ausmachten. Die Befugnis zur Mitbenutzung von gemeinschaftlichen Räumen und Einrichtungen falle dann ebensowenig unter das Tatbestandsmerkmal des Überlassens wie die Ausübung des Mitbesitzes an umgebenden tragenden Wänden und Decken, Außenfenstern oder Wohnungstüren. Allerdings erfaßt die Reduktion nicht den Fall des Rechtsentscheids, wie *Sternel* ausdrücklich schreibt,[248] da es sich bei dem nach der Umwandlung im Gemeinschaftseigentum stehenden Keller um einen Raum handelte, der dem Mieter zur alleinigen Nutzung überlassen wurde. Dennoch ist der Vorschlag *Sternels* als ein weiterer Schritt in Richtung eines handhabbaren Mietverhältnisses zu bewerten.

Auch *Greiner*[249] setzte sich mit der Frage der Vermieterstellung im vorliegenden Fall auseinander und zeigte einen weiteren denkbaren Lösungsweg auf. Er will die Auseinandersetzung nicht auf die Alternativen „Vertragseintritt der Miteigentümer" oder „Alleinvermietung durch den Erwerber" reduzieren, sondern die Reichweite des Vertragseintritts aufgrund des § 566 BGB beschränken. Der Vertragsübergang gemäß § 566 BGB soll und darf seiner Meinung nach nur bezwecken, daß der Mieter auch den an den Nebenräumen berechtigten Miteigentümern gegenüber ein vertragliches Besitzrecht hat. Der Vertragseintritt sollte daher auch nur diese Folge haben. Folglich treten zwar alle Miteigentümer gemäß § 566 BGB als Vermieter in den Mietvertrag ein, können aber keine Rechte daraus herleiten. Sie haben statt dessen nur die einzige Pflicht, dem Mieter den Gebrauch der Nebenräume zu belassen.[250] Rechtstechnisch gesehen werden somit zwar alle Miteigentümer Vermieter, von den praktischen Auswirkungen her wird der Erwerber dagegen alleiniger Vermieter.

Festzuhalten ist somit, daß in der Literatur gesehen wurde, welche höchst schwierig zu verwaltenden Mietverhältnisse die wörtliche Anwendung des § 566

---

246 *Sternel*, MDR 1997, 315, 317, sein Lösungsvorschlag bezieht sich – wie auch die Beiträge anderer Autoren oder der Gerichte – aufgrund der zu dieser Zeit geltenden Rechslage auf die alte Fassung der mietrechtlichen Vorschriften, ist aber auf das neue Recht übertragbar.

247 *Sternel*, FS für Bärmann und Weitnauer, 661, 666.

248 *Sternel*, MDR 1997, 315, 317, Fn. 11.

249 *Greiner*, ZMR 1999, 365, 365 ff.; der sich allerdings erst nach dem Vorlagebeschluß des KG an der Diskussion beteiligte. Um eine übersichtliche Darstellung zu gewährleisten, wird diese Ansicht trotz der zeitlichen Nachrangigkeit an dieser Stelle erörtert.

250 *Greiner*, ZMR 1999, 365, 368.

BGB hervorbringt[251] und daß in Folge dessen über Lösungsmöglichkeiten nachgedacht wurde.

c. Lösungsansätze in der Rechtsprechung bis zum Rechtsentscheid

Auch in der Rechtsprechung wurde der Konflikt gesehen und vereinzelt korrigierend in das durch den Wortlaut des § 566 BGB angezeigte Ergebnis eingegriffen.

So versucht das OLG Hamburg[252] zu einem Ergebnis zu gelangen, das der Einzelfallgerechtigkeit und den Bedürfnissen der Praxis entspricht. Dabei sieht es sich zwar gezwungen, gemäß § 566 BGB die Wohnungseigentümergemeinschaft neben dem Sondereigentümer der Wohnung als neue Vermieterin anzunehmen, spricht dem Sondereigentümer der Wohnung jedoch den Anspruch gegen die übrigen Wohnungseigentümer auf Zustimmung zur angestrebten Verwaltungshandlung zu. Dieser Auffassung ist dogmatisch nichts entgegenzuhalten. Sie ist aber auch nur ein Tropfen auf den heißen Stein, da sie die Hauptprobleme der Vermietervervielfältigung nicht beseitigt. Zwar löst das Vorgehen das Problem, daß einzelne beteiligte Wohnungseigentümer sich weigern, bestimmten Maßnahmen zuzustimmen. Eine solche Weigerung wird in der Praxis jedoch eher selten vorkommen und stellt auch nicht das Hauptproblem dar. Dieses liegt vielmehr in der notwendigen Beteiligung eines möglicherweise kaum überschaubaren Personenkreises, welche weiterhin erforderlich ist und eine überdimensionale Belastung darstellen kann.

Auch das LG Hamburg sah sich bei einem entsprechend gelagerten Fall gezwungen, bei der Veräußerung einer Wohnung mit mitvermietetem Keller, der nach der Umwandlung im Gemeinschaftseigentum stand, dem Sondereigentümer aber zur alleinigen Nutzung zugewiesen wurde, alle Wohnungseigentümer als Vermieter anzusehen und verlangte daher, daß alle Wohnungseigentümer die Kündigung des Mietverhältnisses erklären müßten.[253] Es sah aber auch die damit verbundenen Probleme und fügte im Rahmen eines obiter dictums an, daß diese Annahme nicht hinsichtlich notwendig mitvermieteter Gemeinschaftsflächen wie beispielsweise Treppenhaus, Trockenböden, Hofplatz oder Garten gelte.[254] Genauso stellt sich ein weiterer Fall des LG Hamburg[255] dar, den das Gericht dem obiter dictum entsprechend entschied. Das LG Hamburg nimmt zwar die Entstehung einer Vermietermehrheit gemäß § 566 BGB an, erachtet jedoch für mitvermietete Nebenräume, die im

251 Neben den dargestellten Vertretern, die eine von der wörtlichen Anwendung des § 571 BGB a.F. (§ 566 n.F.) abweichende Lösung zur Diskussion stellen, gibt es weitere Stimmen in der Literatur, die sich bereits vor dem Rechtsentscheid vom 28.04.1999 ausführlich mit dem Problem beschäftigen, so *Teitge*, ZMR 1987, 282, 281 ff.; *Beuermann*, WuM 1995, 5, 5 ff.; *Riecke*, WuM 1997, 88, 88 ff.; *Weitemeyer*, NZM 1998, 169, 169 ff. mit eigenem Gesetzesvorschlag; *Weitemeyer*, NZM 1999, 111, 111 ff.

252 OLG Hamburg, WuM 1996, 637, 637 f.

253 LG Hamburg, WuM 1994, 539, 539 f.

254 LG Hamburg, WuM 1994, 539, 540 a.E.

255 LG Hamburg, WuM 1997, 47, 47, mit Verweis auf die 7. Zivilkammer, Urt. vom 28.03.1996 – 307 S 209/95.

Gemeinschaftseigentum stehen, dem Mieter aber nicht zur alleinigen Nutzung zugewiesen sind, eine einschränkende Anwendung des § 566 BGB als notwendig. In beiden Fällen wurde folglich an eine Reduktion der Vorschrift des § 566 BGB gedacht, der Umfang dieser Reduktion jedoch sehr gering gehalten, so daß der dem Rechtsentscheid zugrundeliegende Fall nicht erfaßt ist.

Schließlich versuchte auch das KG[256] in einem ähnlichen Fall mit einer Behauptung, die einem Griff in die Trickkiste gleich kommt, ein praxisgerechtes Ergebnis zu erlangen. So stellte das KG fest, daß es sich bei einem Kellerraum, der dem Mieter nicht zur alleinigen Nutzung überlassen worden sei, um einen Raum handele, den der Mieter nur mitbenutzen dürfe, ihm jedoch nicht aufgrund seines Mietvertrages mitvermietet sei. Damit lägen die Voraussetzungen für die „Zweifelsfrage", wer Vermieter sei, wenn zu der vermieteten Wohnung noch ein Kellerraum im Gemeinschaftseigentum gehöre, nicht vor.[257] Diese Ansicht vermeidet in der Tat die problematische Frage nach einer wortgetreuen Anwendung des § 566 BGB, mißachtet aber die Tatsache, daß auch Nebenräume zur gemeinschaftlichen Nutzung regelmäßig mitvermietet sind.

Überwiegend wurde in der Rechtsprechung jedoch eine wörtliche Anwendung des § 566 BGB praktiziert.[258]

d. Der Weg zum Rechtsentscheid

Aufgrund der uneinheitlichen Rechtsprechung und weil ein Rechtsentscheid zu dieser Frage bislang noch nicht eingeholt worden war, hielt das LG Berlin eine Vorlage an das KG für erforderlich. Das Landgericht führte aus, daß die Umwandlung in Wohnungseigentum nach Überlassung der Wohnung an den Mieter bereits vermehrt vorgekommen sei und auch in der Zukunft vermehrt auftreten werde, so daß sich den Gerichten die Frage nach der Rechtslage wiederholt stellen werde.[259] Der Vorlagebeschluß des LG Berlin an das KG erging daher nach § 541 Abs. 1 S. 1 2. Hs ZPO a.F. wegen grundsätzliche Bedeutung. Auch das KG, das sich daraufhin mit dem Fall beschäftigte,[260] sah Handlungsbedarf hinsichtlich des Konflikts zwischen dem Schutz des Mieters und der Handhabbarkeit des Mietverhältnisses.[261] Nach seiner Ansicht liegt die rechtliche Lösung darin, daß bereits die tatbestandlichen Voraussetzungen des § 566 BGB in der vorliegenden Fallkonstellation nicht

---

256 KG, GE 1999, 252, 252

257 KG, GE 1999, 252, 252.

258 KG OLGZ 1994, 20, 21 = WuM 1993, 423 = ZMR 1993, 380; OLG Hamburg, NJWE-MietR 1996, 254, 254 ff. = WuM 1996, 637 = ZMR 1996, 614; BGH NJW 1973, 455, 455 f.; BayObLG NJW-RR 1991, 651, 651 = WM 1991 78; LG Berlin, GE 1997, 745, 745; LG Hamburg, WuM 1994, 539, 540; LG Hamburg, WuM 1997, 47, 47 f.; LG Stuttgart, WuM 1988, 404, 404; AG Schöneberg, NZM 1998; 913, 913 f. = GE 1998, 683.

259 LG Berlin WuM 1998, 87, 87.

260 KG, Vorlagebeschluß vom 1.10.1998 – 8 RE-Miet 7241/97, ZMR 1999, 246, 246 ff. = NZM 1998, 925 = WuM 1998, 717.

261 Vgl. *Weitemeyer*, NZM 1999, 111, 112.

erfüllt seien. Es stellte damit einen weiteren Lösungsversuch zur Diskussion. Nach dieser Auffassung soll § 566 BGB nicht auf die Veräußerung eines Miteigentumsanteils zugeschnitten und daher nicht anwendbar sein. Vielmehr verlangt § 566 BGB nach Ansicht des KG den vollständigen Eigentumsübergang vom bisherigen Vermieter auf den Erwerber. Diese Voraussetzung sei aber gerade nicht erfüllt, wenn der bisherige Alleineigentümer mit der Wohnung einen ideellen Miteigentumsanteil am Gemeinschaftseigentum veräußere. Für diesen Fall ordne § 566 BGB keine Durchbrechung des allgemeinen schuldrechtlichen Grundsatzes an, daß Rechte und Pflichten nur zwischen den am Schuldverhältnis beteiligten Personen entstehen. Die gegenteilige Auffassung wird nach Angabe des KG entweder gar nicht oder anhand anders gelagerter und damit nicht geeigneter Fälle begründet.[262] Des weiteren sei auch keine analoge Anwendung des § 566 BGB erforderlich. Um den Mieter vor einer vorzeitigen Austreibung, wie es in den Protokollen zur Begründung der Regelung des § 566 BGB heißt,[263] zu schützen, müßten die übrigen Wohnungseigentümer nicht Vermieter werden: Zunächst könne der Mieter, wenn die Wohnungseigentümer Räumung des im Gemeinschaftseigentum stehenden Kellerraums gemäß § 985 BGB verlangen oder wenn einer von ihnen aus §§ 985, 432 BGB auf Räumung klagt, die Einwendung aus § 986 BGB wegen des bestehenden Mietverhältnisses entgegen halten, auch wenn nicht alle Wohnungseigentümer Vermieter geworden sind.[264] Obwohl das KG nicht genau bezeichnet, auf welchen Absatz des § 986 BGB es sich bezieht, ist aufgrund seiner Begründung davon auszugehen, daß es § 986 Abs. 1 S. 1 1. Var. BGB meint. Das KG führt aus, daß der Erwerber der besagten Wohnung und die übrigen Wohnungseigentümer gemäß § 432 BGB Mitgläubiger des Herausgabeanspruches sind. Der Grundsatz der Einzelwirkung, der in § 432 Abs. 2 BGB für Tatsachen formuliert wird, die nur in der Person eines der Gläubiger eintritt, greife nicht ein, so daß der Mieter sein Besitzrecht aus dem Mietverhältnis allen Wohnungseigentümern entgegen halten könne. § 432 Abs. 2 BGB gelte nämlich nur für Tatsachen, die nach der Begründung der Mitgläubigerschaft entstehen. Das sei im Rahmen des § 425 Abs. 2 BGB anerkannt und müsse auch für die Vorschrift des § 432 Abs. 2 BGB gelten. Auch die Gewährleistungsansprüche bleiben nach Ansicht des KG ungeschmälert, da bei Mängeln an den Kellerräumen die übrigen Wohnungseigentümer den Reparaturmaßnahmen in den meisten Fällen nicht zustimmen müßten, da es sich regelmäßig um keinen Eingriff in das Gemeinschaftseigentum handele oder der Vermieter zu solch einem Eingriff aufgrund von § 21 Abs. 2 WEG auch ohne Zustimmung der übrigen Wohnungseigentümer berechtigt sei.[265] Ansonsten könne der Mieter sich selbst an die Wohnungseigentümergemeinschaft wenden und habe insoweit einen eigenen Anspruch aus § 21 Abs. 4 und Abs. 5 Nr. 2

---

262 KG ZMR 1999, 246, 249 = NZM 1998, 925 = WuM 1998, 717 = MM 1999, 3336.
263 Protokolle II, 137 f.
264 KG ZMR 1999, 246, 249 f. = NZM 1998, 925 = WuM 1998, 717 = MM 1999, 3336.
265 KG ZMR 1999, 246, 250 = NZM 1998, 925 = WuM 1998, 717 = MM 1999, 3336.

WEG. Schließlich sei auch der Mitgebrauch[266] am Gemeinschaftseigentum gesichert, da der Vermieter gemäß § 14 Nr. 2 WEG berechtigt sei, den ihm gemäß § 13 Abs. 2 S. 1 WEG zustehenden Anspruch auf Mitgebrauch auf seinen Mieter zu übertragen.

Da das KG mit dieser Lösung vom OLG Hamburg und vom 24. Zivilsenat des KG abweichen würde, mußte es einen Vorlagebeschluß nach § 541 Abs. 1 S. 3 2. Var. ZPO a.F. wegen einer Abweichung von einem anderen OLG an den BGH erlassen. Aufgrund dieser Vorlage hatte sich der BGH mit der Problematik auseinander zu setzen, die er durch Rechtsentscheid vom 28.04.1999[267] entschied. In seinen Ausführungen erläutert er zunächst, daß eine wörtliche Anwendung des § 566 BGB im Zusammenhang mit dem Grundsatz der Einheitlichkeit des Mietverhältnisses den Eintritt aller Wohnungseigentümer in den Mietvertrag begründen würde. Sodann setzt er sich mit Lösungsvorschlägen zur Vermeidung dieser Rechtsfolge auseinander, lehnt diese Wege jedoch ab. Dennoch hält er eine Einschränkung der Bestimmung des § 566 BGB für sachgerecht und begründet dies mit der Entstehungsgeschichte und dem Schutzzweck des § 566 BGB. Die Vorschrift wurde in der Gestalt des § 571 BGB a.F. geschaffen, um eine Schlechterstellung des Mieters durch den Verkauf des Mietobjektes vorzubeugen. Es sei nicht im Sinne der Vorschrift, das Mietverhältnis insgesamt zu verändern oder gar aus formellen Gründen unnötig zu verkomplizieren. § 566 Abs. 1 BGB sei daher nur anzuwenden, wenn der Mieterschutz dies erfordere. Bei der notwendigen Mitveräußerung der mit dem Sondereigentum verbundenen Anteile am Gemeinschaftseigentum sei dies nicht der Fall.[268] Denn der Mieter sei zunächst in besitzrechtlicher Hinsicht ausreichend geschützt. Auf das Herausgabeverlangen eines anderen Wohnungseigentümers als seines Vermieters bezüglich eines im Gemeinschaftseigentum stehenden Raumes könne der Mieter sich nämlich gemäß § 986 BGB auf sein Recht zum Besitz berufen. Des weiteren ergäben sich auch hinsichtlich der Mängelgewährleistungsansprüche keine Nachteile für den Mieter. Der Mieter könne sowohl Mängel der Wohnung als auch Mängel der im Gemeinschaftseigentum stehenden mitgemieteten Nebenräume nach § 536 BGB, ehemals § 537 BGB a.F., dem alleinigen Vermieter gegenüber geltend machen.[269]

e. Stellungnahme

Um eine umfassende Betrachtung des Rechtsentscheids zu ermöglichen, soll zunächst auf die Vorschläge in Literatur und Rechtsprechung eingegangen werden, um zu verdeutlichen, welche Argumentationsbasis der BGH seiner Entscheidung zugrunde legte. Die Vorschläge *Sternels* und *Happs* deuteten zwar in die Richtung einer einschränkenden Anwendung des § 566 BGB, jedoch nahmen beide den vom

266 KG ZMR 1999, 246, 250 = NZM 1998, 925 = WuM 1998, 717 = MM 1999, 3336.
267 BGHZ 141, 239, 239 ff.
268 BGHZ 141, 239, 247 f.
269 BGHZ 141, 239, 248.

BGH zu entscheidenden Fall explizit aus, so daß sie für den BGH als Vorbild ausschieden. Zudem untersuchte *Happ* nur beispielhaft verschiedene Fallkonstellationen, stellt jedoch keine verallgemeinerungsfähige These auf. Bei der von *Sternel* vorgeschlagenen Lösung bleibt dagegen unklar, warum, wie von *Sternel* behauptet, die Gebrauchsrechte des Mieters nicht geschmälert werden. Er spricht davon, daß für die Möglichkeit, Räume oder Flächen des Gemeinschaftseigentums nutzen zu können, der jeweilige Sondereigentümer verantwortlich sei.[270] Welche Bedeutung dies im Rahmen eines Herausgabeanspruchs der übrigen Miteigentümer gegen den Mieter aus § 985 BGB haben kann, erläutert *Sternel* nicht. Zudem erscheint der Anknüpfungspunkt an die Vereinbarung des Mietvertrags unzutreffend. Zwar erfaßt diese Auslegung den problematischen Fall der Räume und Flächen, die zwingend im Gemeinschaftseigentum stehen wie Hausflure und Treppen. Allerdings versagt sie bei den Räumen und Flächen, die nach einer Aufteilung in Wohnungseigentum sowohl im Gemeinschafts- als auch im Sondereigentum stehen können. So ist nicht ersichtlich, warum nach einer Aufteilung in Wohnungseigentum und anschließender Veräußerung alle Wohnungseigentümer gemäß § 566 BGB in den Mietvertrag eintreten, wenn der Mieter einen Kellerraum zur alleinigen Nutzung gemietet hatte und der Keller nach der Aufteilung zum Gemeinschaftseigentum erklärt wurde, wohingegen der Erwerber der Wohnung alleiniger Vermieter werden soll, wenn der Mieter den Keller zur gemeinsamen Nutzung gemietet hatte. Vielmehr ist in diesen Fällen darauf abzustellen, welche Eigentumslage sich nach der Umwandlung ergibt: Es ist bedeutsam, ob der Kellerraum nach der Umwandlung zu Sondereigentum des Wohnungserwerbers oder eines anderen Wohnungseigentümers oder zu Gemeinschaftseigentum geworden ist. Auch der weiter von *Sternel* geäußerte Vorschlag, sich bei künftigen Aufteilungen besser an die gegebenen Verhältnisse anzupassen und das Sondereigentum auf das gesamte Mietobjekt zu erstrecken,[271] bietet keine Lösung. Einerseits werden die problematischen Altfälle nicht erfaßt und andererseits bleibt unbeachtet, daß gemäß §§ 3 Abs. 1 und 2, 5 Abs. 1 WEG nur an abgeschlossenen Räumen Sondereigentum begründet werden kann.[272]

Derartige Bedenken ergeben sich bei der von *Greiner* vorgeschlagenen Lösung nicht, wenn er nach § 566 BGB alle Wohnungseigentümer in das Mietverhältnis eintreten lassen will, jedoch daraus nur die einzige Verpflichtung herleitet, dem Mieter den Gebrauch der Nebenräume zu belassen. Der Hauptvorteil dieser Lösung liegt auf der Hand: Sie beseitigt das bei der Annahme einer Einzelvermieterstellung unbillige Ergebnis, daß der Mieter die mitgemieteten Nebenräume, die nach der Umwandlung in Gemeinschaftseigentum übergegangen sind, gemäß § 985 BGB an die übrigen Miteigentümer herausgeben muß, da er nicht vertraglich mit ihnen verbunden ist. Allerdings ist dieser Lösung entgegenzuhalten, daß sie willkürlich be-

270 *Sternel*, MDR 1997, 315, 317.
271 *Sternel*, MDR 1997, 315, 317 a.E.
272 Vgl. BGHZ 141, 239, 246.

stimmte Rechte und Pflichten aus vertraglichen Beziehungen herausnehmen will, die ansonsten das Vertragsverhältnis zwischen Mieter und Vermieter ausmachen.

Auch die Argumentation des KG[273] kann nicht jeglichen Zweifel an der von ihm vorgeschlagenen Lösung beseitigen. Bedenken ergeben sich insbesondere daraus, daß das KG bei der Veräußerung unbeweglicher Sachen bezüglich des Besitzrechts des Mieters im Ergebnis zu einer Anwendung der Rechtsfolge des § 986 Abs. 2 BGB gelangt, der eigentlich nur für bewegliche Sachen gilt.[274] Das BGB unterscheidet bei der Veräußerung vermieteter Sachen grundsätzlich danach, ob es sich bei dem Mietobjekt um eine bewegliche oder unbewegliche Sache handelt. Wie bereits ausgeführt existiert, nur für unbewegliche Sachen in Form des § 566 BGB eine Norm, die den Eintritt des Erwerbers in das Mietverhältnis gesetzlich anordnet und insofern den Grundsatz der Relativität des Schuldverhältnisses durchbricht. Für bewegliche Sachen fehlt eine entsprechende Norm, so daß es entweder einer vertraglichen Vertragsübernahme durch die drei Parteien – Mieter, Vermieter, Erwerber – bedarf oder es bei der vertraglichen Beziehung zwischen Mieter und Vermieter verbleibt, obwohl Eigentümer nunmehr ein Dritter geworden ist. Statt dessen kann der Mieter beweglicher Sachen sich gegenüber dem neuen Eigentümer nur nach § 986 Abs. 2 BGB auf den Mietvertrag zwischen ihm und dem ehemaligen Eigentümer berufen, wenn die Mietsache nach § 931 BGB veräußert wurde[275]. Dies ist ein Minus an Schutz gegenüber dem, welchen der Mieter von Grundstücken oder Räumen genießt. Allerdings ist ein Grundstücksmieter auch schutzbedürftiger, da ein Umzug in der Regel weitaus kosten-, zeit- und arbeitsintensiver ist als die bloße Neuanmietung beweglicher Sachen.[276] Es fragt sich daher, ob das KG diesen Umstand ausreichend berücksichtigt hat, wenn es bei der Veräußerung von Wohnungseigentum dem Mieter im Ergebnis lediglich einen dem § 986 Abs. 2 BGB entsprechenden Schutz zuspricht.

Auch die Ausführungen zu den Gewährleistungsansprüchen lassen sich hinterfragen. So ist zunächst zweifelhaft, ob das vom KG aufgestellte Regel-Ausnahme-Verhältnis zutrifft, nach dem die meisten Reparaturmaßnahmen keinen Eingriff in das Gemeinschaftseigentum darstellen würden. Soll der Vermieter beispielsweise Schimmel beseitigen, der sich an einer Kellerwand infolge von Feuchtigkeitseinwirkung gebildet hat, stellt diese Maßnahme eindeutig einen Eingriff in das Gemeinschaftseigentum dar. Der Schaden ist aber auch nicht so gravierend, daß er eine Notmaßnahme i.S.v. § 21 Abs. 2 WEG rechtfertigt, da die vorherige Inanspruchnahme der Wohnungseigentümergemeinschaft sehr wohl möglich erscheint. Soll sich der Mieter sodann an die Wohnungseigentümergemeinschaft wenden, ist weiter äußerst fraglich, ob er als Dritter einen eigenen Anspruch aus § 21 WEG herleiten

273 KG, Vorlagebeschluß vom 1.10.1998 – 8 RE-Miet 7241/97, ZMR 1999, 246, 246 ff. = NZM 1998, 925 = WuM 1998, 717.

274 *Weitemeyer*, NZM 1999, 111, 112.

275 Zu einer erweiterten Anwendung auf andere Veräußerungsformen vgl. BGHZ 111, 142, 146; *Krüger*, JuS 1993; 12, 12 ff.; Staudinger/*Gursky*, § 986 Rn. 47 m.w.N.

276 *Weitemeyer*, NZM 1999, 111, 112.

kann, der nach seinem Wortlaut nur das Innenverhältnis zwischen den Wohnungseigentümern regelt. Unabhängig davon bedeutet jedoch allein der Verweis auf eine separate Inanspruchnahme der Wohnungseigentümergemeinschaft für den Mieter einen Nachteil gegenüber der Geltendmachung nur gegenüber seinem Vermieter.

Weisen die dargestellten Lösungsansätze daher alle Kritikpunkte auf, fragt es sich, ob der BGH in seinem Rechtsentscheid einen überzeugenden Lösungsweg beschritten hat. Daß der BGH im Ergebnis ein begrüßenswertes Urteil getroffen hat und dies auch mit dem Sinn und Zweck des § 566 BGB in schöner Weise begründet hat, steht zweifelsfrei fest. Fraglich ist nur, ob die vom BGH angenommenen Prämissen alle stimmen. Als erstes fällt die Aussage des BGH ins Auge, der Mieter sei auch in besitzrechtlicher Hinsicht ausreichend geschützt, wenn gemäß § 566 BGB nur der Erwerber der Wohnung in den Mietvertrag eintritt. War es doch ansonsten genau dieses Problem, das das Eintreten aller Wohnungseigentümer erforderlich machen sollte, so daß die Knappheit der Ausführungen gerade an dieser Stelle der Entscheidung verwundert. Der BGH bleibt somit an einer zentralen Stelle auslegungsbedürftig. Hier setzen sodann auch die unterschiedlichen Stimmen in der Literatur an. Die wahrscheinlich gewagteste Interpretation hat *Greiner* zu dieser Aussage vorgenommen. Seiner Meinung nach ist die Formulierung des Leitsatzes insoweit falsch, als der Erwerber „alleiniger Vermieter" werde.[277] Gemäß § 566 BGB trete vielmehr die gesamte Miteigentümergemeinschaft in das Mietverhältnis ein. Der Eintritt der Wohnungseigentümer habe jedoch keine anderen Folgen als die, daß die Miteigentümer von dem Mieter die gemieteten Flächen und Räume, die im Gemeinschaftseigentum stehen, nicht herausverlangen können. Die Formulierung des BGH sei nur ein Schlagwort, das die Sache inhaltlich auf den Punkt bringe. Damit erhält der Rechtsentscheid des BGH eine Bedeutung, wie sie *Greiner* bereits selbst als die richtige vertreten hat.[278] Diese Meinung ist jedoch weder mit den Formulierungen im Rechtsentscheid vereinbar, noch ist sie notwendig. Zwar hat der Mieter kein vertragliches Besitzrecht i.S.v. § 986 Abs. 1 S. 1 1. Alt. BGB, da die Miteigentümer gerade nicht nach § 566 BGB in die Vermieterposition eintreten. Der Mieter kann aber gemäß § 986 Abs. 1 S. 1 2. Alt. BGB den Miteigentümern die Herausgabe verweigern, weil er sein Besitzrecht von seinem Vermieter ableitet, der seinerseits als mittelbarer Besitzer gemäß § 868 BGB gegenüber der Eigentümergemeinschaft zur Überlassung des Besitzes berechtigt ist. Die Befugnis des Vermieters auf Überlassung des Besitzes folgt aus seiner Stellung als Mitglied der Wohnungseigentümergemeinschaft. So ist er gemäß § 13 WEG unter anderem dazu berechtigt, sein Sondereigentum und das gemeinschaftliche Eigentum selbst zu nutzen beziehungsweise mit zu nutzen oder sein Sondereigentum zu vermieten. Daß damit auch die Befugnis eingeschlossen ist, das Nutzungsrecht an den Gemeinschaftsräumen auf den Mieter zu übertragen, läßt sich aus § 14 Nr. 2 WEG schließen, der von einer Überlassung der Nutzung von Sonder- und Gemeinschaftseigen-

277 *Greiner*, WE 2000, 106, 106.

278 *Greiner*, ZMR 1999, 365, 368.

tum spricht. Der Mieter ist also in gleichem Maß zur Nutzung des Sonder- und Gemeinschaftseigentums berechtigt wie der selbstnutzende Wohnungseigentümer.[279] Probleme könnten sich an dieser Stelle nur ergeben, wenn die vermieteten Gemeinschaftsräume nach der Umwandlung nicht mehr wie im Mietvertrag vereinbart dem Mieter zur alleinigen Nutzung überlassen wurden. Diese Situation kann sich bei Widersprüchen zwischen dem Nutzungsrecht der Miteigentümer nach der Gemeinschaftsordnung und einem weitergehenden Gebrauchsrecht des Mieters laut Mietvertrag ergeben.[280] Diese Konstellation lag dem Urteil des BGH jedoch nicht zugrunde und kann an dieser Stelle noch offen bleiben. Grundsätzlich steht dem Mieter somit ein Recht zum Besitz gemäß § 986 Abs. 1 S. 1 2. Alt. BGB gegen den Herausgabeanspruch der Miteigentümer aus § 985 BGB zu.

Des weiteren ist auch der Aussage des BGH, für den Mieter ergäben sich hinsichtlich der Mängelgewährleistungsansprüche keine Nachteile, nicht ohne weiteres zuzustimmen. Dies ist zwar bezüglich des vom BGH angesprochenen Minderungsrechtes des Mieter gemäß § 536 BGB zu bejahen.[281] Probleme ergeben sich aber, wenn der Mieter seinen Anspruch auf Mängelbeseitigung aus § 535 S. 2 BGB an den im Gemeinschaftseigentum stehenden Räumen geltend machen will. Hier könnte man annehmen, daß der Vermieter nicht ohne Zustimmung der Wohnungseigentümergemeinschaft zur Vornahme der erforderlichen Reparaturmaßnahmen berechtigt ist, da es sich hierbei um einen Eingriff in das Gemeinschaftseigentum handelt. Dies würde bedeuten, daß die Instandsetzungsverpflichtung des Vermieters gegenüber dem Mieter gemäß § 275 Abs. 1 BGB wegen Unmöglichkeit nicht besteht.[282] Muß der Mieter daher statt dessen gegen die gesamte Miteigentümergemeinschaft vorgehen? Dieser Anspruch könnte dann eventuell an einer mangelnden Kooperationsbereitschaft der Wohnungseigentümergemeinschaft scheitern. Dagegen läßt sich möglicherweise einwenden, daß das Mietrecht genügend Ausgleichsmöglichkeiten vorsieht. So könnte insbesondere der Schadensersatzanspruch wegen versäumter Mängelbeseitigung des Mieters aus § 536a Abs. 1 3. Alt. BGB für den Schutz des Mieters ausreichend sein.[283] Dies erscheint gerade aufgrund des Schutzzweckes des § 566 BGB fragwürdig. Die Vorschrift soll den Mieter nicht nur vor der „Austreibung" aus der Wohnung schützen, sondern auch gewährleisten, daß der Mieter den Erwerber auf Erfüllung des Mietvertrags in Anspruch nehmen kann.[284] So heißt es in den Protokollen:[285] „Der Zweck und Gedanke dieses Satzes bestehe darin, daß der Miether das ihm nach dem Inhalte des Miethvertrags Geschuldete

279 BVerfG, NJW 1996, 2858, 2858; Weitnauer/*Lüke*, § 14 Rn. 4; Soergel/*Stürner*, § 14 WEG Rn. 1; Staudinger/*Gursky*, § 1004 Rn. 184 m.w.N.

280 So auch Anm. *Sonnenschein* zu LM § 571 Nr. 40.

281 So auch *Derleder*, JZ 2000, 260, 261.

282 Vgl. zu einem ähnlich gelagertem Problem den Rechtsentscheid des KG, WuM 1990, 376, 377 f.

283 *Derleder*, JZ 2000, 260, 261.

284 *Weitemeyer*, NZM 1999, 111, 112.

285 Protokolle II, 140.

trotz eines Wechsels in der Person des Eigentümers der vermietheten Sache von dem Eigenthümer in natura verlangen und nicht auf einen Entschädigungsanspruch gegenüber dem Vermiether verwiesen werden dürfe." Diesen Zweck erfüllt ein Schadensersatzanspruch nach § 536a Abs. 1 3. Alt. BGB aber gerade nicht.

Es ist daher zu prüfen, ob der Mieter doch wie der BGH in seinem Rechtsentscheid feststellt, allein gegen den Erwerber der Wohnung und damit den Vermieter vorgehen kann. Dies wäre der Fall, wenn der Mieter gegen den Vermieter auch dann einen gerichtlich durchsetzbaren Anspruch auf Mängelbeseitigung hätte, wenn die zur Mängelbeseitigung erforderliche Maßnahme in das Gemeinschaftseigentum eingreift.[286] Entgegen einer teilweise vertretenen Ansicht, daß der Vermieter nicht auf Instandsetzung in Anspruch genommen werden könne, da der er als Mitglied der Wohnungseigentümergemeinschaft den Beschränkungen des WEG unterliege, bejaht das KG diese Frage. Zwar sei der einzelne Eigentümer grundsätzlich nicht berechtigt, Arbeiten am Gemeinschaftseigentum vorzunehmen. Vielmehr sei grundsätzlich nach § 27 Abs. 1 Nr. 2 WEG der Verwalter für die Instandhaltung und Instandsetzung des gemeinschaftlichen Eigentums verantwortlich, beziehungsweise stehe nach §§ 21, 23 WEG die Verwaltung des gemeinschaftlichen Eigentums den Wohnungseigentümern gemeinsam zu. Allerdings betreffen die Vorschriften des WEG nur das Innenverhältnis der Wohnungseigentümer, nicht jedoch das Außenverhältnis zwischen dem Wohnungseigentümer als Vermieter und dem Mieter der Wohnung.[287] Somit hat diese interne Aufgabenverteilung durch das WEG nicht die rechtliche Unmöglichkeit der Instandsetzung der Mietsache zur Folge. Der Vermieter wird nicht von seiner Leistungspflicht frei, vielmehr liegt zunächst nur ein vorübergehendes Leistungshindernis vor. Die Verpflichtung zur Instandsetzung umfaßt folglich auch die Herbeiführung der Mitwirkung der Wohnungseigentümergemeinschaft, notfalls auch mit gerichtlicher Hilfe. Ein auf die Beseitigung der Mängel gerichtetes Urteil ist auch – unter Umständen gemäß § 888 ZPO – vollstreckbar.[288]

Dieses Ergebnis ist durch einen Rechtsentscheid des OLG Zweibrücken[289] bestätigt worden. Bei dem zugrundeliegenden Sachverhalt ging es um die Frage, ob der gewerbliche Zwischenmieter einer Eigentumswohnung dem Endmieter gegenüber zur Instandhaltung und Instandsetzung verpflichtet ist. Diese Verpflichtung sei zu bejahen, da der gewerbliche Zwischenvermieter gegen den Eigentümer der Wohnung und gleichzeitig seinen Vermieter einen Erfüllungsanspruch habe. Der Eigentümer könne sich nicht darauf berufen kann, daß er bezüglich des Gemeinschaftseigentums nicht zur Instandsetzung in der Lage sei.[290] Dieser Auffassung, die die

286 Vgl. KG, WuM 1990, 376, 376 f. = DWW 1990, 232 = NJW-RR 1990, 1166 = NJW 1990, 3218 (LS).

287 KG, WuM 1990, 376, 376.

288 KG, WuM 1990, 376, 377.

289 OLG Zweibrücken, ZMR 1995, 119, 119 f.

290 OLG Zweibrücken, ZMR 1995, 119, 120, dagegen spricht auch nicht LG Hamburg WuM 1995, 267, 267 f., da es hier um den Duldungsanspruch des Vermieters gegen den Mieter geht.

Doppelrolle des vermietenden Wohnungseigentümers erkennt und eine strikte Trennung zwischen dem Innenverhältnis zwischen den Wohnungseigentümern und dem Außenverhältnis zwischen dem Wohnungseigentümer und dem Mieter einhält, ist uneingeschränkt zuzustimmen. Insofern ist auch dem BGH beizupflichten, wenn er ausführt, daß die Annahme eines Einzelvermieters bei eingeschränkter Anwendung des § 566 BGB den Mieter nicht in seinen Mängelgewährleistungsrechten beeinträchtige.

Ob der BGH jedoch tatsächlich alle Probleme hinsichtlich der Veräußerung von umgewandeltem Wohnraum gelöst hat, und ob damit die „Umwandlungsfalle"[291] gänzlich beseitigt worden ist, läßt sich aufgrund der Komplexität der in Frage kommenden Fallgruppen bezweifeln. So wurde auch noch nach dem Urteil des BGH der Ruf nach einer Entscheidung des Gesetzgebers laut.[292] Dazu hätte der Gesetzgeber im Rahmen seiner umfangreichen und langwierigen Überlegungen zur Mietrechtsreform, die durch das am 01.09.2001 in Kraft getretene Gesetz zur Neugliederung, Vereinfachung und Reform des Mietrechts (Mietrechtsreformgesetz) vom 19.06.2001[293] verwirklicht wurde, ausreichend Gelegenheit gehabt. Bei der Neuformulierung des § 566 BGB n.F., der den § 571 BGB a.F. abgelöst hat, ist es jedoch nur zu geringfügigen sprachlichen Änderungen gekommen, die keine Veränderungen in der Sache mit sich bringen. In der Begründung findet sich lediglich ein Verweis auf den Rechtsentscheid des BGH vom 28.04.1999[294] verbunden mit der Aussage, daß bei der Veräußerung von vermietetem Wohnungseigentum der Erwerber des Sondereigentums an den Wohnräumen alleiniger Vermieter werde.[295] Man könnte überlegen, ob diese Formulierung über die Aussage des zitierten Rechtsentscheides hinausgehen soll, indem die These für alle Fälle der Veräußerung von Wohnungseigentum für anwendbar erklärt wird. Diese Interpretation erscheint jedoch als zu weitgehend: Es fehlt jegliche Verknüpfung zwischen dem ersten Satz und der Zusammenfassung des Rechtsentscheids, so daß eher davon auszugehen ist, daß der Gesetzgeber nur einleitend das Problem darstellen wollte und keine Aussage über den Rechtsentscheid hinaus treffen wollte. Die Vorgehensweise des Gesetzgebers trägt somit nicht zur Klärung des Rechtsproblems bei. Sie soll vielmehr ausschließen, daß die gegenteilige Ansicht der Vermietervervielfältigung auf das Argument gestützt werden kann, der Gesetzgeber habe eine ausdrückliche Regelung hinsichtlich der alleinigen Vermieterstellung nicht getroffen, obwohl er die Problematik kannte und folglich im Umkehrschluß auch keine dementsprechende Regelung gewollt. Im Ergebnis hat der Gesetzgeber nur kundgetan, daß er alles beim Alten belassen will.

---

291 Begriff eingeführt von *Beuermann*, WuM 1995, 5, 5.

292 Anm. *Sonnenschein* zu LM § 571 Nr. 40, zuvor schon *Weitemeyer*, NZM 1998, 169, 175 mit eigenem Formulierungsvorschlag.

293 BGBl. I, 1149; Mietrechtsreformgesetz (Regierungsentwurf) mit Begründung BT-Drucks. 14/4553 vom 9.11.2000 = BR-Drucks. 439/00 vom 18.08.2000.

294 BGHZ 141, 239, 239 ff.

295 Begründung zum RegE des Mietrechtsreformgesetzes, BT-Drucks 14/4553, 63.

Ob die Entscheidung des BGH letztendlich verallgemeinerungsfähig ist und insofern tatsächlich einen gordischen Knoten gelöst hat[296], soll für alle in Betracht kommenden Variationen untersucht werden. Dabei ist herauszustellen, welche Entscheidung der Sinn und Zweck des § 566 BGB, das heißt insbesondere Mieter- aber auch Vermieterschutz, erfordern und was nur übertriebener Formalismus wäre, der die Verwaltbarkeit des Mietverhältnisses unnötig erschweren würde.

f. Denkbare Fallkonstellationen

Versucht man sich vorzustellen, wie viele unterschiedliche Varianten der Aufteilung vermieteten Wohnraums es gibt, so stellt man sehr bald fest, daß eine Liste dieser Varianten unendlich lang sein muß. Dies liegt daran, daß ein Mieter nicht nur eine Wohnung, sondern zusätzlich durch einheitlichen Mietvertrag eine weitere Wohnung, einen Stellplatz, einen Kellerraum, einen Dachbodenraum und eine Waschküche zur gemeinsamen Nutzung gemietet haben kann. Diese Aufzählung läßt sich beliebig erweitern. Werden die Räume oder Flächen bei einer Aufteilung des Gebäudes in Wohnungseigentum jeweils unterschiedlich zugeordnet, so ist schnell erkennbar, wie leicht sich neue Varianten finden lassen. Diese Varianten beinhalten jedoch nicht alle neue Situationen, die jeweils eine erneute Betrachtung erforderlich machen. Es sind vielmehr Abwandlungen bereits erörterter Varianten oder Kombinationen aus solchen. Es reicht folglich aus, die Grundprobleme herauszufiltern, auf die sich jede denkbare Situation zurückführen läßt.

Dabei ist es unerheblich, ob der Mieter die Räume oder Flächen zur alleinigen Nutzung oder zur Mitnutzung gemietet hatte.[297] Diese Unterscheidung ist nur relevant, wenn es darum geht, wie weit das Recht zum Besitz aus dem Mietvertrag im Rahmen des § 986 BGB reicht. Das spielt aber für die Frage einer Reduktion des § 566 BGB keine Rolle. Hier kommt es nur darauf an, ob der Mieter sein vertragliches Recht zum Besitz auch denjenigen Wohnungseigentümern entgegensetzen kann, die bei einer teleologischen Reduzierung des § 566 BGB nicht in die Vermieterposition einrücken. Dies ist aber anhand anderer Kriterien festzustellen.[298] Welche Besitzart im Mietvertrag festgelegt ist, bestimmt den Umfang des Herausgabeanspruchs, nicht das „ob“. Entscheidend ist somit nur, welche Art von Wohnungseigentum durch die Aufteilung nach dem WEG an den vermieteten Objekten entstanden ist. Gemäß § 1 WEG ist es möglich, Sondereigentum (§ 1 Abs. 2 WEG) und Gemeinschaftseigentum (§ 1 Abs. 5 WEG) zu begründen. Ob die Räume zu Wohnzwecken dienen oder nicht, macht inhaltlich keinen Unterschied, lediglich die gesetzlichen Begriffe sind unterschiedlich gewählt. Wohneigentum ist nach § 1 Abs. 2 WEG das Sondereigentum an zu Wohnzwecken dienenden Räumen in Verbindung mit einem Gemeinschaftseigentumsanteil, Teileigentum nach § 1

---

296 *Derleder*, JZ 2000, 260, 260.

297 Anders *Sternel*, MDR 1997, 315, 317, wenn er vorschlägt, den Begriff des Überlassens in § 571 BGB a.F. (§ 566 BGB n.F.) auf die Einräumung von Alleinbesitz zu beschränken.

298 Dazu siehe oben auf S. 83 und 84.

Abs. 3 WEG das Sondereigentum an nicht zu Wohnzwecken dienenden Räumen in Verbindung mit einem Gemeinschaftseigentumsanteil. Nach § 1 Abs. 6 WEG gelten die Vorschriften über das Wohnungseigentum für Teileigentum entsprechend, so daß es sich hier lediglich um einen begrifflichen Unterschied handelt, der für die vorliegenden Problematik außer Acht bleiben kann. Wichtig ist dagegen die Möglichkeit aus § 15 WEG, unter anderem für das Gemeinschaftseigentum Gebrauchsregelungen in der Art und Weise treffen zu können, daß einem der Wohnungseigentümer die alleinige Nutzung von Teilen des Gemeinschaftseigentums überlassen wird (Sondernutzungsrecht).[299]

Zu untersuchen sind damit die Fälle, die sich aus der Umwandlung in

- Sondereigentum
- Gemeinschaftseigentum ohne Vereinbarung eines Sondernutzungsrechtes oder
- Gemeinschaftseigentum mit Vereinbarung eines Sondernutzungsrechtes

ergeben können.

aa. Sondereigentum

Zunächst soll der Fall erörtert werden, daß ein vermieteter Raum durch den Aufteilungsplan zu Sondereigentum bestimmt wird. Als Beispiel für diese Konstellation kann der Fall herangezogen werden, daß ein Mieter nur eine Garage im Haus gemietet hat. Ein isolierter Mietvertrag über eine einzelne Garage ist nicht so fernliegend, wie es auf den ersten Blick erscheinen könnte: Man denke an einen Mieter, der in einem Nachbarhaus wohnt, dort aber keinen Stellplatz für sein Auto mieten kann. Um sein Auto dennoch in der Nähe unterstellen zu können, mietet er in einem Haus in der Nachbarschaft eine Garage. Liegt diese Garage derart an einer öffentlichen Straße, daß der Mieter die Garage über die Straße erreichen kann und daher keine Eingänge, Treppenhäuser, Flure oder Wege des Hauses benutzen muß, sind diese auch nicht mitvermietet. Alleiniges Mietobjekt ist die Garage. Wird die Garage bei der Umwandlung des gesamten Gebäudes in Wohnungseigentum als Sondereigentum ausgestaltet und sodann veräußert, ergibt sich bei einer wortlautgemäßen Anwendung des § 566 BGB, daß der Erwerber der Garage alleiniger Vermieter wird. Dieses Ergebnis ist einsichtig und ohne weitere Erörterungen anzunehmen. Über eine Reduzierung des § 566 BGB ist folglich nicht nachzudenken.

Dieses Ergebnis ist auch sachgerecht, wenn im beschriebenen Fall der Mieter zwei Garagen mit einheitlichem Mietvertrag gemietet hatte und der gleiche Erwerber Teileigentum an beiden Garagen erwirbt. Dieser Fall stellt lediglich eine Variante der eingangs beschriebenen Konstellation dar und ist genauso zu lösen. Gemäß § 566 BGB wird alleiniger Vermieter der Erwerber der Garagen.

---

299 Staudinger/*Kreuzer*, § 15 WEG Rn. 74; Weitnauer/*Lüke*, § 15 Rn. 25; Bärmann/Pick/Merle/*Pick*, § 15 Rn. 17.

Anders liegt es dagegen, wenn die beiden Garagen an verschieden Erwerber veräußert werden. Diese Konstellation bildet eine eigene Fallgruppe und wird an späterer Stelle näher erläutert.[300]

Schließlich soll zur Abgrenzung noch eine weitere Fallgruppe kurz dargestellt werden.[301] Handelt es sich bei dem gemieteten Objekt um eine Wohnung, die nach der Umwandlung in Wohnungseigentum zu Sondereigentum erklärt wird, liegt der Unterschied zur vorliegenden Fallgruppe darin, daß es nicht möglich ist, eine Wohnung zu vermieten, ohne dem Mieter auch den Gebrauch von Treppenhaus oder Hausfluren zu gewähren. Treppenhäuser, Flure oder sonstige Räume oder Flächen, die dem gemeinschaftlichen Gebrauch der Wohnungseigentümer beziehungsweise der Mieter dienen, können gemäß § 5 Abs. 2 WEG nur zu Gemeinschaftseigentum erklärt werden. Bei der Veräußerung einer Wohnung liegt daher immer gleichzeitig der Fall vor, daß ein Teil des Mietobjektes in Gemeinschaftseigentum umgewandelt wird.

bb. Gemeinschaftseigentum ohne Sondernutzungsrechte

Es ist denkbar, daß ein vermieteter Raum durch die Umwandlung in Wohnungseigentum zu Gemeinschaftseigentum erklärt wird, ohne daß irgendwelche Sondernutzungsrechte vereinbart werden. Zur Verdeutlichung dient wieder der Fall, daß ein Mieter eine Garage im Nachbarhaus gemietet hat, die durch die Umwandlung ins Gemeinschaftseigentum der Wohnungseigentümer fällt. Dieser Fall ist in der Praxis wohl eher selten, jedoch nicht ausgeschlossen. So kann es beispielsweise durch eine unvollständige Teilungserklärung zu der beschriebenen Situation kommen. Wird die Garage in der Teilungserklärung nicht erwähnt, so fällt sie zwingend ins Gemeinschaftseigentum. Gemäß §§ 1 Abs. 5, 5 Abs. 1 WEG unterliegen nämlich alle Teile einer Wohnungseigentumsanlage dem Gemeinschaftseigentum, soweit sie nicht als Sondereigentum gekennzeichnet sind.[302] Nach § 566 BGB treten dann alle Wohnungseigentümer in die Vermieterposition ein, so daß es zu einer Vervielfältigung der Vermieterposition mit den bereits mehrfach dargestellten Problemen für Mieter und Vermieter kommt. Dennoch wird für diesen Fall von niemanden eine reduzierte Anwendung des § 566 BGB angenommen. Das liegt daran, daß keiner der Wohnungseigentümer dem vermieteten Objekt näher steht als ein anderer und der Eintritt aller Wohnungseigentümer sich damit trotz aller Unannehmlichkeiten, die sich aus der Beteiligung mehrerer Vertragsparteien ergeben, als interessengerecht herausstellt.

Bei dieser Fallgruppe läßt sich das Beispiel – anders als bei der vorherigen Gruppe – auch mit einer vermieteten Wohnung bilden. Denn das mitvermietete Treppenhaus und alle anderen Räume, die dem gemeinschaftlichen Gebrauch der

300 Siehe unten auf S. 99 ff.

301 Im Einzelnen siehe dazu unten auf S. 92 ff.

302 Vgl. *Happ*, Hamburger Grundeigentum 1994, 372, 373 = DWE 1994, 126, 128.

Wohnungseigentümer beziehungsweise der Mieter dienen, werden zwingend Gemeinschaftseigentum ohne jegliche Sondernutzungsrechte und stellen insofern nur eine Variation in der Form dar, daß zwei Mietobjekte in Gemeinschaftseigentum ohne Sondernutzungsrechte umgewandelt und veräußert werden.

cc. Gemeinschaftseigentum mit Sondernutzungsrecht

Werden Räume oder Flächen durch die Umwandlung in Wohnungseigentum zu Gemeinschaftseigentum, ist es möglich, für einzelne Wohnungseigentümer Sondernutzungsrechte zu vereinbaren. Ein Sondernutzungsrecht stellt die Vereinbarung der Wohnungseigentümer dar, einem von ihnen die alleinige Nutzung an bestimmten Teilen des Gemeinschaftseigentums zu überlassen.[303] Es ist daher möglich, daß die an einen Mieter aus einem Nachbarhaus vermietete Garage durch die Umwandlung zu Gemeinschaftseigentum wird, an dieser Garage aber beispielsweise der Wohnung A ein Sondernutzungsrecht zugewiesen wird. Diese Form der Aufteilung ist in der Praxis nicht selten, entspricht sie in ihren wirtschaftlichen Auswirkungen doch der Situation, daß an der Garage Teileigentum begründet und der Wohnung A zugewiesen wird.[304]

Aufgrund dieser Vergleichbarkeit könnte man erwägen, statt der Wohnungseigentümergemeinschaft, die bei einer wörtlichen Anwendung des § 566 BGB Vermieter werden würden, nur den Sondernutzungsberechtigten in die Vermieterposition einrücken zu lassen. Ein entsprechendes Problem wird in Rechtsprechung und Literatur unter der Fallgruppe „Veräußerung einer Wohnung mit mitvermieteter Gartenfläche, die nach der Umwandlung im Gemeinschaftseigentum steht, einem Wohnungseigentümer jedoch per Sondernutzungsrecht zur alleinigen Nutzung zugewiesen wird" erörtert.[305] Unterschiede weisen die beiden Konstellationen jedoch insofern auf, als bei der in Rechtsprechung und Literatur diskutierten Fallgruppe neben dem Sondernutzungsberechtigten ein Sondereigentümer steht, der mit dem Sondernutzungsberechtigten identisch oder personenverschieden sein kann. Dennoch ist der Kerngehalt der Frage insofern der selbe, als in beiden Fällen fraglich ist, ob das Sondernutzungsrecht aufgrund seiner wirtschaftlichen Vergleichbarkeit mit dem Sondereigentum eine entsprechende Behandlung rechtfertigt. Um nur den Sondernutzungsberechtigten in das Mietverhältnis als Vermieter eintreten zu lassen, könnte man im vorliegenden Fall daher erwägen, § 566 BGB insoweit zu reduzieren, daß als Erwerber nur derjenige anzusehen ist, dem ein Sondernutzungsrecht, und zwar unabhängig davon, ob es im Wohnungsgrundbuch eingetragen ist oder nicht,[306]

---

303 Staudinger/*Kreuzer*, § 15 WEG Rn. 74; Weitnauer/*Lüke*, § 15 Rn. 25; Bärmann/Pick/Merle/*Pick*, § 15 Rn. 17.

304 Vgl. Staudinger/*Kreuzer*, § 15 WEG Rn. 76 f.

305 *Sternel*, MDR 1997, 315, 316; *Weitemeyer*, NZM 1998, 169, 175; *Drasdo*, DWW 2000, 6, 12; LG Hamburg, WuM 1997, 47, 47; siehe dazu ausführlich unten auf S. 94 ff.

306 *Sternel*, MDR 1997, 315, 316 stellt unter dieser Differenzierung eine analoge Anwendung des § 577 BGB a.F. (§ 567 BGB n.F.) zur Diskussion, wenn neben der Wohnung ein Keller mit-

am Mietobjekt zugewiesen ist. Zuzugeben ist wohl, daß die übrigen Wohnungseigentümer, solange das Sondernutzungsrecht für einen der Erwerber besteht, keine Herausgabe nach § 985 BGB vom Mieter oder dem Sondernutzungsberechtigten fordern können. Anders stellt sich jedoch die Situation dar, wenn die Wohnungseigentümer das Sondernutzungsrecht wieder aufheben. Genau wie Sondernutzungsrechte durch Vereinbarung aller Wohnungseigentümer vereinbart werden können, können sie auch wieder aufgehoben werden. Auf diesen Vorgang hat der Mieter keinen Einfluß, so daß er in diesem Fall Gefahr läuft, das Mietobjekt an die Wohnungseigentümergemeinschaft herausgeben zu müssen. Vor dieser Austreibung soll § 566 BGB den Mieter jedoch gerade schützen, so daß eine Reduzierung in der vorgeschlagenen Art nicht anzunehmen ist. Es bleibt vielmehr bei einer wörtlichen Anwendung des § 566 BGB, wonach alle Erwerber in das Mietverhältnis eintreten. Dieses Ergebnis ist auch interessengerecht, da trotz der wirtschaftlichen Vergleichbarkeit von Sondernutzungsrechten und Sondereigentum das Eigentum unstreitig als ein „mehr“ zu qualifizieren ist als das (wenn auch durch Eintragung im Wohnungsgrundbuch möglicherweise verdinglichte)[307] Sondernutzungsrecht als schuldrechtliche Vereinbarung.

dd. Kombination von Sondereigentum und Gemeinschaftseigentum ohne Sondernutzungsrechte

Es ist weiterhin möglich, daß nach der Umwandlung eines Gebäudes ein Teil der vermieteten Räume in Sondereigentum, der andere Teil im Gemeinschaftseigentum aller Wohnungseigentümer steht, ohne daß für das Gemeinschaftseigentum irgendwelche Sondernutzungsrechte vereinbart wurden. Diese Variante liegt zunächst immer dann vor, wenn das Sondereigentum an einer Wohnung, begründet wurde. Das liegt daran, daß es nicht möglich ist, Wohnungen zu vermieten, ohne dem Mieter auch den Gebrauch beispielsweise des Treppenhauses oder der Hausflure zu gewähren. Da Räume und Flächen, die der Gemeinschaft dienen, gemäß § 5 Abs. 2 WEG nicht zu Sondereigentum erklärt werden können, stehen damit bei einem Mietvertrag über eine Wohnung immer auch Teile der Mieträume im Gemeinschaftseigentum. Diese Räume sind zwingend mitvermietet und würden insofern bei wörtlicher Anwendung des § 566 BGB ausnahmslos zu einer Vermietervervielfältigung führen. Diese Fälle greift der BGH in seinen Gründen erweiternd auf[308] und erklärt auch hier eine eingeschränkte Anwendung des § 566 BGB für erforderlich. Dies ist mit der Argumentation des BGH konsequent und stößt auch praktisch auf keine Bedenken, da den übrigen Wohnungseigentümern auch bei Vermietung einer

gemietet war, der nach der Aufteilung im Gemeinschaftseigentum steht, aber einem der Erwerber per Sondernutzungsrecht zugewiesen wird; dazu eingehend auf S. 96.

307 Dazu genauer auf S. 96.

308 BGHZ 141, 239, 247 f.

bereits bestehenden Eigentumswohnung wegen der Mitbenutzung des Gemeinschaftseigentums kein Anspruch auf ein Entgelt zusteht.[309]

In diese Fallgruppe sind auch die Fälle einzuordnen, in denen neben der Wohnung durch einheitlichen Mietvertrag ein Kellerraum gemietet wurde, der nach der Umwandlung im Gemeinschaftseigentum steht und weder dem Eigentümer der Wohnung noch einem sonstigen Wohnungsinhaber zur alleinigen Nutzung zugewiesen ist. Diese Fälle weichen nur geringfügig von der Entscheidungsgrundlage des Rechtsentscheids ab. Der BGH hatte zu entscheiden, wer Vermieter wird, wenn eine Wohnung veräußert wird, zu der ein Nebenraum gehört, der nach der Umwandlung zu Gemeinschaftseigentum geworden ist. Dabei wurde der Nebenraum dem Sondereigentümer nach dem Aufteilungsplan aber nicht per Sondernutzungsrecht zur alleinigen Nutzung zugewiesen. Auch für den angesprochenen Fall muß § 566 BGB nach Maßgabe des BGH reduziert werden, da er sich nicht wesentlich von der Mitvermietung des Treppenhauses oder ähnlichen Flächen oder Räumen unterscheidet. Nur auf den ersten Blick ergeben sich Zweifel, handelt es sich diesmal doch nicht um zwangsweise mitvermietete Räume, sondern um Kellerräume, die der Gemeinschaft der Wohnungseigentümer gehören und für diese im Gegensatz zum Treppenhaus einen eigenen wirtschaftlichen Wert darstellen. Jedoch partizipieren die anderen Wohnungseigentümer auch an dieser Wertsteigerung, wenn sie nicht Mitvermieter des Kellerraumes werden. Sie haben nämlich die Möglichkeit, ihre Wohnungen ihrerseits zu einer höheren Miete zu vermieten, oder falls sie die Wohnung nicht vermieten wollen, selbst den zusätzlichen Raum im Rahmen der Gebrauchsregelungen gemäß § 15 Abs. 3 WEG mitzunutzen. Folglich ist auch hier wie im Fall der notwendigerweise im Gemeinschaftseigentum stehenden Räume und Flächen § 566 BGB insoweit zu reduzieren, daß nur der Erwerber der Wohnung als Vermieter in den Mietvertrag eintritt.

Fraglich ist, ob dies auch für den folgenden Fall gilt: Zu einer vermieteten Wohnung gehört ein Nebenraum, der weder in der Teilungserklärung erwähnt noch im Teilungsplan als Sondereigentum gekennzeichnet und damit gemäß §§ 1 Abs. 5, 5 Abs. 1 WEG Gemeinschaftseigentum wird. Diese Konstellation unterscheidet sich grundsätzlich nicht vom oben dargestellten Fall. Es kann sich aber eine Besonderheit ergeben, die möglicherweise eine andere Beurteilung erfordert, wenn der Nebenraum nur über die Wohnung erreichbar ist. Das ist denkbar, wenn ein Mieter eine Wohnung mit Balkon gemietet hat, der Balkon jedoch nicht im Teilungsplan erwähnt wird. *Happ* will in diesem Fall ein stillschweigend vereinbartes Sondernutzungsrecht für die dahinterliegende Wohnung annehmen, das auf den Erwerber übergeht.[310] Gegen diese Ansicht spricht, daß es zwar möglich ist, Sondernutzungsrechte formlos zu vereinbaren. Allerdings muß auch dann eine hierauf gerichtete Willenserklärung des Grundstückseigentümers vorliegen, was bei Nichterwähnung des Raumes gerade

---

309 Weitnauer/*Lüke*, Anhang § 13 WEG Rn. 3 m.w.N.; Staudinger/*Kreuzer*, § 13 WEG Rn. 19 m.w.N.

310 *Happ*, Hamburger Wohnungseigentum 1994, 372, 373 = DWE 126, 128.

nicht der Fall ist.[311] Es muß somit dabei bleiben, daß der Balkon im Gemeinschaftseigentum steht und nach Maßgabe der dargestellten Fallgruppe zu lösen ist. Dies ist auch sachgerecht, da es Aufgabe des §566 BGB ist, den Mieter vor den Folgen einer Veräußerung des Mietobjektes zu schützen, nicht aber die Folgen unvollständiger Aufteilungen auszugleichen. Hier muß der Mieter auf Schadensersatzansprüche gegen den Veräußerer oder möglicherweise gegen den die Aufteilung vornehmenden Notar verwiesen werden, wenn man den Mieter in den Schutzbereich des Vertrags zwischen Notar und Veräußerer einbeziehen kann und will.[312]

ee. Kombination von Sondereigentum und Gemeinschaftseigentum mit Sondernutzungsrecht

Werden die vermieteten Räume bei der Umwandlung in Wohnungseigentum so aufgeteilt, daß die vermietete Wohnung im Sondereigentum steht, der mit einheitlichem Mietvertrag mitgemietete Keller dagegen zum Gemeinschaftseigentum gehört, das dem Wohnungseigentümer der besagten Wohnung per Sondernutzungsrecht zugewiesen wird, ist genau der dem Rechtsentscheid des BGH[313] zugrundeliegende Fall gegeben. Mit dem BGH tritt nur der Erwerber der Wohnung aufgrund einer reduzierten Anwendung des § 566 BGB in den Mietvertrag ein. Dies gilt sowohl im Hinblick auf die notwendig mitvermieteten und gemäß § 5 Abs. 2 WEG nur als Gemeinschaftseigentum auszugestaltenden Räume und Flächen wie beispielsweise das Treppenhaus[314] als auch hinsichtlich solcher Räume, die im Gemeinschaftseigentum stehen und dem Wohnungseigentümer per Sondernutzungsrecht zugewiesen sind. Der beschriebene Fall stellt folglich eine Kombination aus den Fallgruppen „Veräußerung von Sondereigentum und Gemeinschaftseigentum ohne Vereinbarung von Sondernutzungsrechten“ und „Veräußerung von Sondereigentum mit Vereinbarung von Sondernutzungsrechten“ dar. Diese Kombination ist auch der Regelfall, weil zu einer Wohnung immer auch die Treppenhausnutzung gehört.

Fraglich ist, wie zu entscheiden ist, wenn der mitgemietete Keller abweichend vom Fall des Rechtsentscheids nicht der gemieteten Wohnung, sondern aufgrund besonderer Zweckmäßigkeitserwägungen im Aufteilungsplan einer anderen Wohnung per Sondernutzungsrecht zugewiesen wird. Solche Zweckmäßigkeitserwägungen liegen beispielsweise vor, wenn den Wohnungen jeweils der nächstgelegene Kellerraum zugewiesen werden soll, die bisherigen Vermietungen dieser Verteilung jedoch nicht entsprochen hat. Wie bereits oben angesprochen, ähnelt die Fallgestaltung der Fallgruppe „Veräußerung von Gemeinschaftseigentum, an dem Sondernutzungsrechte vereinbart werden“. Auch hier stellt sich die Frage nach der Vergleichbarkeit von Sondernutzungsrechten und Sondereigentum. Ein Sondernutzungsrecht ist die Vereinbarung der Wohnungseigentümer, einem von ihnen die

---

311 Vgl. *Drasdo*, DWW 2000, 6, 11 m.w.N.
312 Vgl. *Drasdo*, DWW 2000,6, 12.
313 BGHZ 141, 239, 239 ff.
314 Siehe oben auf S. 90.

alleinige Nutzung an bestimmten Teilen des Gemeinschaftseigentums zu überlassen.[315] Der dargestellte Fall unterscheidet sich von der Situation, daß verschiedene Sondereigentumsanteile an verschiedene Erwerber veräußert werden, folglich dadurch, daß an einem gemeinsam mit der Wohnung angemieteten Raum kein Sonder- sondern Gemeinschaftseigentum gebildet, jedoch ein Nutzungsrecht für einen anderen Wohnungseigentümer eingetragen wird. Da es sich bei dem Kellerraum um Gemeinschaftseigentum handelt, scheidet nach der Entscheidung des BGH vom 28.04.1999 ein Eintreten aller Wohnungseigentümer in das Mietverhältnis aus. Fraglich ist jedoch, ob der Sondernutzungsberechtigte gemäß § 566 BGB zusammen mit dem Erwerber der Wohnung in den Mietvertrag eintritt. Nach dem Wortlaut des § 566 BGB, wonach der Übergang des Mietverhältnisses von der Veräußerung des Grundstücks abhängt, ist dies abzulehnen. Veräußerung bedeutet Änderung der dinglichen Rechtslage, so daß auf den Übergang des Eigentums durch Auflassung und Eintragung im Grundbuch abzustellen ist.[316] Der Sondernutzungsberechtigte erwirbt gerade kein Eigentum, sondern nur ein vertragliches Nutzungsrecht, so daß die Voraussetzungen des § 566 BGB nicht erfüllt sind.[317] Da der Sondernutzungsberechtigte jedoch durch die Begründung des Sondernutzungsrechtes – zumindest bei Eintragung dieses Rechtes ins Grundbuch – eine absolut wirkende Rechtsstellung gegenüber den anderen Wohnungseigentümern erlangt und diese von der Nutzung ausschließen kann,[318] kann man erörtern, ob die Situation dem Fall vergleichbar ist, daß zwei Erwerber unterschiedliche Sondereigentumsanteile erwerben,[319] mit der Folge daß auch hier ein Eintreten des Sondernutzungsberechtigten als Vermieter in den Mietvertrag erfolgt. Gestützt wird diese Annahme durch die Tatsache, daß in der Praxis oftmals an sondereigentumsfähigen Räumen dem Wohnungseigentümer kein Sondereigentum eingeräumt wird, sondern nur ein alleiniges Sondernutzungsrecht. In seinen wirtschaftlichen Auswirkungen sind das Sondernutzungsrecht und das Sondereigentum folglich identisch.[320] So findet sich auch in Rechtsprechung und Literatur der Vorschlag, in diesem Fall den Sondernutzungsberechtigten in das Mietverhältnis eintreten zu lassen, so daß sowohl der Erwerber der Wohnung als auch der Sondernutzungsberechtigte gemeinsam Vermieter werden.[321]

---

315 Staudinger/*Kreuzer*, § 15 WEG Rn. 74; Weitnauer/*Lüke*, § 15 Rn. 25; Bärmann/Pick/Merle/*Pick*, § 15 Rn. 17.

316 Emmerich/Sonnenschein/Weitemeyer/*Emmerich*, § 571 Rn. 9.

317 Vgl. *Sternel*, MDR 1997, 315, 316.

318 Bärmann/Pick/Merle/*Pick*, § 15 Rn. 17; Weitnauer/*Lüke*, § 15 Rn. 25; Rn. 19; *Sternel*, MDR 1997, 315, 316.

319 Siehe oben auf S. 99.

320 Staudinger/*Kreuzer*, § 15 WEG Rn. 76 f.

321 *Sternel*, MDR 1997, 315, 316; LG Hamburg WuM 1997, 47, 47; *Happ*, Hamburger Grundeigentum 1994, 372, 372 f., Fall 2 und 4 = DWE 1994, 126, 126 ff., Fall 2 und 4; offengelassen von *Weitemeyer*, NZM 1998, 169; 175; a.A. *Drasdo* DWW 2000, 6, 12; *Drasdo*, NZM 2001, 13, 18; *Beuermann*, WuM 1995, 5, 7.

Sternel[322] will dies über eine analoge Anwendung des § 577 a.F. BGB, dem jetzigen § 567 BGB, erreichen, wenn das Sondernutzungsrecht ins Wohnungsgrundbuch eingetragen ist. Eine solche Anwendung hatte bereits das LG Hamburg[323] befürwortet. Bei § 567 BGB handelt es sich um eine Vorschrift, die § 566 BGB kraft Gesetzes für entsprechend anwendbar erklärt. Wie bei § 566 BGB steht der Schutz des Mieters gegen eine nachträgliche Veränderung auf der Vermieterseite im Vordergrund.[324] Aus der Formulierung des § 567 S. 1 BGB folgt, daß der Gesetzgeber eine Regelung für die Belastung eines Grundstücks mit dinglichen Rechten treffen wollte. Für Vereinbarungen anderer obligatorischer Nutzungsrechte trifft der Wortlaut des § 567 BGB keine Aussage.[325] Da es sich bei Sondernutzungsrechten um Vereinbarungen i.S.v. § 10 Abs. 1 und 2 WEG über das Verhältnis der Wohnungseigentümer untereinander handelt, die das Gemeinschaftsverhältnis gestalten, sind sie grundsätzlich schuldrechtlicher Natur.[326] Fraglich ist jedoch, ob sich die Rechtsnatur ändert, wenn das Sondernutzungsrecht als Inhalt des Sondereigentums ins Grundbuch eingetragen wird, obwohl es zu seiner Entstehung keiner Eintragung ins Grundbuch bedarf.[327] Eine Ansicht spricht dem Sondernutzungsrecht mit Eintragung dingliche Wirkung zu, meint jedoch, daß es sich nicht um ein selbständiges dingliches Recht handelt.[328] Dennoch sei das Sondernutzungsrecht zum Inhalt des Sondereigentums geworden, so daß die Vorschriften des Sachenrechts anwendbar seien (sogenannte Einheitstheorie).[329] In der Literatur wird sogar zum Teil eine Unterscheidung in schuldrechtliches und dingliches Sondernutzungsrecht vorgenommen.[330] Gegen die Vertreter dieser Ansicht läßt sich jedoch anführen, daß die Eintragung ins Grundbuch lediglich die Auswirkung hat, daß der Nachfolger eines Wohnungseigentümers, an dessen Wohnung ein Sondernutzungsrecht für einen anderen Wohnungseigentümer eingetragen ist, dieses gegen sich gelten lassen muß. Anderenfalls wäre dieser selbst dann nicht daran gebunden, wenn er die Vereinbarung kannte. Die dingliche Wirkung besteht somit lediglich in der Bindung des Nachfolgers, an der schuldrechtlichen Natur des Sondernutzungsrechts ändert die Eintragung nichts.[331] Sondernutzungsrechte sind folglich keine dinglichen Rechte, so daß eine direkte Anwendung des § 567 BGB ausscheidet und nur eine Analogie in Betracht kommt. Tendenziell wird bei der Frage nach einer analogen Anwendung zu beachten sein, daß bereits die Analogiefähigkeit des § 566 BGB eher ablehnend

322 *Sternel*, MDR 1997, 315, 316.
323 LG Hamburg, WuM 1997, 47, 47.
324 Emmerich/Sonnenschein/Weitemeyer/*Emmerich*, § 571 Rn. 5.
325 Emmerich/Sonnenschein/Weitemeyer/*Emmerich*, § 577 Rn. 2.
326 Weitnauer/*Lüke*, § 15 Rn. 25.
327 H.M. siehe nur Staudinger/*Kreuzer*, § 15 WEG Rn. 85, a.A. KG NJW-RR 1987, 653, 654.
328 BGHZ 73, 145, 148; BGHZ 91, 343, 345.
329 MünchKomm/*Röll*, Vor § 1 WEG, Rn. 12 m.w.N.
330 Bärmann/Pick/Merle/*Pick*, § 15 Rn. 18; näher zur Begriffsklärung *Schuschke*, NZM 1999, 241, 241 ff.
331 Weitnauer/*Lüke*, § 15 Rn. 29 ff.; *Ertl*, FS für Seuss, 151, 152 ff.;

beurteilt wird. Dies muß erst Recht für § 567 BGB gelten, wonach für bestimmte Belastungen § 566 BGB als entsprechend anwendbar erklärt wird.[332]

Vor diesem Hintergrund sind die Voraussetzungen einer entsprechenden Anwendung des § 567 BGB zu erörtern. Sie bestehen wie bei jeder Analogie in einer vergleichbaren Interessenlage bei Vorliegen einer Regelungslücke, die der Gesetzgeber nicht gesehen hat, aber bei Kenntnis ebenfalls in der betreffenden Weise geregelt hätte.[333] So wird in der Literatur vereinzelt eine Analogie abgelehnt, weil die Interessenlagen nicht vergleichbar seien. Der Mieter, dessen Keller beispielsweise nach der Teilung in Wohnungseigentum im Gemeinschaftseigentum steht und einem anderen Wohnungseigentümer per Sondernutzungsrecht zugewiesen wird, sei bereits ausreichend geschützt, da gemäß § 566 BGB alle Wohnungseigentümer Vermieter würden.[334] Diese Aussage ist jedoch nach dem Rechtsentscheid des BGH vom 28.04.1999 in dieser Weise nicht mehr haltbar, so daß die Begründung mit einer fehlenden Schutzwürdigkeit des Mieters nicht mehr vertretbar ist. Vielmehr erscheint es fraglich, ob überhaupt eine Lücke vorliegt. Zwar kann der Gesetzgeber bei der Formulierung des § 577 BGB a.F. noch nicht an die Belastung bestimmter Räume oder Grundstücksflächen mit Sondernutzungsrechten gedacht haben, da das WEG und damit die Möglichkeit, entgegen §§ 93, 94 BGB Wohnungseigentum zu begründen und Sondernutzungsrechte einzuräumen, erst 1951 und damit über 50 Jahre nach dem BGB geschaffen wurde.[335] Allerdings hat der Gesetzgeber 2001 durch das Mietrechtsreformgesetz[336] die Fassung des ehemaligen § 577 BGB nur mit sprachlichen Änderungen in der Regelung des § 567 BGB übernommen, obwohl er Gelegenheit gehabt hätte, ausdrücklich auch Sondernutzungsrechte aufzunehmen. Dies zeigt deutlich, daß nur dingliche Rechte durch § 567 BGB erfaßt werden sollten. Dafür spricht auch der Wortlaut des § 567 BGB, der von der „Belastung" eines vermieteten Grundstücks spricht. Eine Belastung ist jedoch nur durch dingliche Rechte möglich, schuldrechtliche Nutzungsrechte stellen keine Belastungen dar.[337] Wollte der Gesetzgeber folglich eindeutig eine unterschiedliche Behandlung von dinglichen und schuldrechtlichen Rechten an vermieteten Grundstücken, kann nicht von einer Lücke gesprochen werden. Es ist somit mangels Lücke im Gesetz nicht möglich, § 567 BGB entsprechend anzuwenden.

Aber auch wenn man mit der Gegenansicht eine analoge Anwendung des § 567 BGB bejaht, würde der Sondernutzungsberechtigte in den meisten Fällen nicht mit in den Mietvertrag eintreten. Dies liegt daran, daß § 567 S. 1 BGB für einen Eintritt nach § 566 BGB den vollständigen Entzug des vertragsmäßigen Gebrauchs verlangt.

---

332 *Riecke*, WuM 1997, 88, 90.

333 *Klunzinger*, Bürgerliches Recht, § 3 II 2 b); *Baumann*, § 4 III 2; *Larenz*, Methodenlehre, 354 ff. und 3365 ff.

334 *Weitemeyer*, NZM 1998, 169, 175.

335 Zur Entstehungsgeschichte siehe ausführlich Weitnauer/*Weitnauer*, Vor § 1 Rn. 12 ff.

336 Siehe Fn. 293.

337 Allgemeine Ansicht, vgl. nur Staudinger/*Emmerich*, § 577 Rn. 3; MünchKomm/*Voelskow*, § 577 Rn. 2; Erman/*Jendrek*, § 577 Rn. 1.

Das Sondernutzungsrecht müßte sich somit auf alle vermieteten Räume, also beispielsweise auf Wohnung und mitgemieteten Keller beziehen. Diese Konstellation ist jedoch nicht praxisrelevant. Einzig an Bedeutung könnte der Fall erlangen, daß ein Wohngebäude derart in Wohnungseigentum aufgeteilt wird, daß nur an Nebenräumen Sondereigentum (Teileigentum) begründet wird, die Wohnungen dagegen im Gemeinschaftseigentum verbleiben und Sondernutzungsrechte für bestimmte Nebenräume eingeräumt werden, die als Teileigentum ausgestaltet wurden. Diese Gestaltungsvariante hat sich im Zusammenhang mit der Rechtsprechung des BVerwG[338] zur Abgeschlossenheitsbescheinigung bei Altbauten herausgebildet. Grund für diese Vorgehensweise war der Wunsch, Altbauten in Wohnungseigentum aufzuteilen. Das BVerwG knüpfte die Voraussetzungen für eine Abgeschlossenheitsbescheinigung, die gemäß § 7 Abs. 4 S. 1 Nr. 2 WEG i.V.m. § 3 Abs. 2 S. 1 WEG notwendige Voraussetzung für die Einräumung von Sondereigentum ist, daran, ob die Trennwände und Trenndecken den heutigen Anforderungen an Schall- Wärme- und Brandschutz entsprechen. Dies ist bei Altbauten regelmäßig nicht der Fall, so daß an den Wohnungen selbst nach der Rechtsprechung des BVerwG kein Sondereigentum begründet werden konnte. Der Weg über die Bildung von sogenanntem „Kellereigentum“ bot in diesem Fall einen praktischen Ausweg, da für Kellerräume bereits dann eine Abgeschlossenheitsbescheinigung zu erteilen ist, wenn diese nur in sich selbst abgeschlossen sind.[339] Diese Notwendigkeit ist neuerdings allerdings entfallen, da der Gemeinsame Senat der obersten Gerichtshöfe des Bundes die Anknüpfung an baurechtliche Vorschriften für die Abgeschlossenheitsbescheinigung abgelehnt hat[340] und insofern der Bedarf der dargestellten Umgehungsmöglichkeit entfallen ist. Aber auch in Altfällen ist § 567 S. 1 BGB nicht einschlägig: Zwar umfaßt das Sondernutzungsrecht mit der Wohnung regelmäßig den wesentlichen Bestandteil des Mietverhältnisses, jedoch kann auch dies eine Gleichstellung mit dem Fall, daß alle vermieteten Räume von einem Sondernutzungsrecht erfaßt werden, nicht rechtfertigen. Weiterhin ist es durchaus denkbar, daß die vermieteten Nebenräume größer als die Wohnung sind oder auch gleich groß, so daß eine Bewertung als Haupt- und Nebenmietobjekt nicht mehr getroffen werden kann. Betrifft das Sondernutzungsrecht damit regelmäßig nur einen Teil der vermieteten Räume oder Grundstücksflächen, wäre vielmehr § 567 S. 2 BGB entsprechend anzuwenden.[341] Nach § 567 S. 2 BGB ist der berechtigte Dritte aber nur dazu verpflichtet, die Ausübung seines Rechtes zu unterlassen, soweit es den vertragsmäßigen Gebrauch beeinträchtigt.[342] Ein Eintritt des Sondernutzungsberechtigten entspre-

---

338 BVerwG, NJW 1990, 848, 848 ff.; a.A. BGH, NJW 1991, 1611, 1611 ff; Rechtsprechung des BVerwG gebilligt durch BayObLG NJW 1992, 700, 700 f.; dem BayObLG folgend OLG Hamm, NJW-RR 1993, 1233, 1233 f. = MDR 1993, 866; zu einer weiteren Ausweichgestaltung in Form des sogenannten Bruchteilmodells vgl. nur *Reithmann*, NJW 1992, 649, 650 f.

339 *Pause*, NJW 1992, 671, 672 m.w.N.

340 BGHZ 119, 42, 42 ff.

341 Vgl. Emmerich/Sonnenschein/Weitemeyer/*Emmerich*, § 577 Rn. 1.

342 *Drasdo*, DWW 2000, 6, 12; *Weitemeyer*, NZM 1998, 169, 175.

chend § 566 BGB ergibt sich folglich nicht. Es bleibt deshalb in Übereinstimmung mit dem Rechtsentscheid des BGH bei dem Ergebnis, daß alleiniger Vermieter der Erwerber der Wohnung wird.

ff. Sondereigentum verschiedener Erwerber

Die letzte eigenständige Fallkonstellation liegt vor, wenn die vermieteten Räume in unterschiedliche Sondereigentumsanteile gespalten und an verschiedene Erwerber veräußert werden. Diese Situation ist zunächst denkbar, wenn der Mieter mit einheitlichem Mietvertrag nur zwei Garagen, aber keine Wohnung im Haus angemietet hat. Diese Garagen werden bei der Umwandlung des Hauses in Wohnungseigentum zu Sondereigentum erklärt, jedoch an zwei unterschiedliche Erwerber veräußert. Hier liegt eine bloße Variante der „Veräußerung von Sondereigentum" vor, da es sich bloß um mehrere Mietobjekte handelt, die jedoch alle in Sondereigentum umgewandelt werden. Nach Maßgabe der Fallgruppe ist § 566 nicht einzuschränken mit dem Ergebnis, daß beide Erwerber als Vermieter in den Mietvertrag eintreten. Dieses Ergebnis ist sachgerecht und bedarf keiner weiteren Auseinandersetzung.

Weiter ist es möglich, daß es zu einer Veräußerung von Sondereigentumsanteilen an verschiedene Erwerber kommt, wenn der Mieter mit einheitlichem Mietvertrag zwei gegenüberliegende Wohnungen gemietet hatte oder, wenn mitvermietete Nebenräume als Sondereigentum einer anderen Wohnung zugeteilt werden. Einmal handelt es sich bei den Sondereigentumsanteilen um solche, die jeweils zu Wohnzwecken genutzt werden, einmal um solche, die einerseits zu Wohnzwecken genutzt werden, andererseits bloße Nebenräume wie eine dazugemietete Garage, ein Kellerraum oder ein Dachbodenraum, darstellen.

Will man hier wie im Rechtsentscheid des BGH § 566 BGB nur reduziert anwenden, so stößt man bereits auf praktische Probleme. Läßt sich bei der Veräußerung von Wohnung und mitvermietetem Nebenraum an zwei unterschiedliche Sondereigentümer noch der Erwerber der Wohnung als „hauptsächlicher" Erwerber ansehen, der alleine in das Mietverhältnis eintritt, so fragt sich, welcher der beiden Erwerber in das Mietverhältnis eintreten soll, wenn zwei Wohnungen veräußert werden, über die ein einheitlicher Mietvertrag abgeschlossen wurde. Soll es hierbei nach der Größe der Wohnungen gehen? Wie ist zu entscheiden, wenn beide Wohnungen gleich groß sind? Und ist bei der Veräußerung von Wohnung und Nebenraum der Eintritt des Nebenraumerwerbers gerechtfertigt, wenn der Nebenraum größer ist als die dazugehörige Wohnung? Zu einer sachlich einleuchtenden Lösung führen diese Erwägungen nicht. Vielmehr erschiene die Entscheidung für einen der Erwerber als willkürlich. So wurde diese Fallgruppe bislang auch einheitlich dahingehend gelöst, daß beide Erwerber in das Mietverhältnis als Vermieter eintreten.[343] Dies gilt unabhängig davon, ob es sich um die Veräußerung zweier einheitlich

343 BayObLG, NJW-RR 1991, 651, 651 = ZMR 1991, 174; OLG Celle, WuM 1996, 222, 222 f.; KG ZMR 1999, 246, 248 = NZM 1998, 925 = WuM 1998, 717 = MM 1999, 3336; LG Ham-

vermieteter Wohnungen oder um die Veräußerung einer Wohnung mit dazugehörigem Nebenraum handelt.

Zur Verdeutlichung wird gelegentlich der Vergleich mit der Realteilung eines Grundstücks herangezogen, da die Teilung eines Grundstücks in natura der Aufteilung eines Gebäudes in Wohnungseigentum nach dem WEG entspreche.[344] Bei der Realteilung eines Grundstückes und der anschließenden Veräußerung an zwei verschiedene Erwerber wird diskutiert, ob durch die Veräußerung das Mietverhältnis in zwei selbständige Verträge aufgespalten wird. Zum Schutz des Mieters wird jedoch allgemein angenommen, daß es beim Grundsatz der Einheitlichkeit des Mietverhältnisses bleibt und beide Erwerber als Vermieter in den Mietvertrag eintreten.[345] Überträgt man diese Argumentation auf die Veräußerung von Wohnungseigentum nach Umwandlung, so gelangt man zum oben dargestellten Ergebnis.

Dieser bislang ganz herrschenden Meinung hat sich nach dem Rechtsentscheid des BGH vom 28.04.1999 nun zumindest für den Fall, daß ein Sondereigentumsanteil ein mitvermieteter Nebenraum war, eine Gegenansicht entgegengestellt.

Das LG Hamburg hatte den Fall zu entscheiden, wer Vermieter einer Eigentumswohnung wird, wenn zu der Wohnung ein mitvermieteter Nebenraum gehört, der im Sondereigentum eines anderen Wohnungseigentümers steht.[346] Das Gericht führte entsprechend der bis dahin allgemein geltenden Auffassung aus, daß beide Erwerber gemäß § 566 BGB Vermieter werden. Diese Entscheidung widerspreche dem Rechtsentscheid vom 28.04.1999 nicht, da der Fall, daß nach Erwerb einer vermieteten Wohnung ein mitvermieteter Raum im Sondereigentum eines anderen Wohnungseigentümers steht, nicht Gegenstand des Rechtsentscheids gewesen sei. Hier setzt *Greiner*[347] in seiner Anmerkung zu diesem Urteil an, indem er ausführt, daß diese Sichtweise nur formal gesehen zutreffend sei. Vielmehr sei auf die Gründe des BGH abzustellen, die übertragen auf den vorliegenden Fall zu demselben Ergebnis führen müßten, nämlich der alleinigen Vermieterstellung des Wohnungserwerbers. Und zwar würden die bereits mehrfach skizzierten Probleme auch im Fall der Veräußerung von zwei Sondereigentumsanteilen auftreten, so daß die Interessenlage eindeutig dieselbe sei wie bei der Mitveräußerung eines im Gemeinschaftseigentum stehenden Kellerraumes. Für den Mieter sei es reiner Zufall, ob der Bodenraum im

---

burg, WuM 1994, 539, 539 f.; LG Berlin, GE 1999, 1356, 1356; LG Berlin, GE 2000, 603, 603; LG Hamburg, ZMR 1999, 765, 765 f.; AG Hamburg, WuM 1992, 374, 375; AG Nürnberg, WuM 1983, 144, 144 f.; AG Stuttgart, WuM 1973, 194, 195; *Beuermann*, WuM 1995, 5, 6; *Happ*, Hamburger Grundeigentum 1994, 372, 372 = DWE 1994, 126, 126; *Riecke*, WuM 1997, 88, 93; *Sternel*, MDR 1997, 315, 316; *Weitemeyer*, NZM 1998, 169, 173; *Drasdo*, DWW 2000, 6, 10; *Drasdo*, NZM 2001, 13, 18; Anm. *Sonnenschein* zu LM § 571 Nr. 40; *Ricke/Schütt*, WuM 1999, 499, 499 und 501.

344 KG ZMR 1999, 246, 248 = NZM 1998, 925 = WuM 1998, 717 = MM 1999, 3336.

345 Staudinger/*Emmerich*, § 571 Rn. 46; RGZ 124, 195, 198 f.; BGH NJW 1973, 455, 455 ff. = LM § 427 Nr. 2 = WM 1973, 330; AG Nürnberg WuM 1983, 144, 144 f.; AG Köln WuM 1986, 109, 109; AG Havelberg WuM 1993, 265, 265.

346 LG Hamburg, ZMR 1999, 765, 765 f.

347 *Greiner*, ZMR 1999, 766, 766.

Gemeinschaftseigentum oder im Sondereigentum eines anderen Wohnungseigentümers stehe. Daher solle auch hier wie im Rechtsentscheid vom 28.04.1999 der Erwerber der Wohnung allein berechtigt sein, die Rechte aus dem Mietverhältnis geltend zu machen. Der Erwerber des Dachbodenraumes und alle anderen Wohnungseigentümer treten zum Schutz des Mieters nur insoweit in den Mietvertrag ein, daß sie an das Besitzrecht des Mieters gebunden sind.[348] Wenn *Greiner* annimmt, daß neben dem Erwerber der Wohnung alle übrigen Wohnungseigentümer in das Mietverhältnis eintreten, so bedeutet dies für ihn praktisch dennoch, daß – schlagwortartig formuliert – nur der Erwerber der Wohnung als Vermieter anzusehen ist.[349]

Dieser Auffassung[350] könnten jedoch über die bereits dargestellten Kritikpunkte hinsichtlich des Verständnisses des Rechtsentscheides vom 28.04.1999 hinaus Bedenken entgegenstehen, da sie in erheblicher Weise in das Eigentumsrecht des Erwerbers des Nebenraumes eingreift, ohne daß ein solcher Eingriff gerechtfertigt wird.[351] Der Erwerber des Dachbodenraums kann als Sondereigentümer grundsätzlich gemäß § 903 S. 1 BGB mit dem Raum nach seinem Belieben verfahren und andere von jeder Einwirkung ausschließen, wenn nicht das Gesetz oder Rechte Dritter entgegenstehen. Daraus folgt, daß ihm auch die wirtschaftliche Nutzung gebührt. Dies bedeutet wiederum, daß ihm ein Mietentgelt für die Nutzung zustehen müßte, wenn er den Mieter der vor Umwandlung bereits vermieteten Eigentumswohnung aufgrund des bestehenden Mietvertrages nicht von der Nutzung ausschließen kann. Die Miete für die Nutzung kann der Erwerber des Dachbodenraums jedoch trotz des bestehenden Mietvertrags nicht fordern, wenn seine Vermieterstellung keine anderen Folgen hat als die, daß er von dem Mieter die gemieteten Flächen nicht herausverlangen kann.[352]

Für diese Ansicht könnte sprechen, daß nach Auffassung des BGH auch der Erwerber einer Wohnung nicht Vermieter der jeweils mitvermieteten Gemeinschaftsflächen und –räume wird, obwohl er Miteigentümer dieser Flächen ist, so daß er ebenfalls kein Entgelt fordern kann. Allerdings darf hier ein Unterschied nicht übersehen werden: Es erscheint gerechtfertigt, dem Erwerber, der außer der Wohnung nur Miteigentum an aufgrund von § 5 Abs. 2 WEG notwendig als Gemeinschaftseigentum ausgestalteten Räumen oder Flächen erwirbt, keinen Anspruch auf Mietzahlung gegen den Mieter zuzubilligen, da die Benutzung beispielsweise von Treppenhäusern oder Fluren für den Mieter unverzichtbar ist und damit kein höhe-

---

348 *Greiner*, ZMR 1999, 766, 767; ders. WE 2000, 106, 107.

349 Vgl. *Greiner*, WE 2000, 106, 106; siehe dazu schon S.84 .

350 Bei richtiger Anwendung des Rechtsentscheids vom 28.04.1999 würde sich ergeben, daß der Mietvertrag aufgrund einer einschränkenden Anwendung des § 571 BGB a.F. nur mit dem Erwerber der Wohnung als Vermieter fortgeführt wird. Diese Auffassung entspricht im wesentlichen der Ansicht *Greiners* und ist daher denselben Kritikpunkten ausgesetzt.

351 So auch Anm. *Sonnenschein* zu LM § 571 Nr. 40; *Drasdo*, DWW 2000, 6, 10.

352 Nimmt man mit einer einschränkenden Anwendung des § 566 BGB n.F. (571 BGB a.F.) an, daß der Erwerber des Dachbodenraumes gar nicht Vermieter geworden ist, so kann er erst Recht keinen Mietanspruch geltend machen.

res Mietentgelt rechtfertigt. Das Argument, es liege keine Wertsteigerung vor, greift jedoch bereits nicht mehr, wenn es sich um einen Erwerber handelt, der neben der Wohnung Miteigentum an sonstigen Gemeinschaftsräumen wie beispielsweise einer Waschküche erwirbt. Eine solche Einrichtung erhöht den Wert einer Wohnung und rechtfertigt einen höheren Mietpreis, der den einzelnen Vermietern zusteht. Auch diesen Fall hat der BGH in seinem Rechtsentscheid mitentschieden und den Eintritt eines solchen Erwerbers in die bestehenden Mietverträge nach § 566 BGB abgelehnt.[353] Dem ist jedoch entgegenzusetzen, daß besagter Erwerber bereits für seine Wohnung einen höheren Mietpreis verlangen kann und daher an der Wertsteigerung, die im Vorhandensein einer gemeinsamen Waschküche liegt, tatsächlich partizipiert.

Letztlich bleibt noch der dem Rechtsentscheid zugrundeliegende Fall, daß der Erwerber neben der Wohnung Miteigentum an Gemeinschaftsräumen erwirbt, die einem anderen Wohnungseigentümer per Sondernutzungsrecht zur alleinigen Nutzung überlassen wurden. Durch die Eintragung eines Sondernutzungsrechts zugunsten eines anderen Wohnungseigentümers steht dem besagten Erwerber die Beteiligung an der Werterhöhung jedoch nicht mehr zu, so daß auch hier eine Verdrängung aus der Vermieterposition und die daraus resultierende Unmöglichkeit, einen Teil des Mietpreises zu beanspruchen, gerechtfertigt ist. Folglich läßt sich der Eingriff in die Eigentumsrechte in denen zur Erörterung herangezogenen Fällen rechtfertigen, nicht jedoch im vorliegenden Fall der unterschiedlichen Veräußerung von Sondereigentumsanteilen. Des weiteren stößt die Ansicht auch auf das bereits oben angesprochene Problem, ob eine einschränkende Anwendung des § 566 BGB in der Form überhaupt interessengerecht ist, wenn beispielsweise der Nebenraum flächenmäßig weitaus größer ist als die dazugehörige Wohnung und sich damit als Hauptmietobjekt darstellt. Eine Anwendung auf zwei durch einheitlichen Mietvertrag angemietete Wohnung scheitert bereits deshalb, weil eine Bewertung als Haupt- oder Nebensache wie *Greiner* sie offensichtlich vornimmt, nicht möglich ist.

Ist diese Auffassung somit nicht haltbar, fragt sich, ob zumindest die Möglichkeit besteht, das Mietverhältnis derart zu trennen, daß zwei selbständige Mietverträge über die unterschiedlichen Sondereigentumsanteile mit dem jeweiligen Erwerber als Einzelvermieter entstehen.[354] Eine derartige Aufspaltung wird bei der Realteilung eines Grundstückes allgemein abgelehnt.[355] Der von § 566 BGB bezweckte Mieterschutz erfordert die Einheitlichkeit des Mietverhältnisses, an das auch der BGH in seinem Rechtsentscheid festgehalten hat. Daß sich auch im vorliegenden Fall keine andere Beurteilung rechtfertigen läßt, verdeutlichen folgende Punkte:

Zunächst ist die Konsequenz aus zwei selbständigen, von einander unabhängigen Mietverträgen, daß diese Verträge auch ein eigenes rechtliches Schicksal haben, insbesondere also die Beendigung der Verträge zu unterschiedlichen Zeiten und auf

---

353 BGHZ 141, 239, 247 f.

354 Vgl. *Drasdo*, DWW 2000, 6, 10 f.

355 Staudinger/*Emmerich*, § 571 Rn. 46 m.w.N.

unterschiedliche Arten eintreten kann. So wären gesonderte Kündigungen für jeden Mietvertrag einzeln möglich[356], was einen bedeutenden Nachteil für den Mieter darstellt. War er wegen des grundsätzlichen Verbots von Teilkündigungen[357] sicher, die durch einen einheitlichen Mietvertrag verbundenen Mietobjekte auch gemeinsam nutzen zu können, so wäre es bei der Spaltung des Mietverhältnisses möglich, daß der eine Erwerber den Mietvertrag etwa wegen Eigenbedarfs kündigt, der andere Erwerber am Mietvertrag festhält. Dies kann für den Mieter höchst unerwünscht sein, wenn man sich überlegt, daß die angemieteten Räume für ihn möglicherweise nur gemeinsam von Nutzen sind. Ein solcher Fall liegt beispielsweise vor, wenn der Mieter zwei gegenüberliegende Wohnungen gemietet hat, um die eine Wohnung selbst und die andere zur Pflege eines kranken Familienangehörigen zu nutzen, für den er jederzeit erreichbar sein muß. Bezüglich der Kündigung des Mietverhältnisse ergibt sich noch ein weiterer Nachteil für den Mieter, wenn man eine Aufspaltung in zwei unterschiedliche Mietverträge zuläßt. Hatte der Mieter durch einen einheitlichen Mietvertrag eine Wohnung und einen Raum angemietet, der nicht zu Wohnzwecken dient, so verschlechtert sich der Kündigungsschutz hinsichtlich des nicht zu Wohnzwecken dienenden Raumes erheblich. Denn nur für Wohnraum gilt im Rahmen des sozialen Mietrechts ein besonderer Kündigungsschutz, der beispielsweise in den §§ 565, 573, 574 ff. BGB zum Ausdruck kommt.[358] Schließlich ist auch die Person des Vermieters für den Mieter von Interesse. So ist denkbar, daß der eine Erwerber deutlich solventer ist als der andere. Hat der Mieter beispielsweise Ansprüche auf Schadens- oder Aufwendungsersatz nach § 536a BGB bezüglich des Mietobjektes, bei dem Erwerber A Vermieter geworden ist, ist es möglich, daß er diesen Anspruch wegen mangelnder Zahlungsfähigkeit des A nicht vollstrecken kann. Erwerber B, der nur Vermieter des anderen Mietobjektes geworden ist, wäre dagegen in der Lage, zu zahlen, ist jedoch nicht Schuldner. Wären beide Erwerber in ein einheitliches Mietverhältnis eingetreten, so würden sie als Gesamtschuldner haften, der Mieter könnte sich somit an den finanzkräftigeren Erwerber halten. Ein etwaiger Ausgleich der beiden Vermieter untereinander berührt ihn nicht.[359]

Ist damit sowohl eine reduzierte Anwendung des § 566 BGB entsprechend der Vorgehensweise des Rechtsentscheids vom 28.04.1999 als auch eine Aufspaltung des Mietverhältnisses in zwei selbständige Verträge ausgeschlossen, bleibt nur eine wörtliche Anwendung des § 566 BGB, der in Verbindung mit dem Grundsatz der Einheitlichkeit des Mietverhältnisses zum Eintritt der beiden Erwerber von Sondereigentumsanteilen in das Mietverhältnis führt.

Keine eigene, sondern eine Variation der dargestellten Fallgruppe bildet die in der Literatur gelegentlich erwähnte Konstellation, daß verschiedene Sondereigentumsanteile statt an zwei verschiedene Erwerber an drei oder mehr veräußert wer-

---

356 Vgl. *Drasdo*, DWW 2000, 6, 11.
357 Statt vieler MünchKomm/*Voelskow*, § 564 Rn. 20 m.w.N.
358 Vgl. *Drasdo*, DWW 2000, 6, 11.
359 Vgl. *Drasdo*, DWW 2000, 6, 11.

den.[360] Der Mietvertrag kann in einem solchen Fall beispielsweise eine Wohnung, einen Kellerraum und eine Garage umfassen. Die drei Räume werden durch die Umwandlung als drei unterschiedliche Sondereigentumsanteile ausgestaltet. Um die Eigentumsrechte der verschiedenen Erwerber zu wahren, treten alle Erwerber der Sondereigentumsanteile in das einheitliche Mietverhältnis ein.

Wie im Beispiel der Veräußerung an mehr als zwei Erwerber kann man durch Aneinanderreihung immer weiterer Mietobjekte zu unendlich vielen Kombinationen der dargestellten Fallgruppen gelangen. Diese Kombinationen enthalten aber keine neuen Probleme, sondern lassen sich nach den Vorgaben für die enthaltenen Fallgruppen lösen. Dies zeigt folgender Fall: Relativ häufig wird die Situation beschrieben, daß ein Mieter vor Umwandlung des Gebäudes in Wohnungseigentum durch einen einheitlichen Mietvertrag eine Wohnung mit Garagenplatz und Kellerraum angemietet hat. Aufgrund des Teilungsplanes wird bei der Umwandlung in Wohnungseigentum nach § 3 WEG oder § 8 WEG der Garagenplatz einer anderen als der mitgemieteten Wohnung zugeteilt und wird damit Sondereigentum eines anderen Wohnungseigentümers. Der Kellerraum verbleibt nach dem Teilungsplan im Gemeinschaftseigentum aller Wohnungseigentümer. Entsprechend den obigen Ausführungen muß die Lösung folgendermaßen aussehen: Der Erwerber der Wohnung und der Erwerber des Garagenplatzes treten gemäß § 566 BGB gemeinsam in das einheitliche Mietverhältnis über Wohnung, Garagenplatz und Kellerraum ein. Die übrigen Wohnungseigentümer treten aufgrund einer eingeschränkten Anwendung des § 566 BGB trotz Erlangung des Miteigentums am Keller nicht in das Mietverhältnis ein.[361] Diese Konstellation stellt folglich keine eigene Fallgruppe dar, sondern nur eine von vielen Kombinationsmöglichkeiten. Sie verdeutlicht aber, daß sich alle diese Kombinationen auf die aufgezeigten Grundfälle zurückführen und damit lösen lassen.

g. Die „Umwandlungsfalle"

Die dargestellten Fallkonstellationen haben sich durchgehend darauf beschränkt, daß ein bereits vermietetes Wohnhaus in Wohnungseigentum aufgeteilt und danach veräußert wurde. Diese Konstellation wird gerne mit der von *Beuermann*[362] eingeführten Bezeichnung der „Umwandlungsfalle" umschrieben. Sie suggeriert, daß es nur dann zu Problemen kommt, wenn ein bereits vermietetes Haus in Wohnungseigentum umgewandelt und bei der wohnungseigentumsrechtlichen Aufteilung nicht auf die bereits bestehende mietrechtliche Aufteilung geachtet wird. Diese Aussage erfordert eine besondere Untersuchung.

---

360 Anmerkung zu LG Hamburg, WE 2000, 180, 180 1. Alt.; Anm. *Sonnenschein* zu LM § 571 Nr. 40.

361 Vgl. *Drasdo*, DWW 2000, 6, 11; *Drasdo*, NZM 2001, 13, 18 unter IX. (3).

362 *Beuermann*, WuM 1995, 5, 5 ff.

Zunächst ist schon fraglich, ob es sich bei der Vervielfältigung der Vermieterstellung aufgrund der Umwandlung in Wohnungseigentum tatsächlich um eine Falle handelt, die es zu umgehen gilt. Dazu müßte es möglich sein, wie *Sternel*[363] es formuliert, bei der Umwandlung in Wohnungseigentum derart vorzugehen, daß es aufgrund der wörtlichen Anwendung des § 566 BGB zu keiner Vermietermehrheit der Wohnungseigentümergemeinschaft kommt. Dazu sollen alle Räume und Flächen, die durch einen einheitlichen Mietvertrag an einen Mieter vermietet sind, in Sondereigentum eines einzigen Erwerbers umgewandelt werden. Dies ist aber wie bereits oben dargestellt aufgrund der bei Wohnungen immer mitvermieteten Treppenhäuser und vergleichbaren Räumen und Flächen, die der Allgemeinheit dienen und daher gemäß § 5 Abs. 2 WEG nur in Gemeinschaftseigentum umgewandelt werden können, nicht durchführbar. Genauso wenig sinnvoll erscheint es, eine Gemeinschaftswaschküche in Sondereigentum umzuwandeln. Zwar ist es möglich, durch Gebrauchsregeln nach § 15 WEG eine Nutzungsbefugnis aller Wohnungseigentümer und damit aller Mieter sicherzustellen. Dennoch erscheint eine solche Einteilung als relativ fernliegend und wird wohl selten gewählt werden. Infolgedessen wird es bei jeder Aufteilung eines Hauses in Wohnungseigentum dazu kommen, daß bei wörtlicher Anwendung des § 566 BGB Vermietermehrheiten in Form der Wohnungseigentümergemeinschaft entstehen.

Schadensersatzansprüche gegen den die Aufteilung vornehmenden Notar entstehen damit nicht schon dann, wenn es bei der Aufteilung entsprechend einer wörtlichen Anwendung des § 566 BGB zu Vermietermehrheiten kommt. Es muß vielmehr darauf abgestellt werden, ob der Notar dem Veräußerer die rechtliche Tragweite der Umwandlung verdeutlicht und Vereinbarungen mit den betroffenen Mietern angeregt hat.[364] Solche Vereinbarungen zwischen Mieter, Veräußerer und Erwerber erscheinen aufgrund der höchst unsicheren Anwendung des § 566 BGB in der Praxis noch als unumgänglich. Bei diesen Vereinbarungen handelt es sich um eine sogenannte Vertragsübernahme, die von den drei beteiligten Parteien, Mieter, Veräußerer und Erwerber, vorgenommen werden muß, und bei Einverständnis aller Parteien die Auswechslung des Veräußerers gegen den Erwerber als neuen Vermieter als Rechtsfolge hat.[365] Festzuhalten ist damit, daß der Begriff „Umwandlungsfalle" zumindest ungenau ist, da sich die Probleme nicht aus einer fehlenden Übereinstimmung von mietrechtlichen und wohnungseigentumsrechtlichen Aufteilungen ergeben, sondern eine unvermeidbare Folge bei der Aufteilung in Wohnungseigentum darstellt.

Wie bereits oben erwähnt wurde, ist es des weiteren zweifelhaft, ob sich die Probleme tatsächlich auf die Fälle beschränken, in denen als erster Schritt Wohnungen in einem Haus an verschiedene Mieter vermietet werden, dieses Haus danach umgewandelt und schließlich veräußert wird. Diese Aussage, nämlich daß sich keine Pro-

363 *Sternel*, MDR, 1997, 315, 317.
364 So wohl auch *Drasdo*, DWW 2000, 6, 12.
365 Vgl. dazu oben S. 69.

bleme ergeben, wenn erst Sondereigentum begründet und dieses sodann vermietet wird, ist mit der ersten Frage eng verknüpft und läßt sich in der Literatur durchaus finden.[366] Begründet wird sie damit, daß in diesem Fall die wohnungseigentums- und mietrechtlichen Aufteilungen aufeinander abgestimmt seien. Mietobjekt sei in diesem Fall nämlich nur das Sondereigentum, im Regelfall also die Wohnung. Zu dieser Vermietung des Sondereigentums sei der Wohnungseigentümer gemäß § 13 WEG berechtigt. Die im Gemeinschaftseigentum stehenden Räume dagegen werde der Wohnungseigentümer in der Regel nicht vermieten, sondern statt dessen dem Mieter das ihm ebenfalls aus § 13 WEG zustehende Recht auf Mitgebrauch des gemeinschaftlichen Eigentums übertragen.[367] Vermieteter Wohnraum i.S.v. § 566 BGB sei somit nur die im Sondereigentum des Wohnungseigentümers stehende Wohnung, so daß sich die Frage nach einer Vermieterstellung bezüglich der im Gemeinschaftseigentum stehenden Nebenräume gar nicht stelle.

Diese Argumentation erscheint fragwürdig. Warum sollte die Übertragung eines Rechtes auf Mitgebrauch nicht als Miete zu qualifizieren sein? Im Ergebnis liegt die entgeltliche Gewährung (der Mieter zahlt nach natürlicher Auffassung die Miete für Wohnung und Nutzung aller Räume und Flächen, die zum sinnvollen Gebrauch der Wohnung notwendig sind) des Gebrauchs, nämlich Mitgebrauch, einer Sache auf bestimmte oder unbestimmte Zeit vor, was gemäß § 535 BGB als Miete zu bezeichnen ist. In diesem Sinne gelten die besagten Räume auch allgemein als mitvermietet.[368] Im Beispiel mit der gemeinsamen Waschküche wird dieser Raum in der Regel sogar ausdrücklich im Mietvertrag erwähnt, sei es auch nur, um auf die laut Hausordnung geltenden Beschränkungen hinzuweisen. Somit läßt sich nicht sagen, daß Gemeinschaftsräume nicht mitvermietet und daher für die Beurteilung des § 566 BGB unerheblich sind. Vielmehr umfaßt in der Praxis regelmäßig jedes Mietverhältnis auch Räume oder Flächen, die im Gemeinschaftseigentum stehen und daher bei jeder Veräußerung, nicht nur bei der ersten durch den bisher alleinigen Hauseigentümer, zu einer Vervielfältigung der Vermieterstellung führen würden, käme es zu keiner Einschränkung des § 566 BGB.[369] Der gleiche Problemkreis eröffnet sich folglich bei jeder Veräußerung von Wohnungseigentum, unabhängig davon, wann Vermietung, Umwandlung oder sonstige bereits erfolgte Veräußerungen stattgefunden haben. Der Begriff der „Umwandlungsfalle" ist damit ein anschauliches Schlagwort, das dem Leser einen recht eindeutigen Vorgeschmack auf die ihn erwartende Problematik bietet, allerdings den Problemkreis unzutreffend verengt.

---

366 Anm. *Sonnenschein* zu LM § 571 Nr. 40.
367 Anm. *Sonnenschein* zu LM § 571 Nr. 40.
368 Emmerich/Sonnenschein/Weitemeyer/*Emmerich*, §§ 535, 536 Rn. 4 m.w.N.
369 So auch *Derleder*, JZ 2000, 260, 262.

h. Stellungnahme und eigener Lösungsvorschlag

Die Darstellung hat gezeigt, daß eine Reduzierung des § 566 BGB bei der Veräußerung vermieteter Eigentumswohnungen nicht in jedem Fall oder zumindest nicht in der vom BGH in seinem Rechtsentscheid dargestellten Weise geboten ist. Eine Reduktion ist zunächst insgesamt abzulehnen, wenn das Mietobjekt nach der Umwandlung ausschließlich Sondereigentum eines einzelnen Erwerbers wird oder zu Gemeinschaftseigentum unabhängig von der Begründung von Sondernutzungsrechten erklärt wird. Diese eingangs erläuterten Fälle treten auf, wenn Mietobjekt keine Wohnung, sondern ein nicht zu Wohnzwecken dienender Raum ist, wie beispielsweise eine Garage, die über öffentliche Wege zu erreichen ist. Hier ist § 566 BGB ohne Einschränkung anwendbar.

Schließlich ist gezeigt worden, daß auch die wirtschaftliche Vergleichbarkeit von Sondereigentum und Sondernutzungsrechten nicht so weitreichend ist, daß eine korrigierende Auslegung des § 566 BGB oder des § 567 BGB geboten ist. Sondernutzungsrechte sind eben nur wirtschaftlich gesehen identisch, die rechtliche Behandlung ist aufgrund der schuldrechtlichen Natur des Sondernutzungsrechts unterschiedlich.

Weiter ist eine Reduzierung auf den Erwerber der Wohneinheit, wie der BGH in seinem Rechtsentscheid festgestellt hat, auch dann nicht sachgerecht, wenn beispielsweise der mitgemietete Kellerraum in das Sondereigentum eines anderen Erwerbers übergeht. Hier ist es zwar sinnvoll, die Erwerber des zwingend mitvermieteten Gemeinschaftseigentums wie Flure und Treppenhäuser aus dem Anwendungsbereich des § 566 BGB auszunehmen, es muß jedoch dabei bleiben, daß auch der Erwerber der Kellereinheit aufgrund von § 566 BGB Vermieter wird.

An diesen Beispielen zeigt sich deutlich die Grundproblematik der sogenannten Umwandlungsfalle. Im ersten Fall erlangt der Erwerber nur Sonder- oder Gemeinschaftseigentum, § 566 BGB wirft hier keine Probleme auf. Im letztgenannten Beispiel erwirbt der Erwerber dagegen sowohl Sonder- als auch Gemeinschaftseigentum: Das durch eine wörtliche Anwendung von § 566 BGB erhaltene Ergebnis ist nicht mehr sachgerecht. Dies verdeutlicht, daß die Probleme bei der Anwendung des § 566 BGB aus der Eigenart des WEG resultieren, welches verschiedene Formen des Eigentums der einzelnen Wohnungseigentümer kennt, nämlich das Sonder- und das Miteigentum, und diese Formen auch gemäß § 2 Abs. 2 und 3 WEG zwingend nebeneinander voraussetzt.

Das BGB schließt es grundsätzlich aus, daß an Teilen eines Gebäudes, das wesentlicher Bestandteil eines Grundstücks ist, andere Eigentumsverhältnisse bestehen als am Grundstück. Diese Einheit des Eigentums an Grundstück und Gebäude bezeichnet man als Akzessionsprinzip. Das Akzessionsprinzip schafft eine eindeutige rechtliche Zuordnung und wirkt somit im Interesse der Rechtssicherheit streitverhütend. Gemäß § 93 BGB können Bestandteile einer Sache, die voneinander nicht getrennt werden können, ohne daß der eine oder andere zerstört oder in seinem Wesen verändert wird, nicht Gegenstand besonderer Rechte sein. Dabei zählen gemäß § 94 BGB insbesondere Gebäude zu den wesentlichen Bestandteilen eines Grundstücks. Das bedeutet, daß es nach dem BGB eigentlich nicht möglich wäre, verschiedenen Personen an unterschiedlichen Teilen eines Gebäudes oder Grundstückes separates Eigentum einzuräumen. Nach dem 2. Weltkrieg herrschte in Deutschland jedoch große Wohnungsnot, so daß in möglichst kurzer Zeit möglichst viel Wohnraum geschaffen werden mußte. Um dieses Ziel zu erreichen, wurde das Gesetz über das Wohnungseigentum und das Dauerwohnrecht vom 15.03.1951 beschlossen,[370] welches zu einer Durchbrechung des Akzessionsprinzips des BGB führte. Es ermöglichte die Schaffung rechtlich selbständiger, für sich allein verfügbarer Raumeinheiten, wie sie bereits beim echten Stockwerkseigentum, einem Vorläufer des heutigen Wohnungseigentums, möglich waren. Im Unterschied zum damaligen Stockwerkseigentum muß das Wohnungseigentum jedoch in sich abgeschlossen sein, um Streitigkeiten zu vermeiden, die sich aus der Abgrenzung der verschiedenen Eigentumsbereiche und der Kostentragungspflicht ergaben und schließlich zur Abschaffung des Instituts des Stockwerkseigentums in Art. 189 Abs. 1 S. 3 EGBGB führten.[371] In § 1 Abs. 1 WEG wurden zwei neue Begriffe in das Rechtssystem eingeführt, nämlich das Wohnungseigentum und das Teileigentum.[372] Der Unterschied zwischen ihnen besteht in der verschiedenen Zweckbestimmung und ist folglich nur von begrifflicher Natur. Entscheidend ist, daß entsprechend der dargelegten Konstruktion des Gesetzes sowohl Wohnungseigentum als auch Teileigentum sich gemäß § 1 Abs. 2 und 3 WEG aus Sondereigentum und Miteigentumsanteilen zusammensetzen. Eine solche Konstellation ist dem Sachenrecht ansonsten fremd. Gewöhnlich erwirbt man an einer Sache entweder Alleineigentum oder Miteigentum, niemals aber beides zugleich. In dem Nebeneinander von Sondereigentum und Miteigentum liegt gleichzeitig die Ursache für die unerwünschten Folgen bei einer wörtlichen Anwendung des § 566 BGB. Miteigentum als eine Form des Eigentums ist ausreichend, um nach § 566 BGB als Erwerber angesehen zu werden. Allerdings existiert beim Wohnungseigentum in den meisten Fällen gleichzeitig an anderen Räumen Sondereigentum, das aus wirtschaftlicher Sicht und auch aus der des Mieters das ausschlaggebende Element für die Vermieterposition sein sollte.

Um zu vermeiden, daß bei jeder Veräußerung die gesamte Wohnungseigentümergemeinschaft gemäß § 566 BGB Vermieter wird, weil zumindest das zwingend mitvermietete Treppenhaus im Gemeinschaftseigentum steht, und in der Praxis nicht mehr zu verwaltende Mietverhältnisse entstehen, ist dem BGH zuzustimmen, daß die Vorschrift des § 566 BGB eingeschränkt werden muß. Problematisch ist allerdings die rechtliche Konstruktion. Bei einer teleologischen Reduktion kann grundsätzlich eine zu weitgehende Regelung einschränkt werden, indem ein bestimmter Sachverhalt aus dem Bereich der Vorschrift ausgenommen

---

370 BGBl. I 175.

371 Staudinger/*Rapp*, Einl zum WEG Rn. 75 ff., Weitnauer/*Weitnauer*, Vor § 1 Rn. 1 ff. und 17 ff.

372 Staudinger/*Rapp*, § 1 WEG, Rn. 1.

wird.[373] Dies ist bezüglich der Anwendung des § 566 BGB bei der Veräußerung vermieteter Eigentumswohnungen jedoch nicht ausreichend. Zwar treten beispielsweise die übrigen Wohnungseigentümer nicht in das Mietverhältnis als Vermieter ein, wenn man die Vorschrift nicht anwenden will, wenn die Erwerber nur Gemeinschaftseigentum erlangen. Allerdings muß beachtet werden, daß ohne die Anordnung des § 566 BGB der Veräußerer und ursprüngliche Vermieter auch nicht aus dem Mietverhältnis ausscheidet. Dann bleibt wie bei beweglichen Mietsachen, für die eine dem § 566 BGB entsprechende Regelung fehlt, der Veräußerer Vermieter, es sei denn alle beteiligten Parteien vereinbaren eine rechtsgeschäftliche Vertragsübernahme. Dies ist bei der Veräußerung von Eigentumswohnungen aber keinesfalls gewünscht. Es muß also sichergestellt werden, daß der Veräußerer aufgrund der Anwendung des § 566 BGB aus dem Mietverhältnis austritt und die restlichen Wohnungseigentümer nicht eintreten. Dies bedeutet, daß eine teleologische Reduktion nicht auf der Tatbestandseite, sondern auf der Rechtsfolgenseite ansetzen muß. Hierfür eignet sich der Begriff des Erwerbers in § 566 Abs. 1 BGB am besten:

Um zu gewährleisten, daß der Veräußerer zwar nach § 566 BGB austritt, aber nicht die unerwünschte gesamte Wohnungseigentümergemeinschaft in den Mietvertrag eintritt, muß der Erwerberbegriff in § 566 BGB genauer bestimmt werden. Der Vorschlag des KG, § 566 BGB nicht auf die Übertragung von Miteigentum anzuwenden,[374] ging damit bereits in die richtige Richtung. Diese These geht aber zu weit. Fälle, in denen eine Person ihren Miteigentumsanteil an einem Grundstück an einen Dritten verkauft, müssen erfaßt bleiben. Vielmehr muß die Lösung die Besonderheit des Wohnungseigentums beachten, nämlich das Nebeneinander von Gemeinschafts- und Sondereigentum. Daher kann als Erwerber i.S.d. § 566 BGB immer nur der Sondereigentümer angesehen werden, wenn gleichzeitig Sondereigentum und Gemeinschaftseigentum zu den veräußerten Mietobjekten zählen. Nur in diesen Fällen ist ein Reduktion des § 566 BGB angezeigt und im Interesse von Mieter und Vermieter zulässig und geboten.

III. Einzelrechtsnachfolge gemäß § 565 BGB

Seit 1993 existiert mit § 565 BGB, der als § 549a a.F. BGB durch das 4. Mietrechtsänderungsgesetz[375] eingeführt wurde, eine weitere mietrechtliche Vorschrift über den gesetzlichen Vertragsübergang, die zur Entstehung einer Vermietermehrheit durch Einzelrechtsnachfolge führen kann. Danach tritt bei gewerblicher Weitervermietung zu Wohnzwecken der Vermieter bei Beendigung des Mietverhältnisses in die Rechte und Pflichten aus dem Mietverhältnis zwischen dem Mieter und dem Dritten ein. Gleiches gilt bei erneuter Vermietung für den jetzigen Mieter. Anders

---

373 *Hübner* AT, Rn. 111; *Larenz*, Methodenlehre, S. 391 ff.
374 KG ZMR 1999, 246, 246 ff. = NZM 1998, 925 = WuM 1998, 717 = MM 1999, 3336.
375 BGBl. I, 1257.

als die Regelung des § 566 BGB setzt § 565 BGB nicht voraus, daß dem Dritten die Wohnung bei Beendigung der Weitervermietung bereits überlassen war.[376]

§ 565 BGB unterscheidet zwei Fälle, an die unterschiedliche Rechtsfolgen geknüpft werden. § 565 Abs. 1 S. 1 BGB besagt, daß bei Beendigung des Mietvertrags zwischen Hauptvermieter und Zwischenmieter der Hauptvermieter in den Untermietvertrag eintritt. § 565 Abs. 1 S. 2 BGB regelt den Eintritt eines neuen gewerblichen Zwischenmieters, der nach Beendigung des Hauptmietverhältnisses eingeschaltet wird. Dieser tritt anstelle des Hauptvermieters in die Rechte und Pflichten aus dem Mietverhältnis mit dem Dritten ein. Zu einem Mietvertrag mit einer Vermietermehrheit kann es somit durch Anwendung der Vorschrift kommen, wenn der neue Vermieter (S. 1 der Vorschrift) oder der neue Mieter (S. 2 der Vorschrift) eine Personenmehrheit ist.

D. Entstehung durch Richterakt

Anders als die gemeinsame Miete kann die gemeinsame Vermietung auch auf anderer Art als auf vertraglicher oder gesetzlicher Gestaltung beruhen.[377] Hierbei handelt es sich um sogenannte diktierte Verträge, bei denen ein Vertragsverhältnis in gesetzlich dazu bestimmten Fällen durch privatrechtsgestaltenden Verwaltungsakt oder durch gerichtliche Entscheidung begründet werden kann. Diktierte Verträge sind daher anders als die Fälle des Kontrahierungszwangs, der den rechtsgeschäftlichen Charakter der getroffenen Abrede trotz der Beschränkung der Abschlußfreiheit des einen Vertragsteils unberührt läßt, keine Verträge im Rechtssinne. Jedoch gelten für sie die gleichen Regeln wie bei der Begründung des Rechtsverhältnisses durch Vertrag.[378] Der aufgezwungene Vertrag hat damit dieselben Wirkungen wie ein Vertrag, den die Parteien rechtsgeschäftlich begründet haben. Das Schuldverhältnis ist insbesondere gleichermaßen zu erfüllen und zu beenden. Der früher wichtigste Fall der diktierten Verträge war die Begründung von Zwangsmietverhältnissen nach § 16

---

376 Staudinger/*Emmerich*, § 549a, Rn. 2, *Blank*, WuM 1993, 573, 574. Zwar spricht die Formulierung des § 565 BGB n.F. (§ 549a BGB a.F.) anders als die des § 566 BGB n.F. (§ 571 BGB a.F.) vom Eintritt des Vermieters in die Rechte und Pflichten aus dem Mietverhältnis, dennoch orientiert sich die Regelung am Modell des § 566 BGB n.F. Ob und inwieweit sich aus den unterschiedlichen Formulierungen Strukturunterschiede ergeben, kann hier offen bleiben, da jedenfalls die Rechte und Pflichten so entstehen, als hätten der Eigentümer oder bei erneuter Zwischenvermietung der neue Zwischenmieter den Mietvertrag selbst abgeschlossen, vgl. *Derleder/Bartels*, JZ 1997, 981, 981 ff.; *Sonnenschein*, FS für Kraft, 607, 614 zu § 571 BGB.

377 Vgl. zur Miete mehrerer *Behrens*, 42.

378 Staudinger/*Bork*, Vorbem zu §§ 145 ff. Rn. 35; Erman/*Hefermehl*, Vor § 145 Rn. 20; RGRK/*Piper*, Vor § 145 Rn. 28. Bei Dauerschuldverhältnissen, wie es die Miete darstellt, kann eine Kündigung selbst dann sinnvoll sein, wenn der Kontrahierungszwang fortbesteht und der Abschlußvertrag damit von vornherein sicher ist. Dies liegt daran, daß jeder Neubeginn die Möglichkeit bietet, neue Konditionen durchzusetzen, vgl. BGHZ 24, 148, 148 ff. mit einem Fall der Netzumstellung beim Strombezug.

Wohnraumbewirtschaftungsgesetz[379] (WohnraumBewG). Nach Abbau der Wohnungszwangswirtschaft[380] ist die Begründung von Zwangsmietverhältnissen durch die Wohnungsbehörde jedoch entfallen.

Allerdings kommt bei der gemeinsamen Vermietung weiterhin eine Begründung von Mietverhältnissen durch richterliche Entscheidung in Betracht. Gemäß den §§ 5 f. Hausratsverordnung (HausratsVO) kann der Scheidungsrichter Mietverhältnisse an der Ehewohnung begründen. Aufgrund der kriegsbedingten Verknappung von Wohnraum durch Zerstörung ganzer Städte und die durch die Kriegswirtschaft zunehmenden Schwierigkeiten, Hausrat zu beschaffen, wurde 1944 die HausratsVO[381] erlassen. Diese ist auch in den heutigen Wohlstandszeiten nicht beseitigt worden und vor allem hinsichtlich der Ehewohnung noch von praktischer Bedeutung.[382] Durch das Gesetz zur Beendigung der Diskriminierung gleichgeschlechtlicher Gemeinschaften: Lebenspartnerschaften vom 16.02.2001[383] gelten die Vorschriften in den §§ 3 – 7 der HausratsVO und § 60 WEG nach Art. 1 § 18 Abs. 3 auch bei der Aufhebung der eingetragenen Lebenspartnerschaft. Art. 1 § 18 Abs. 2 stellt ausdrücklich klar, daß auch hier das Gericht für einen Lebenspartner ein Mietverhältnis an der gemeinsamen Wohnung begründen kann, wenn die Wohnung im Miteigentum des anderen Partners steht. Hier werden strenge Voraussetzungen gefordert. Es muß eine unbillige Härte vorliegen, damit dem nicht dinglich Berechtigten eine Wohnung zugewiesen werden kann. Damit soll dem Eigentumsrecht des Lebenspartners Rechnung getragen werden.[384]

Nach den §§ 3 – 7 HausratsVO hat das Gericht die Möglichkeit, die Rechtsverhältnisse an der Ehewohnung zu gestalten. Die Zuweisung der Ehewohnung geschieht durch Begründung neuer oder durch Gestaltung bestehender Mietverhältnisse sowie durch Begründung mietähnlicher Nutzungsverhältnisse. Das Gericht kann dabei die Wohnung entweder einem der Ehegatten allein zuweisen oder die Wohnung unter den Ehegatten aufteilen. Im einzelnen muß danach differenziert werden, ob die Ehewohnung einem Ehegatten allein oder gemeinsam mit einem Dritten gehört, ob es sich um eine Dienst- oder Werkwohnung oder eine Mietwohnung handelt und ob die Wohnung im Miteigentum beider Partner steht. Die Begründung von Mietverhältnissen mit Beteiligung mehrerer Vermieter durch richterlichen Gestaltungsakt ist in vier Fällen denkbar.

Im ersten Fall steht die Ehewohnung im Eigentum eines Ehepartners und eines Dritten. Gemäß § 3 Abs. 1 HausratsVO kann der Richter die Ehewohnung auch

379 BGBl. I 1953, 97, das WohnraumBewG trat am 31.12.1968 endgültig außer Kraft: BGBl. I 1960, 389, 395; 1965, 969; 1967, 393; 1967, 1251, 1252.

380 Zwangsmietverhältnisse waren nach Art. VIII Abs. 2 b des Kontrollratsgesetzes Nr. 18 vom 08.03.1946 (Wohnungsgesetz, ABl. des KR Nr. 5 vom 31.03.1946, 117, 119) und seit 1953 nach § 16 des Wohnraumbewirtschaftungsgesetzes (Fn. 379) möglich.

381 RGBl I, 256.

382 Vgl. z.B. MünchKomm/*Müller-Gindullis*, Vor § 1 HausratsV Rn. 2.

383 BGBl. I 265; das Gesetz trat gemäß Art. 5 des Gesetzes am 01.08.2001 in Kraft.

384 BT-Drucks. 14/3751, 42.

dem nicht „Eigentümer-Ehegatten“ zuweisen. Die Bestimmung will bei der Wohnraumverteilung Eingriffe in das Eigentum oder in dingliche Wohnberechtigungen eines Ehegatten weitgehend vermeiden, so daß die Zuweisung an den Nichteigentümer zwar statthaft, jedoch nur in Ausnahmefällen zur Abwehr unbilliger Härten und nur gegen Entgelt möglich ist. Die Zuweisung kann durch Begründung eines Mietvertrags nach § 5 Abs. 2 HausratsVO zwischen dem Ehepartner, dem die Wohnung zugewiesen wurde, als Mieter und dem anderen Ehepartner und dem Dritten als Vermieter erfolgen.[385]

Der zweite Fall, in dem an der Ehewohnung Miteigentum beider Ehepartner besteht, ist gesetzlich nicht ausdrücklich geregelt. Anerkannt ist, daß bei Miteigentum der Ehegatten nicht § 3 HausratsVO Anwendung findet, sondern gemäß § 2 HausratsVO zu verfahren ist.[386] Nach § 2 HausratsVO entscheidet der Richter über die Gestaltung von Rechtsverhältnissen nach billigem Ermessen. Die Gestaltung von Rechtsverhältnissen umfaßt auch die Begründung neuer Mietverhältnisse.[387] Vertragsteile sind dann die Eheleute als Vermieter auf der einen Seite und der Ehepartner, dem die Wohnung zugewiesen wurde, als Mieter auf der anderen Seite. Dem Ehepartner, der die Wohnung räumen muß, steht grundsätzlich der seinem Miteigentum entsprechende Anteil an der Gesamtmiete nach Abzug der Lasten zu. Dies ist die Entschädigung dafür, daß er von der ihm nach § 745 Abs. 2 BGB zustehenden Mitbenutzung der Wohnung ausgeschlossen wird.[388]

Im dritten Fall ist die Teilung der Ehewohnung nicht möglich. Der Richter kann dann gemäß § 6 HausratsVO anordnen, daß die Wohnung zwischen den Ehegatten geteilt wird. Dabei kann er nach Absatz 2 auch neue Mietverhältnisse begründen.[389] Bestand das alte Mietverhältnis über die gesamte Ehewohnung mit einer Vermietermehrheit, so erlischt dieses Mietverhältnis und an dessen Stelle treten zwei neue Mietverhältnisse, wiederum mit der Beteiligung mehrerer Vermieter. Der beschriebene Fall läßt streng genommen kein Mietverhältnis mit einer Vermietermehrheit entstehen, sondern wandelt nur ein solches in zwei verschiedene Mietverhältnisse mit der selben Vermietermehrheit um. Diese Änderung ist für die Vermieter aber nicht ohne Bedeutung, da sich mit ihr auch der Schuldner der Miete ändert. Hafteten die Ehepartner zunächst als Gesamtschuldner für die gesamte Miete, so haftet nach der Aufteilung jeder Ehepartner nur noch alleine für seinen Teil der Miete. Die

385 Erman/*Dieckmann*, § 3 HausratsVO Rn. 3 und § 5 HausratsVO Rn. 12; RGRK/*Kalthoener*, § 3 HausratsVO Rn. 3; BayObLG FamRZ 1965, 513, 514; MünchKomm/*Müller-Gindullis*, § 3 HausratsVO Rn. 8; andererseits kommt auch eine bloße Ausgleichszahlung in Betracht, die für die Begründung eines Mietverhältnisse durch richterlichen Gestaltungsaktes jedoch unerheblich ist.

386 RGRK/*Kalthoener* § 3 HausratsVO Rn. 4; Erman/*Dieckmann* § 3 HausratsVO Rn. 2 OLG Oldenburg FamRZ 1965, 277, 277.

387 RGRK/*Kalthoener*, § 3 HausratsVO Rn. 4; BayObLG FamRZ 1974, 22, 23.

388 BayObLG FamRZ 1974, 22, 23 f.

389 Zwingend ist die Begründung neuer Mietverhältnisse nicht, auch eine Regelung nur im Innenverhältnis der Ehegatten ist möglich, vgl. KG NJW 1961, 78, 78.

Änderung eines bestehenden Mietverhältnisses oder die Begründung eines neuen Mietverhältnisses gemäß § 5 HausratsVO bedarf keiner Zustimmung des Vermieters, sofern der Antrag auf Auseinandersetzung über die Ehewohnung innerhalb eines Jahres nach Rechtskraft des Scheidungsurteils gestellt wurde (§ 12 HausratsVO). Der Vermieterwille ist jedoch insoweit beachtlich, als er zu den Umständen des Einzelfalls gehört, die der Richter gemäß § 2 HausratsVO in seine Erwägungen mit aufzunehmen hat.

Schließlich ist die Begründung eines Mietvertrags mit Beteiligung mehrerer Vermieter durch richterlichen Gestaltungsakt gemäß § 4 HausratsVO denkbar, wenn eine Dienst- oder Werkswohnung den Ehepartnern vor der Zuweisung in sonstiger Weise von einer Personenmehrheit überlassen wurde und die Zuweisung durch Begründung eines Mietverhältnisses erfolgt.

E. Der Personenwechsel innerhalb einer Mehrheit von Vermietern

Genauso, wie es durch Rechtsnachfolge von einem Einzelvermieter zu einer Mehrheit von Vermietern kommen kann, ist es auch möglich, daß sich innerhalb einer Vermietermehrheit ein Wechsel in der personellen Zusammensetzung vollzieht. Fraglich ist dabei, ob sich durch jede Änderung im Personenkreis der Personenmehrheit im Außenverhältnis eine Änderung der Vermieterstellung ergibt und wenn ja, wie sich die Beziehungen im Innenverhältnis darstellen.

I. Die Bruchteilsgemeinschaft

Haben mehrere Miteigentümer, die eine Bruchteilsgemeinschaft i.S.d. der §§ 1008 ff., 741 ff. BGB bilden, die gemeinsame Sache vermietet, so fragt es sich, welchen Einfluß ein Wechsel in der personellen Zusammensetzung der Teilhaber auf das Mietverhältnis hat. Ein solcher Wechsel kann zunächst auf der Veräußerung eines Miteigentumsanteils beruhen. Des weiteren kommt es auch dann zu einem Wechsel innerhalb der Bruchteilsgemeinschaft, wenn einer der Teilhaber stirbt und an seine Stelle seine Erben gemäß § 1922 BGB treten.

1. Das Außenverhältnis

Für das Außenverhältnis ist bedeutsam, ob sich durch den Wechsel innerhalb der Bruchteilsgemeinschaft auch ein Wechsel in der Vermietermehrheit vollzieht. Damit ist gemeint, ob der Teilhaber, der seinen Miteigentumsanteil veräußert oder beerbt wird, aus der Vermieterposition ausscheidet und dafür der neue Teilhaber in die Vermieterposition eintritt. Diese Frage ist für den Erbfall nach §§ 1922, 1967 BGB eindeutig zu bejahen. Gemäß §§ 1922, 1967 BGB treten die Erben im Augenblick des Erlöschens der Rechtspersönlichkeit des Erblassers in die gesamten, nicht ausschließlich persönlichen Rechte und Pflichten des Erblassers ein. Die Erben des verstorbenen Teilhabers treten folglich im Wege der Gesamtrechtsnachfolge gemäß § 1922 BGB in das Mietverhältnis als neue Mitvermieter ein.

Bei der Veräußerung eines Miteigentumsanteils nach § 747 S. 1 BGB muß differenziert werden. Handelt es sich bei der gemeinsamen vermieteten Sache um eine bewegliche, so existiert keine Vorschrift, die einen Rechtsnachfolge anordnet. Nach dem Grundsatz der Relativität des Schuldverhältnisses wirkt das Schuldverhältnis nur zwischen den Personen, die am Vertrag beteiligt waren. Das bedeutet, daß Vermieter weiterhin die ehemaligen Teilhaber der Bruchteilsgemeinschaft sind, die den Mietvertrag abgeschlossen haben. Soll der neue Teilhaber Mitvermieter werden und der ehemalige Teilhaber aus der Vermieterposition ausscheiden, ist dies nur unter Mitwirkung des Mieters zu erreichen. Mieter, Vermieter und neuer Teilhaber müssen folglich im Wege des rechtsgeschäftlichen Vertragsbeitritts den gewünschten Erfolg vereinbaren. Etwas anderes gilt, wenn es sich bei der gemeinsamen vermieteten Sache um ein Grundstück oder eine Wohnung handelt. Unter den Voraussetzungen des § 566 BGB tritt der Erwerber des Miteigentumsanteils mit Erlangung des Eigentums kraft Gesetzes in das Mietverhältnis ein, der Veräußerer des Miteigentumsanteils scheidet dagegen aus der Vermieterposition aus.[390] Genauso, wie es aufgrund der Veräußerung eines vermieteten Grundstücks gemäß § 566 BGB zu einer Vermietermehrheit kommen oder eine solche durch einen Einzelvermieter abgelöst werden kann, ist es folglich auch möglich, daß aufgrund einer Teilveräußerung ein Wechsel innerhalb einer Mehrheit von Vermietern stattfindet.

2. *Das Innenverhältnis*

Tritt somit unter den Voraussetzungen des § 566 BGB im Falle der Veräußerung eines vermieteten Grundstücks oder bei Tod eines Teilhabers gemäß §§ 1922, 1967 BGB im Außenverhältnis eine Änderung der personellen Zusammensetzung der Vermietermehrheit ein, bleibt weiter zu klären, welche Auswirkungen sich im Innenverhältnis ergeben.

Der Abschluß eines Mietvertrag stellt im Innenverhältnis eine Maßnahme der Verwaltung i.S.d. §§ 744, 745 BGB dar.[391] Tritt der Nachfolger im Erbfall durch Gesamtrechtsnachfolge gemäß §§ 1922, 1967 BGB in die Vermieterposition ein, so gelten die getroffenen Verwaltungsmaßnahmen und der Beschluß über die Vermietung der gemeinschaftlichen Sache gegenüber dem Nachfolger, ohne daß es einer ausdrücklichen gesetzlichen Regelung bedürfte.[392] Dies liegt daran, daß der Erbe in die gesamten Rechte und Pflichten des Erblassers eintritt, die nicht ausschließlich persönlich sind, folglich auch in die mitgliedschaftsrechtliche Stellung des Erblassers.

---

390 § 566 BGB n.F. ist nach richtiger Ansicht auch auf die Veräußerung von Miteigentum anwendbar, a.A. MünchKomm/*Voelskow*, § 571 Rn. 10.

391 Siehe oben auf S. 33.

392 *Sonnenschein*, FS für Kraft, 607, 615; Staudinger/*Langhein*, § 746, Rn. 12; MünchKomm/*Schmidt*, § 746, Rn. 1; RGRK/*v.Gramm*, § 746, Rn. 16; *Medicus*, SR II, Rn. 500, es sei denn, die Teilhaber haben diese Bindung ausgeschlossen.

Der Erbe als Nachfolger ist somit auch im Innenverhältnis ohne weiteres an die bereits getroffenen Verwaltungs- und Benutzungsvereinbarungen gebunden. Anders liegt der Fall, wenn ein Miteigentümer seinen Anteil an einen Dritten veräußert. Die Verwaltungs- und Benutzungsregelungen i.S.d. §§ 744, 745 BGB haben nur eine relative Wirkung zwischen den bisherigen Teilhabern.[393] Ohne eine Vereinbarung zwischen den Beteiligten oder eine gesetzliche Anordnung würden die ohne den Nachfolger beschlossenen Maßnahmen im Innenverhältnis daher nicht gegen diesen wirken. Um das zu vermeiden, schreibt das Gesetz in § 746 BGB vor, daß die getroffene Bestimmung über die Verwaltung und Benutzung des gemeinschaftlichen Gegenstandes für und gegen den Sondernachfolger wirken. Die Vorschrift soll verhindern, daß verbindlich getroffene Regelungen der gemeinsamen Verwaltung und Benutzung durch die Veräußerung eines Anteils durch einen Teilhaber vereitelt werden. Auch der Nachfolger, der das Miteigentum an einer beweglichen Sache erworben hat, und mangels eines rechtsgeschäftlichen Vertragsbeitritts nicht in die Vermieterposition eingetreten ist, muß folglich im Innenverhältnis die Vermietung gegen sich gelten lassen. Der gute Glaube des Nachfolgers daran, daß keine Verwaltungsmaßnahme beschlossen worden ist, ändert daran nichts.[394] Konkret auf die Vermietung des gemeinschaftlichen Gegenstands bezogen bedeutet dies, daß der Sondernachfolger beispielsweise keinen Anspruch gegen die übrigen Teilhaber auf Einräumung des Mitbesitzes hat. Bestünde dieser Anspruch, so wäre er von den Teilhabern ohne die Mitwirkung des Mieters nicht zu erfüllen, so daß sie sich unter Umständen schadensersatzpflichtig machen würden. Denkbar wäre auch, daß der Sonderrechtsnachfolger, der im Außenverhältnis durch einen Vertragsbeitritt in die Vermieterposition miteingerückt ist und vom Mieter als Gesamtschuldner für die Zahlung bestimmter Pflichten aus dem Mietvertrag in Anspruch genommen wird,[395] diesen Betrag im Innenverhältnis von den übrigen Teilhabern zurückfordern könnte. Dies ist jedoch durch die Bindung des Sonderrechtsnachfolgers ausgeschlossen.

Eine von § 746 BGB abweichende Sonderregelung findet sich für Grundstücke in § 1010 Abs. 1 BGB. Diese Vorschrift erlangt in der Praxis besondere Bedeutung, da die Vermietung von Grundstücken einen Hauptanwendungsfall der Vermietung unbeweglicher Sachen durch eine Bruchteilsgemeinschaft ausmacht.[396] Hiernach wirkt die getroffene Verwaltungsmaßnahme in Form der Vermietung eines Grundstücks nur dann gegen den Sondernachfolger, wenn sie als Belastung des Anteils im Grundbuch eingetragen ist. § 1010 BGB soll den Erwerber gegen ihm unbekannte Vereinbarungen oder Ansprüche schützen.[397] Dabei kommt es allein auf die Eintragung an, denn auch die positive Kenntnis des Sondernachfolgers von einer Vermie-

---

393 MünchKomm/*Schmidt*, § 746, Rn. 1; *Sonnenschein*, FS für Kraft, 607, 615.

394 Staudinger/*Langhein*, § 746, Rn. 1.

395 Im Falle eines Vertragsbeitritts wird jedoch im Regelfall davon auszugehen sein, daß der Sondernachfolger gleichzeitig auch der Verwaltungsmaßnahme im Innenverhältnis zugestimmt hat und daher auch hier gebunden ist.

396 *Sonnenschein*, FS für Kraft, 607, 615.

397 MünchKomm/*Schmidt*, § 1010, Rn. 1.

tung wirkt nicht gegen ihn, wenn sie nicht im Grundbuch eingetragen ist. Der Schutz des Sondernachfolgers ist folglich sehr hoch und geht damit weit über das eigentliche Ziel des Vertrauensschutzes hinaus.[398] Allerdings kann ein bösgläubiger Erwerber, der den Beschluß der Miteigentümer kannte und in schädigender Absicht mit dem veräußernden Teilhaber zusammengewirkt hat (Kollusion), nach § 826 BGB zum Schadensersatz verpflichtet sein.[399] Wenn die Voraussetzungen für eine sittenwidrige Schädigung nicht vorliegen, könnte man weiter daran denken, dem Sondernachfolger eine Berufung auf § 1010 BGB aufgrund von Treu und Glauben nach § 242 BGB zu versagen.[400] Bei der notwendigen Interessenabwägung spricht für die übrigen Teilhaber, daß jeder gemäß § 747 S. 1 BGB frei über seinen Anteil verfügen kann. Die übrigen Teilhaber haben somit keinen Einfluß auf die Wahl des Sondernachfolgers. Zwar ist aus der Wertung des § 10101 BGB erkennbar, daß der Gesetzgeber allen Teilhabern die Obliegenheit auferlegen wollte, getroffene Verwaltungsmaßnahmen ins Grundbuch eintragen zu lassen,[401] indem er an eine fehlende Eintragung keine Bindung für den Sonderrechtsnachfolger geknüpft hat. Diese Rechtsfolge erscheint aber dann nicht mehr gerechtfertigt, wenn der Sondernachfolger positiv von der Regelung wußte. Allerdings ist zunächst in jedem Fall zu prüfen, ob der Sondernachfolger nicht eine schuldrechtliche Eintrittspflicht übernommen hat. Dies wird regelmäßig der Fall sein, da jeder veräußernde Miteigentümer angehalten ist, die schuldrechtlichen Verpflichtungen an den Sondernachfolger weiterzugeben, um nicht seinerseits Ansprüchen der übrigen Miteigentümer ausgesetzt zu sein.[402]

Zu beachten ist weiterhin, daß § 1010 Abs. 1 BGB nur die Wirkung von Verwaltungsmaßnahmen gegen, nicht aber für den Sondernachfolger regelt. Das bedeutet, daß ein Sondernachfolger den Abschluß eines Mietvertrages im Rahmen einer ordnungsgemäßen Verwaltung fordern kann, wenn ein dahingehender Beschluß zur Zeit seines Rechtsvorgängers getroffen wurde, ohne daß diese Maßnahme im Grundbuch eingetragen sein muß. Genauso kann er in diesem Fall bei einem bereits überlassenen Grundstück von den Teilhabern seinen Anteil der Miete verlangen. Allerdings bedeutet das gleichzeitig, daß der Sondernachfolger nun an den Beschluß über die Vermietung insgesamt gebunden ist. Es ist einsichtig, daß man sich nur auf eine Gesamtregelung berufen kann und damit auch die zusammenhängenden weniger vorteilhaften Teile in Kauf nehmen muß.[403] Die Bindung an den internen

398 Staudinger/*Gursky*, § 1010, Rn. 2; Anm. *Fischer* zu LM § 1010 Nr. 1; MünchKomm/*Schmidt*, § 1010, Rn. 1.

399 MünchKomm/*Schmidt*, § 1010, Rn. 1; Staudinger/*Huber*, § 746 Rn. 2; Staudinger/*Gursky*, § 1010 Rn. 1.

400 MünchKomm/*Schmidt*, § 1010 Rn. 1.

401 Jeder Teilhaber ist auch ohne besondere Vereinbarung verpflichtet, an der Eintragung mitzuwirken, siehe MünchKomm/*Schmidt*, § 1010 Rn. 6.

402 MünchKomm/*Schmidt*, § 1010 Rn. 1 und 6; MünchKomm/*Schmidt*, § 746 Rn. 2.

403 Staudinger/*Gursky*, § 1010 Rn. 1.

Beschluß ist in diesem Fall somit durch eine konkludente Zustimmung des Sondernachfolgers zustande gekommen.

Insgesamt betrachtet ergibt sich die auf den ersten Blick erstaunliche Konsequenz, daß bei gemeinschaftlichen Grundstücken der Sondernachfolger gemäß § 566 BGB regelmäßig im Außenverhältnis gebunden wird, im Innenverhältnis dagegen nur unter der zusätzlichen Bedingung der Grundbucheintragung. Dieses Ergebnis läßt sich durch den Sinn und Zweck der Sondervorschrift des § 566 BGB erklären. Diese Vorschrift will in erster Linie den Mieter durch den Eintritt des Erwerbers in das Mietverhältnis vor einer Austreibung aus der Mietwohnung schützen.[404] Das Verhältnis der Miteigentümer untereinander ist dafür jedoch unerheblich. Eine gleichzeitige Regelung des Innenverhältnisses durch § 566 BGB ist im Hinblick der Privatautonomie der Teilhaber auch abzulehnen. Im Gegensatz dazu hat der Gesetzgeber sich bei der Regelung in § 1010 Abs. 1 BGB für einen möglichst umfassenden Schutz des Grundstückserwerbers im Innenverhältnis entschieden.

Genau umgekehrt liegt der Fall bei beweglichen Sachen. Hier tritt der Sondernachfolger im Außenverhältnis nur in die Vermieterposition ein, wenn alle Beteiligten einen rechtsgeschäftlichen Vertragsbeitritt vereinbaren, im Innenverhältnis dagegen ist er gemäß § 746 BGB stets gebunden. Der Gesetzgeber hat sich in § 746 BGB im Interesse der übrigen Teilhaber für die Bindung des Sonderrechtsnachfolgers entschieden, um eine Vereitelung verbindlich getroffener Verwaltungs- oder anderer Maßnahmen durch Veräußerung eines Teilhabers zu verhindern. Eine Regelung im Außenverhältnis ist dazu nicht erforderlich.

II. Die BGB-Innengesellschaft

Fraglich ist, ob es auch bei Vermietern, die im Innenverhältnis eine BGB-Gesellschaft bilden, zu einem Wechsel innerhalb der Vermietermehrheit kommen kann. Zunächst ist an den Tod einer der Vermieter zu denken. Gemäß § 727 BGB wird die Gesellschaft entsprechend der höchstpersönlichen Natur der Gesellschafterstellung aufgelöst, wenn der Gesellschaftsvertrag nichts anderes vorsieht. Ein Wechsel findet daher nur dann statt, wenn die Gesellschafter eine vom Gesetz abweichende Vereinbarung getroffen haben. Zunächst können die Gesellschafter vereinbaren, daß die Innengesellschaft auch mit den Erben der Gesellschafter weitergeführt werden soll. Aufgrund solcher Nachfolge- oder Eintrittsklauseln wird der Gesellschaftsanteil vererblich, so daß die Gesellschaft weiterbesteht und die Gesellschaftsanteile des verstorbenen Gesellschafters auf die begünstigten Erben übergehen oder diese einen Anspruch auf Aufnahme haben.[405] Die Gesellschafter können auch, wie aus § 736 BGB deutlich wird, vereinbaren, daß die Gesellschaft bei Tod eines Gesellschafters unter den übrigen Gesellschaftern fortbestehen soll. Waren an der Innengesellschaft mindestens drei Gesellschafter beteiligt, so findet auch in diesem Fall ein Wechsel

404 Protokolle II, 137 f; siehe dazu auch oben S. 80.
405 Vgl. im einzelnen dazu MünchKomm/*Ulmer*, § 727 Rn. 2, 21, 36.

innerhalb einer Vermietermehrheit statt, da auch die verbleibenden Gesellschafter eine Vermietermehrheit bilden. Des weiteren könnte eine Veräußerung des vermieteten Gegenstandes in Frage kommen. Gehört der Gegenstand nur einem der beteiligten Vermieter, so ist es ohne Zweifel möglich, daß dieser Vermieter als Eigentümer über die Sache frei verfügen kann. Der Gegenstand gehört nicht zum Gesellschaftsvermögen, so daß eine gesamthänderische Bindung, wie sie in § 719 BGB zum Ausdruck kommt, nicht vorliegt. Gehört der Gegenstand dagegen zum Gesamthandsvermögen der Innengesellschaft, kann eine Voll- oder Teilübertragung nur mit Zustimmung der Mitgesellschafter erfolgen.[406] Dennoch führen beide Vorgänge nicht zu einem Wechsel innerhalb der Gesellschafter, da die Veräußerung nichts am Gesellschafterbestand ändert. Auch wenn der Gegenstand zum Gesamthandsvermögen der Innengesellschaft gehörte und nur zu Bruchteilen übertragen wird, verbleibt der auf die Gesellschaft entfallende Bruchteil im Gesamthandsvermögen,[407] eine Änderung der Gesellschafterstellung erfolgt deshalb nicht. Ein Gesellschafterwechsel kommt daher nur bei der Übertragung der Mitgliedschaft in Frage.

1. Das Außenverhältnis

Da die Innengesellschaft nach außen nicht als Gesellschaft auftritt, sind im Verhältnis zum Mieter die Einzelpersonen zu betrachten. Beim Tod eines Mitvermieters tritt wie bei jedem Erbgang der Erbe gemäß §§ 1922, 1967 BGB in seine Position ein, wenn der Gesellschaftsanteil nach Vereinbarung der Gesellschafter vererblich sein sollte. Der Wechsel innerhalb der Innengesellschaft führt somit auch zu einem Wechsel in der Vermieterstellung. Problematischer gestaltet sich die Situation, wenn ein Innengesellschafter seine Mitgliedschaft an einen Dritten überträgt. Diese für die Außengesellschaft bürgerlichen Rechts anerkannte Möglichkeit[408] besteht auch für Innengesellschaften, da die Übertragung der Mitgliedschaft keine Tatsachen betrifft, die ein Auftreten der Gesellschaft als solcher nach außen erfordert. Hier ist zu differenzieren. Handelt es sich beim Mietobjekt um eine bewegliche Sache, kommt es durch die Übertragung eines Gesellschaftsanteils zu keinem Übergang der Vermieterstellung. Vielmehr ist hierzu die Zustimmung des Mieters erforderlich.[409] Besteht das Mietobjekt dagegen aus einem Grundstück oder Räumen, könnte es fraglich sein, ob der § 566 BGB auf die Übertragung eines Anteils an einer Gesellschaft, zu deren Vermögen ein vermietetes Grundstück gehört, entsprechend anwendbar ist.

Diese Diskussion wurde bislang bei der Außengesellschaft bürgerlichen Rechts geführt. Kernpunkt des Streites war die Frage, ob der Wechsel aufgrund einer analogen Anwendung von § 566 BGB anzunehmen ist, oder ob sich der Eintritt des neuen und der Austritt des alten Gesellschafters bereits aus den Regeln des

406 MünchKomm/*Ulmer*, § 719 Rn. 7.
407 MünchKomm/*Ulmer*, § 719 Rn. 7.
408 Vgl. *Schmidt*, § 45 III b); MünchKomm/*Ulmer*, § 719 Rn. 2, 13 ff.
409 Vgl. *Sonnenschein*, FS für Kraft, 607, 618.

Gesellschaftsrechts über die An- und Abwachsung gemäß § 738 Abs. 1 BGB ergibt.[410] Die vom BGH[411] dazu ergangene Entscheidung, die bewußt die Frage der Rechtsfähigkeit der BGB-Gesellschaft noch offen ließ, stellte sich auf die Seite der Vertreter, die § 566 BGB analog anwenden wollten. Voraussetzung sei jedoch, daß die ursprünglichen Gesellschafter mit einem ihre gesamthänderische Bindung bezeichnenden Vermerk (§ 47 GBO) als Eigentümer im Grundbuch eingetragen waren. Obwohl der BGH ausdrücklich betonte, daß die analoge Anwendung unabhängig von der Rechtsfähigkeit der BGB-Gesellschaft geboten sei, ist eine Anwendung des § 566 BGB nach der Entscheidung des BGH vom 29.01.2002[412] nicht mehr vertretbar, da die rechtsfähige Außengesellschaft bürgerlichen Rechts selbst Vertragspartei ist und ein Gesellschafterwechsel daher die Parteistellung nicht beeinflußt.[413] Die Aussage des BGH könnte aber für BGB-Innengesellschaften weiterhin von Bedeutung sein. Dagegen spricht jedoch der Charakter der Innengesellschaft. Innengesellschaften treten nicht nach außen auf, sie regeln vielmehr das Verhältnis der Gesellschafter untereinander, ohne daß die Gesellschaft als solche in Erscheinung tritt. Erfolgt nun ein Wechsel innerhalb der Innengesellschaft oder ein sonstiger Vorgang innerhalb der Gesellschafter, darf sich daraus keine unmittelbare Folge für das Außenverhältnis ergeben. Dieses Ergebnis wird auch durch die Annahme des BGH gestützt, der eine analoge Anwendung nur dann befürwortet, wenn ein die gesamthänderische Bindung bezeichnender Vermerk im Grundbuch eingetragen ist, mit anderen Worten die Existenz einer Gesellschaft bürgerlichen Rechts offenkundig ist. Dies ist bei der Innengesellschaft aber gerade nicht der Fall. Die Entscheidung des BGH zur analogen Anwendung des § 566 BGB auf Außengesellschaften bürgerlichen Rechst läßt sich damit nicht auf Innengesellschaften bürgerlichen Rechts übertragen.

2. Das Innenverhältnis

Bei der Gesamtrechtsnachfolge in einen Gesellschaftsanteil einer BGB-Innengesellschaft ergeben sich keine Besonderheiten. Der Erbe tritt in die Rechtsstellung des verstorbenen Gesellschafters ein, so daß ihn eine auf die Vermietung eines Gegenstandes gerichtete Maßnahme der Geschäftsführung ohne weiteres bindet. Gleiches gilt für die rechtsgeschäftliche Übertragung eines Gesellschaftsanteils. Auch in diesem Fall ist der neue Gesellschafter unmittelbar an die getroffenen Beschlüsse, zu denen auch der Beschluß über eine Vermietung zählt, gebunden. Im Gegensatz zur Bruchteilsgemeinschaft ist eine den §§ 746, 1010 BGB entsprechende Regelung

---

410 *Gläser*, GE 1997, 838, 839; *Sternel*, I Rn. 12; *Sternel* Mietrecht aktuell, Rn. 66; *Michalski*, NZG 1998, 372, 373 f.; *Teichmann/Beck*, JZ 1998, 1011, 1012; a.A. *Beuermann*, GE 1993, 290, 291; *ders.* GE 1998, 596, 596 ff.

411 BGH NJW 1998, 1220, 1220 f. = MDR 1198, 525 = BB 1998, 763 = NZM 1998, 260 = WM 1998, 341 = GE 1998, 483 = LM § 571 BGB Nr. 38 mit Anmerkung *Emmerich*.

412 BGHZ 146, 341, 341 ff.

413 So auch *Sonnenschein*, FS für Kraft, 607, 618 f.

nicht erforderlich, da jeder Gesellschafter als Mitglied der Innengesellschaft auch an solche Maßnahmen gebunden ist, die vor seinem Eintritt getroffen worden sind.[414]

III. Die Erbengemeinschaft

Bei einer Erbengemeinschaft kann es zu einem Wechsel der personellen Zusammensetzung kommen, wenn einer der Miterben seinerseits verstirbt, oder wenn einer der Miterben seinen Erbanteil an einen anderen gemäß § 2033 Abs. 1 BGB überträgt. Die Veräußerung eines Anteils an einem zum Nachlaß gehörenden Grundstück oder an einer solchen Wohnung durch einen einzelnen Miterben, die die Anwendung des § 566 BGB nach sich ziehen würde, ist anders als bei der Bruchteilsgemeinschaft ausgeschlossen, da der Miterbe gemäß § 2033 Abs. 2 BGB nicht über seinen Anteil an einzelnen Nachlaßgegenständen verfügen kann.

1. Das Außenverhältnis

Wie bereits bei der Bruchteilsgemeinschaft dargestellt, findet auch bei der Erbengemeinschaft im Außenverhältnis ein Wechsel in der personellen Zusammensetzung der Vermietermehrheit statt, wenn einer der Miterben stirbt und dessen Erbe gemäß §§ 1922, 1967 BGB in die Rechtsstellung eintritt. Ein Eintritt einer fremden Person in die Vermietermehrheit nach § 566 BGB oder generell ein Eintritt einer fremden Person in die Erbengemeinschaft hinsichtlich eines einzelnen Gegenstandes ist dagegen nicht denkbar, da der Miterbe gemäß § 2033 Abs. 2 BGB weder allein noch im Zusammenwirken mit den übrigen Miterben über seinen Anteil an den einzelnen Nachlaßgegenständen verfügen kann.[415] Fraglich ist jedoch, ob es zumindest zu einer analogen Anwendung des § 566 BGB kommt, wenn zwar kein Miteigentumsanteil an einem vermieteten, zum Nachlaß gehörenden Grundstück veräußert wird, wenn aber ein Wechsel in der personellen Zusammensetzung auf andere Art stattfindet.

Denn auch bei Erbengemeinschaften ist durch die Möglichkeit des Erbteilskauf gemäß §§ 2371 ff. BGB ein Mitgliederwechsel denkbar.[416] Gehört zum Nachlaß ein vermietetes Grundstück, so könnte man auch hier überlegen, ob § 566 BGB analog zur Anwendung kommt, so daß der Erbschaftsverkäufer aus der Vermieterposition aus-, der Erbschaftskäufer in die Vermieterposition eintritt.[417] Hiergegen ist aber einzuwenden, daß eine analoge Anwendung überflüssig ist, obwohl die Erbengemeinschaft anerkanntermaßen keine eigene Rechtspersönlichkeit besitzt. Vielmehr bewirken die erbrechtlichen Vorschriften in § 2033 BGB bereits das Eintreten des Erbschaftskäufers in den Mietvertrag. Der Erbteilserwerber wird zwar nicht Erbe,

---

414 Vgl. Staudinger/*Langhein*, § 746 Rn. 1 ff.

415 Soergel/*Wolf*, § 2033 Rn. 3, 23.

416 Die Regelungen zur Gesamthandsgemeinschaft der Ehegatten gemäß §§ 1415 ff. BGB kennen dagegen für die Ehegatten keine Möglichkeit, über den Anteil am Gesamtgut zu verfügen, siehe Staudinger/*Olshausen*, Einl zu §§ 2371 ff., Rn. 58.

417 *Drasdo*, DWW 1999, 73, 73.

jedoch tritt er an die Stelle des Veräußerers in die Erbengemeinschaft ein und erlangt damit alle Rechte, die dem Miterben zustehen.[418] Er wird Miteigentümer zur gesamten Hand und tritt in die Mithaftung für die Nachlaßverbindlichkeiten ein.[419] Der Käufer ist folglich Rechtsnachfolger kraft Rechtsgeschäft, ohne jedoch eine Rechtsbeziehung zum Erblasser zu haben.[420] Geht somit die Rechtsstellung des Veräußerers auf den Käufer über, bedeutet dies, daß der Erbteilserwerber im Außenverhältnis an Stelle des Veräußerers Mitvermieter des Nachlaßgegenstands wird.[421] An dieser Stelle ist noch anzumerken, daß der Käufer nach § 2382 Abs. 1 BGB vom Abschluß des Kaufes an den Nachlaßgläubigern unbeschadet der Fortdauer der Haftung des Verkäufers haftet. Daraus ergibt sich eine gesamtschuldnerische Haftung von Käufer und Verkäufer nach den §§ 421 ff. BGB. Um diese Haftung des Verkäufers zu beenden, muß der Mieter als Gläubiger mitwirken. Anders ist eine Veränderung der gesamtschuldnerischen Haftung nicht möglich.[422] Die Vorschrift regelt jedoch nur die Haftung des Veräußerers. Keinesfalls besagt sie, daß sowohl Veräußerer als auch Käufer in die Vermieterposition einrücken. Vermieter sind allein der gemäß § 2033 BGB eingerückte Käufer und die Miterben. Es handelt sich hier deshalb um einen Fall der Haftung des Veräußerers ohne Schuld.

2. Das Innenverhältnis

Bei der Gesamtrechtsnachfolge in die Erbengemeinschaft nimmt der Erbe die Rechtsstellung des Verstorbenen sowohl in vermögensrechtlicher wie auch mitgliedschaftsrechtlicher Hinsicht ein, so daß den Erben ohne weiteres im Innenverhältnis auch die noch mit dem verstorbenen Miterben getroffenen Verwaltungsmaßnahmen und damit der Beschluß, einen Nachlaßgegenstand zu vermieten, binden.[423] Fraglich ist, ob dies auch gilt, wenn einer der Miterben über seinen Anteil an der Erbschaft als Ganzes gemäß § 2033 Abs. 1 BGB verfügt. Hier liegt eine Einzelrechtsnachfolge vor. Gegen eine solche Bindung könnte sprechen, daß der Erbteilskäufer nicht Miterbe wird, da die Miterbenstellung als solche nicht durch Rechtsgeschäft unter Lebenden erworben werden kann.[424] Allerdings tritt der Erwerber mit der Veräußerung an die Stelle des veräußernden Miterben in dessen vermögensrechtliche Stellung am Nachlaß ein. Auch hinsichtlich der Verwaltung erwirbt er alle Rechte und Pflichten.[425] Daraus folgt, daß der Erwerber auch im Innenverhältnis ohne besondere

---

418 Staudinger/*Olshausen*, Einl zu §§ 2371 ff. Rn. 18; MünchKomm/*Dütz*, § 2033 Rn. 26; Soergel/*Wolf*, § 2033 Rn. 13 m.w.N.

419 Soergel/*Wolf*, § 2033 Rn. 13.

420 *Lange/Kuchinke*, § 42 II 3.

421 *Sonnenschein*, FS für Kraft, 607, 616.

422 Staudinger/*Olshausen*, § 2382 Rn.7; *Sonnenschein*, FS für Kraft, 607, 616.

423 *Sonnenschein*, FS für Kraft, 607, 616.

424 So die ganz herrschende Meinung, a.A. *Kress*, 176; *Endemann*, JW 1910, 89, 93 unten.

425 Palandt/*Edenhofer*, § 2033 Rn. 6, Soergel/*Wolf*, § 2033 Rn. 13; Staudinger/*Werner*, § 2033 Rn. 23.

Anordnung oder rechtsgeschäftliche Erklärung an eine beschlossene Vermietung eines Nachlaßgegenstands gebunden ist.

IV. Die eheliche Gütergemeinschaft

Ein Wechsel in der Zusammensetzung einer ehelichen Gütergemeinschaft ist dann möglich, wenn einer der Ehegatten stirbt und die Ehegatten gemäß § 1483 BGB vereinbart hatten, daß die Gütergemeinschaft nach dem Tod eines Ehegatten zwischen dem überlebenden Ehegatten und den gemeinschaftlichen Abkömmlingen fortgesetzt wird (Fortgesetzte Gütergemeinschaft). Durch die entsprechende Vereinbarung ist es möglich, eine erbrechtliche Auseinandersetzung mit den gemeinschaftlichen Abkömmlingen hinsichtlich des Gesamtgutes bis zur Beendigung der fortgesetzten Gütergemeinschaft zu vermeiden. Ein weiterer Wechsel in der personellen Zusammensetzung der Gütergemeinschaft ist durch den Tod einer der anteilsberechtigten Abkömmlinge gemäß § 1490 BGB denkbar. Eine Verfügung eines Ehegatten über seinen Anteil am Gesamtgut oder an einem einzelnen Gegenstand des Gesamtgutes ist gemäß §§ 1419, 1471 BGB nicht möglich, so daß es auf diese Weise nicht zu einem Wechsel innerhalb einer Vermietermehrheit kommen kann.

1. Das Außenverhältnis

Sind beide Ehepartner Vermieter einer zum Gesamtgut gehörigen Sache, so fragt sich, ob nach dem Tod einer der Ehepartner und Eintritt der fortgesetzten Gütergemeinschaft Vermieter nur der überlebende Ehepartner ist oder ob die anteilsberechtigten Abkömmlinge in die Vermieterposition mit einrücken. Mit dem Eintritt der fortgesetzten Gütergemeinschaft treten an die Stelle des verstorbenen Ehegatten die gemeinschaftlichen Abkömmlinge in dessen Anteilsrechte am Gesamtgut ein. Die Wirkung ist somit allein auf das Gesamtgut beschränkt. Ein Wechsel innerhalb einer Vermietermehrheit bestehend aus Ehegatten, die im Güterstand der Gütergemeinschaft lebten, ist also nur denkbar, wenn der vermietete Gegenstand zum Gesamtgut gehörte. Dies wird aufgrund der Regelung in §§ 1416, 1417, 1418 BGB, wonach Gegenstände grundsätzlich zum Gesamtgut zu rechnen sind, regelmäßig der Fall sein. Der Eintritt der fortgesetzten Gütergemeinschaft am Gesamtgut bedeutet keine Rechtsnachfolge, sondern nur einen Wechsel in der Person der Gesamthänder bei Identität der Gesamthand.[426]

Fraglich ist, wie diese Aussage zu verstehen ist und was sie für die Vermieterposition bedeutet. Zunächst ist festzuhalten, daß die Aussage im Hinblick darauf, daß trotz der gesamthänderischen Bindung der Ehepartner keine außerhalb der Ehegatten stehende eigenständige Organisationseinheit vorliegt, die selbständig am

426 *Beitzke/Lüderitz*, § 17 IV; MünchKomm/*Kanzleiter*, § 1483 Rn. 9; MünchKomm/*Kanzleiter*, § 1490 Rn. 4 zum Eintreten der Abkömmlinge eines verstorbenen anteilsberechtigten Abkömmling der Ehepartner.

Rechtsverkehr mit Dritten teilnimmt[427], ungenau ist, so daß ein Mitgliederwechsel sehr wohl die Identität der Gesamthandsgemeinschaft berührt. Dennoch könnte man der Aussage entnehmen, daß für den Fall der Vermietung eines Gegenstandes aus dem Gesamtgut durch beide Ehepartner gelten soll, daß Vertragspartner und damit Vermieter jeweils die Mitglieder der Gesamthandsgemeinschaft sind. Diese These wird weiter gestützt, wenn man sich die erbrechtlichen Aspekte der fortgesetzten Gütergemeinschaft verdeutlicht. Zwar ist die Fortsetzung der Gütergemeinschaft kein erbrechtlicher Vorgang. Dennoch ist allgemein anerkannt, daß beispielsweise bei der Übereignung eines Grundstücks aus dem Gesamtgut durch die Beteiligten der fortgesetzten Gütergemeinschaft eine Voreintragung gemäß § 39 GBO des überlebenden Ehegatten und der anteilsberechtigten Abkömmlinge nicht erforderlich ist.[428] Auch auf diesen Fall wendet man den Gedanken aus § 40 GBO an, um den genannten Personen die Kosten für eine vorherige Eintragung zu ersparen. Begründet wird die entsprechende Anwendung damit, daß auch andere erbgangsähnliche Rechtsübergänge erfaßt werden sollen. Man will folglich nur Fälle der Gesamtrechtsnachfolge erfassen.[429] Wendet die heute herrschende Meinung somit § 40 GBO entsprechend auf die fortgesetzte Gütergemeinschaft an, so sollte man insgesamt von der Vergleichbarkeit mit der Gesamtrechtsnachfolge in §§ 1922, 1967 BGB ausgehen. Entsprechend bedeutet das für die Frage nach der Vermieterposition, daß wie im Fall der §§ 1922, 1967 BGB die anteilsberechtigten Abkömmlinge in die Vermieterposition einrücken. Gleiches gilt beim Tode eines Abkömmlings, wenn dessen anteilsberechtigte Abkömmlinge gemäß § 1490 S. 2 BGB an seine Stelle treten.

2. Das Innenverhältnis

Kann man den Eintritt der fortgesetzten Gütergemeinschaft mit den anteilsberechtigten Abkömmlingen mit der Gesamtrechtsnachfolge nach §§ 1922, 1967 BGB vergleichen, so treten die Abkömmlinge in die Rechte und Pflichten des verstorbenen Ehegatten ein,[430] mit der Folge, daß sie auch die mitgliedschaftsrechtliche Stellung des verstorbenen Ehepartners übernehmen. Getroffene Verwaltungsmaßnahmen und damit auch der Beschluß über die Vermietung eines Gegenstands aus dem Gesamtgut gelten daher ohne weiteres gegen sie. Die Abkömmlinge sind somit auch im Innenverhältnis an die bereits getroffenen Verwaltungsvereinbarungen gebunden.

427 *Behrens*, 34.

428 *Demharter*, § 40 GBO Rn. 10; Staudinger/*Thiele*, Vorbem zu §§ 1483 ff. Rn. 33; a.A. die frühere Rspr., siehe nur OLG Hamburg, OLGE 18, 218, 219.

429 *Demharter*, § 40 GBO Rn. 9.

430 Vgl. Erman[9]/*Heckelmann*, Vor § 1483 Rn. 1, der davon spricht, daß die Abkömmlinge an die Stelle des anderen Ehegatten treten.

3. Teil: Rechte und Pflichten der Vermietermehrheit

Wie bei jedem zweiseitig verpflichtenden Vertrag entstehen auch bei Abschluß eines Mietvertrags für beide Vertragsparteien verschiedene Rechte und Pflichten. Durch die Beteiligung mehrerer Vermieter am Mietverhältnis ergeben sich jedoch bei der Geltendmachung von Ansprüchen oder der Erfüllung von Pflichten Unterschiede gegenüber der Vermietung durch einen Einzelvermieter.

A. Die Rechte einer Vermietermehrheit

I. Die Mietzahlung gemäß § 535 Abs. 2 BGB

1. Grundlagen

Gemäß § 535 Abs. 2 BGB ist der Mieter verpflichtet, dem Vermieter die vereinbarte Miete zu zahlen. Die Entrichtung der Miete ist die Hauptpflicht des Mieters und wirtschaftlich gesehen das bedeutendeste Recht des Vermieters. Im Kern geht es bei der Mietforderung einer Vermietermehrheit im Innenverhältnis darum, wie die Miete zu verteilen ist, wogegen es im Außenverhältnis darauf ankommt, wer die Miete vom Mieter fordern kann. Bei der Beurteilung der Berechtigung im Außenverhältnis kommen grundsätzlich die drei Modelle der §§ 420 ff. BGB in Betracht: Zunächst könnte jeder einzelne Vermieter einen Teil der Leistung fordern. Es wäre aber auch denkbar, daß jeder Vermieter die ganze Leistung an sich verlagen kann. Schließlich könnten auch alle Vermieter gemeinsam oder jeder Vermieter für sich die Leistung an alle fordern. In der Kommentarliteratur findet man zu dieser Frage fast uneingeschränkt, daß die Mietforderung mehrerer Vermieter auf eine unteilbare Leistung gerichtet sei.[431] Die Vermieter bildeten daher eine Gläubigergemeinschaft zur gesamten Hand nach § 432 BGB. Dies gelte unabhängig davon, wie die Vermieter im Innenverhältnis zueinander stünden, also auch, wenn die Vermieter eine Bruchteilsgemeinschaft bildeten.[432] Diese Aussage ist aber ohne Begründung nicht ohne weiteres nachvollziehbar und differenziert nicht zwischen den einzelnen Erscheinungsformen wie Gemeinschaft oder Gesellschaft.

---

431 RGRK/*Gelhaar*, Vor § 535 Rn. 286; *Sternel*, III 73; Staudinger/*Emmerich*, Vorbem zu §§ 535, 536 Rn. 190; Soergel/*Heintzmann*, §§ 535, 536 Rn. 54; MünchKomm/*Voelskow*, §§ 535, 536 Rn. 11; Erman/*Jendrek*, § 535 Rn. 6; Staudinger/*Noack*, § 432 Rn. 23; BGH NJW 1969, 839, 839.

432 *Sternel*, III 73.

a. Die Bruchteilsgemeinschaft

aa. Das Außenverhältnis

§ 432 BGB stellt für den Fall der Berechtigung mehrerer Gläubiger für das Außenverhältnis die Aussage auf, daß der Schuldner nur an alle gemeinschaftlich leisten und jeder Gläubiger die Leistung nur an alle fordern kann, wenn es sich um eine unteilbare Leistung handelt. Der Schuldner muß anders als bei der Teilgläubigerschaft daher nur einmal und nicht in mehreren Teilen leisten. Der einzelne Gläubiger kann sich anders als bei der Gesamtgläubigerschaft gemäß §§ 428 – 430 BGB sicher sein, daß er seinen Teil der Forderung erhält und muß nicht befürchten, daß die Leistung an ihm vorbei an einen der übrigen Gläubiger geht. Diese Form der Gläubigermehrheit[433] enthält somit eine ausgewogene Abwägung von Schuldner- und Gläubigerinteressen und wird mitunter auch als „goldener Mittelweg" bezeichnet.[434] Als Tatbestand setzt § 432 BGB eine unteilbare Leistung voraus, die mehrere Gläubiger fordern können, ohne daß Gesamtgläubigerschaft vorliegt. Bei unbefangener Betrachtung würde man die Mietforderung, die ja auf eine Geldzahlung gerichtet ist, ohne weiteres als eine teilbare Leistung einstufen und damit den Anwendungsbereich des § 432 BGB ablehnen. Dabei wir allerdings übersehen, daß die herrschende Meinung nicht nur auf die Teilbarkeit im natürlichen Sinne[435] abstellt, sondern in einem weiteren Schritt nach der Teilbarkeit im rechtlichen Sinne fragt.[436] Dazu soll das Innenverhältnis der schuldenden oder fordernden Personenmehrheit herangezogen werden. Bilden die beteiligten Vermieter eine Bruchteilsgemeinschaft i.S.d. §§ 741 ff., 1008 ff. BGB, hat die Rechtsprechung mit folgender Argumentation die Unteilbarkeit der Mietforderung angenommen: Zwar sei die Miete als Geldforderung im natürlichen Sinne teilbar, aber es widerspreche der Natur der gemeinsamen Berechtigung, daß jeder den auf ihn entfallenden Teil der Miete einziehen und damit nach Belieben verfahren könne. Vielmehr solle die Miete in erster Linie dafür verwendet werden, Lasten und Unterhaltskosten der Mietsache zu finanzieren. Erst wenn alle offenen Verbindlichkeiten aus der Miete erfüllt worden seien, könne der Überschuß als Reinerlös unter den Beteiligten anteilig verteilt werden.[437]

---

433 Die Terminologie ist uneinheitlich, nach Staudinger/*Noack*, § 432 Rn. 1 m.w.N. hat sich die Bezeichnung der „Mitgläubigerschaft" durchsetzen können und soll auch in der vorliegenden Arbeit verwendet werden; zu den verschiedenen Begrifflichkeiten vgl. *Hadding*, FS für Wolf, 107, 110 f.

434 *Medicus*, JuS 1980, 697, 698.

435 Eine Leistung ist dann im natürlichen Sinne teilbar, wenn ein beliebiger Leistungsteil seinem Wesen und Werte nach verhältnismäßig der Gesamtleistung entspricht, das heißt sich nur der Größe, nicht der Beschaffenheit nach von ihr unterscheidet, RGZ 155, 306, 313.

436 Staudinger/*Noack*, § 420 Rn. 17 m.w.N.

437 BGH NJW 1958, 1723, 1723; BGH NJW 1969, 839, 839; vgl. auch RGZ 124, 195, 199, wonach die Mietansprüche mit der Gebrauchsüberlassung als ganzem verknüpft seien.

Diese Argumentation, der auch der überwiegende Teil der Literatur gefolgt ist,[438] ermöglicht es, § 432 BGB auf alle Forderungen einer Bruchteilsgemeinschaft anzuwenden. § 432 BGB wird dann als eine allgemeine Vorschrift angesehen, deren Anwendungsbereich sich unter anderem auch auf die Forderungen von Bruchteilsgemeinschaften bezieht.[439] Dies ist aber nicht zwingend. Man könnte auch annehmen, daß § 432 BGB nur die Fälle erfassen soll, in denen mehrere Gläubiger von einem Schuldner eine Leistung fordern können, ohne daß zwischen ihnen ein besonderes Innenverhältnis in Form einer Gemeinschaft oder Gesellschaft besteht.[440] Damit fallen dann beispielsweise solche Fälle unter § 432 BGB, in denen sich zwei Personen gemeinsam ein Taxi bestellen, um zum Bahnhof zu gelangen.[441] Forderungen einer Bruchteilsgemeinschaft dagegen würden nicht unter die Vorschrift des § 432 BGB fallen.

Das wird zum Teil damit begründet, daß es sich bei diesen Forderungen, anders als § 432 BGB voraussetzt, nicht um mehrere, sondern nur um eine Forderung handelt.[442] Die Tatbestände der beiden Regelungen in § 432 BGB beziehungsweise §§ 741 ff. BGB würden sich daher unterscheiden und gegenseitig ausschließen.[443] Hält man mit dieser Ansicht die Regeln der §§ 741 ff. BGB für vorrangig, muß man darauf abstellen, daß es sich bei der Einziehung der Mietforderung um eine Maßnahme der Verwaltung handelt, die gemäß § 744 Abs. 1 BGB grundsätzlich von allen Teilhabern gemeinsam vorgenommen werden muß. Da § 432 BGB nicht gilt, kann ein einzelner Teilhaber nicht Leistung an alle verlangen. Vielmehr müssen alle Teilhaber an der Geltendmachung, sei es auch durch Vertretung, beteiligt werden. Hier liegt der eigentliche Unterschied der beiden Ansichten. Denn auch diejenigen, die § 432 BGB für anwendbar halten, stellen im Innenverhältnis auf die Regelungen der §§ 741 ff. BGB ab, da § 432 BGB insoweit keine eigene Aussage enthält.[444]

Die Ansicht, die die Forderungen einer Bruchteilsgemeinschaft aus dem Anwendungsbereich des § 432 BGB ausnimmt, überzeugt nicht. Die Feststellung, daß § 432 BGB bereits vom Tatbestand her mehrere Forderungen voraussetzt, bei der Bruchteilsgemeinschaft jedoch nur ein Recht mehreren gemeinschaftlich zusteht, und damit eine direkte Anwendung des § 432 auf die Mietforderung der Bruchteils-

---

438 MünchKomm/*Voelskow*, §§ 535, 536 Rn. 11 und § 571 Rn. 11; Staudinger/*Noack*, § 432 Rn. 23; Staudinger/*Emmerich*, Vorbem zu §§ 535, 536 Rn. 190; Staudinger/*Emmerich*, § 571 Rn. 46; RGRK/*Gelhaar*, Vor § 535 Rn. 286; Soergel/*Heintzmann*, §§ 535, 536 Rn. 54; Palandt/*Weidenkaff*, § 535 Rn. 6; Erman/*Jendrek*, § 535 Rn. 6; *Sternel*, III 73; *Larenz I*, § 36 I b), 623; *Rütten*, 99.

439 Vgl. RGRK/*Weber*, § 432 Rn. 4; Staudinger/*Noack*, § 432 Rn. 10.

440 *Hadding*, FS für Wolf, 107, 119 ff.; *Larenz* I, § 36 I b), S. 623 f. insbesondere Fn. 5; *Esser/Schmidt*, SR I/2 § 38 III 2; *Langenfeld*, 137 ff.

441 Beispiel unter anderem genannt von *Larenz* I, § 36 I b; RGRK/*Weber*, § 432 Rn. 3.

442 *Hadding*, FS für Wolf, 107, 121.

443 *Hadding*, FS für Wolf, 107, 121 f.; *Langenfeld*, 137 ff.

444 Vgl. Erman/[9]*Westermann*, § 432 Rn. 8; Erman/*Ehmann*, § 432 Rn. 38; RGRK/*Weber*, § 432 Rn. 26.

gemeinschaft ausscheidet, ist nicht zwingend.[445] § 432 BGB setzt nur mehrere Gläubiger voraus, nicht aber mehrere Forderungen. Dies ist aber bei der Vermietung durch eine Bruchteilsgemeinschaft gerade gegeben: Mehrere Personen können eine unteilbare Leistung in Form der Miete fordern. Beachtlicher scheint dagegen der Einwand, daß die Einziehung einer Forderung eine Maßnahme der Verwaltung darstellt. Die rechtliche Behandlung von Verwaltungsmaßnahmen ist aber ausdrücklich in § 744 Abs. 1 BGB geregelt, wenn die Parteien nichts anderes vereinbart haben.[446] Allerdings müssen die Regelungen der §§ 744 f. BGB einem Rückgriff auf § 432 BGB nicht entgegenstehen. Dies wäre nur der Fall, wenn die §§ 744 f. BGB abschließend wären. Das ist aber nicht ersichtlich. Vielmehr enthält § 1011 2. Hs BGB für das Miteigentum sogar den ausdrücklichen Verweis auf § 432 BGB. Daraus folgt, daß der Gesetzgeber in den §§ 744 f. BGB gerade keine die Vorschrift des § 432 BGB verdrängenden Regelungen schaffen wollte.

Auch in der Tatsache, daß bei der BGB-Gesellschaft und der Wohnungseigentümergemeinschaft keine Einzelgeltendmachung im Außenverhältnis möglich ist, kann kein Widerspruch gesehen werden. Diese Gesellschaften beziehungsweise Gemeinschaften sind rechtlich sehr viel intensiver verfaßt als die Bruchteilsgemeinschaft i.S.d. §§ 741 ff., 1008 BGB und gleichen in ihrer Normalstruktur nicht in dem Maß wie die Bruchteilsgemeinschaft der schlichten Mitgläubigermehrheit.[447] Die Forderungen einer Bruchteilsgemeinschaft fallen daher in den Anwendungsbereich des § 432 BGB.

Etwas anderes gilt auch nicht, wenn man statt auf das „Wesen der Bruchteilsgemeinschaft" auf den Mietvertrag abstellt.[448] Es ist zwar richtig, daß die Vertragsauslegung bei einer Vermietung durch sämtliche Teilhaber regelmäßig ergeben wird, daß die Mietzahlungen an alle Teilhaber gemeinsam, etwa auf ein Gemeinschaftskonto, zu erfolgen hat und jeder einzelne diese Leistung zu fordern berechtigt ist. Allerdings steht diese Aussage nicht im Widerspruch zu den vorigen Ausführungen. Vielmehr sind sowohl die §§ 420 ff. BGB als auch die §§ 741 ff. BGB dispositive Regelungen, denen im konkreten Einzelfall die vertraglichen Absprachen der Beteiligten vorgehen. Daher ist auch eine Regelung im Mietvertrag möglich, in der die Parteien vereinbaren, daß jeder Teilhaber einen entsprechenden Betrag zu fordern berechtigt sein soll,[449] ohne daß dies gegen die generelle Anwendbarkeit des § 432 BGB spricht. Auch Bevollmächtigungen zur Entgegennahme der Miete durch einzelne Teilhaber können im Mietvertrag oder mündlich vereinbart werden. So kann beispielsweise in der Vereinbarung, daß der Mieter die Miete auf das Konto einer der Teilhaber

---

445 So aber *Hadding*, FS für Wolf, 107, 121 f.; *Enneccerus/Lehmann*, § 96 I 2.

446 *Selb*, 265; *Larenz*, § 36 I b) S. 623; i.E. auch *Rütten*, 102.

447 Staudinger/*Noack*, § 432 Rn. 22.

448 So aber Staudinger/*Langhein*, § 743 Rn. 7.

449 So auch Staudinger/*Langhein*, § 743 Rn. 7, der allerdings einräumt, daß diese Regelung zumeist nicht gewollt sein wird, da sie den vorherigen Abzug von Lasten und Kosten nach § 748 BGB verhindert.

überweisen soll, eine Bevollmächtigung zur Entgegennahme der Miete gesehen werden.[450]

Dies bedeutet, daß § 432 auch bei Forderungen einer Bruchteilsgemeinschaft anwendbar ist und daher jeder Vermieter als Gläubiger der Mietzahlung Zahlung an alle fordern kann. Das gilt auch für den Sonderfall, daß die gemeinsame Sache an einen der Teilhaber vermietet ist. Auch hier kann der andere Teilhaber nur Zahlung an die Gemeinschafter fordern.[451] Eine Zahlung an einen einzelnen Vermieter dagegen hat für den Mieter grundsätzlich keine Erfüllungswirkung. Weiß der Mieter nicht genau, wer seine Vermieter sind, kann ihn dies vor eine kaum zu bewältigende Aufgabe stellen. Hier ist beispielsweise an die oben angesprochenen Umwandlungsfälle zu denken. Es ist dem Mieter dann zu raten, gemäß §§ 372 S. 2 2. Var., 378 BGB die Miete unter Ausschluß des Rücktrittsrechts zu hinterlegen. Sodann erlischt der Mietanspruch durch die rechtmäßige Hinterlegung.

Ausnahmsweise kann der Mieter auch mit befreiender Wirkung an einen der Vermieter leisten. Dazu muß im Innenverhältnis zwischen den Vermietern eine entsprechende Vereinbarung getroffen worden sein.[452] Die Übertragung der alleinigen Verwaltung soll dazu jedoch nicht ausreichend sein.[453] Dem ist aus Mieterschutzgründen zuzustimmen. Da der Mieter durch eine Zahlung an einen nicht allein empfangszuständigen Vermieter nicht von seiner Verpflichtung zur Mietzahlung befreit wird, muß die Vereinbarung zwischen den Vermietern bestimmte Mindestanforderungen erfüllen. Sie muß so genau sein, daß sich die Berechtigung des einzelnen Vermieters zur Entgegennahme der Zahlung, beispielsweise bei Vorlage einer dementsprechenden Vereinbarung, für den Mieter zweifelsfrei erkennen läßt, so daß dieser sicher sein kann, daß die Zahlung an den oder die genannten Vermieter ausreichend ist. Die Entgegennahme durch einen Vermieter ist auch dann ausreichend, wenn dieser im Einzelfall oder dauernd durch die anderen dazu bevollmächtigt worden ist. Er ist in diesem Fall empfangszuständig, die der Gemeinschaft oder Gesellschaft zustehende Forderung allein einzuziehen.

Aus der Tatsache, daß die Vermieter die Mietzahlung grundsätzlich nur gemeinsam und an alle fordern können, folgt gleichzeitig, daß der Anteil eines einzelnen Vermieters von diesem nicht abgetreten oder verpfändet werden kann.[454] Zur Pfändung einer mehreren Vermietern gemeinschaftlich zustehenden Mietforderung ist ein Vollstreckungstitel gegen alle Vermieter erforderlich. Ein nur gegen einen der Teilhaber gerichteter Titel hinsichtlich der anteiligen Mietforderung reicht nicht aus.

---

450 Vgl. BGH NJW 1983, 2020, 2020.

451 BGH LM zu § 745 Nr. 9; BGH NZM 2001, 45, 45 f.; mißverständlich der Verweis aus RGRK/*Gelhaar*, Vor § 535 Rn. 286, der nicht dahingehend verstanden werden darf, daß im Gegensatz zur Einziehungsmöglichkeit nur an alle bei der Vermietung an einen der Teilhaber die Forderung der Leistung durch einen Teilhabers an diesen allein möglich ist.

452 *Sternel*, III 73; OLG München, NZM 1998, 474, 474; LG Landau, WuM 1990, 487, 487; LG Bonn, WuM 1988, 24, 24.

453 LG Bonn, WuM 1988, 24, 24.

454 RGRK/*Gelhaar*, Vor § 535 Rn. 286; RGZ 89, 176, 180 f.

Auch eine Heilung des Pfändungsbeschlusses durch Umdeutung in eine Pfändung des Anteils an der Gemeinschaft scheidet aus, da jede Pfändung ohne Hinzuziehung weiterer Umstände aus sich heraus klar bestimmt sein muß.[455]

bb. Das Innenverhältnis

Im Innenverhältnis geht es in erster Linie um die Frage, wie die Miete für die gemeinsame Sache unter den Teilhabern aufzuteilen ist. Zu klären ist auch, ob sich für den einzelnen Teilhaber ein Anspruch auf Einziehung der Forderung ergibt. § 432 BGB enthält keine Aussage über diese Problemkreise, da die Vorschrift nur das Außenverhältnis regelt. Daher ist für das Innenverhältnis auf die §§ 741 ff. BGB zurückzugreifen. Wie bereits dargestellt, soll die Miete zunächst dazu verwendet werden, laufende Kosten und Lasten der Mietsache zu begleichen. Hier bestimmt § 748 BGB, daß jeder Teilhaber verpflichtet ist, die Lasten der Mietsache und die anfallenden Kosten nach seinem Anteil zu tragen. Auch die Kosten, die beim Einziehen von Forderungen anfallen, sind nach § 754 BGB anteilig zu tragen.[456] Im Gegenzug gewährt § 743 Abs. 1 BGB jedem Teilhaber einen seinem Anteil entsprechenden Teil der Früchte der gemeinsamen Sache. Dabei fallen die Erträge aus der Vermietung der gemeinsamen Sache als sogenannte Zivilfrüchte unter die Norm des § 743 BGB.[457] In der Praxis sind daher von der eingezogenen Miete zunächst alle Kosten und Lasten abzuziehen. Der verbleibende Rest ist sodann an die Teilhaber entsprechend ihrer Anteile zu verteilen. Bei der Vermietung einer Immobilie zählen zu den Kosten und Lasten beispielsweise die Kosten für einen Hausverwalter, privatrechtliche Lasten wie Grundschuldzinsen oder Versicherungsbeiträge und öffentlich-rechtliche Lasten wie Steuern, Gebühren und Beiträge. Diese können jedoch im Einzelfall auf den Mieter abgewälzt werden, da § 535 Abs. 1 S. 3 BGB dispositiver Natur ist.[458]

Der einzelne Teilhaber hat gemäß § 754 S. 2 BGB auch einen Anspruch gegen die übrigen Teilhaber auf Einziehung der Miete. Zwar setzt § 754 S. 2 BGB als Teilungsvorschrift die Aufhebung der Gemeinschaft voraus,[459] allerdings muß dazu nicht die Gemeinschaft an der gemeinsamen Sache aufgehoben werden. Es reicht, daß durch die Einziehung der Miete die Gemeinschaft an der Forderung beendet wird. Selbstverständlich kommt der Anspruch erst bei Fälligkeit der Forderung in Betracht, da vorher eine Geltendmachung erfolglos sein dürfte.

---

455 Vgl. LG Düsseldorf, WM 1993, 1262, 1262 ff.; *Summ*, WuB VI E § 857 ZPO 2.93.

456 Vgl. Staudinger/*Langhein*, § 754 Rn. 10.

457 Staudinger/*Langhein*, § 743 Rn. 5.

458 Palandt/*Weidenkaff*, § 535 Rn. 69.

459 Vgl. Staudinger/*Langhein*, § 754 Rn. 1.

b. *Die BGB-Innengesellschaft*

aa. *Das Außenverhältnis*

Wie bereits mehrfach erwähnt, tritt die BGB-Innengesellschaft als solche im Verhältnis zu Dritten nicht nach außen auf. Die Beziehungen im Außenverhältnis bestehen vielmehr zwischen den einzelnen Gesellschaftern und dem Mieter. Daher kann die Mietforderung nicht der Gesellschaft als solcher zustehen, sondern nur den Gesellschaftern in ihrer gesamthänderischen Verbundenheit. Damit existieren mehrere Gläubiger, wie die §§ 428 – 432 BGB es voraussetzen. Da die Mietzahlung wie oben dargestellt eine im Rechtssinne unteilbare Leistung ist, wäre § 432 BGB einschlägig. Fraglich ist jedoch, ob die Vorschrift ausgeschlossen ist, da sie durch die spezielleren gesellschaftsrechtlichen Verwaltungsregelungen verdrängt wird. Dies wird allgemein bei der BGB-Außengesellschaft angenommen, da der Gesetzgeber wie aus § 2039 BGB ersichtlich wird, nicht davon ausging, daß bei gesamthänderischer Bindung ohne ausdrückliche Anordnung eine Einzelbefugnis des einzelnen Gesellschafters existiert.[460] Hier ist jedoch wieder die Besonderheit der Innengesellschaft im Vergleich zu einer Außengesellschaft zu beachten. Eine Innengesellschaft tritt nach außen nicht als Gesellschaft auf, so daß sie auch keine Regelungen für das Außenverhältnisses enthält, die die allgemeine Vorschrift des § 432 BGB verdrängen könnten.[461] Es bleibt daher bei einer Anwendung des § 432 BGB, wonach die Miete nur an alle gemeinschaftlich geleistet werden kann, der einzelne Gläubiger die Leistung jedoch an alle fordern kann.

bb. *Das Innenverhältnis*

Um zu klären, wie die Miete unter den Gesellschaftern aufzuteilen ist, ist auch bei der BGB-Innengesellschaft im Innenverhältnis auf die gesellschaftsrechtlichen Regelungen zurückzugreifen. Da die Miete zunächst dazu verwendet werden soll, laufende Kosten und Lasten der Mietsache zu begleichen, müssen solche Regelungen Anordnungen über die Gewinn- und Verlustverteilung treffen. Eine entsprechende Vereinbarung findet sich zumeist im Gesellschaftsvertrag. Hier können die Gesellschafter bestimmen, wann die Miete unter den Gesellschaftern verteilt werden soll und zu welchen Anteilen. Fehlt eine Vereinbarung im Gesellschaftsvertrag, kann auf die gesetzlichen Vorschriften der §§ 721, 722 BGB zurückgegriffen werden. Nach § 721 Abs. 2 BGB erfolgt die Verteilung des Mieterlöses jeweils am Ende eines Geschäftsjahres, da eine vermietende BGB-Innengesellschaft regelmäßig auf längere Dauer angelegt ist. Ansonsten ist Abs. 1 anzuwenden, der eine Verteilung nach Auflösung der Gesellschaft anordnet. Bei der Verteilung der Miete sind nach § 722

460 Staudinger/*Noack*, § 432 Rn. 13.

461 Vgl. auch die Ansicht von *Schmidt*, § 21 IV 3, der eine Einzelbefugnis bei jeder BGB-Außengesellschaft annimmt, die keine von den §§ 709, 714 BGB abweichende Vertretungsorganisation gebildet hat, dagegen Staudinger/*Noack*, § 432 Rn. 14.

Abs. 1 BGB alle Gesellschafter zu gleichen Anteilen am Gewinn berechtigt, unabhängig von der Höhe ihres Beitrags. Da gemäß § 731 S. 2 BGB die Vorschriften über die Teilung bei der Gemeinschaft gelten, kann jeder Gesellschafter im Innenverhältnis gemäß §§ 731 S. 2, 754 S. 2 BGB die gemeinschaftliche Einziehung der Miete verlangen, sobald die Forderung fällig ist. Die Verteilung erfolgt wie gerade beschrieben mangels abweichender Regelungen im Gesellschaftsvertrag jedoch erst nach Auflösung der Gesellschaft oder Ablauf des Geschäftsjahres gemäß § 722 BGB.

c. Die Erbengemeinschaft

aa. Das Außenverhältnis

Bei der Erbengemeinschaft ergibt sich die gemeinsame Forderungsberechtigung daraus, daß die Forderung zu einem gesamthänderisch gebundenen Sondervermögen gehört. Die Einziehung der Miete stellt eine Verfügung über den Nachlaß dar, da durch eine ordnungsgemäße Mietzahlung des Mieters die Mietforderung erlischt. Verfügungen über den Nachlaß können die Miterben gemäß §§ 2033 Abs. 2, 2040 BGB nur gemeinsam vornehmen. Ob eine Geltendmachung durch einen der Miterben auf Leistung an alle möglich ist, ist anders als bei den sonstigen Gesamthandsgemeinschaften für die Erbengemeinschaft ausdrücklich in § 2039 S. 1 2. Hs BGB geregelt. Diese Sonderregelung erlaubt es jedem Miterben, die Leistung an alle Miterben zu fordern. § 2039 BGB gibt fast wörtlich die Bestimmung des § 432 BGB wieder. Damit ist ein Rückgriff auf § 432 BGB entbehrlich. Des weiteren läßt sich aus der Tatsache, daß der Gesetzgeber eine dem § 432 BGB wortgleiche Vorschrift in die Regelungen über die Erbengemeinschaft aufgenommen hat, schließen, daß die Befugnisse aus § 432 BGB grundsätzlich nur dann gelten sollen, wenn sie bei der jeweiligen Gesamthand speziell geregelt sind.[462] Diese Erkenntnis ist wichtig für die Beurteilung der Mietforderung durch eine Erbengemeinschaft, auf die unten noch einzugehen ist. Festzuhalten bleibt, daß bei der Erbengemeinschaft § 2039 BGB die Bestimmung des § 432 BGB verdrängt, weil die Vorschrift als speziellere vorgeht.

Ob es darüber hinaus einen Sinn ergibt, § 432 Abs. 1 BGB entsprechend auf die Forderungen von Miterben anzuwenden, ist fraglich und erscheint auf den ersten Blick überflüssig. Diskutiert wird diese Frage für den Fall, daß eine Erbengemeinschaft Teilhaberin einer Miteigentümergemeinschaft ist, der eine Geldforderung gegen einen Dritten zusteht.[463] In diesem Fall soll jeder Miterbe den Anspruch auf Hinterlegung nach § 432 Abs. 1 S. 2 BGB geltend machen können. Dem ist zuzustimmen, da zunächst der Miterbengemeinschaft die Geltendmachung über § 432 Abs. 1 S. 2 BGB durch alle Miterben zusteht. Über § 2039 S. 1 2. Var. BGB kann

---

462 Staudinger/*Noack*, § 432 Rn. 17; *Hadding*, FS für Wolf, 107,116.

463 BGH NJW 1983, 2020, 2020 f.; Staudinger/*Noack*, § 432 Rn. 17; MünchKomm/*Bydlinski*, § 432 Rn. 8; wohl auch Erman[9]/*Westermann*, § 432 Rn. 1.

dieser Anspruch aber auch von jedem Miterben allein geltend gemacht werden. Es liegt somit eine „Verschachtelung der Berechtigung" vor, die unschädlich ist.[464] Allerdings ist die daraus gezogene Konsequenz, nämlich daß bei Forderungen einer Erbengemeinschaft gelegentlich auf § 432 BGB zurückzugreifen ist, zumindest mißverständlich. § 432 BGB findet nur Anwendung, weil es sich um eine Bruchteilsgemeinschaft handelt, die aus einer natürlichen Person und einer Miterbengemeinschaft besteht. Handelt es sich dagegen lediglich um Ansprüche einer Erbengemeinschaft, ist ein Rückgriff auf § 432 BGB überflüssig.

Das Erfordernis, gemäß § 2039 S. 1 1. Hs BGB an alle Miterben gemeinsam leisten zu müssen, um von der Verpflichtung befreit zu werden, kann den Mieter stark belasten, wenn er nicht sicher weiß, wer zur Miterbengemeinschaft gehört. Hier ist wieder auf die Möglichkeit der Hinterlegung gemäß §§ 372 S. 2 2. Var., 378 BGB zu verweisen.[465]

bb. Das Innenverhältnis

Auch bei einer Erbengemeinschaft muß die an alle gemeinsam geleistete Miete unter den Miterben aufgeteilt werden. Dem ist nicht entgegenzusetzen, daß auf eine Aufteilung der Miete unter den Erben zunächst verzichtet werden kann, da die Erbengemeinschaft ohnehin auf Liquidation angelegt ist und daher eine Aufteilung der Miete mit der Auseinandersetzung der Erbengemeinschaft stattfindet. Diese Argumentation verkennt, daß es in der Praxis in der Regel eine gewisse Zeit in Anspruch nimmt, bis die Auseinandersetzung vollzogen ist. Schon während dieser Zeit kann jedoch ein Bedürfnis der Miterben bestehen, ihren Anteil der Miete zu erhalten. Daneben gibt es auch zahlreiche Erbengemeinschaften, die nicht auseinandergesetzt werden, sei es aufgrund eines Ausschlusses durch den Erblasser oder durch eine Vereinbarung durch die Miterben, vgl. § 2044 BGB. Dieses Grundproblem hat auch der Gesetzgeber gesehen und in § 2038 Abs. 2 S. 2 und 3 BGB eine Regelung hinsichtlich der Früchte einer Erbengemeinschaft getroffen. Danach erfolgt die Teilung der Früchte grundsätzlich gemäß § 2038 Abs. 2 S. 2 BGB erst bei Auseinandersetzung. Dem einzelnen Miterben steht dann ein seinem Erbteil entsprechender Anteil unter Berücksichtigung etwaiger Ausgleichungspflichten zu, §§ 2038 Abs. 2, 743 Abs. 1 BGB. Auch Abschlagszahlungen sind grundsätzlich nicht mit § 2038 Abs. 2 S. 2 BGB zu vereinbaren.[466] Der Grund für diese Vorschrift ist darin zu sehen, daß vor der endgültigen Auseinandersetzung nicht übersehen werden kann, ob und wieviel dem einzelnen Erben nach Abzug aller Verbindlichkeiten und Berücksichtigung von Ausgleichspflichten zukommt.[467] Ist die Auseinandersetzung allerdings für länger als ein Jahr ausgeschlossen, können die Miterben jeweils am Jahresende die Verteilung des Reinertrages gemäß § 2038 Abs. 2 S. 3 BGB verlangen. Als Reinertrag gilt der

---

464 MünchKomm/*Bydlinski*, § 432 Rn. 8.
465 Vgl. Erman/*Westermann*, § 372 Rn. 2 und § 378 Rn. 1 m.w.N. und bereits oben S. 129.
466 KG OLGE 18, 327, 328; Staudinger/*Werner*, § 2038 Rn. 43.
467 OLG Hamburg, MDR 1965, 665, 665.

Betrag, der nach Abzug der Gewinnungskosten übrig bleibt.[468] Bezogen auf die Mietforderung bedeutet dies, daß die Mieteinnahmen bis zum Ende des Kalenderjahres beispielsweise auf einem Gemeinschaftskonto der Miterben verbleiben müssen und dann nach Abzug der Kosten für die Verwaltung des vermieteten Nachlaßgegenstands den Erbteilen entsprechend verteilt werden kann. Unter die Gewinnungskosten fallen daher keine sonstigen Nachlaßverbindlichkeiten, die sich nicht auf die vermietete Sache beziehen. In der Praxis wird die Vorschrift wohl regelmäßig abbedungen werden, was unproblematisch ist, da § 2038 Abs. 2 S. 2 BGB nicht zwingend ist.[469] Allerdings bedarf es zu solch einer Vereinbarung eines übereinstimmenden Beschlusses aller Erben, eine Mehrheitsentscheidung ist nicht ausreichend.[470] Das Reichsgericht hat dazu überzeugend dargelegt, Sinn und Zweck der Regelung sei es, den Miterben davor zu schützen, daß ein anderer aufgrund der vorgezogenen Teilung mehr erhalte als ihm aufgrund der späteren Auseinandersetzung zustehe. Dieser Beweggrund erscheine so wichtig, daß der einzelne Erbe gegen Mehrheitsbeschlüsse dieses Inhalts gesichert sein solle, zumal ein derartiger Beschluß auch nur schwerlich als Maßnahme der Verwaltung oder Benutzung qualifiziert werden könne.[471] Allerdings kann die grundlose Weigerung eines Miterben rechtsmißbräuchlich und die Stimme des jeweiligen Miterben daher gemäß § 242 BGB unbeachtlich sein.[472] Da es sich bei der Teilung der Früchte um eine vorweggenommene Auseinandersetzung handelt,[473] richtet sich auch die Aufteilung der Miete nach den entsprechenden Vorschriften. Die Verteilung der Miete erfolgt damit gemäß §§ 2038 Abs. 2 S. 1, 2042 Abs. 2 BGB grundsätzlich wie bei der Bruchteilsgemeinschaft. Über §§ 2042 Abs. 2, 754 S. 2 BGB wird man dem einzelnen Miterben auch einen Anspruch auf Einziehung der Forderung zusprechen müssen, wenn die vorherige Verteilung der Mieteinnahmen vereinbart wurde.

d. Die Eheliche Gütergemeinschaft

aa. Das Außenverhältnis

Fraglich ist, wer bei einer ehelichen Gütergemeinschaft die Mietforderung einziehen kann. Anders als bei die Erbengemeinschaft in § 2039 BGB enthalten die §§ 1415 ff. BGB keine dem § 432 BGB entsprechende Regelung. Bereits oben wurde darauf hingewiesen, daß daraus der Wille des Gesetzgebers geschlossen wer-

---

468 Staudinger/*Werner*, § 2038 Rn. 43.

469 Staudinger/*Werner*, § 2038 Rn. 43; Erman/*Schlüter*, § 2038 Rn. 8; Palandt/*Edenhofer*, § 2038 Rn. 16.

470 RGZ 81, 241, 243; OLG Hamburg, MDR 1965, 665, 665; Erman/*Schlüter*, § 2038 Rn. 8; Palandt/*Edenhofer*, § 2038 Rn. 16; Staudinger/*Werner*, § 2038 Rn. 43; RGRK/*Kregel*, § 2038 Rn. 11.

471 RGZ 81, 241, 243; vgl. auch Protokolle V, 861.

472 Staudinger/*Werner*, § 2038 Rn. 43.

473 Staudinger/*Werner*, § 2038 Rn. 43.

den muß, die Forderungen von Gesamthandsgemeinschaften nicht generell der Regelung des § 432 BGB zu unterstellen.[474] Auch eine analoge Anwendung des § 2039 BGB auf andere Gesamthandsgemeinschaften als die Erbengemeinschaft ist entgegen der anfänglichen Auffassung des Reichsgerichts[475] nicht möglich. § 2039 BGB ist spezifisch auf die Situation der Erbengemeinschaft zugeschnitten und daher nicht analogiefähig.[476] Daher bleibt es bei den Regelungen über die Verwaltung des ehelichen Gesamtgutes in den §§ 1422 ff. BGB oder §§ 1450 ff. BGB, je nach dem, welche Art der Verwaltung die Ehepartner festgelegt haben. Bei der Verwaltung durch einen der Ehepartner bestimmt § 1422 S. 1 2. Hs, daß der verwaltende Ehepartner Rechtsstreitigkeiten, die sich auf das Gesamtgut beziehen, im eigenen Namen führen kann. Dies umfaßt auch die Geltendmachung von Forderungen, die zum Gesamtgut der Ehegatten gehören.[477] Insofern besteht auch bei der Ehelichen Gütergemeinschaft eine Sonderregelung, die der Regelung des § 432 BGB inhaltlich zwar nicht vollständig entspricht, jedoch den gleichen Problemkreis regelt, so daß sie als die speziellere Regelung die allgemeine Vorschrift verdrängt.

Auch die Vorschriften über die gemeinsame Verwaltung gemäß §§ 1450 ff. BGB enthalten eine Regelung über die Führung von Rechtsstreitigkeiten. Und zwar führen die Ehepartner gemäß § 1450 Abs. 1 2. Var. BGB Rechtsstreitigkeiten, die das Gesamtgut betreffen, gemeinsam. Auch hier ist § 432 BGB daher durch eine Sonderregelung in den §§ 1450 ff. BGB verdrängt.[478] Folglich müssen die Ehepartner die Mietforderung als gemeinsame Verwaltungsmaßnahme gemeinsam geltend machen. Hier zeigt sich ein Unterschied zu Ehepaaren, die im gesetzlichen Güterstand der Zugewinngemeinschaft oder im Güterstand der Gütertrennung leben und denen eine Sache zu Bruchteilen gemäß §§ 741 ff., 1008 ff. BGB gehört. In diesen Fällen kann jeder der Partner gemäß § 432 BGB die Mietforderung allein geltend machen. Diese Andersbehandlung verwundert jedoch nicht. Sie ergibt sich aus der Wahl des rechtlich komplexeren Güterstands der Gütergemeinschaft und ist von den Ehepartnern durch den Ehevertrag bewußt hingenommen worden. Allerdings sind auch hier Individualabreden möglich und in der Praxis anzuraten. Schließlich ist noch darauf hinzuweisen, daß wie bei allen anderen Verwaltungsmaßnahmen auch bei der Einziehung der Miete Umstände eintreten können, in denen die gesetzlich geregelten Notverwaltungsrechte eingreifen, so daß beispielsweise im Krankheitsfall bei der gemeinsamen Verwaltung nach § 1454 BGB einer der Partner allein oder bei der Einzelverwaltung nach § 1429 BGB der nicht verwaltende Ehepartner berechtigt ist, die Miete zu fordern.[479]

---

474 Siehe oben auf S. 132 und *Hadding*, FS für Wolf, 107, 116.

475 RGZ 70, 32, 34; dagegen nahm bereits RGZ 86, 66, 69 ff. von dieser Aussage familienrechtliche Gesamthandsgemeinschaften und die Gesellschaft aus.

476 *Hadding*, FS für Wolf, 107, 116; *ders.*, 38 f.

477 Soergel/*Wolf*, § 432 Rn. 8; RGRK/*Weber*, § 432 Rn. 17.

478 Anders RGRK/*Weber*, § 432 Rn. 17 m.w.N.

479 Staudinger/*Noack*, § 432 Rn. 18; *Hadding*, FS für Wolf, 107, 116.

bb. Das Innenverhältnis

Bei der ehelichen Gütergemeinschaft ergibt sich im Vergleich zur Bruchteilsgemeinschaft und zur Erbengemeinschaft bei der Frage nach der internen Verteilung der Miete ein erheblicher Unterschied. Liegt es im Interesse der einzelnen Teilhaber einer Bruchteilsgemeinschaft oder den einzelnen Miterben einer Erbengemeinschaft, daß die Miete unter ihnen aufgeteilt wird, so hat die eheliche Gütergemeinschaft gerade den Sinn, das beiderseitige eheliche Vermögen zu vereinigen.[480] Das bedeutet somit, daß eine Aufteilung der Miete unter den Ehepartnern ausscheidet. Vielmehr findet ein unmittelbarer derivativer Erwerb gemäß § 1416 Abs. 1 S. 2 BGB statt.[481] Zwar spricht § 1415 Abs. 1 S. 2 BGB nur vom Vermögen, das der Mann oder die Frau während der Gütergemeinschaft erwerben, dies schließt allerdings nicht das Vermögen aus, das während dieser Zeit von beiden gemeinsam in ihrer gesamthänderischen Verbundenheit für das Gesamtgut erworben wird. Das bedeutet, daß die Miete kraft Gesetzes in das gemeinschaftliche Eigentum der Ehepartner übergeht und auch nicht später aufgeteilt werden soll.

Ein Anspruch eines Ehepartners auf Einziehung der Miete besteht grundsätzlich nicht. Ein solcher Anspruch kann sich aber über § 1435 S. 1 BGB bei der Einzelverwaltung oder § 1451 BGB bei gemeinsamer Verwaltung ergeben, da es ohne Zweifel zu einer ordnungsgemäßen Verwaltung gehört, fällige Forderungen einzuziehen. Diese Obliegenheit ist insbesondere deshalb anzuerkennen, da gemäß § 1420 BGB Einkünfte aus dem Gesamtgut in erster Linie dem Familienunterhalt dienen sollen.

2. Die Aufrechnung

Durch eine wirksame Aufrechnung gemäß §§ 387 ff. BGB erlöschen sowohl die Hauptforderung als auch die Gegenforderung, mit der aufgerechnet wurde. Bei der Vermietung durch mehrere Personen stellt sich die Frage, wie die Gegenforderung des Mieters aussehen muß, damit er gegen die Mietforderung aufrechnen kann und wem gegenüber er die Aufrechnung erklären muß.

Eine Aufrechnungslage gemäß § 387 BGB setzt insbesondere wechselseitige Forderungen voraus. Dieser Umstand wird meist mit dem Begriff der Gegenseitigkeit bezeichnet und bedeutet, daß grundsätzlich jeder der an der Aufrechnung Beteiligten zugleich Gläubiger und Schuldner sein muß.[482] Dieses Erfordernis ist bei der Aufrechnung eines Mieters gegen die Mietforderung jedenfalls dann erfüllt, wenn ihm eine Geldforderung gegen alle beteiligten Vermieter, für die sie als Gesamtschuldner haften, zusteht. Eine solche Gegenforderung könnte beispielsweise ein Anspruch des Mieters auf Aufwendungsersatz gemäß § 536a Abs. 2 BGB sein. Ob-

480 Motive IV, 147; Staudinger/*Thiele*, Vorbem zu §§ 1415 ff. Rn. 9.

481 Staudinger/*Thiele*, § 1416 Rn. 23 mit weiteren Nachweisen zu bestehenden dogmatisch-konstruktiven Bedenken.

482 Statt vieler *Medicus*, SR I, Rn. 263.

wohl der Schuldgrund für die Gleichartigkeit ohne Bedeutung ist und damit auch die Aufrechnung gegen Ansprüche denkbar wäre, die sich nicht aus dem Mietverhältnis ergeben, wird in den meisten Fällen das Bestehen einer Aufrechnungslage abzulehnen sein. Dies liegt daran, daß es sich bei derartigen Forderungen des Mieters zumeist um Ansprüche handeln wird, die ihm nur gegen einen der Vermieter zusteht. Mit solchen Forderungen kann der Mieter aber nicht gegen den Anspruch der Mitgläubiger oder Gläubiger aufrechnen.[483] Die Begründungen sind unterschiedlich. Überwiegend wird zutreffend darauf verwiesen, daß es an der Gegenseitigkeit der Forderungen fehle.[484] Ein anderer Begründungsansatz geht dahin, daß es sich bei der Aufrechnung um ein Erfüllungssurrogat handele und Erfüllung nur an alle Mitgläubiger gemeinsam erfolgen könne.[485] Diese Erwägung ist zwar zutreffend, sie verkennt aber, daß dogmatisch gesehen eine Aufrechnung schon an der mangelnden Gegenseitigkeit der Forderungen scheitert.[486] Schuldner der Gegenforderung ist nämlich nur einer der Vermieter, Gläubiger der Hauptforderung in Form der Mietforderung sind dagegen alle Vermieter, so daß nicht alle Beteiligten zugleich Gläubiger und Schuldner sind.

Etwas anderes kann allerdings für die Ehepartner einer ehelichen Gütergemeinschaft als Vermieter gelten. Hier enthält das Gesetz eine Sondervorschrift in § 1419 Abs. 2 BGB, wonach ein Schuldner gegen eine Forderung, die zum Gesamtgut gehört, nur mit einer Forderung aufrechnen kann, deren Berichtigung er aus dem Gesamtgut verlangen kann. Gemäß § 1416 Abs. 1 S. 2 BGB zählt eine Mietforderung, die sich durch die gemeinsame Vermietung eines zum Gesamtgut gehörendes Gegenstands ergibt, zu den Gesamtgutsforderungen. Fraglich bleibt daher nur, welche Verbindlichkeiten aus dem Gesamtgut zu berichtigen sind. Dies richtet sich nach den §§ 1437 – 1440 BGB und den §§ 1459 – 1462 BGB. Ohne auf genauere Einzelheiten einzugehen, läßt sich feststellen, daß solche Forderungen nicht unbedingt gegen beide Ehepartner bestehen müssen. Denkbar ist beispielsweise bei der Einzelverwaltung an alle Forderungen gegen den Verwalter.[487] Folglich gilt das oben Gesagte nicht, da § 1419 Abs. 2 BGB über die mangelnde Gegenseitigkeit der Forderungen hinweghilft. Bei der Einzelverwaltung muß der Mieter die Aufrechnung dem Verwalter gegenüber erklären. Es kommt damit auf den Zugang bei diesem an. Der

---

483 BGH NJW 1969, 839, 839 f.; BGH NJW 1984, 1356, 1356 f.; BGH LM zu § 743 Nr. 1; BGH LM zu § 387 BGB Nr. 46; Staudinger/*Noack*, § 432 Rn. 41; Staudinger/*Gursky*, § 387 Rn. 23; RGRK/*Gelhaar*, Vor § 535 Rn. 286; MünchKomm/*Bydlinkski*, § 432 Rn. 4; Erman/*Ehmann*, § 432 Rn. 5; *Hadding*, FS für Wolf, 107, 127 f.; Palandt/*Putzo*, § 432 Rn. 8.

484 BGH NJW 1969, 839, 840; BGH NJW 1984, 1356, 1357.

485 Staudinger/*Noack*, § 432 Rn. 41; *Hadding*, FS für Wolf, 107, 128; *Langenfeld*, 171; *Rütten*, 113 f.

486 Anders konsequenterweise *Hadding*, FS für Wolf, 107, 127 f., der davon ausgeht, daß § 432 BGB nur die Fälle erfaßt, in denen den Gläubigern auch mehrere Forderungen zustehen.

487 Staudinger/*Thiele*, § 1419 Rn. 21 zu genaueren Einzelheiten der Gesamtgutverbindlichkeiten vgl. Staudinger/*Thiele*, § 1437 Rn. 5 ff.

andere Ehegatte ist regelmäßig nur als Empfangsbote anzusehen.[488] Bei der gemeinsamen Verwaltung genügt gemäß § 1450 Abs. 2 BGB der Zugang bei einem beliebigen Ehepartner.

Genauso muß man dem einzelnen Vermieter, gegen den der Mieter eine Forderung inne hat, die Möglichkeit absprechen, seinerseits mit der Mietforderung aufzurechnen,[489] da er nicht allein über die Miete verfügen kann. Wenn der Mieter grundsätzlich nicht durch Zahlung an einen einzelnen Vermieter befreit wird, kann auch eine Aufrechnung, durch die nur einer der Vermieter von seiner Verbindlichkeit befreit würde, die Mietforderung nicht gemäß § 389 BGB zum Erlöschen bringen.

Bei der ehelichen Gütergemeinschaft ist wiederum § 1419 Abs. 2 BGB zu beachten. Auch hier muß der Gesamtgutsforderung, das heißt der Mietforderung, eine Gesamtgutverbindlichkeit gegenüberstehen. Bei der Einzelverwaltung ist die Erklärung der Aufrechnung durch den Verwalter ausreichend. Bei den übrigen Vermietermehrheiten muß die Aufrechnungserklärung dagegen grundsätzlich von allen und gegenüber allen Beteiligten ausgesprochen werden. Hier ist generell auf die Ausführungen zu Willenserklärungen durch die Vermieter oder gegenüber den Vermietern zu verweisen. Im Innenverhältnis ist ein Beschluß erforderlich, der eine solche Maßnahme bestimmt. Dabei handelt es sich um eine Verwaltungsmaßnahme, so daß die entsprechenden Verwaltungsregelungen anwendbar sind.[490] Entsprechendes gilt auch für die Geltendmachung eines Zurückbehaltungsrecht, da wie bei der Aufrechnung wechselseitige Forderungen vorausgesetzt werden.[491]

3. Der Schuldnerverzug

Der Schuldnerverzug hinsichtlich der Mietzahlung richtet sich nach den Vorschriften des allgemeinen Schuldrechts. Das Schuldrechtsmodernisierungsgesetz vom 26.11.2001[492] hat hinsichtlich der Voraussetzungen des Schuldnerverzugs zu keinen Neuerungen geführt. Nach § 286 BGB liegt Schuldnerverzug daher bei vom Schuldner zu vertretender Nichtleistung trotz Möglichkeit, Fälligkeit und Mahnung oder einer Zahlungsaufforderung i.S.v. § 286 Abs. 2 BGB vor.

---

488 Staudinger/*Thiele*, § 1419 Rn. 22.

489 Staudinger/*Noack*, § 432 Rn. 41.

490 Siehe zum Beispiel oben unter der vertraglichen Entstehung auf S. 33, jeweils im Innenverhältnis.

491 Vgl. Staudinger/*Thiele* § 1419 Rn. 19 für die eheliche Gütergemeinschaft und *Medicus*, SR I Rn. 209 ff. und 476 ff. allgemein für das allgemeine Zurückbehaltungsrecht beziehungsweise das Zurückbehaltungsrecht beim gegenseitigen Vertrag.

492 BGBl. I, 3138; auf Mietverträge, die nach dem 1.1.2000 enstanden sind, ist das neue Schuldrecht und damit § 286 BGB n. F. anzuwenden. Das gleiche gilt gemäß Art. 229 § 5 S. 2 EGBGB für die übrigen Mietverträge ab dem 01.01.2003. Bis zu diesem Zeitpunkt richtet sich die Beurteilung für Altfälle nach dem alten Schuldrecht und damit nach den §§ 284 f. BGB. Da die Voraussetzungen jedoch grundsätzlich unverändert sind, wird auf eine Differenzierung verzichtet.

Zunächst ist fraglich, wann ein Mieter die Miete nicht geleistet hat. Abgesehen von den eindeutigen Fällen, in denen überhaupt keine Zahlung erfolgt, ist bei einer Zahlung an eine Vermietermehrheit fraglich, ob eine Nichtleistung vorliegt, die die Folgen des Schuldnerverzugs gemäß § 286 BGB auslöst, wenn die Mietzahlung des Mieters nur an einen der Vermieter erfolgt ist.

Bei der Bruchteilsgemeinschaft handelt es sich bei der Mietzahlung um eine im Rechtssinne unteilbare Leistung, so daß die Vermieter Mitgläubiger gemäß § 432 BGB sind, wenn nichts anderes vereinbart wurde. Daher wird der Mieter nicht frei, wenn er nur an einen der Teilhaber zahlt. Folglich liegt eine Nichtleistung vor, wenn der Mieter an nur einen der Vermieter zahlt und es sich bei den Vermietern um eine Bruchteilsgemeinschaft i.S.d. §§ 741 ff., 1008 ff. BGB handelt.

Entsprechendes gilt für Vermieter, die im Innenverhältnis eine BGB-Gesellschaft bilden. § 432 BGB gilt auch hier, so daß der Mieter an alle beteiligten Vermieter zahlen muß.

Für die Erbengemeinschaft enthält § 2039 BGB eine dem § 432 BGB entsprechende Regelung, so daß der Mieter auch dort nicht geleistet hat und mit der Mietzahlung in Verzug gerät, wenn er an nur einen der Miterben gezahlt hat.

Bei der ehelichen Gütergemeinschaft muß unterschieden werden. Haben die Ehepartner Einzelverwaltung gemäß §§ 1422 ff. BGB vereinbart, kann der verwaltende Ehepartner alleine über das Gesamtgut verfügen. Dies umfaßt die Möglichkeit, die Miete an sich allein zu fordern. Daher wird der Mieter bei der Zahlung an den Verwalter frei. Dasselbe muß gelten, wenn er an beide Ehepartner leistet. Nicht ausreichend ist dagegen eine Zahlung an den nicht verwaltenden Ehepartner. In diesem Fall liegt eine Nichtleistung vor, die den Schuldnerverzug auslösen kann. Bei der gemeinsamen Verwaltung gemäß §§ 1450 ff. BGB dagegen können nur beide Ehepartner gemeinsam über das Gesamtgut verfügen, so daß hier der Schuldner an beide Eheleute leisten muß, um erfüllt zu haben.

Weiterhin muß der Gläubiger den Schuldner zunächst grundsätzlich so mahnen, daß sich für den Schuldner ergibt, daß der Gläubiger die geschuldete Leistung ernstlich verlangt. Allerdings legen die §§ 556b Abs. 1, 579 BGB für die Miete einen kalendermäßig bestimmten Termin fest.[493] Grundsätzlich ist somit gemäß § 286 Abs. 2 Nr. 1 BGB keine Mahnung erforderlich.[494] Jedoch gibt es auch hiervon Ausnahmen, sei es durch vertragliche Vereinbarungen der Parteien oder bei komplizierten Berechnungen.[495] In diesen Fällen ist eine Mahnung erforderlich, die von allen Vermietern gemeinsam ausgesprochen werden muß.[496] Nur wenn die Vermieter im

493 In der Praxis ist dagegen die Vereinbarung einer Vorleistungspflicht des Mieters üblich geworden, Emmerich/Sonnenschein/Weitemeyer/*Emmerich*, § 551 Rn. 2.

494 LG Bochum, WuM 1989, 411, 411.

495 Staudinger/*Emmerich*, § 554 Rn. 28 f.

496 Die Regelung des § 286 Abs. 3 BGB wird, obwohl die Mietzahlung in der Regel eine Geldschuld ist, zumeist am Nichtvorliegen einer Rechnung oder anderer Zahlungsaufstellung scheitern. Anders als § 284 Abs. 3 BGB a.F., der durch das Gesetz zur Beschleunigung fälliger Zahlungen vom 30. März 2000 (BGBl. I, 330) neueingefügt wurde, ist die Vorschrift jedoch auch

Güterstand der Gütergemeinschaft leben und Einzelverwaltung vereinbart haben, genügt gemäß § 1422 S. 1 1. Hs BGB die Mahnung durch den verwaltenden Ehepartner. Von dem Grundsatz, daß bei einer Personenmehrheit alle beteiligten Personen die erforderlichen Willenserklärungen abgeben müssen, kann vorliegend nicht abgewichen werden. Für den Schuldner ist es von Bedeutung zu wissen, ob nur einer oder alle Vermieter nicht gewillt sind, eine Nichtleistung der Miete hinzunehmen. Denn nur, wenn alle Vermieter einig sind, werden sie weitere Rechte wie beispielsweise Ersatz des Verzugsschaden gemäß § 286 BGB a. F. beziehungsweise § 280 Abs. 1 S.1 BGB geltend machen, wozu sie nur gemeinsam berechtigt sind.[497] Dies gilt auch für die Fälle, in denen eine Mahnung nicht gesetzlich vorgeschrieben ist sondern von den Parteien individuell vereinbart wurde. Auch hier hat der Mieter das Bedürfnis, die Willensbildung unter den Vermietern zu erkennen. Da die Vermieter sich ohne gesetzlichen Zwang auf das Erfordernis eine Mahnung eingelassen haben, müssen sie auch alle Konsequenzen tragen.

Weiterhin ergibt sich aus § 286 Abs. 4 BGB, daß der Mieter den Zahlungsverzug zu vertreten haben muß. Ein solches Verschulden könnte man verneinen, wenn der Mieter irrtümlich glaubte, er werde mit der Zahlung an einen der Vermieter frei.[498] Man könnte erwägen, ob sich der Mieter in diesem Fall in einem unverschuldeten Rechtsirrtum befand.[499] Zwar ist noch nicht hinreichend geklärt, wann ein Rechtsirrtum gemäß § 286 Abs. 4 BGB vom Schuldner verschuldet ist, allerdings sind an den entschuldbaren Rechtsirrtum strenge Maßstäbe anzulegen.[500] Fahrlässigkeit ist jedenfalls dann anzunehmen, wenn der Mieter die Rechtslage nicht sorgfältig geprüft hat. Ist die rechtliche Lage für den Mieter nicht ohne Rechtskenntnisse zu beurteilen, muß er Rechtsrat einholen. Der BGH meint sogar, es sei nicht ausreichend, wenn der Mieter sich „seine eigene Rechtsauffassung nach sorgfältiger Prüfung und Beratung gebildet hat",[501] da er auch die Möglichkeit einer abweichenden Beurteilung durch die Gerichte in Betracht ziehen müsse.[502] Ob tatsächlich ein so strenger Maßstab gerechtfertig ist, kann offen bleiben, da zumindest bei Zahlung an nur einen Vermieter die Rechtslage eindeutig ist und der Mieter insoweit das Risiko, die Lage unzutreffend eingeschätzt zu haben, zweifelsfrei tragen muß.[503]

---

bei Schuldverhältnissen, die wiederkehrende Geldleistungen zum Gegenstand haben wie gerade das Mietverhältnis, anwenbar.

497 Vgl. LG Heidelberg, NZM 2001, 91, 91 f. zur Abmahnung im Rahmen einer Kündigung nach §§ 553, 554a BGB.

498 Siehe oben auf S. 125 ff.

499 Vgl. LG Wiesbaden, WuM 1989, 512, 512 f. für den Fall, daß der Vermieter ungerechtfertigte Mietminderungen nicht anmahnt, sich widersprüchlich verhält oder der Mieter auf die Richtigkeit eines erstinstanzlichen Urteils vertraut.

500 BGH NJW 1984, 1028, 1030; BGH NJW-RR 1990, 160, 161 zu § 285 BGB a.F.

501 BGH NJW-RR 1990, 160, 161; BGH NJW 1951, 398, 398.

502 BGH NJW 1951, 398, 398.

503 Vgl. *Kinne/Schach*, § 554 Rn. 23; Soergel/*Heintzmann*, § 554 Rn. 8.

Etwas anderes gilt jedoch, wenn sich der Mieter in einem Irrtum über die Person des Vermieters befindet.[504] Hier sind durchaus Fälle denkbar, in denen dieser Irrtum entschuldbar ist. Dies kann zunächst sein, wenn der Vermieter verstirbt und der Mieter die Erben nicht kennt und diese auch nicht ermitteln kann.[505] Dasselbe muß gelten, wenn der Mieter über den Eintritt eines neuen Erwerbers gemäß § 566 BGB in den Mietvertrag nicht oder nicht richtig informiert wird.[506] Zahlt der Mieter hier weiter nur an den früheren Vermieter, gerät er nicht in Verzug. Ob dies am mangelnden Verschulden festzumachen ist, oder ob im Zusammenhang mit dem alten Mietvertrag und der Nichtbekanntgabe der Teilveräußerung eine von § 432 BGB abweichende Regelung gesehen werden kann, muß hier nicht weiter erörtert werden.[507] Befindet sich der Mieter im Zweifel über die Person des Vermieters, ist ihm zu raten, die Miete gemäß § 372 BGB bei dem zuständigen Amtsgericht zugunsten der in Betracht kommenden Vermieter zu hinterlegen.[508]

Schließlich kommt der Mieter auch dann ausnahmsweise nicht in Verzug, wenn der Vermieter sich im Annahmeverzug gemäß §§ 293 ff. BGB befindet.[509] Speziell bei einer Vermietermehrheit ist interessant, wie der Umstand zu bewerten ist, daß nur einer der Vermieter die Miete nicht entgegennimmt, da bei der Bruchteilsgemeinschaft, der Erbengemeinschaft und der ehelichen Gütergemeinschaft mit gemeinsamer Verwaltung der Ehegatten grundsätzlich an die beteiligten Vermieter gemeinsam geleistet werden muß, §§ 432, 2039 beziehungsweise § 1450 Abs. 1 BGB. Die denkbaren Fälle sind selten, da es sich zumeist um eine Geldforderung handeln wird, die in der Praxis regelmäßig auf ein gemeinschaftliches Konto der Vermieter überwiesen werden soll. Oder die Parteien haben eine von § 432 BGB abweichende Regelung oder Empfangsvollmachten vereinbart. Denkbar ist jedoch, daß es sich bei den Vermietern um eine Erbengemeinschaft handelt und einer der Miterben nicht auffindbar ist. Für diesen oder ähnlich gelagerte Fälle gilt folgendes:

Ein tatsächliches Angebot nach § 294 BGB oder ein wörtliches nach § 295 BGB durch den Mieter ist regelmäßig nach § 296 BGB entbehrlich, da die Entrichtung der Miete gemäß den §§ 556b Abs. 1, 579 BGB kalendermäßig bestimmt ist. Nimmt auch nur einer der beteiligten Vermieter die Mietleistung nicht an, geraten die Vermieter insgesamt in Gläubigerverzug. Dieses Ergebnis ergibt sich nicht dadurch, daß die Nichtannahme des einzelnen Vermieters den übrigen Vermietern zugerechnet wird. Vielmehr liegt insgesamt keine Annahme vor, da die Vermieter

---

504 Vgl. *Kinne/Schach*, § 554 Rn. 25 f.; Staudinger/*Emmerich*, § 554 Rn. 33.

505 *Kinne/Schach*, § 554 Rn. 25; Staudinger/*Emmerich*, § 554 Rn. 33; BGH LM zu § 581 BGB Nr. 35.

506 LG Kaiserslautern, WuM 1985, 229, 229.

507 Vgl. *Kinne/Schach*, § 554 Rn. 25; a.A. *Schmidt-Futterer/Blank*, § 554 Rn. 22, der Zweifel über die Person des Empfangsberechtigten generell zu Lasten des Mieters gehen läßt.

508 Siehe bereits oben auf S. 129 und *Kinne/Schach*, § 554 Rn. 26.

509 Staudinger/*Emmerich*, § 554 Rn. 30.

nur gemeinsam annehmen können.[510] Ist den Vermietern nicht möglich, gemeinsam anzunehmen, da einer der Gemeinschafter oder Gesellschafter unauffindbar und daher auch eine Abänderung der gemeinsamen Empfangszuständigkeit oder die Erteilung einer Vollmacht unmöglich ist, sollten sie gemäß § 432 Abs. 1 S. 2[511] BGB Hinterlegung verlangen. Nur auf diese Weise können sie den Eintritt des Gläubigerverzuges verhindern.

4. Änderungen der Miete

Es ist durchaus denkbar, daß während der Dauer des Mietverhältnisses die Miete nicht mehr angemessen erscheint und geändert werden soll. In den selteneren Fällen wird es darum gehen, daß die Miete zu hoch ist und verringert werden soll. Aber auch das kommt gelegentlich vor, wenn die Lage auf dem Wohnungsmarkt sehr entspannt ist. Überwiegend werden die Vermieter jedoch eine Mieterhöhung anstreben. Diese wirft bei der Beteiligung mehrerer Vermieter besondere Probleme auf.

a. Grundlagen

Eine Mieterhöhung liegt immer dann vor, wenn das vom Mieter zu zahlende Entgelt erhöht werden soll, unabhängig von den Gründen oder der Beschaffenheit der Miete.[512] Sie kann auf mehrere Arten erzielt werden, wobei sich die Zulässigkeit nach der Art des Mietobjektes richtet. Da es sich bei der Mieterhöhung um eine Änderung des Mietvertrages handelt, ist es zunächst möglich, daß Vermieter und Mieter gemeinsam einen Änderungsvertrag abschließen, in dem sie die Miete neu festsetzen. Dafür ist jedoch immer das Einverständnis des Mieters notwendig, so daß auf Seiten des Vermieters das Bedürfnis nach einer Regelung besteht, dieses Ziel auch ohne Mithilfe des Mieters zu erreichen. Dieses Bedürfnis befriedigen sogenannte Mietanpassungsvereinbarungen nicht hinreichend, da auch diese wie jede vertragliche Klausel durch beide Vertragspartner vereinbart werden müssen.[513] Daher finden sich in der Praxis vermehrt sogenannte Änderungskündigungen. Sie sind gemäß § 573 Abs. 1 S. 2 BGB i.V.m. § 578 BGB nur im Rahmen von Mietverhältnissen über Wohnraum unzulässig. Eine Änderungskündigung liegt unzweifelhaft vor, wenn der Vermieter das Mietverhältnis ausdrücklich zum Zweck der Mieterhöhung kündigt. Aber auch Kündigungen ohne Angabe von Gründen, in deren Zusammenhang der Vermieter zum Ausdruck bringt, daß er ein neues Mietverhältnis zu einem höheren Mietpreis abschließen möchte, fallen unter den Begriff der Än-

510 Dies gilt immer unter der Voraussetzung, daß nichts anderes vereinbart wurde und es sich nicht um eine eheliche Gütergemeinschaft handelt, bei der Einzelverwaltung vorliegt.

511 Für die Erbengemeinschaft gilt § 2039 S. 2 BGB, für die eheliche Gütergemeinschaft kann auf die Notgeschäftsführungsrechte aus §§ 1429, 1454 BGB zurückgegriffen werden, so daß der nicht verwaltende Ehepartner oder einer der Ehepartner alleine annehmen kann.

512 Schmidt-Futterer/*Blank*, § 1 MHG Rn. 3 und 5.

513 Vgl. Emmerich/Sonnenschein/Weitemeyer/*Weitemeyer*, § 10a MHRG Rn. 12.

derungskündigung.[514] Änderungskündigungen sind normale Kündigungen, auch wenn sie wirtschaftlich gesehen nicht in erster Linie darauf gerichtet sind, das Mietverhältnis zu beenden, sondern primär das Ziel haben, die Miete zu erhöhen. Sie sind nach den Grundsätzen über die Kündigung durch eine Vermietermehrheit zu beurteilen, die unten im Rahmen der Beendigung des Mietverhältnisses erörtert werden.[515] Während nach der ursprünglichen Konzeption des Mietrechts im BGB, das weder einen Kündigungsschutz noch Vorschriften zur Regelung der Miethöhe enthielt,[516] Änderungskündigungen üblich waren, ist eine Mieterhöhung bei Wohnraummietverhältnissen ohne die Kooperation des Mieters heute nur noch nach den §§ 558 – 560 BGB möglich.[517] Dabei ist § 558 BGB der Grundtatbestand, der dem Vermieter unter bestimmten Voraussetzungen eine Anspruch gegen den Mieter auf Zustimmung zur Vertragsänderung durch Erhöhung der Miete gewährt, während die §§ 559 – 560 BGB Sondertatbestände sind, die dem Vermieter ein Gestaltungsrecht verleihen.[518]

b. Außenverhältnis

Bei einem Mietverhältnis über Wohnraum ist aufgrund des in § 573 Abs. 1 S. 2 BGB enthaltenen Verbots der Änderungskündigung eine Mieterhöhung gegen den Willen des Mieters nur nach den ehemaligen Vorschriften des MHG, beziehungsweise heute nach den §§ 558 – 560 BGB, möglich. Dabei ist bei allen Tatbeständen ein Erhöhungsverlangen des Vermieters Voraussetzung für eine Mieterhöhung. Hierbei handelt es sich um eine Willenserklärung, die grundsätzlich von allen beteiligten Vermietern abgegeben werden muß. Ansonsten ist das Mieterhöhungsverlangen unwirksam.[519]

Dies gilt uneingeschränkt für die Bruchteilsgemeinschaft, die BGB-Innengesellschaft und die Erbengemeinschaft. Bei der ehelichen Gütergemeinschaft müssen beide Ehepartner das Mieterhöhungsverlangen nur dann erklären, wenn sie gemeinschaftliche Verwaltung gemäß §§ 1450 ff. BGB vereinbart haben. Bei der Verwal-

---

514 Schmidt-Futterer/*Blank*, § 1 Rn. 7.

515 Siehe unten auf S. 164 ff.

516 Schmidt-Futterer/*Blank*, § 1 MHG Rn. 1.

517 Vormals §§ 2 ff des Gesetzes zur Regelung der Miethöhe (MHG). Das MHG wurde durch das Mietrechtsreformgesetz (siehe Fn. 3) aufgehoben und seine Regelungen ins BGB übernommen.

518 Vgl. Emmerich/Sonnenschein/Weitemeyer/*Emmerich*, Vor § 1 MHRG Rn. 3.

519 *Sonnenschein*, FS für Kraft, 607, 621; *Sternel*, III Rn. 634; Bub/Treier/*Schulz*, III Rn. 359; Schmidt-Futterer/*Börstinghaus*, § 2 MHG Rn. 244 und 253; Staudinger/*Emmerich*, § 2 MHRG Rn. 118; Emmerich/Sonnenschein/Wietemeyer/*Emmerich*, § 2 MHRG Rn. 35; Barthelmess, ZMR 1972, 166, 167; LG Berlin, GE 1998, 553, 553; AG Augsburg, WuM 1998, 670, 670; AG Köln, WuM 1998, 318, 318; LG Köln, WuM 1996, 625, 625; unschädlich ist es dagegen, wenn außer der Person des Vermieters weitere Personen, die sich nicht in der Vermieterposition befinden, das Erhöhungsverlangen miterklären, vgl. LG Berlin, GE 2000, 410, 410 ; AG Tiergarten, GE 1993, 921, 921.

tung durch nur einen der Ehepartner kann der Verwalter Verfügungen gemäß § 1422 S. 1 1. Hs BGB alleine vornehmen. Hierzu zählen auch Mieterhöhungen.

Da das Mieterhöhungsverlangen nach den ehemaligen Regelungen des MHG der schriftlichen Form bedurfte, mußten alle Vermieter eigenhändig unterschreiben. Ausnahmsweise entfiel dieses Erfordernis, wenn die Sonderregelung des § 8 MHG eingriff, weil der Vermieter seine Erklärungen mit Hilfe automatischer Einrichtungen gefertigt hatte.[520] Das Erfordernis der Schriftform ist heute entfallen. Die §§ 558 – 560 BGB sehen nun statt der Schrift- die sogenannte Textform vor. Gemäß § 126b BGB handelt es sich bei diesem neuen Formtyp um eine lesbare, aber unterschriftslose Erklärung. Die Ausnahmevorschrift des ehemaligen § 8 MHG ist somit zum gesetzlichen Regelfall geworden.

Nicht erforderlich ist, daß alle Vermieter in einem Schreiben ihre Erklärung abgeben. Es bleibt ihnen unbenommen, jeder für sich ein Schreiben aufzusetzen. Sie müssen jedoch die unterschiedlichen Fristen der §§ 558 – 560 BGB beachten. Anderenfalls sind die Erklärungen der Vermieter nicht inhaltlich übereinstimmend. So kann der Vermieter gemäß § 558b Abs. 2 BGB Klage auf Erteilung der Zustimmung erheben, wenn der Mieter dem Verlangen nicht bis zum Ablauf des zweiten Kalendermonats zugestimmt hat, der auf den Zugang des Verlangens folgt und danach noch weitere drei Monate vergangen sind. Die Erklärungen aller Vermieter müssen daher im Falle eines Erhöhungsverlangens nach § 558 Abs. 1 BGB innerhalb des selben Kalendermonats dem Mieter zugehen. Würden sich die Erhöhungsverlangen nämlich hinsichtlich des Wirkungszeitpunktes unterscheiden, wäre eine einheitliche Vollstreckungsklage, die bei Abgabe von Gesamthanderklärungen nach § 894 ZPO vorausgesetzt ist, nicht möglich. Daher kann nur unter den engen Voraussetzungen das Nachschieben von Erklärungen durch säumige Mitvermieter zugelassen werden.[521] Das bedeutet, daß ein unwirksames Erhöhungsverlangen, das nicht von allen Vermietern erklärt wurde, geheilt werden kann, indem die fehlenden Erklärungen innerhalb der entsprechenden Fristen nachgeholt werden.[522]

Nicht möglich ist dagegen, daß das Erhöhungsverlagen nur durch einen der Vermieter gestellt wird und die übrigen Vermieter gemäß §§ 182 ff. BGB ihre Zustimmung erteilen.[523] Auch eine rückwirkende Genehmigung durch den nicht beteiligten Vermieter bewirkt keine Heilung. Die §§ 182 ff. BGB setzen nämlich voraus, daß ein Rechtsgeschäft zu seiner Wirksamkeit der Zustimmung eines Dritten bedarf. Solche Fälle sind verschiedentlich im Gesetz geregelt, wie beispielsweise Rechtsgeschäfte von Minderjährigen oder Vertretern ohne Vertretungsmacht. Die Zustimmung ist folglich nicht Tatbestandsmerkmal des Hauptgeschäftes, sondern

---

520 *Sonnenschein*, FS für Kraft, 607, 621.

521 *Sternel*, III 635.

522 *Sonnenschein*, FS für Kraft, 607, 621; Staudinger/*Emmerich*, § 2 MHRG Rn. 122; *Sternel*, III Rn. 635.

523 *Sternel*, III Rn. 634; Staudinger/*Emmerich* § 2 MHRG Rn. 122; *Sonnenschein*, FS für Kraft, 607, 621; AG Stuttgart, WuM 1973, 105, 106; Schmidt-Futterer/*Börstinghaus*, § 2 MHG Rn. 244.

Voraussetzungen für dessen Wirksamkeit. Dies ist bei der Erklärung einer Mieterhöhung i.S.d. §§ 558 ff. BGB gerade nicht der Fall. Zudem kann die Zustimmung gemäß § 182 BGB lediglich das von einem anderen abgeschlossene Rechtsgeschäft wirksam werden lassen, sie kann dagegen dieses Rechtsgeschäft nicht zum Geschäft des Zustimmenden machen, wenn es nicht schon in seinem Namen abgeschlossen war.[524] Insofern scheidet eine Anwendung der §§ 182 ff. BGB aus.

Die Vermieter können sich vertreten lassen, wobei die allgemeinen Grundsätze gelten.[525] So können generell oder im Einzelfall Bevollmächtigungen erklärt werden. Bei der ehelichen Gütergemeinschaft enthält das Gesetz in den §§ 1438 Abs. 1, 1428, 1429, 1431, 1433 BGB für die Verwaltung durch einen Ehepartner und in den §§ 1454 Abs. 1, 1456 BGB für die gemeinschaftliche Verwaltung Sonderregelungen, die dem einzelnen Ehepartner unter bestimmten Voraussetzungen Vertretungsmacht verleihen.[526] Beruht die Mieterhöhung bei einer Bruchteilsgemeinschaft oder Erbengemeinschaft auf einem Mehrheitsbeschluß gemäß § 745 Abs. 1 S. 1 BGB oder §§ 2038 Abs. 2 S. 1, 745 Abs. 1 S. 1 BGB, ergibt sich die Vertretungsmacht der Mehrheit, die der Mieterhöhung zugestimmt hat, aus dem Beschluß im Innenverhältnis. Nach hier vertretener Ansicht haben die Regelungen nämlich insofern Außenwirkung, als sie der Mehrheit Vertretungsmacht für die überstimmte Minderheit verleihen. Folglich muß in den Sonderfällen, in denen einer der Teilhaber oder Miterben die gemeinsame Sache gemietet hat, der mietende Teilhaber oder Miterbe nicht an einer Mieterhöhung gegen sich selbst mitwirken.[527]

Schließlich muß bei einer Mieterhöhung durch Bevollmächtigte § 174 BGB beachtet werden. Die Anwendbarkeit von § 174 BGB auch bei Mieterhöhungsverlangen nach § 558 Abs. 1 BGB erscheint auf den ersten Blick nicht einsichtig, da es sich bei dem Erhöhungsverlangen nach § 558 Abs. 1 BGB um einen, wenn auch in gewisser Weise formalisierten, Antrag i.S.d. § 145 BGB und damit nicht um ein einseitiges Rechtsgeschäft handelt. Allerdings ist § 174 BGB laut Rechtsentscheid des OLG Hamm vom 28.05.1982[528] analog anzuwenden, da die Interessenlage bei Erhöhungsverlagen nach § 558 Abs. 1 BGB (vormals § 2 MHG) dem gesetzlichen Regelfall der Norm entspricht. Auch hier besteht für den Mieter ein Klarstellungsinteresse, da das Mieterhöhungsverlangen, auch wenn es von der Konstruktion her ein Vertragsangebot ist, aufgrund Gesetzes besondere Rechtsfolgen auslöst. Für den Mieter fragt sich, ob mit dem Zugang des Erhöhungsverlangens nach § 558 Abs. 1 BGB die zweimonatige Zustimmungs- oder Überlegungsfrist nach § 558b Abs. 2 BGB läuft und er sich damit bei Ablauf dieser Frist einer Erhöhungsklage aussetzt. Zwar zieht der Ablauf der Klagefrist des Vermieters seit dem Änderungsgesetz von 1982 keine zusätzliche Sperrfrist von nochmals neun Monaten nach sich, während

---

524 AG Stuttgart, WuM 1973, 105, 106.

525 *Sonnenschein*, FS für Kraft, 607, 621; *Sternel*, III Rn. 636.

526 Siehe genauer unten auf S. 36 ff., insbesondere S. 47 und 49.

527 *Sonnenschein*, FS für Kraft, 607, 621.

528 OLG Hamm, NJW 1982, 2076, 2076 f.

der der Vermieter bei ungenutzter Klagemöglichkeit keine erneuten Erhöhungsverlagen stellen kann.[529] Dies ändert jedoch an der Beurteilung nichts, da allein der Umstand, ob eine Zustimmungs- oder Überlegungsfrist ausgelöst und damit die Gefahr einer Erhöhungsklage begründet wurde, für den Mieter erkennbar sein muß. Das Eintreten dieser Rechtsfolgen hängt davon ab, ob der Vertreter dazu befugt war oder nicht, so daß eine entsprechende Anwendung des § 174 BGB gerechtfertigt ist.[530] Daher sollte der Bevollmächtigte dem Mieter eine Urkunde vorlegen. Ansonsten kann der Mieter das Erhöhungsverlangen nach § 174 S. 1 BGB zurückweisen. Der Nachweis der Vertretungsmacht muß durch Vorlage einer Urkunde geführt werden.[531] Bei der Erklärung durch die Mehrheit einer Bruchteilsgemeinschaft oder einer Erbengemeinschaft handelt es sich um eine gesetzliche Vertretungsmacht, so daß § 174 BGB auch nicht entsprechend anwendbar ist.[532] Daher ist auch kein Nachweis der im Innenverhältnis vorgenommenen Beschlußfassung erforderlich.

Die §§ 559 – 560 BGB stellen Gestaltungsrechte des Vermieters dar. Sie führen im Vergleich zum Mieterhöhungsverfahren nach § 558 BGB zu einer beschleunigten Mieterhöhung, da durch die Erklärung des Vermieters die Erhöhung automatisch nach kurzer Zeit wirksam wird. Durch die Erklärung des Erhöhungsverlangens üben die Vermieter somit durch einseitige, empfangsbedürftige Willenserklärungen ein Gestaltungsrecht aus, und damit ein Recht, durch das unmittelbar die Pflicht des Mieters zur Mietzahlung geändert wird.[533] Es bedarf somit keiner weiteren Maßnahmen oder Erklärungen durch den Mieter.

Dagegen erfordern §§ 558, 558b Abs. 2 BGB weiterhin die Zustimmung des Mieters zur Mieterhöhung. Die Zustimmung zur Mieterhöhung ist eine einseitige, empfangsbedürftige Willenserklärung, so daß die §§ 145 ff. BGB gelten. Die Zustimmungserklärung wird folglich erst mit Zugang bei den Vermietern wirksam.[534] Fraglich ist, ob bei der Beteiligung mehrerer Vermieter die Erklärung allen Vermietern zugehen muß.[535] Das ist zu bejahen, da es sich bei der Zustimmung des Mieters zu dem Erhöhungsverlangen um eine Annahme des Antrags des Vermieters auf Abschluß eines Änderungsvertrages handelt. Änderungen, die das gesamte Mietverhältnis betreffen, können aber nur von und gegenüber allen Beteiligten vorgenommen werden. Es reicht daher nicht aus, wenn der Mieter die Erklärung nur gegenüber einem der Vermieter erklärt. Allerdings ist zu berücksichtigen, daß für die Zustimmung des Mieters keine bestimmte Form vorgeschrieben ist. Daher kann die

529 Staudinger/*Emmerich*, § 2 MHRG Rn. 242, anders noch OLG Hamm, NJW 1982, 2076, 2077.

530 OLG Hamm, NJW 1982, 2076, 2077.

531 Schmidt-Futterer/*Börstinghaus*, § 2 MHG Rn. 250.

532 So die h.M., vgl. MünchKomm/*Schramm*, § 174 Rn. 10 und § 172 Rn. 18 m.w.N.

533 *Barthelmess*, § 3 MHG Rn. 36.

534 *Sternel*, III Rn. 717; *Barthelmess*, § 2 MHG Rn. 123 f.; Staudinger/*Emmerich*, § 2 Rn. 228; Schmidt-Futterer/*Börstinghaus*, § 2 MHG Rn. 482.

535 Eine Ausnahme bilden wieder die Vermieter, die in einer ehelichen Gütergemeinschaft leben und gemeinschaftliche Verwaltung vereinbart haben: Hier genügt gemäß § 1450 Abs. 2 der Zugang bei nur einem der Vermieter.

Annahme auch konkludent erfolgen. Das wiederum bedeutet, daß in der ordnungsgemäßen Zahlung der erhöhten Miete durch den Mieter eine Zustimmung gesehen werden kann, wenn keine Umstände des Einzelfalls dagegen sprechen.[536] Die Fälle, in denen die Zustimmung tatsächlich nicht allen Vermietern zugeht, ist daher sehr begrenzt. Weitaus häufiger sind demgegenüber die Fälle, in denen der Mieter der Erhöhung gar nicht zustimmt. Da § 558 BGB dem Vermieter lediglich unter bestimmten Voraussetzungen einen Anspruch gegen den Mieter auf Zustimmung, nicht aber einen unmittelbaren Zahlungsanspruch verleiht, muß der Vermieter nach Ablauf der Überlegungsfrist des Mieters aus § 558b Abs. 2 BGB Klage erheben, damit sein Anspruch auf Vertragsänderung nicht erlischt.[537] Besteht die Vermieterseite aus einer Personenmehrheit, muß die Klage von allen Vermietern erhoben werden.[538] Etwas anderes gilt für Vermieter, die im Güterstand der Gütergemeinschaft leben und Einzelverwaltung vereinbart haben. Hier kann nach § 1422 S. 1 2. Hs BGB der Verwalter Rechtsstreitigkeiten im eigenen Namen führen. In allen anderen Fällen müssen die Vermieter gemeinsam Klage erheben. Dies gilt ohne Ausnahme, da auch gewillkürte Prozeßstandschaft nicht möglich ist.[539] Dies liegt wiederum daran, daß der Anspruch auf Zustimmung zur Mieterhöhung nicht abtretbar ist.[540]

c. Innenverhältnis

Um ein Mieterhöhungsverfahren einzuleiten, muß im Innenverhältnis ein darauf gerichteter Beschluß gefaßt werden. Da die Mieterhöhung eine Vertragsänderung darstellt, gelten die gleichen Grundsätze wie beim Abschluß eines Mietvertrags.[541] Im Wesentlichen bedeutet dies für die Bruchteilsgemeinschaft, daß der Beschluß grundsätzlich einstimmig gemäß § 744 Abs. 1 BGB gefaßt werden muß. Da es sich jedoch im Regelfall um eine Maßnahme der ordnungsgemäßen Verwaltung handeln wird, ist nach § 745 Abs. 1 BGB ein Mehrheitsbeschluß ausreichend. Eine notwendige Maßnahme i.S.v. § 744 Abs. 2 BGB wird man in einer Mieterhöhung nicht sehen können. Zwar setzt der Begriff der Notwendigkeit nicht voraus, daß die Maßnahme nicht aufgeschoben werden kann, jedoch muß sie zur Erhaltung des Gegenstands notwendig erscheinen.[542] Dies ist auch bei einer Erhöhung nach § 559 BGB nicht der Fall. Dort müssen zwar die baulichen Veränderungen den Gebrauchswert

---

536 Vgl. zu der Problematik Staudinger/*Emmerich*, § 2 MHG Rn. 233 m.w.N.

537 Staudinger/*Emmerich*, § 2 MHRG Rn. 226.

538 Schmidt-Futterer/*Börstinghaus*, § 2 MHG Rn. 517; *Börstinghaus*, Rn. 383; *Sternel*, III 552; *Barthelmess*, § 2 Rn. 151; *Kossmann*, § 157 Rn. 15.

539 Schmidt-Futterer/*Börstinghaus*, § 2 MHG Rn. 517; *Kossmann*, § 157 Rn. 15; *Sternel*, III 552 und 728; *Barthelmess*, § 2 Rn. 151; LG Köln, FamRZ 1994, 39, 39; LG Augsburg, WuM 1990, 226, 226; AG Regensburg, WuM 1990, 226, 226; AG Köln, WuM 1989, 579, 579; AG Stuttgart, WuM 1973, 105, 105 ff. = ZMR 1973, 158 = DWW 1973, 281.

540 Schmidt-Futterer/*Börstinghaus*, § 2 MHG Rn. 517; vgl. weiter *Sternel*, I Rn. 123 und BGH JZ 1964, 771, 771 f. = NJW 1964, 2296.

541 *Sonnenschein*, FS für Kraft, 607, 620 und siehe oben auf S. 33 ff. jeweils im Innenverhältnis.

542 Staudinger/*Sonnenschein*, § 744 Rn. 21 ff.

der Mietsache erhöhen, nicht aber begriffsnotwendig auch erhalten. Ausschlaggebend ist jedoch, daß im Fall eines Erhöhungsverlangen nach § 559 BGB die fraglichen Veränderungen bereits vorgenommen worden sind und daher nicht mehr Thema der Beschlußfassung sein können.

Auch in den übrigen Fällen ist nicht erkenntlich, warum die Mieterhöhung die Mietsache erhalten sollte. Ist die Mietsache an einen der Teilhaber vermietet, ist dieser wegen Interessenkollision entsprechend § 34 BGB von der Beschlußfassung ausgeschlossen. Ihm darf es auch nicht möglich sein, für eine Erhöhung zu stimmen,[543] da er im Fall des § 558 BGB damit eine Sperrfrist gemäß § 558 Abs. 1 S. 2 BGB auslöst, während der eine erneute Mieterhöhung nicht möglich ist. Auf diese Weise wäre es dem mietenden Teilhaber ansonsten möglich, eine zu niedrige Mieterhöhung herbeizuführen, die die gesamte Gemeinschaft für mindestens ein Jahr bindet.

Für die Mieterhöhung durch eine Erbengemeinschaft gilt das Ausgeführte entsprechend, da § 2038 BGB, wonach auch bei der Erbengemeinschaft den Miterben die Verwaltung gemeinschaftlich zusteht, auf § 745 BGB verweist.[544]

Bei der ehelichen Gütergemeinschaft mit Einzelverwaltung kann der verwaltende Ehepartner die Mieterhöhung ohne Absprache mit dem anderen Partner vornehmen. Bei der gemeinschaftlichen Verwaltung müssen die Ehegatten sich gemäß § 1450 BGB über die Mieterhöhung einigen. Da eine Mieterhöhung eine ordnungsgemäße Verwaltung darstellt, sind die Partner sich aber gemäß § 1451 BGB gegenseitig zur Mitwirkung verpflichtet. Weigert sich ein Partner ohne ausreichenden Grund, eine Mieterhöhung mitzutragen, kann der andere Partner gemäß § 1452 BGB die Zustimmung durch das Vormundschaftsgericht ersetzen lassen.

II. Sonstige Rechte

Entsprechend der Ausführungen zur Mietzahlung ist auch bei den sonstigen Rechten von Vermietermehrheiten die Form der Gläubigermehrheit zu bestimmen. Als Beispiele für weitere Rechte sollen der Anspruch auf Beseitigung der auf dem normalen Abwohnen beruhenden Dekorationsmängeln durch den Mieter, wenn diese Mängel als sogenannte Schönheitsreparaturen abweichend von der gesetzlichen Regelung in § 535 S. 2 BGB auf den Mieter abgewälzt worden sind, der Anspruch auf Duldung bestimmter Handlungen zur Erhaltung oder Verbesserung der Mietsache durch den Mieter gemäß § 554 BGB, der Anspruch auf Zahlung einer Mietsicherheit i.S.v. § 551 BGB, wenn eine solche vertraglich vereinbart worden ist oder Schadensersatzansprüche bei Verletzung von Obhutspflichten des Mieters genannt werden. Alle Geldforderungen der Vermieter gegen den Mieter, die sich aus dem Mietvertrag primär oder sekundär ergeben wie beispielsweise die Verwendung einer Mietkaution oder der Anspruch auf Schadensersatz, sollen nach ihrem Sinn und

543 Anders aber *Sonnenschein*, FS für Kraft, 607, 620.
544 *Sonnenschein*, FS für Kraft, 607, 620.

Zweck zunächst zur Deckung der Kosten und Lasten der Mietsache verwendet werden. Wie bei der Mietforderung richtet sich der Anspruch der Vermietermehrheit damit auf eine im Rechtssinne unteilbare Leistung,[545] so daß vermietende Bruchteilsgemeinschaften oder Vermieter, die eine BGB-Innengesellschaft bilden, gemäß § 432 BGB Mitgläubiger sind. Auch Vermietermehrheiten, die durch eine Erbengemeinschaft oder eine eheliche Gütergemeinschaft verbunden sind, sind nur gemeinsam forderungsberechtigt. Hier richtet sich die rechtliche Behandlung nach den spezielleren Regelungen der jeweiligen Gesamthandsgemeinschaft. Das gleiche gilt bei Forderungen, die nicht auf eine Geldleistung gerichtet sind. Hier liegt bereits eine Unteilbarkeit im natürlichen Sinne vor.[546] So kann der Mieter beispielsweise Schönheitsreparaturen, zu deren Vornahme er sich mietvertraglich verpflichtet hat, nur derart erbringen, daß er gegenüber allen Vermietern leistet. Das Tapezieren einer Wohnung ist somit als Erfüllung gegenüber allen Vermietern, nicht dagegen nur als Erfüllung gegenüber einzelnen Vermietern anzusehen.

B. Die Pflichten einer Vermietermehrheit

I. Die Überlassung der Mietsache gemäß § 535 BGB

Gemäß § 535 S. 1 BGB ist der Vermieter verpflichtet, dem Mieter den Gebrauch der Mietsache zu gewähren. Diese Verpflichtung ist ebenso wie die Erhaltung der Mietsache eine Hauptleistungspflicht, die im Gegenseitigkeitsverhältnis zur Pflicht des Mieter steht, die Miete zu entrichten.[547] Um die Überlassungspflicht zu erfüllen, muß der Vermieter dem Mieter grundsätzlich den unmittelbaren Besitz der Mietsache verschaffen.[548] Bei einer Personenmehrheit auf Vermieterseite fragt es sich, wie diese Leistung zu erbringen ist. Die Beantwortung der Frage richtet sich danach, welche Form der Schuldnermehrheit zwischen den Teilhabern, Miterben oder Ehepartnern vorliegt. Das Gesetz regelt in den §§ 420 – 427, 431 BGB die wesentlichen Probleme, die auftreten, wenn mehrere Personen eine Leistung schulden. Wie bei der Gläubigermehrheit kommen grundsätzlich drei Gestaltungen in Betracht, von denen zwei Formen in den §§ 420 ff. BGB geregelt sind.[549] Zunächst ist denkbar, daß jeder Schuldner einen Teil der Leistung erbringt (Teilschuld), oder daß jeder Schuldner die ganze Leistung allein erbringt (Gesamtschuld). Gesetzlich nicht geregelt ist der Fall, daß alle Schuldner gemeinsam die ganze Leistung erbringen. Diese in der Praxis insbesondere bei Gesamthandsgemeinschaften vorzufindende Form[550] der Schuldnermehrheit wird als gemeinschaftliche Schuld bezeichnet. Aus der Be-

545 Vgl. Staudinger/*Noack*, § 420 Rn. 17.
546 Vgl. Staudinger/*Noack*, § 420 Rn. 14 ff.
547 Staudinger/*Emmerich*, §§ 535, 536 Rn. 25.
548 Schmidt-Futterer/*Eisenschmid*, §§ 535, 536 Rn. 18; *Sternel*, I Rn. 1; Staudinger/*Emmerich*, §§ 535, 536 Rn. 22.
549 Staudinger/*Noack*, Vorbem zu §§420 ff. Rn. 16.
550 Vgl. *Wolf/Niedenführ*, JA 1985, 369, 376 f.

sonderheit, daß die Personen einer Gesamthandsgemeinschaft mit einem gesamthänderisch gebundenen Sondervermögen, wie beispielsweise dem Nachlaß, haften, folgt jedoch nicht zwingend, daß alle Verbindlichkeiten von Gesamthandsgemeinschaften unausweichlich in Form der gemeinschaftlichen Schuld oder gar in einer besondere Form der „Gesamthandsschuld"[551] vorliegen müssen. Nur dann, wenn die Verpflichtung ausschließlich im Zusammenwirken aller Schuldner erfüllt werden kann, kommt eine gemeinschaftliche Schuld in Betracht.[552]

Daher ist bei der Überlassungspflicht der Vermieter unabhängig davon, ob sie eine Gesamthandsgemeinschaft bilden, zu entscheiden, welche Form der Schuldnermehrheit vorliegt. Hier könnte § 431 BGB eine Entscheidung bringen. Nach dieser Vorschrift haften mehrere Schuldner als Gesamtschuldner, wenn sie eine unteilbare Leistung zu erbringen haben. Die Überlassung der Mietsache ist wie die Rückgabe durch den Mieter nach § 546 BGB eine unteilbare Leistung.[553] Damit scheidet das Vorliegen einer Teilschuld aus, da die einzelnen Vermieter nicht Teile der Mietsache überlassen können. Fraglich ist aber, ob entgegen der Anordnung in § 431 BGB statt einer Gesamtschuld eine gemeinschaftliche Schuld vorliegt, da die Vermieter die Leistung nur gemeinsam erbringen können. Um eine zutreffende Abgrenzung zwischen Gesamtschuld und gemeinschaftlicher Schuld vornehmen zu können, kommt es darauf an, wie die Vorschrift des § 431 BGB zu verstehen ist.

Zunächst ist allgemein anerkannt, daß § 431 BGB nicht zwingend ist, so daß bei Vorliegen einer unteilbaren Leistung zwar keine Teilleistung individuell vereinbart werden kann, jedoch nicht ausgeschlossen ist, daß statt einer Gesamtschuld eine in den Rechtsfolgen weniger strenge gemeinschaftliche Schuld vorliegen kann.[554] Sodann ist aber streitig, ob allein durch Auslegung zu ermitteln ist, welche Art der Schuldnermehrheit vorliegt,[555] oder ob § 431 BGB überhaupt nur Fälle erfaßt, in denen jeder Schuldner die Leistung auch allein erbringen kann.[556] Im letzteren Fall läge dann, wenn der einzelne Schuldner nicht in der Lage ist, die Leistung allein zu erbringen, zwingend eine gemeinschaftliche Schuld vor. Danach könnte hinsichtlich der Überlassungspflicht der Vermieter das Vorliegen einer Gesamtschuld gemäß § 421 BGB ausgeschlossen sein, wenn es sich bei der Mietsache um eine Wohnung handelt, die alle beteiligten Vermieter bewohnen oder zumindest in irgendeiner Art benutzen, so daß es für die Überlassung an den Mieter nicht auseicht, wenn nur einer von ihnen die Mietsache dem Mieter überläßt. Wird dem Mieter nicht die Möglichkeit eingeräumt, die Wohnung alleine zu nutzen, liegt nämlich regelmäßig keine

---

551 So aber Soergel/*Hadding*, § 714, Rn. 3 und 37; Staudinger/*Kaduk*[12], Einl zu §§ 420 ff. Rn. 82 und 91; dagegen Jauernig/*Stürner*, Vor § 420 Rn. 3; vgl. auch *Selb*, § 10.

552 Staudinger/*Noack*, Vorbem zu §§ 420 ff. Rn. 19 m.w.N.

553 Vgl. Staudinger/*Noack*, § 431 Rn. 10; Soergel/*Wolf*, § 431 Rn. 2; beide mit weiteren Nachweisen; BGHZ 131, 176, 183; kritisch *Riering*, 166 ff.

554 Palandt/*Heinrichs*, § 431 Rn. 1; Staudinger/*Noack*, § 431 Rn. 2 m.w.N.

555 So die h.M.; vgl. dazu Palandt/*Heinrichs*, Überbl v § 420 Rn. 9; MünchKomm/*Bydlinski*, § 431 Rn. 2; Staudinger/*Noack*, § 431 Rn. 4 und Vorbem zu §§ 420 ff. Rn. 28 m.w.N.

556 *Wolf/Niedenführ*, JA 1985, 369, 377 f.; Soergel/*Wolf*, § 431 Rn. 1.

Überlassung vor, wenn vertraglich nichts anderes vereinbart ist.[557] Für diese Fälle würde die Ansicht, die § 431 BGB nur für anwendbar hält, wenn jeder Schuldner die Leistung auch alleine erbringen kann, eine Gesamtschuld i.S.v. § 421 BGB ablehnen.

Fraglich ist, ob dieses Ergebnis richtig ist. Zunächst bedeutete es, daß die Überlassungspflicht mal als Gesamtschuld, mal als gemeinschaftliche Schuld einzustufen ist. In den weitaus überwiegenden Fällen wird es nämlich einem einzelnem Vermieter möglich sein, die Mietsache ohne Mitwirkung der übrigen Vermieter zu überlassen. So liegt die Überlassung einer Wohnung nämlich bereits dann vor, wenn der Mieter einen und nicht notwendig alle Schlüssel erhalten hat.[558] Es ist somit unschädlich, wenn die übrigen Vermieter noch im Besitz von weiteren Schlüsseln sind, die der besagte Vermieter nicht übergeben kann. Neben diese rein ergebnisorientierte Bewertung treten jedoch weitere Erwägungen, die gegen die zwingende Annahme einer gemeinschaftlichen Schuld sprechen. Zwar ist zuzugeben, daß § 431 BGB die Durchsetzung der Forderung für den Gläubiger erleichtern soll, da bei der Gesamtschuld anders als bei der gemeinschaftlichen Schuld nicht alle Schuldner gemeinsam in Anspruch genommen werden müssen.[559] Dieser Vorteil entfällt aber auch dann nicht, wenn der in Anspruch genommene Schuldner nicht alleine leisten kann.[560] Denn dieser wird mit erheblicher Sicherheit versuchen, seine Mitschuldner zur Leistungsbewirkung aufzufordern. Selbst wenn er dies nicht tut oder es ihm nicht gelingt, entstehen dem Gläubiger keine Nachteile daraus. Anders als bei der gemeinschaftlichen Schuld muß der Gläubiger nicht fürchten, daß seine Klage als unzulässig abgewiesen wird, da die Schuldner anders als bei der gemeinschaftlichen Schuld keine notwendige Streitgenossenschaft i.S.v. § 62 Abs. 1 2. Alt ZPO bilden. Liegen die Anspruchsvoraussetzungen somit vor, droht dem Gläubiger nicht, die Klage zu verlieren und damit die Kosten selbst tragen zu müssen.

Der Vertrag ist auch nicht unwirksam, weil er auf eine subjektiv unmögliche Leistung gerichtet ist. Bereits vor der Schuldrechtsreform konnte im Umkehrschluß aus § 306 BGB a.F. geschossen werden, daß anfängliches Unvermögen die Wirksamkeit eines Vertrages nicht berührt. Dies ist durch das Schuldrechtsmodernisierungsgesetz[561] noch deutlicher geworden, da § 311a BGB bestimmt, daß auch anfängliche objektive Unmöglichkeit der Wirksamkeit eines Vertrags nicht entgegensteht. Das Unvermögen eines Schuldners steht daher der Annahme einer Gesamtschuld nicht entgegen.[562] Vielmehr ist denkbar, daß der Parteiwille auch dahingehen kann, daß die Schuldner im Innenverhältnis für die Mitwirkung der übrigen zu sorgen haben. Dafür spricht auch § 128 HGB, der unabhängig von der

557 Staudinger/*Emmerich*, §§ 535, 536 Rn. 22 f.
558 *Sternel*, I Rn. 52.
559 Motive II, 173; *Wolf/Niedenführ*, JA 1985, 369, 377.
560 So aber *Wolf/Niedenführ*, JA 1985, 369, 377.
561 Siehe Fn. 492.
562 Palandt/*Heinrichs*, Vor § 420 Rn. 9; vgl. auch Staudinger/*Noack*, § 431 Rn. 4.

Möglichkeit des Einzelnen, selbständig leisten zu können, eine Gesamtschuld anordnet.[563]

Diese Ansicht führt für die Überlassungspflicht durch eine Vermietermehrheit ebenfalls zu sachgerechten Ergebnissen, wie ein Vergleich mit der Rückgabepflicht des Mieters aus § 546 BGB zeigt: Die Überlassungspflicht des Vermieters bedeutet grundsätzlich, daß dem Mieter der Besitz an der Mietsache eingeräumt werden soll. Genauso soll bei der Rückgabe der Sache nach § 546 BGB der Mieter dem Vermieter den Besitz an der Mietsache wieder rückübertragen. Diese beiden Vorgänge entsprechen sich daher inhaltlich, wenn man außer Betracht läßt, wer Gläubiger oder Schuldner ist. Daher ist die Situation, daß eine Vermietermehrheit eine Mietsache an einen Mieter überlassen soll mit dem Fall vergleichbar, daß mehrere Mieter nach Beendigung des Mietverhältnisses dem Vermieter die Sache zurückgeben müssen. Zur Rückgabe einer Mietsache gemäß § 556 BGB a.F. durch mehrere Mieter gibt es zahlreiche Entscheidungen, von denen eine des BGH für das oben angesprochene Problem herangezogen werden könnte.

In dieser hatte der BGH zu entscheiden, ob der Herausgabeanspruch gemäß § 556 Abs. 1 BGB a.F. auch gegen einen Mitmieter, der im Gegensatz zu den übrigen Mitmietern bereits aus der gemieteten Wohnung ausgezogen war, begründet ist.[564] Der BGH stellt zunächst fest, daß die Mitmieter gemäß § 431 BGB als Gesamtschuldner haften, da die Rückgabe der Wohnung eine unteilbare Leistung darstellt.[565] Weiter führt er aus, daß dem ausgezogenen Mieter die Rückgabe auch nicht unmöglich geworden ist und er deshalb nicht gemäß § 275 BGB von der Verpflichtung zur Leistung frei wird. Objektive Unmöglichkeit nach § 275 Abs. 1 BGB scheide von vornherein aus, da die übrigen Mieter die Verpflichtung erfüllen könnten. Aber auch subjektive Unmöglichkeit nach § 275 Abs. 2 BGB liege nicht vor, da der ausgezogene Mieter auf die übrigen Mitmieter einwirken könne, damit diese die Leistung erbringen. Dies könne einerseits durch finanzielle Anreize geschehen, andererseits aber auch durch die Geltendmachung des Anspruchs auf Mitwirkung gegenüber den übrigen Mietern. Denn jeder Gesamtschuldner könne gemäß § 426 Abs. 1 S. 1 BGB bereits vor der Leistungsbewirkung verlangen, daß die Mitschuldner ihrem Anteil entsprechend zur Befriedigung des Gläubigers mitwirken.[566] Diese Argumentation gilt auch nach der Neufassung des § 275 BGB. Gemäß § 275 Abs. 2 BGB kann der Schuldner die Leistung verweigern, wenn dies einen Aufwand erfordert, der unter Beachtung des Inhalts des Schuldverhältnisses und der Gebote von Treu und Glauben in einem groben Mißverhältnis zu dem Leistungsinteresse steht, wobei das Verschulden in die Abwägung mit einzubeziehen ist. Aus dem Mietverhältnis als Dauerschuldverhältnis erwachsen für jede Partei besondere Schutz- und Treuepflichten, wozu insbesondere die Rückgabe der

563 Vgl. *Wolf/Niedenführ*, JA 1985, 369, 377.
564 BGHZ 131, 176, 176 ff.
565 BGHZ 131, 176, 183.
566 BGHZ 131, 176, 183 f.

Mietsache auf Mieterseite gehört. Dem Mieter mußte auch bereits bei Auszug aus der Wohnung klar sein, daß er seine Rückgabepflicht nicht würde erfüllen können, so daß ihm zumindest ein Fahrlässigkeitsvorwurf zu machen ist. Daher ist dem ausgezogenen Mieter zumutbar, auf die übrigen Mieter einzuwirken. Entsprechend stellt sich die Situation auf Seite der Vermieter dar. Der in Anspruch genommene Vermieter kann ebenfalls auf die übrigen Vermieter einwirken mit der Folge, daß ihm die Überlassung der Mietsache gemäß § 535 Abs. 1 S. 1 BGB möglich wird, auch wenn sie ohne Mitwirkung der übrigen Vermieter zunächst nicht zu realisieren ist. Für die Überlassungspflicht aus § 535 Abs. 1 S. 1 BGB haften die beteiligten Vermieter daher regelmäßig als Gesamtschuldner i.S.v. § 421 BGB, wenn nicht abweichend von der Vermutung aus § 431 BGB vertraglich eine gemeinschaftliche Schuld vereinbart wurde oder besondere Umstände eine solche Auslegung erfordern.

Im Innenverhältnis kann der einzelne Vermieter wie bereits angesprochen gegen seine Mitvermieter gemäß § 426 Abs. 1 S. 1 BGB einen Anspruch auf Mitwirkung an der Überlassung haben. Dies gilt für Miterben, Teilhaber und Ehepartner im Güterstand der Gütergemeinschaft gleichermaßen.[567] Sonstige Ansprüche, insbesondere potentielle Ausgleichsansprüche kommen regelmäßig nicht in Betracht, da die Überlassung von allen Vermietern geschuldet wird und keiner den oder die anderen im Innenverhältnis etwa durch finanzielle Leistungen entschädigen muß.

II. Sonstige Pflichten

Auch hinsichtlich der sonstigen Pflichten sind die Vermieter unabhängig davon, welche Art der Personenverbindung vorliegt, in der Regel Gesamtschuldner.[568] So kann der Mieter jeden einzelnen Vermieter beispielsweise auf Erhaltung der Mieträume nach § 535 S. 2 BGB in Anspruch nehmen, wenn die Maßnahme nicht als sogenannte Schönheitsreparatur auf ihn abgewälzt wurde. Auch die Gewährleistungsrechte des Mieters nach §§ 536, 536a BGB bei Sach- und Rechtsmängeln können gegen jeden einzelnen Vermieter geltend gemacht werden. Weitere Pflichten der Vermieter können in Form von Obhuts- Fürsorge- und Sicherungspflichten sowie Ersatz- oder Duldungsansprüchen des Mieters aus §§ 536a, 539, 552 BGB auftreten. Auch hier kommt der Erfüllung und ihren Surrogaten durch einen der Vermieter gemäß § 422 Abs. 1 BGB allen Vermietern zugute, da der Mieter sie nur einmal erhalten soll. Außer in den gesetzlich aufgezählten Fällen bleibt es jedoch bei der Einzelwirkung sonstiger Tatsachen, so daß beispielsweise Leistungsstörungen, Verschulden oder Verjährung nur bei der Person wirken, in dessen Person sie eintreten. Im Innenverhältnis kommen insbesondere bei Schadensersatzansprüchen des

567 Vgl. BGHZ 131, 176, 183 f. für den Fall der Rückgabeverpflichtung mehrerer Mieter.

568 Staudinger/*Emmerich*, Vorbem zu §§ 535, 536 Rn. 191; *Sternel*, I 11; RGRK/*Gelhaar*, Vor § 535 Rn. 287; MünchKomm/*Voelskow*, §§ 535, 536 Rn. 11; Soergel/*Heintzmann*, §§ 535, 536 Rn. 54; *Enneccerus/Lehmann*, § 127 III; BGH WM 1961, 65, 66 = LM Nr. 4 zu § 425 BGB = BB 1961, 6; AG Köln, WuM 1989, 493, 493.

Mieters mögliche Ausgleichsansprüche nach § 426 Abs. 1 S. 1 und § 426 Abs. 2 BGB in Betracht.

4. Teil: Die Beendigung und Rückabwicklung von Mietverhältnissen mit Beteiligung einer Vermietermehrheit

A. Allgemeines

§ 542 BGB besagt, daß ein Mietverhältnis, das auf unbestimmte Zeit eingegangen ist, durch Kündigung (Abs. 1) beendet werden kann, ein solches, daß auf bestimmte Zeit eingegagen ist, grundsätzlich durch Zeitablauf (Abs. 2) endet. Die Vorschrift des § 542 BGB ersetzt die ehemalige Regelung des § 564 BGB, die insofern unvollständig war, als sie zahlreiche Beendigungsgründe nicht erwähnte.[569] Aber auch § 542 BGB stellt keine abschließende Regelung dar, sondern nennt nur die wichtigsten Beendigungsgründe.[570] § 542 BGB gilt aufgrund der Einordnung in den Untertitel 1. „Allgemeine Vorschriften für Mietverhältnisse" für Mietverhältnisse jeder Art.

B. Die Verlängerungsoption

Ein Mietverhältnis, das auf eine bestimmt Zeit eingegangen ist,[571] endet nach § 542 Abs. 2 BGB durch Zeitablauf, sofern es nicht außerordentlich gekündigt oder verlängert wird. Es bedarf also zur Beendigung grundsätzlich keiner Kündigung oder sonstiger Erklärungen der Parteien, da die Dauer der Mietzeit regelmäßig zumindest bestimmbar ist. Daraus folgt, daß sich durch die Beteiligung einer Vermietermehrheit weder Besonderheiten gegenüber einem Einzelvermieter ergeben noch Probleme auftreten, die aus der Beteiligung mehrerer Personen auf einer Vertragsseite resultieren.[572] Etwas anderes gilt jedoch, wenn ein auf eine bestimmte Zeit eingegangenes Mietverhältnis die Berechtigung einer Partei enthält, das Mietverhältnis durch einseitige Erklärung zu verlängern. Man spricht von einem Mietvertrag mit Optionsrecht. Derartige Optionsrechte sind Gestaltungsrechte.[573] Nimmt die berechtigte Partei ihr Optionsrecht nicht rechtzeitig wahr und liegt auch keine Verlängerung

569 Emmerich/Sonnenschein/Weitemeyer/*Sonnenschein*, § 564 Rn. 1.

570 Vgl. MünchKomm/*Voelskow*, § 564 Rn. 2 zu § 564 BGB a.F.; Palandt/*Weidenkaff*, § 542 Rn. 1 zu § 542 BGB n.F.

571 Dies ist nach dem Mietrechtsreformgesetz (Fn. 3) bei Mietverhältnissen über Wohnraum nur noch unter bestimmten Voraussetzungen möglich, vgl. § 575 Abs. 1 BGB n.F.; für Mietverhältnisse über Grundstücke, Räume oder andere Sachen gelten keine Beschränkungen. Verlängerungen bei Wohnraummietverträgen sind zusätzlich an den Sonderregelungen des § 575 Abs. 2 und 3 zu messen.

572 Vor dem Mietrechtsreformgesetz (Fn. 3) war bei Mietverhältnissen über Wohnraum § 556b a.F. BGB zu beachten, der dem Mieter ein Widerspruchsrecht gemäß §§ 556a, 556b Abs. 2 a.F. BGB gewährte. § 556b a.F. BGB ist ersatzlos entfallen. Unter Umständen ist der Mieter jedoch nach § 575 Abs. 2 und 3 BGB n.F. berechtigt, Verlängerung des Mietvertrages zu fordern.

573 Emmerich/Sonnenschein/Weitemeyer/*Emmerich*, Vor §§ 535, 536 Rn. 77.

oder außerordentliche Kündigung vor, so endet der Mietvertrag gemäß § 542 Abs. 2 BGB durch Zeitablauf.[574]

I. Das Innenverhältnis

1. Die Bruchteilsgemeinschaft

Bei der Entscheidung über die Ausübung einer Verlängerungsoption innerhalb einer Bruchteilsgemeinschaft könnte es sich um eine Verwaltungsmaßnahme i.S.d. §§ 744 ff. BGB handeln. Da das Gesetz den Begriff der Verwaltung nicht näher umschrieben hat, existieren mehrere Definitionsversuche in der Literatur.[575] Einigkeit herrscht insoweit, als es sich sowohl um tatsächliche als auch rechtliche Maßnahmen handeln kann, die eine Änderung der bisherigen Lage des gemeinschaftlichen Gegenstands zur Folge haben und seiner Erhaltung oder Verbesserung oder der Verwertung seiner Vorteile dienen, soweit sie über den Gebrauch oder Verbrauch der Sache hinausgehen.[576] So fällt unstreitig der Beschluß über die Vermietung einer gemeinschaftlichen Sache[577] unter den Begriff der Verwaltung. Die Ausübung einer Verlängerungsoption führt dazu, daß die Mietzeit des Mietverhältnisses verlängert wird. Eine entsprechende Erklärung bewirkt zwar keine Neubegründung eines Mietverhältnisses, jedoch sind die Folgen vergleichbar: In beiden Fällen besteht für einen bestimmten oder unbestimmten Zeitraum in der Zukunft ein Mietverhältnis über den gemeinschaftlichen Gegenstand. Folglich handelt es sich bei der Ausübung eines Optionsrechts um eine Maßnahme der Verwaltung. Grundsätzlich bestimmt § 744 Abs. 1 BGB, daß die Teilhaber die gemeinsame Sache gemeinschaftlich verwalten müssen. Das bedeutet, daß sich grundsätzlich im Innenverhältnis alle Teilhaber für eine Verlängerung aussprechen müßten. § 745 Abs. 1 BGB modifiziert den Grundsatz gemeinschaftlicher Verwaltung jedoch insofern, als eine der Beschaffenheit des gemeinschaftlichen Gegenstandes entsprechende ordnungsgemäße Verwaltung und Benutzung durch Stimmenmehrheit beschlossen werden kann. Die Anforderungen an eine ordnungsgemäße Verwaltung sind nicht sehr hoch. So sind nicht nur notwendige Maßnahmen ordnungsgemäß. Ein Beschluß ist auch nicht rechtswidrig, wenn nicht die optimale, sondern eine weniger zweckmäßige Lösung beschlossen wurde. Der Mehrheit steht insofern ein gewisser Entscheidungsspielraum zu. Bedenkt man weiter, daß auch die bisherige Nutzungsart angemessen zu berücksichtigen ist,[578] so wird die Ausübung einer Verlängerungsoption in der Regel eine ordnungsgemäße Verwaltung darstellen, so daß im Innenverhältnis die Mehrheit der

---

574 Staudinger/*Sonnenschein*, § 564 Rn. 14; Schmidt-Futterer/*Blank*, § 564 Rn. 24.

575 Siehe dazu Staudinger/*Langhein*, § 744 Rn. 7 m.w.N.

576 Staudinger/*Langhein*, § 744 Rn. 7; Erman/*Aderhold*, § 744 Rn. 2; MünchKomm/*Schmidt*, §§ 744, 745 Rn. 4.

577 Staudinger/*Langhein*, § 744 Rn. 9; Erman/*Aderhold*, § 744 Rn. 3; MünchKomm/*Schmidt*, §§ 744, 745 Rn. 5; RGRK/*von Gramm*, §§ 745, 746 Rn. 5.

578 MünchKomm/*Schmidt*, §§ 744, 745 Rn. 23 m.w.N.

Gesellschafter über eine solche Maßnahme entscheiden kann. Fraglich ist, ob die Ausübung einer Verlängerungsoption auch eine Notverwaltungsmaßnahme i.S.d. § 744 Abs. 2 BGB darstellen kann. Für eine solche Annahme spricht, daß durch Nichtausübung der Verlängerungsoption das Optionsrecht erlischt und das Mietverhältnis damit ohne erneute rechtsgeschäftliche Einigung zwischen Vermieter und Mieter endet. Daß die Maßnahme keinen Aufschub duldet ist aber einerseits nicht begriffsnotwendig und andererseits nicht allein ausschlaggebend. Vielmehr muß die Maßnahme den Wert des Gegenstandes erhalten. Zwar trägt die Vermietung einer Sache nicht unmittelbar zur Erhaltung des Gegenstandes bei, jedoch soll die Miete in erster Linie dazu verwendet werden, die auf der Mietsache lastenden Kosten zu begleichen, so daß die Miete mittelbar doch dem Wert des Gegenstands zugute kommt. Die Ausübung einer Verlängerungsoption kann daher auch als notwendige Maßnahme i.S.d. § 744 Abs. 2 BGB angesehen werden.

2. Die BGB-Innengesellschaft

Für die BGB-Innengesellschaft handelt es sich bei der Beschlußfassung über die Ausübung einer Verlängerungsoption um eine Maßnahme der Geschäftsführung, die sich in erster Linie nach den Ausgestaltungen im Gesellschaftsvertrag richtet. Ist im Gesellschaftsvertrag nichts geregelt, greift § 709 Abs. 1 BGB ein, der von der gemeinschaftlichen Geschäftsführung der Gesellschafter ausgeht. Die Gesellschafter können gegen einen Gesellschafter auf Zustimmung zur Optionsausübung nur erfolgreich klagen, wenn dessen Entscheidung ermessenswidrig ist.

3. Die Erbengemeinschaft

Bei der Erbengemeinschaft ist zweifelhaft, ob die Ausübung einer Verlängerungsoption eine Verwaltungsmaßnahme darstellt. Vielmehr könnte sich aus der Tatsache, daß es sich um ein Gestaltungsrecht handelt, folgen, daß die Optionsausübung eine Verfügung i.S.d. § 2040 BGB darstellt. So ist es gerade bei der Kündigung von Dauerschuldverhältnissen äußerst streitig, ob sie als Verfügung unter § 2040 BGB fällt oder als Verwaltungsmaßnahme nach § 2038 BGB zu beurteilen ist. Die gleiche Problematik stellt sich auch bei sonstigen Gestaltungsrechten.[579] Wie im Rahmen der Kündigung eines Mietverhältnisses durch eine Erbengemeinschaft noch genauer ausgeführt wird, ist für das Innenverhältnis davon auszugehen, daß die Beschlußfassung über eine Maßnahme, auch wenn die Maßnahme im Außenverhältnis als Verfügung anzusehen ist, immer eine Verwaltungsmaßnahme darstellt.[580] Der Beschluß über die Ausübung einer Verlängerungsoption ist daher an § 2038 BGB zu messen: Grundsätzlich müssen im Innenverhältnis alle Miterben der Maßnahme zustimmen. Handelt es sich bei der Maßnahme jedoch um eine ordnungsgemäße Verwaltung, so ist gemäß §§ 2038 Abs. 2 S. 1, 745 Abs. 1 BGB ein Mehrheitsbeschluß ausreichend.

---

579 Vgl. Staudinger/*Werner*, § 2040 Rn. 7.
580 *Sonnenschein*, FS für Kraft, 607, 623.

Wie bei der Bruchteilsgemeinschaft ist auch bei der Erbengemeinschaft das Stimmrecht eines mietenden Miterben im Rahmen einer Beschlußfassung nach §§ 2038 Abs. 2, 745 Abs. 1 BGB ausgeschlossen.

4. Die eheliche Gütergemeinschaft

Bei der ehelichen Gütergemeinschaft ist hinsichtlich der Beziehungen der Ehepartner im Innenverhältnis danach zu unterscheiden, welche Bestimmung die Ehepartner im Ehevertrag für die Verwaltung des Gesamtgutes gemäß § 1421 S. 1 BGB getroffen haben. Haben die Ehepartner die gemeinschaftliche Verwaltung gemäß §§ 1450 ff. BGB im Ehevertrag beschlossen oder ist diese gemäß § 1421 S. 2 BGB gesetzlich eingetreten, müssen sich beide Partner für die Ausübung einer Verlängerungsoption aussprechen, um im Innenverhältnis wirksam eine solche Verwaltungsmaßnahme zu beschließen. Sind die Ehepartner uneinig, so kommt kein wirksamer Beschluß zustande, es sei denn, es widerspricht einer ordnungsgemäßen Verwaltung, wenn die geplante Maßnahme unterbleibt und der Ehepartner einen Anspruch gegen den anderen Partner auf Zustimmung gemäß § 1451 BGB hat, weil die Maßnahme erforderlich ist.[581] Haben die Ehepartner die Alleinverwaltung durch einen Ehegatten gemäß §§ 1422 ff. BGB vereinbart, entscheidet der verwaltenden Ehepartner allein über die Verlängerung des Mietvertrags. Er kann nach seinen eigenen Zweckmäßigkeitsvorstellungen entscheiden und ist nur durch das Gebot ordnungsgemäßer Verwaltung aus §§ 1435, 1447 Nr. 1 Fall 2, Nr. 3 BGB beschränkt.[582]

II. Das Außenverhältnis

Wurde im Innenverhältnis der Beschluß gefaßt, den befristeten Mietvertrag durch einseitige Erklärung auf eine weitere Zeit zu verlängern, ist fraglich, wer bei der Beteiligung einer Vermietermehrheit das Optionsrecht im Außenverhältnis wahrnehmen und wem gegenüber die Ausübung erklärt werden muß. Ist die Vermietermehrheit laut Mietvertrag berechtigt, die Option auszuüben, so muß die entsprechende Erklärung durch alle Beteiligten erfolgen.[583] Wie beim Vertragsschluß ist Stellvertretung unter den Voraussetzungen der §§ 164 ff. BGB möglich. Ist die gemeinschaftliche Sache an eines der Mitglieder der Vermietermehrheit vermietet, ist zusätzlich § 181 BGB zu beachten. Der Inhalt der Erklärung muß so beschaffen sein, daß die Verlängerungsoption im Namen aller Vermieter ausgeübt werden soll.[584] Weiterhin setzt eine wirksame Vertretung Vertretungsmacht voraus, die durch

---

581 Vgl. dazu die Ausführungen zum Vertragsschluß oben auf S. 45 und 48, zum Begriff der Erforderlichkeit i.S.v. § 1451 BGB siehe Staudinger/*Thiele*, § 1451 Rn. 5.

582 Staudinger/*Thiele*, § 1422 Rn. 6.

583 Emmerich/Sonnenschein/Weitemeyer/*Sonnenschein*, § 564 Rn. 8; Schmidt-Futterer/Blank/*Blank*, § 564 Rn. 22 zur Mietermehrheit; LG Berlin, GE 1990, 763, 763.

584 Vgl. LG Berlin, GE 1990, 763, 763 zur Ausübung eines Optionsrechts durch eine Mietermehrheit.

Rechtsgeschäft erteilt werden (Vollmacht). Unabhängig davon, ob es sich um eine Bruchteilsgemeinschaft, eine Erbengemeinschaft oder eine eheliche Gütergemeinschaft handelt, werden dabei die gleichen Anforderungen an eine Vollmacht gestellt. Neben der rechtsgeschäftlich erteilten Vollmacht gibt es noch weitere Gründe, worauf das Vorliegen von Vertretungsmacht gestützt werden kann.[585] Hier ist insbesondere an die Vertretungsmacht eines einzelnen Miterben oder eines einzelnen Teilhabers einer Bruchteilsgemeinschaft bei rechtsgeschäftlichen Maßnahmen gemäß § 2038 Abs. 2 S. 1 BGB beziehungsweise § 745 Abs. 1 BGB im Rahmen einer ordnungsgemäßen Verwaltung zu denken:

Für die Bruchteilsgemeinschaft nach §§ 741 ff., 1008 ff. BGB wurde bereits dargestellt,[586] daß § 745 Abs. 1 BGB nach richtiger Ansicht Außenwirkung hat, so daß die Mehrheit der Teilhaber der Bruchteilsgemeinschaft nach außen berechtigt ist, die überstimmten Teilhaber wirksam zu vertreten, wenn ein wirksamer Mehrheitsbeschluß im Innenverhältnis zustande gekommen ist. Da bei einer Bruchteilsgemeinschaft die Optionsausübung eine Maßnahme der Verwaltung i.S.d. §§ 744 ff. BGB darstellt, kann die Mehrheit der Teilhaber die übrigen bei der Ausübung einer Verlängerungsoption gemäß § 745 Abs. 1 BGB folglich nach außen wirksam vertreten, wenn sich die Maßnahme als eine ordnungsgemäße Verwaltung darstellt. Eine rechtsgeschäftliche Vollmachtserklärung, die von den überstimmten Teilhabern wahrscheinlich nur mit Schwierigkeiten erteilt würde, ist damit für eine wirksame Stellvertretung entbehrlich.

Entsprechendes gilt für eine vermietende Erbengemeinschaft i.S.d. §§ 2032 ff. BGB, wenn man die Optionsausübung als eine Maßnahme der Verwaltung an § 2038 BGB mißt. Da es sich bei der Ausübung einer Verlängerungsoption regelmäßig um eine ordnungsgemäße Verwaltung handeln wird, ist nach §§ 2038 Abs. 2 S. 1, 745 BGB ein Mehrheitsbeschluß ausreichend, der im Außenverhältnis der Mehrheit für die überstimmten Miterben aufgrund der nach richtiger Ansicht vorhandenen Außenwirkung von § 2038 Abs. 2 S. 1, 745 BGB Vertretungsmacht verleiht. Allerdings ist es nicht unstreitig, ob die Beurteilung nach § 2038 BGB angemessen ist. Dies liegt am Verfügungscharakter der Ausübung einer Verlängerungsoption. Durch die Optionsausübung wird nämlich unmittelbar auf den Bestand des Mietverhältnisses eingewirkt. Zwar hebt die Verlängerungserklärung anders als eine Kündigung das Mietverhältnis nicht auf, aber durch die Ausübung erlischt das Optionsrecht[587] und der Mietvertrag wird inhaltlich, nämlich hinsichtlich der Mietdauer, verändert. Eine andere Ansicht will Maßnahmen, die zugleich Verwaltungsmaßnahmen als auch Verfügungen darstellen, bei der Erbengemeinschaft daher dem § 2040 BGB unterstellen, der keine Durchbrechung der gemeinschaftlichen Ausübung kennt.[588] Um eine schwebende Unwirksamkeit aufgrund fehlender

585 Zur Vertretungsmacht allgemein vgl. MünchKomm/*Schramm*, § 164 Rn. 67 ff.

586 Siehe oben S. 36.

587 Staudinger/*Sonnenschein*, § 564 Rn. 15.

588 Staudinger/*Werner*, § 2040 Rn. 6 ff.

Vertretungsmacht nach §§ 177 ff. BGB zu vermeiden, sollte in der Praxis daher immer die Zustimmung aller Miterben, notfalls durch Klage, eingeholt werden.[589]

Bei der eheliche Gütergemeinschaft i.S.d. §§ 1415 ff. BGB existieren sowohl bei der Alleinverwaltung durch einen Ehepartner nach §§ 1422 ff. BGB als auch bei der gemeinschaftlichen Verwaltung nach §§ 1450 ff. BGB Vorschriften, die den einzelnen Ehepartnern gesetzliche Vertretungsmacht einräumen. Für die Alleinverwaltung sind dies die §§ 1438 Abs. 1, 1428, 1429, 1431, 1433 BGB, die Ausnahmen vom Grundsatz enthalten, daß der zum Alleinverwalter bestimmte Ehegatte das Gesamtgut verwaltet. Um beide Ehepartner zu verpflichten, muß der nicht zum Verwalter bestimmte Ehepartner unter den Voraussetzungen der einzelnen Vorschriften im Namen beider Ehepartner handeln. Bei der gemeinschaftlichen Verwaltung räumen die §§ 1454 Abs. 1, 1456 BGB einem einzelnen Partner Vertretungsmacht ein. Auch hier muß der handelnde Ehegatte die Erklärung sowohl im eigenen als auch im Namen des Partners abgeben.

Fehlt es an einer Voraussetzung der Stellvertretung gemäß §§ 164 ff. BGB, und ist das Optionsrecht somit nicht durch sämtliche Personen der Vermietermehrheit ausgeübt worden, könnte man möglicherweise auf sogenannte Ermächtigungsklauseln im Mietvertrag zurückgreifen. Solche Klauseln erklären die Willenserklärung eines Vermieters auch für den anderen als verbindlich abgegeben. Solche Klauseln finden sich in der Praxis häufig bei der Beteiligung mehrerer Mieter, sind aber auch denkbar, wenn mehrere Vermieter am Vertrag beteiligt sind. Die Klauseln sehen unter Modifizierung des § 425 BGB die Erstreckung der Wirkung von Willenserklärungen eines Vermieters auf den oder die Mitvermieter vor.[590] Ob eine solche Klausel auch Anwendung auf die Ausübung einer Verlängerungsoption findet, hängt davon ab, wie man die rechtliche Konstruktion von Verlängerungsoptionen bewertet. Sieht man die Neubegründung eines Mietverhältnisses bei Ausübung der Option im Vordergrund stehen, so deckt die besagte Klausel die Optionsausübung nicht, da allgemein anerkannt ist, daß solche Klauseln nur Willenserklärungen erfassen, die üblicherweise innerhalb des Mietverhältnisses abgegeben werden, nicht dagegen Erklärungen, die zu einer Beendigung führen oder einer Neubegründung nahekommen.[591] Sieht man den Schwerpunkt jedoch darin, daß die Verlängerungsoption bereits im Mietvertrag ausgehandelt wurde und daher die Ausübung der Option nur zu einer im Vertrag angelegten Verlängerung des Rechtsverhältnisses führt[592], so wird man die Ausübung des Optionsrechts von der Klausel als erfaßt betrachten müssen. Gegen die letzt genannte Auffassung spricht jedoch, daß im Mietvertrag zwar die Möglichkeit der Vertragsverlängerung ausgehandelt wurde, nicht jedoch die

---

589 Vgl. genauer zu der Problematik unter der Kündigung durch eine Erbengemeinschaft auf S. 181 ff.

590 Vgl. zur gesamten Problematik KG, WuM 1985, 12, 12 ff.; *Wolf/Horn/Lindacher*, § 9 AGBG M 55; *Sternel*, I 402 ff.

591 Ganz h.M. *Sternel*, I 403; *Roquette*, § 535 Rn. 88; *Schmidt-Futterer/Blank*, § 553 Rn. 13; LG Berlin, GE 1990, 763, 763.

592 *Sternel*, I 407.

tatsächliche Ausübung erklärt wurde, so daß die Wirkungen der Option erst bei Ausübung eintreten und so einschneidend auf das Mietverhältnis einwirken, daß sich die Klausel sachgemäß nicht auf die Ausübung von Verlängerungsoptionen erstrekken kann.

Weiterhin muß die Ausübung des Optionsrechts rechtzeitig erfolgen. Alle Vermieter müssen bis zum vereinbarten Zeitpunkt, der auf jeden Fall vor Beendigung der Mietzeit liegen muß, ihre Erklärung selbst oder durch einen Vertreter abgegeben haben, und diese Erklärungen müssen dem Mieter auch zugegangen sein. Es genügt nicht, daß erst einer der Vermieter die Ausübung erklärt hat und die übrigen Vermieter nach dem vereinbarten Zeitpunkt ihrerseits die Option ausüben.

Hat die Vermietermehrheit das Optionsrecht innerhalb der vorgeschriebenen Frist nicht wahrgenommen und endet daher das Mietverhältnis zum vorgesehenen Termin, war bei einem Mietverhältnis über Wohnraum bis zum 31.08.2001 § 556b BGB a.F. zu beachten.[593] Danach konnte der Mieter die Fortsetzung des Mietverhältnisses unter den Voraussetzungen der §§ 556a, 556b Abs. 2 BGB a.F. verlangen. Diese Problematik ist jedoch durch die Neuregelung entfallen, da § 556b BGB a.F. ersatzlos gestrichen wurde.

Ist laut Mietvertrag der Mieter berechtigt, die Option auszuüben, so muß der Mieter die Ausübung der Verlängerungsoption gegenüber allen beteiligten Vermietern erklären. Hier kann nichts anderes gelten als bei der vertraglichen Begründung eines Mietverhältnisses. Der Mieter muß somit eine Erklärung abgeben, die darauf gerichtet ist, daß er die Verlängerungsoption ausüben will. Diese Erklärung muß dann allen Vermietern zugehen. Allerdings ist auch hier Empfangsvertretung möglich, die bei den verschiedenen Vermietermehrheiten unterschiedlich geregelt ist. Bei der Bruchteilsgemeinschaft und der Erbengemeinschaft gibt es keine Form der gesetzlichen Vertretung, so daß hier ausdrückliche Empfangsvollmachten erteilt worden sein müssen. Bei der ehelichen Gütergemeinschaft erklärt § 1450 Abs. 2 BGB es bei der gemeinschaftlichen Verwaltung für ausreichend, wenn die Erklärung nur gegenüber einem der Ehepartner abgegeben wird. Bei der Verwaltung durch einen der Ehepartner fehlt eine entsprechende Vorschrift, so daß es wie bei der Bruchteilsgemeinschaft und der Erbengemeinschaft dabei bleibt, daß die Option gegenüber beiden Partnern ausgeübt werden muß. Da die BGB-Innengesellschaft nicht nach außen auftritt, verbleibt es auch hier dabei, daß die Erklärung des Mieters allen Gesellschaftern zugehen muß.

C. Die Verlängerungsklausel

Neben der Möglichkeit, einen Mietvertrag mit einer Verlängerungsoption zu vereinbaren, gibt es eine ähnliche Konstruktion, um auf bestimmte Zeit geschlossene Mietverträge durch die Erklärung einer Partei zu verlängern. Es handelt sich dabei um sogenannte Verlängerungsklauseln. Danach verlängert sich der geschlossene

593 Emmerich/Sonnenschein/Weitemeyer/*Sonnenschein*, § 556b Rn. 3.

Vertrag auf bestimmte oder unbestimmte Zeit, wenn nicht ein Vertragsteil innerhalb einer bestimmten Frist vor Ablauf des Mietverhältnisses die Weiterführung ablehnt. Der erklärende Vertragsteil muß also eine Willenserklärung mit dem Inhalt abgeben, daß er eine Fortsetzung des Mietverhältnisses ablehnt.[594] Gibt keine der Parteien eine Erklärung ab, wird das Mietverhältnis fortgesetzt.[595] Es handelt sich folglich um eine Kombination eines auf feste Zeit abgeschlossenen Vertrags mit einem Vertrag auf längere oder unbestimmte Zeit unter der Bedingung, daß keine Partei fristgemäß ablehnt.[596]

I. Das Innenverhältnis

Wie bei jeder Maßnahme einer Vermietermehrheit richten sich die Vorschriften für das Innenverhältnis im Rahmen der Beendigung eines Mietverhältnisses nach der jeweiligen Rechtsform der Personenmehrheit. Insbesondere ist fraglich, wie Erklärungen einzustufen sind, welche die weitere Fortsetzung des Mietverhältnisses ablehnen, und welche Mitspracherechte der einzelne Vermieter hat.

1. Die Bruchteilsgemeinschaft

Bilden die Vermieter eine Bruchteilsgemeinschaft i.S.d. §§ 741 ff., 1008 ff. BGB, so ist die Ablehnung der Fortsetzung im Rahmen einer Verlängerungsklausel wie die Ausübung einer Verlängerungsoption als Verwaltungsmaßnahme an den §§ 744 – 746 BGB zu messen.[597] Um die Ablehnung der Verlängerung eines Mietverhältnisses zu erklären, muß zunächst innerhalb der Bruchteilsgemeinschaft ein entsprechender Beschluß gefaßt werden. Die Beschlußfassung erfolgt gemäß § 744 Abs. 1 BGB grundsätzlich gemeinschaftlich. Da die Ausübung der Verlängerungsoption oder die Ablehnungserklärung grundsätzlich als eine Maßnahme ordnungsgemäßer Verwaltung zu beurteilen sein wird, genügt nach § 745 Abs. 1 BGB ein Mehrheitsbeschluß der Vermieter. Allerdings folgt aus der Tatsache, daß der Mietvertrag eine Verlängerungsoption oder -klausel enthält, allein noch nicht, daß es bei unveränderter Situation gegenüber dem Vertragsschluß allein einer ordnungsgemäßen Verwaltung entspricht, eine Ablehnung zu erklären, so daß der einzelne Teilhaber kein Recht gegen die anderen Teilhaber auf Zustimmung zu einem derartigen Beschluß hat. Ist der gemeinschaftliche Gegenstand an einen der Teilhaber vermietet, so ist schließlich wie bei der Beschlußfassung über die Vermietung nach § 745 Abs. 1 BGB zu beachten, daß der mietende Teilhaber analog § 34 BGB von der Beschlußfassung

---

594 Staudinger/*Sonnenschein*, § 564 Rn. 16 m.w.N., a.A. LG Gießen, ZMR 1977, 157, 158 f.; RGRK/*Gelhaar*, § 564 Rn. 6; *Roquette*, § 564 Rn. 34; *Schmidt-Futterer/Blank*, § 564 Rn. 12.

595 Staudinger/*Sonnenschein*, § 564 Rn. 17; siehe dort auch zum Streit, ob ein neuer Vertrag mit gleichem Inhalt zustande kommt oder ob das Mietverhältnis identisch ist.

596 Emmerich/Sonnenschein/Weitemeyer/*Emmerich*, Vor §§ 535, 536 Rn. 80.

597 Für die Ablehnung der Fortsetzung im Rahmen einer Verlängerungsklausel OLG Düsseldorf, NJW-RR 1998, 11, 11.

ausgeschlossen ist.[598] Die Ablehnung im Rahmen einer Verlängerungsklausel kann im Einzelfall auch eine notwendige Maßnahme i.S.v. § 744 Abs. 2 BGB darstellen, wenn der Mieter beispielsweise durch vertragswidrigen Gebrauch die Substanz des Mietobjektes gefährdet. Die Ablehnung der Notgeschäftsführungsbefugnis unter Hinweis auf eine mögliche außerordentliche Kündigung nach § 543 Abs. 2 BGB ist nicht sachgemäß, da es bei der Beurteilung einer Maßnahme als notwendig nicht darauf ankommt, ob das Ziel auch anderweitig erreicht werden kann.

2. Die BGB-Innengesellschaft

Wie die Beschlußfassung über eine Verlängerungsoption stellt auch die Ablehnung der Fortsetzung eines Mietverhältnisses im Rahmen einer Verlängerungsklausel eine Maßnahme der Geschäftsführung dar, die sich entweder nach den Regelungen im Gesellschaftsvertrag oder subsidiär nach § 709 Abs. 1 BGB richtet.

3. Die Erbengemeinschaft

Gehört die vermietete Sache mehreren Miterben, die eine Erbengemeinschaft i.S.d. §§ 2032 ff. BGB bilden, ist die Ablehnung der Fortsetzung des Mietverhältnisses im Rahmen einer Verlängerungsklausel wie die Ausübung einer Verlängerungsoption sowohl als Verwaltungsmaßnahme als auch als Verfügung anzusehen, da die Ablehnung unmittelbar das Mietverhältnis aufhebt. Allerdings handelt es sich im Innenverhältnis bei der Beschlußfassung über eine solche Maßnahme immer um eine Verwaltungsmaßnahme, so daß § 2038 BGB heranzuziehen ist. Es gilt daher das zur Beschlußfassung über eine Verlängerungsoption Ausgeführte entsprechend.

4. Die eheliche Gütergemeinschaft

Wie bei der Ausübung einer Verlängerungsoption stellt die Ablehnung der Verlängerung im Rahmen einer Verlängerungsklausel eine Verwaltungsmaßnahme dar, die nach der vereinbarten Art der Verwaltung (gemeinschaftliche Verwaltung nach §§ 1450 ff. BGB oder Verwaltung durch einen der Ehepartner nach §§ 1422 ff. BGB) zu beurteilen ist. Es gilt damit das zur Verlängerungsoption Ausgeführte entsprechend.

II. Das Außenverhältnis

Bei der Beteiligung einer Vermietermehrheit muß die Erklärung, die Fortsetzung des Mietvertrags werde abgelehnt, im Außenverhältnis von allen Personen der Vermietermehrheit abgegeben beziehungsweise gegenüber allen Personen dieser Mehrheit erklärt werden. Wie bei der Verlängerungsoption ist auch hier sowohl Stellvertretung als auch Empfangsvertretung möglich. Da auch die Ablehnung der Fortset-

598 Vgl. oben zum Vertragsschluß auf S. 33 und OLG Düsseldorf, NJW-RR 1998, 11, 12.

zung eines Mietverhältnisses im Rahmen einer Verlängerungsklausel wie die Ausübung einer Verlängerungsoption bei der Bruchteilsgemeinschaft eine Verwaltungsmaßnahme darstellt,[599] gelten die im Rahmen der Verlängerungsoption zur Vertretungsmacht der Mehrheit der Teilhaber einer Bruchteilsgemeinschaft angestellten Erörterungen entsprechend. Gleiches gilt für die Erbengemeinschaft, wenn man die Ablehnung als Verwaltungsmaßnahme an § 2038 BGB mißt.[600] Auch die Ausführungen zu den gesetzlichen Vertretungsregeln bei der ehelichen Gütergemeinschaft gelten entsprechend.[601] Wie bei der Verlängerungsoption greifen formularmäßige Empfangsklauseln nicht, da die Willenserklärung auf die Beendigung des Mietverhältnisses abzielt.[602]

Vor der Neufassung des Mietrechts war zusätzlich zu beachten, daß bei Mietverhältnissen über Wohnraum § 565a BGB a.F. für befristete Mietverträge mit Verlängerungsklausel eine Kündigung forderte, damit der Kündigungsschutz des sozialen Mietrechts nicht durch entsprechende Vertragsgestaltungen der Parteien ausgeschlossen werden konnte.[603] Zu den mit einer Kündigung zusammenhängenden Problemen bei einer Vermietermehrheit wird auf den nachfolgenden Abschnitt verwiesen.

D. Die Kündigung

Das Recht zur Kündigung ist ein Gestaltungsrecht. Es wird durch eine einseitige, empfangsbedürftige Willenserklärung ausgeübt.[604] Die Kündigung wird durch Zugang beim anderen Vertragsteil wirksam.[605] Kündigungsberechtigt sind die Parteien des Mietverhältnisses, das heißt sowohl der Mieter als auch die Vermietermehrheit können kündigen. Es sind die ordentliche und die außerordentliche Kündigung zu unterscheiden. Die außerordentliche Kündigung läßt sich zusätzlich in die außerordentliche fristgemäße und die außerordentliche fristlose Kündigung einteilen. Die Unterscheidung in ordentliche und außerordentliche Kündigungen entspricht der generellen Differenzierung bei der Beendigung von Mietverhältnissen. Das Mietverhältnis endet ordentlich, wenn der Beendigungstatbestand dem Vertragsverhältnis von vornherein innewohnt, wie bei auf unbestimmte Zeit geschlossenen Mietverträgen die ordentliche Kündigung. Befristete Mietverträge können dagegen nicht durch

---

599 OLG Düsseldorf, NJW-RR 1998, 11, 11; auch wenn man sich der Ansicht, die die Ablehnung im Rahmen einer Verlängerungsklausel als Kündigung einstuft, anschließt, liegt eine Verwaltungsmaßnahme vor, da auch die Kündigung eine Verwaltungsmaßnahme darstellt, vgl. RGRK/*von Gramm*, §§ 745, 746, Rn. 5; Staudinger/*Langhein*, § 744 Rn. 9; MünchKomm/*Schmidt*, §§ 744, 745 Rn. 5; Palandt/*Sprau*, § 745 Rn. 2.

600 Vgl. dazu oben auf S 159.

601 Siehe oben auf S. 47 und 49.

602 Siehe dazu oben auf S. 160.

603 Staudinger/*Sonnenschein*, § 565a Rn. 3.

604 Emmerich/Sonnenschein/Weitemeyer/*Sonnenschein*, § 564 Rn. 11; *Sternel*, IV 2; MünchKomm/*Voelskow*, § 564 Rn. 14; Palandt/*Weidenkaff*, § 542 Rn. 12; Erman/*Jendrek*, § 564 Rn. 6.

605 *Sonnenschein*, FS für Kraft, 607, 622.

ordentliche Kündigung beendet werden. Hier ist nur die außerordentliche Kündigung möglich. Ein Mietverhältnis endet außerordentlich, wenn nach Vertragsschluß Umstände eintreten, die aus objektivem Anlaß die Geschäftsgrundlage betreffen oder wenn es dem Kündigenden durch Vertragsverletzungen des anderen Teils unzumutbar wird, das Mietverhältnis fortzusetzen. Im ersten Fall ist der Kündigungsempfänger grundsätzlich schutzbedürftig, so daß ihm das Gesetz in §§ 573d Abs. 1, 580a Abs. 4 BGB eine Kündigungsfrist einräumt. Man spricht daher von einer außerordentlichen befristeten Kündigung. Im zweiten Fall dagegen erscheint der Kündigungsempfänger nicht schutzwürdig, so daß ihm keine Kündigungsfrist zugebilligt wird. Hier liegt eine außerordentliche fristlose Kündigung vor.[606]

Sind auf Vermieterseite mehrere Personen beteiligt, stellt sich die Frage, welche Konsequenzen sich aus dem Vorliegen einer Personenmehrheit ergeben. Eine ausdrückliche Regelung im Gesetz besteht nicht. In Literatur und Rechtsprechung findet sich dennoch im allgemeinen die Aussage, daß das gesamte Mietverhältnis einheitlich und unter Beteiligung aller Vermieter gekündigt werden muß.[607] Bei näherer Betrachtung erkennt man, daß diese Aussage inhaltlich zwei unterschiedliche Problemkreise anschneidet.[608] Als erstes betrifft sie die Frage, ob das Mietverhältnis einheitlich gekündigt werden muß, oder ob auch Teilkündigungen möglich sind. Unter einer Teilkündigung in diesem Sinne sind Kündigungen zu verstehen, die das Mietverhältnis nur im Hinblick auf einzelne Vermieter beenden, das Vertragsverhältnis ansonsten jedoch mit den übrigen Vermietern bestehen bleibt. Davon ist die Frage zu unterscheiden, wer die Kündigung aussprechen oder wem gegenüber die Kündigung erklärt werden muß.

I. Die Einheitlichkeit der Kündigung

Zunächst ist fraglich, ob ein Mietverhältnis mit mehreren Vermietern nur einheitlich gekündigt werden kann. Würde man diese Frage verneinen, könnte der Mieter das Mietverhältnis selektiv gegenüber einzelnen Vermietern kündigen mit der Folge, daß das Mietverhältnis weiterhin mit den verbleibenden Vermietern bestehen bleibt. Mit der gleichen Folge könnte auch ein einzelner Vermieter nur mit Wirkung für sich dem Mieter kündigen. Man spricht von sogenannter Einzelwirkung, im Gegensatz zur Gesamtwirkung, die vorliegt, wenn die Kündigung das gesamte Schuldverhältnis mit allen Beteiligten beendet. Zur Beantwortung der Frage ist auf § 425 BGB abzustellen. § 425 Abs. 1 BGB bestimmt, daß grundsätzlich Tatsachen, die nicht in §§ 422- 424 BGB genannt sind, nur für und gegen den Gesamtschuldner wirken, in dessen Person sie eintreten. Dabei wird in Abs. 2 der Vorschrift die Kündigung

606 *Sternel*, IV 1; Emmerich/Sonnenschein/Weitemeyer/*Sonnenschein*, § 564 Rn. 47 ff.

607 *Sonnenschein*, FS für Kraft, 607, 622; Emmerich/Sonnenschein/Wietemeyer/*Sonnenschein*, § 564 Rn. 11; Staudinger/*Sonnenschein*, § 564 Rn. 24; Erman/*Jendrek*, § 564 Rn. 10; MünchKomm/*Voelskow*, § 564 Rn. 24; *Sternel*, IV 9; *Schmidt-Futterer/Blank*, § 564 Rn. 42; *Mittelstein*, 464; BGH NJW 1986, 918, 918; BGH NJW 1958, 421, 421.

608 *Behrens*, 252 Fn. 13.

ausdrücklich genannt. Nach den angeführten Aussagen könnte man somit vermuten, daß es möglich ist, den Mietvertrag gegenüber einem oder durch einen einzelnen Vermieter zu kündigen. Hiergegen spricht jedoch, daß nach allgemeiner Ansicht die Kündigung in Abs. 2 auf sogenannte Fälligkeitskündigungen beschränkt werden muß.[609] Fälligkeitskündigungen sind gemäß §§ 284 Abs. 2, 608 Abs. 1 BGB Kündigungen, durch die eine bestimmte Leistung überhaupt erst fällig wird. Hiervon zu unterscheiden ist die Kündigung von Dauerschuldverhältnissen, wie es das Mietverhältnis darstellt. Anders als bei Fälligkeitskündigungen wird das Mietverhältnis durch eine Kündigung inhaltlich verändert. Das bedeutet, daß die Kündigung, würde sie nur durch einen von mehreren Vertragspartnern zugelassen, die Umgestaltung des Schuldverhältnisses zu Lasten der anderen am Vertrag Beteiligten zur Folge haben würde.[610] Solche Veränderungen können jedoch nur durch alle beziehungsweise gegen alle Beteiligten geschehen.[611] Verändert sich das gesamte Rechtsverhältnis, so bedarf eine solche Vertragsänderung gemäß § 311 Abs. 1 BGB der Zustimmung aller Beteiligten.[612] Die Festlegung der am Mietvertrag beteiligten Personen gehört zu den wesentlichen Bestandteilen eines jeden Mietvertrages und ist daher keinesfalls von der mietvertraglichen Kündigungsbefugnis umfaßt.[613] Somit ergibt sich aus dem Mietvertrag, daß eine Kündigung nicht auf einzelne Beteiligte beschränkt werden kann, so daß der in § 425 BGB aufgestellte Grundsatz der Einzelwirkung entsprechend der Einschränkung in Abs. 1 1. Nebensatz der Vorschrift durchbrochen wird.[614]

Weitere Probleme ergeben sich, wenn – wie es beispielsweise im Rahmen einer außerordentlichen Kündigung erforderlich ist – ein bestimmter Kündigungsgrund in der Person des Vermieters vorliegen muß. Diese Frage ist jedoch von der Frage nach der Zulässigkeit von Teilkündigungen hinsichtlich einzelner Vermieter zu trennen. Insbesondere bei der Beteiligung mehrerer Mieter gab es in Rechtsprechung und Literatur immer wieder Tendenzen, wegen eines nur in der Person eines einzelnen Mitmieters gegebenen Kündigungsgrundes entgegen der oben aufgeführten Feststellungen Teilkündigungen zuzulassen.[615] Dem kann jedoch insbesondere bei der Beteiligung einer Vermietermehrheit nicht zugestimmt werden. Es ist für die verbleibenden Parteien nämlich nicht unbedingt besser, wenn der Mietvertrag zumindest mit den übrigen Personen fortgeführt wird. Für den Mieter ist es in Hinblick auf ein potentielles Herausgabeverlangen nach § 985 BGB von erheblicher Bedeutung, keine vertraglichen Beziehungen zu einzelnen Miteigentümern der

609 MünchKomm/*Bydlinski*, § 425 Rn. 4; *Behrens*, 250; Erman/*Ehmann*, § 425 Rn. 7; *Larenz* I, § 37 II.

610 RGZ 138, 183, 186.

611 MünchKomm/*Bydlinski*, § 425 Rn. 4.

612 Vgl. RGZ 138, 183, 186; BGHZ 96, 302, 310; OLG Düsseldorf, NJW-RR 1987, 1369, 1370; OLG Frankfurt/a.M., NJW-RR 1991, 459, 460.

613 Vgl. *Behrens*, 251.

614 Staudinger/*Sonnenschein*, § 564 Rn. 22.

615 *Behrens*, 251 m.w.N.

Mietsache zu verlieren. Genauso kann es für die übrigen Vermieter von ausschlaggebendem Gewicht gewesen sein, nur mit dem ausscheidenden Vermieter einen Mietvertrag abzuschließen, damit die im Rahmen eines Mietverhältnisses anfallenden Kosten auf mehrere Personen gleichmäßig verteilt werden können. Es bleibt damit nur zu entscheiden, ob es alle Vermieter zu einer Kündigung berechtigt, wenn der Kündigungsgrund nur in einer Person vorliegt. Auf diesen Punkt ist später anhand der einzelnen Kündigungsgründe einzugehen.

II. Die Beteiligung an der Kündigung

Durch die Feststellung, daß ein Mietverhältnis nur einheitlich gegenüber oder durch alle Vermieter gekündigt werden kann, ist noch nicht geklärt, welcher der beteiligten Vermieter die Kündigung aussprechen muß, oder wem gegenüber der Mieter die Kündigung vorzunehmen hat. Zunächst spricht die besondere Bedeutung der Kündigung für das Mietverhältnis dafür, daß alle Vermieter an der Kündigung beteiligt sein müssen. Es erscheint unsachgemäß, wenn beispielsweise ein Mieterhöhungsverlangen, das grundsätzlich für die Vermieter positiv zu bewerten ist, nur von allen Vermietern gemeinsam erklärt, das Mietverhältnis aber durch einen einzelnen Vermieter mit Wirkung für alle beendet werden kann.[616] Dem ist selbstverständlich auch nicht so. Dies liegt daran, daß die Kündigung das gesamte Mietverhältnis betrifft. Betrifft eine Erklärung das ganze Mietverhältnis, so muß sie grundsätzlich auch von und gegenüber allen Vermietern abgegeben werden. Alle anderen Erklärungen sind unwirksam. Unabhängig davon ist auch bei der Kündigung durch oder gegen eine Vermietermehrheit beispielsweise Stellvertretung oder Empfangsvertretung möglich. Auf diese Punkte ist gesondert einzugehen. Grundsätzlich ist daher zu raten, lieber eine Erklärung zu viel abzugeben als eine zu wenig, um bei Unklarheiten über die Personen der beteiligten Vermieter nicht zu riskieren, daß die erstrebte Maßnahme unwirksam ist, da sie nicht durch alle beteiligten Vermieter ausgesprochen wurde oder diesen nicht zugegangen ist.[617]

III. Kündigung durch den Mieter

Zunächst ist es denkbar, daß die Kündigung durch den Mieter erklärt wird. Besteht das Mietverhältnis mit einer Mehrheit von Vermietern, so ist fraglich, welche Konsequenzen sich aus den oben dargestellten Grundsätzen für den Mieter ergeben.

Der Mieter muß die Kündigungserklärung gegenüber allen beteiligten Vermietern abgeben. Durch die Kündigung wird das gesamte Mietverhältnis gegenüber allen Vermietern beendet. Eine Kündigung ist damit nicht das geeignete Mittel, wenn der Mieter das Mietverhältnis nur noch mit einzelnen Vermietern fortführen will, etwa weil einer der Vermieter nicht mehr Eigentümer der Mietsache ist und bei

---

616 Vgl. auch *Behrens*, 253, der zwar auch eine Beteiligung aller Personen voraussetzt, dies jedoch nicht mit den schweren Folgen einer Kündigung begründen will.

617 *Scholz*, WuM 1986, 5, 5.

der Veräußerung beweglicher Sachen kein Wechsel in der Vermieterposition wie bei der von Immobilien gemäß § 566 BGB stattfindet. Hier besteht nur die Möglichkeit der Vertragsübernahme oder Vertragsänderung gemäß § 311 Abs. 1 BGB. An diesen Rechtsgeschäften sind jedoch alle Personen zu beteiligen.[618]

Weiter ist zu beachten, daß unter Umständen die im Rubrum des Vertragsformulars angegebenen Vermieter nicht die tatsächlichen sind. Es kann beispielsweise durch Abweichungen zwischen dem Rubrum und den Unterschriften zu Problemfällen kommen, die im Einzelfall eine vom Rubrum abweichende rechtliche Bewertung der Vermieterposition erfordern.[619] Genauso liegt der Fall, wenn der im Vertrag genannte Vermieter gestorben ist und von mehreren Erben beerbt wurde. Auch hier muß der Mieter sich genau informieren, wer seine Vertragspartner sind. Unwirksam ist die Kündigungserklärung des Mieters jedoch nur, wenn sie nicht gegenüber allen Vermietern erklärt wird. Die Erklärung gegenüber einer Person, die nicht Vertragspartei ist, ist dagegen unschädlich. Das Risiko, eine unwirksame Erklärung abzugeben, trägt der Vertragspartner einer Personenmehrheit jedoch während der gesamten Dauer der Vertragsbeziehungen. Aber auch die Personenmehrheit selbst trägt ein entsprechendes Risiko, wenn es darum geht, Erklärungen durch alle Beteiligten abzugeben.

Die Kündigungserklärung muß eindeutig zum Ausdruck bringen, daß der Mieter das Mietverhältnis beenden will. Das Wort Kündigung muß dabei nicht benutzt werden.[620] Wie beim Vertragsschluß stellt sich die Situation für den Mieter als einheitlicher Vorgang dar, so daß er nur eine Willenserklärung abgibt.[621] Diese muß jedoch jedem beteiligten Vermieter zugehen. Erfolgt die Erklärung schriftlich, so liegen faktisch mehrere Erklärungen desselben Inhalts vor. Dabei ist darauf zu achten, daß nach Ansicht der Rechtsprechung die Erklärungen den einzelnen Vermietern in einem engen zeitlichen Zusammenhang zugehen müssen.[622] Davon könne bei einer Zeitdifferenz von mehr als einem Monat nicht mehr die Rede sein.[623] Feste Zeiträume werden jedoch nicht genannt, so daß es wohl auf die – da nicht durch objektive Kriterien eindeutig bestimmbare – willkürliche Festlegung durch den Richter ankommt. Ob ein solcher zeitlicher Zusammenhang erforderlich ist, weil ansonsten nicht feststünde, ab wann das Mietverhältnis durch einseitiges Rechtsgeschäft beendet worden sei,[624] ist fraglich, da man auch auf den Zugang der Kündigung beim letzten Vermieter abstellen könnte. Vielmehr ist der zeitliche Zusammenhang wohl deshalb zu fordern, um einen langen Schwebezustand zu verhindern, in dem nicht sicher ist, ob noch wirksam gekündigt werden kann oder nicht.

---

618 Siehe dazu oben auf S. 69.
619 Siehe dazu oben auf S. 64 und 67.
620 Staudinger/*Sonnenschein*, § 564 Rn. 67.
621 Siehe oben auf S. 52.
622 Vgl. OLG Düsseldorf, DWW 1987, 293, 293 f. für die Kündigung einer Mietermehrheit durch den Vermieter.
623 OLG Düsseldorf, DWW 1987, 293, 294.
624 OLG Düsseldorf, DWW 1987, 293, 294.

Empfangsvertretung ist zulässig. Es ergeben sich aber möglicherweise bei den verschiedenen Arten der Vermietermehrheiten Unterschiede. So gibt es bei der Bruchteilsgemeinschaft und der Erbengemeinschaft keine Form der gesetzlichen Empfangsvertretung, so daß hier rechtsgeschäftlich Empfangsvollmachten erteilt werden müssen.[625] Etwas anderes gilt bei der ehelichen Gütergemeinschaft, wenn die Ehepartner die Alleinverwaltung gemäß §§ 1450 ff. BGB vereinbart haben. Gemäß § 1450 Abs. 2 BGB genügt der Zugang bei einem der Ehepartner. Der Ehegatte, der die Willenserklärung empfangen hat, ist verpflichtet, den anderen Ehegatten unverzüglich zu benachrichtigen.[626]

Fraglich ist, ob Empfangsvertretungen auch formularmäßig vereinbart werden können. In der Praxis tauchen regelmäßig Klauseln auf, die es für die Wirksamkeit von Erklärungen des Vermieters für ausreichend erklären, daß diese gegenüber einem von mehreren Mitmietern abgegeben werden, weil die Mieter zur Entgegennahme solcher Erklärungen als gegenseitig bevollmächtig gelten.[627] Eine entsprechende Formulierung für Erklärungen gegenüber Vermietermehrheiten ist dagegen aufgrund der tendenziell stärkeren Position des Vermieters nicht üblich, aber durchaus denkbar. Anders als bei der Erklärung einer Kündigung kann der einzelne Beteiligte der Personenmehrheit bei der bloßen Entgegennahme einer Kündigungserklärung nicht einseitig gegen die anderen Beteiligten der Personenmehrheit tätig werden und diese dadurch benachteiligen.[628] Das Problem der Wirksamkeit einer formularmäßigen Einräumung von Empfangsvollmachten beschränkt sich damit allein auf die Frage der Klarheit der Klauseln, damit der betroffene Vertragsteil erkennen kann, welche Folgen sich aus der Regelung für ihn ergeben können. Nimmt die Klausel somit ausdrücklich auf Kündigungen Bezug, so ist sie wirksam. Diese Argumentation, die für Klauseln vertreten wird, die die formularmäßige Bevollmächtigung von Mietermehrheiten bestimmen,[629] gilt entsprechend für die formularmäßige Bevollmächtigung von Vermietermehrheiten. Allerdings muß der Widerruf einer solchen Vollmacht aus berechtigtem Interesse möglich bleiben.[630] Folglich ist es ausreichend, daß die Kündigungserklärung eines Mieters bei einem der beteiligten Vermieter zugeht, wenn eine Empfangsvertretung formularmäßig vereinbart wurde.

Werden an die ordentliche Kündigung durch den Mieter grundsätzlich keine weiteren Anforderungen gestellt, als daß die Erklärung der Kündigung nach den oben dargestellten Grundsätzen innerhalb einer bestimmten Frist dem Vermieter zugehen muß und bei der Wohnraummiete gemäß § 568 Abs. 1 BGB der Schriftform bedarf, müssen bei der außerordentlichen Kündigung zusätzlich bestimmte Kündigungsgründe vorliegen. Ein Problem, das sich stellt, wenn dem Mieter als

625 *Sonnenschein*, FS für Kraft, 607, 622.
626 Staudinger/*Thiele*, § 1450 Rn. 39.
627 Staudinger/*Sonnenschein*, § 564 Rn. 47.
628 Vgl. dazu auch S. 160.
629 Staudinger/*Sonnenschein*, § 564 Rn. 47; *Bub/Treier/Grapentin*, IV 32; a.A. wohl *Sternel*, I 403 m.w.N.
630 *Sternel*, I 404.

Vertragspartner eine Personenmehrheit gegenübersteht, ist folgendes: Ist der Mieter bereits dann zur Kündigung berechtigt, wenn nur einer der Vermieter einen Kündigungsgrund erfüllt? Allein aus der Einheitlichkeit des Mietverhältnisses kann bei einer Mehrheit von Vermietern nicht gefolgert werden, daß ein Kündigungsgrund, der nur in einer Person der Vermietermehrheit eingetreten ist, den Mieter berechtigt, das Mietverhältnis zu kündigen.[631] Hier hat sich die Ansicht durchgesetzt, daß die Frage nicht allgemein beantwortet werden kann, sondern anhand der einzelnen Kündigungsgründe entschieden werden muß.[632]

1. Außerordentliche fristlose Kündigung nach §§ 543, 569 BGB

Das Recht zur außerordentlichen fristlosen Kündigung aus wichtigem Grund wurde durch die Vorschrift des § 543 BGB neu geordnet, indem das allgemeine Kündigungsrecht aus wichtigem Grund, das auch vor dem Mietrechtsreformgesetz allgemein anerkannt war, gesetzlich in einer Vorschrift festgeschrieben wurde, und damit die bisherigen Teilkodifikationen wie beispielsweise in § 554a BGB a.F. durch eine umfassende Regelung ersetzt wurden.[633] Nach der Generalklausel in § 543 Abs. 1 BGB liegt ein wichtiger Grund vor, wenn die Vertragsfortsetzung nach umfassender Interessenabwägung und Bewertung der Umstände des Einzelfalls, insbesondere des Verschuldens, unzumutbar ist. Die Vorschrift des § 543 BGB gilt für alle Arten von Mietverhältnissen. Für Mietverträge über Wohnräume und gemäß § 578 Abs. 2 BGB auch für sonstige Räume ist § 569 BGB ergänzend heranzuziehen. Beide Regelungen enthalten gesetzlich definierte Beispiele des wichtigen Kündigungsgrundes. Hinsichtlich der Beteiligung mehrerer Vermieter am Mietverhältnis ist es von Interesse, welche Rechtsfolgen sich ergeben, wenn der Kündigungsgrund nur in der Person eines Vermieters erfüllt ist.

a. Nichtgewährung des Gebrauchs nach § 543 Abs. 2 Nr. 1 BGB

Nach § 543 Abs. 2 Nr. 1 BGB kann der Mieter den Mietvertrag unter bestimmten Voraussetzungen kündigen, wenn ihm der vertragsmäßige Gebrauch der Mietsache zum Teil oder ganz nicht rechtzeitig gewährt oder wieder entzogen wird. In der Regel handelt es sich um Sach- oder Rechtsmängel i.S.d. § 536 BGB.[634] Das Kündigungsrecht kommt aber auch in Betracht, wenn Unmöglichkeit oder Verzug des

---

631 Staudinger/*Sonnenschein*, § 564 Rn. 72.

632 Emmerich/Sonnenschein/Weitemeyer/*Sonnenschein*, § 564 Rn. 33; Staudinger/*Sonnenschein*, § 564 Rn. 72; Staudinger/*Emmerich*, Vorbem zu §§ 535, 536 Rn. 94; *Bub/Treier/Grapentin*, IV 6; *Leverenz*, 294 ff.; *Behrens*, 255 ff.; *Pietsch*, 108f; *Reinicke/Tiedtke*[2], 46; Soergel/*Wolf*, § 425 Rn. 4; BGHZ 26, 102, 105; BGH MDR 1964, 308, 309; BGH NJW 1986, 252, 253; OLG Celle, MDR 1974, 673, 673 = NJW 1974, 2012.

633 Vgl. zur Rechtslage bis zum 31.08.2001 Emmerich/Sonnenschein/Weitemeyer/*Emmerich*, § 554a Rn. 1.

634 Vgl. Emmerich/Sonnenschein/Weitemeyer/*Emmerich*, § 542 Rn. 2 f.

Vermieters vorliegen.[635] Der Grund für die Nichtgewährung oder Entziehung des Gebrauchs ist unerheblich,[636] so daß es für § 543 Abs. 2 Nr. 1 BGB ohne Bedeutung ist, ob nur einer der Vermieter oder alle dem Mieter den Gebrauch der Sache nicht gewähren. Dies ist einsichtig, da der Vermieter auch für das Verhalten Dritter einstehen muß.[637] Die fristlose Kündigung ist nach § 543 Abs. 3 BGB jedoch grundsätzlich erst möglich, wenn der Mieter dem Vermieter eine Frist gesetzt hat, die der Vermieter hat verstreichen lassen, ohne Abhilfe zu schaffen. Da die Gründe für die unterlassene Abhilfe unbeachtlich sind und der Vermieter diese auch dann gegen sich gelten lassen muß, wenn ihn kein Verschulden trifft oder wenn er auf die Umstände, die zur Gebrauchsentziehung oder –beschränkung führen, keinen Einfluß hat, ist es ausreichend, wenn auch nur einer der beteiligten Vermieter keine Abhilfe geschaffen hat.

Es stellt sich jedoch die Frage, ob es ausreichend ist, wenn der Mieter nur gegenüber einem der Vermieter eine Erklärung abgibt, in der er unter Fristsetzung zur Störungsbeseitigung auffordert. Dabei kann dahingestellt bleiben, ob es sich bei der Fristsetzung um eine Willenserklärung handelt oder um eine geschäftsähnliche Handlung, da die Normen über Rechtsgeschäfte jedenfalls analog anwendbar sind.[638] Willenserklärungen sind bei der Beteiligung einer Personenmehrheit grundsätzlich von und gegenüber allen abzugeben. Dies spricht dafür, daß der Mieter allen Vermietern eine Frist setzten muß. Dafür spricht auch der Sinn und Zweck der Fristsetzung in § 543 Abs. 3 BGB. Durch die Fristsetzung soll dem Vermieter eine letzte Chance zur Erfüllung gegeben werden.[639] Wie bei der Abmahnung einer Mietermehrheit im Rahmen des § 543 Abs. 3 BGB[640] ist es für jeden Vermieter von erheblicher Wichtigkeit, von der Störung und der gesetzten Frist zu erfahren, um seinerseits Abhilfe schaffen zu können. Deshalb ist es erforderlich, daß der Mieter sich gegenüber allen Vermietern erklärt. Ansonsten ist die Voraussetzung der Fristsetzung in § 543 Abs. 3 BGB nicht erfüllt. Der Mieter wird durch diese Auffassung auch nicht über Gebühr belastet. Bereits bei Abschluß des Vertrages muß dem Mieter klar gewesen sein, daß sich für ihn aus der Tatsache, daß er eine Personenmehrheit als Vertragspartner hat, ein größerer Verwaltungsaufwand ergeben würde. Zudem ist es gerade bei der Anzeige eines Mangels der Mietsache offensichtlich, daß alle Vermieter zu benachrichtigen sind. Nur dann besteht die ausreichende Gewähr, daß ein behebbarer Mangel auch tatsächlich beseitigt wird. Im übrigen ist in vielen Fällen eine Fristsetzung ohnehin entbehrlich, so daß von einer unverhältnismäßigen Belastung des Mieters nicht gesprochen werden kann.

---

635 Vgl. Emmerich/Sonnenschein/Weitemeyer/*Emmerich*, § 542 Rn. 2 f.

636 Emmerich/Sonnenschein/Weitemeyer/*Emmerich*, § 542 Rn. 3; *Sonnenschein*, PiG Bd 26 (1987) 45, 60; RGZ 98, 101, 103; BGH NJW 1974, 2233, 2233 ff.

637 Vgl. nur OLG Köln NJW 1972, 1814, 1814 f.

638 Staudinger/*Otto*, § 326 Rn. 70.

639 Staudinger/*Emmerich*, § 542 Rn. 25.

640 Siehe dazu unten auf S. 189.

b. Störung des Hausfriedens nach §§ 543 Abs. 1, 569 Abs. 2 BGB

Gemäß §§ 543 Abs. 1, 569 Abs. 2 BGB kann jede Vertragspartei ein Mietverhältnis über Räume und Wohnräume kündigen, wenn der andere Vertragsteil den Hausfrieden nachhaltig stört, so daß dem Kündigenden die Fortsetzung des Mietverhältnisses nicht mehr zugemutet werden kann. Fraglich ist, ob der Mieter bereits dann zur Kündigung nach §§ 543 Abs. 1, 569 Abs. 2 BGB berechtigt ist, wenn nur einer der Vermieter den Hausfrieden in erheblichem Maße verletzt hat. Als Beispiel kann hier die Beleidigung des Mieters durch einen der Vermieter genannt werden.[641]

Beachtung hat die Frage nach der Zurechenbarkeit des schuldhaften Verhaltens innerhalb einer Personenmehrheit im Rahmen des § 554a a.F. BGB, der dem heutigen § 569 Abs. 2 entspricht, in Literatur und Rechtsprechung überwiegend auf Mieterseite gefunden. So wird größtenteils angenommen, daß der Vermieter allen Mietern kündigen kann, wenn auch nur einer der Mieter den Hausfrieden gestört hat.[642] Die Begründungen sind unterschiedlich. Einerseits soll sich die Rechtsfolge daraus ergeben, daß die nicht störenden Mieter sich das Verhalten des störenden Mieters zurechnen lassen müssen. Dies folge daraus, daß jeder Mieter die Pflicht habe, auf den anderen einzuwirken.[643] Andererseits wird vertreten, daß nicht der Umstand, daß die nicht störenden Mieter für das Verhalten des störenden Mieters einzustehen hätten, sondern der Zweck des § 554a a.F. BGB die Folge rechtfertige. Dieser liege darin, den Hausfrieden zu schützen. Ein wirksamer Schutz könne bei einer nachhaltigen Störung durch einen der Mieter nur erreicht werden, wenn das Mietverhältnis beendet werde.[644] Eine Ansicht in der Literatur hält die Aussage, daß trotz Störung durch nur einen der Mieter der Vermieter allen Mietern kündigen kann, auch im Falle der Vermietermehrheit für berechtigt, ohne jedoch genauer zu differenzieren.[645] Es gibt aber auch Gegenstimmen, die eine Störung durch nur einen Mieter nicht für ausreichend halten, da den anderen Mietern das Verhalten gemäß § 425 BGB grundsätzlich nicht zugerechnet werden könne.[646]

Fraglich ist, wie zu entscheiden ist, wenn es sich um das Verschulden eines Mitvermieters handelt. Schaut man auf den Sinn und Zweck der §§ 543 Abs. 1, 569 Abs. 2, 4 BGB, so ergibt sich auch bei der Störung durch einen der beteiligten Vermieter, daß der Hausfrieden nur dann wiederhergestellt werden kann, wenn man eine Kündigung zuläßt. Auch die Zurechnung des störenden Verhaltens muß im

---

641 § 554a BGB a.F. (§ 543 Abs. 1 BGB n.F.) bei schwerwiegender Beleidigung durch einen Einzelvermieter bejaht durch LG Berlin, GE 1991, 151, 151; LG Berlin, WuM 1987, 56, 56; LG Köln, WuM 1993, 349, 349; LG Stuttgart, WuM 1997, 492, 492.

642 *Schmidt-Futterer/Blank*, § 554a Rn. 5; MünchKomm/*Voelskow*, § 554a Rn. 6; Fischer-Dieskau/Pergande/Schwender/*Franke*, § 554a Anm. 8.4; *Sternel*, IV 508; OLG Düsseldorf, NJW-RR 1987, 1370, 1371 = ZMR 1987, 423 zu § 553 BGB; LG Darmstadt, NJW 1983, 52.

643 Fischer-Dieskau/Pergande/Schwender/*Franke*, § 554a Anm. 8.4.

644 *Schmidt-Futterer/Blank*, § 554a Rn. 5.

645 Soergel/*Heintzmann*, § 554a Rn. 7.

646 Staudinger/*Emmerich*, § 553 Rn. 30 zum vertragswidrigen Gebrauch durch nur einen Mitmieter.

Ergebnis bejaht werden. Aus der Pflicht der Mitvermieter, positiv auf die anderen einzuwirken, ergibt sich die dem § 425 BGB und seinem Grundsatz der Einzelwirkung entgegenstehende Rechtsfolge, daß auch im Falle einer Vermietermehrheit das Verhalten nur einer Person ausreichend ist, um eine Kündigung nach den §§ 543 Abs. 1, 569 Abs. 2 BGB zu rechtfertigen.

Die voranstehenden Ausführungen gelten entsprechend für das allgemeine Kündigungsrecht aus wichtigem Grund und erlangen damit auch im Rahmen des § 543 Abs. 1 BGB Geltung.

2. Versagung der Untermieterlaubnis nach §§ 540, 553 BGB

Gemäß § 540 Abs. 1 S. 2 BGB kann der Mieter unter Einhaltung der gesetzlichen Frist kündigen, wenn der Vermieter ihm die Erlaubnis versagt, den Gebrauch der Sache einem Dritten zu überlassen, ohne daß dafür ein wichtiger Grund in der Person des Dritten liegt. Dafür muß der Mieter zunächst um die Erteilung der Erlaubnis nachgesucht haben.[647] Das bedeutet für einen Mieter, dessen Vermieter aus einer Personenmehrheit besteht, daß seine Erklärung grundsätzlich allen beteiligten Personen zugehen muß. Fragt der Mieter nur bei einem Teil der Vermieter nach der Erlaubnis, ist zu differenzieren. Beantwortet die Vermietermehrheit die Anfrage des Mieters nicht in angemessener Zeit, kann nicht auf eine Verweigerung geschlossen werden, wie dies bei einem Einzelvermieter üblich ist.[648] Verweigert die gesamte Vermietermehrheit dagegen ausdrücklich die Erlaubnis, obwohl die Anfrage nicht allen Vermietern zugegangen ist, muß man davon ausgehen, daß der Mangel in der Erklärung des Mieters damit überwunden ist.

Fraglich ist weiter, ob eine Verweigerung der Erlaubnis vorliegt, wenn nicht alle Vermieter besagte Erklärung abgegeben haben. Würde man sich ausschließlich nach dem Grundsatz richten, daß Willenserklärungen bei Personenmehrheiten auf Mieter- oder Vermieterseite von allen Betroffenen abgegeben werden müssen, läge keine Verweigerung i.S.d. § 540 Abs. 1 S. 2 BGB vor. Dies kann aber aufgrund der rechtlichen Konstruktion hinsichtlich des Untermietverlangens des Mieters nicht richtig sein. Das BGB hat dem Mieter nämlich grundsätzlich keinen Anspruch auf Erlaubnis der Untervermietung eingeräumt[649], sondern nur ein Recht zur außerordentlichen Kündigung bei grundloser Verweigerung. Verweigert nur ein Teil der Vermieter die Erlaubnis, kann der Mieter somit den Gebrauch nicht an einen Dritten überlassen. Statt dessen ist er nur berechtigt, zu kündigen. Folglich liegt bereits dann eine Verweigerung i.S.d. § 540 Abs. 1 S. 2 BGB vor, wenn nur einer der Vermietermehrheit die Erlaubnis verweigert. Dies kann allerdings nur gelten, wenn der Mieter seine Anfrage an alle beteiligten Vermieter gerichtet hat. Anderenfalls ist es vertretbar, den Mieter in der Schwebe zu lassen, da es in seinen Verantwortungsbereich fällt, alle

---

647 *Schmidt-Futterer/Blank*, § 549 Rn. 65.

648 *Schmidt-Futterer/Blank*, § 549 Rn. 66; Staudinger/*Emmerich*, § 549 Rn. 53; AG Hamburg-Wandsbeck WuM 1986, 314, 314.

649 Anders nur im Sonderfall der Wohnraummiete nach § 553 Abs. 1 S. 1 BGB n.F.

Vermieter von seinem Vorhaben der Gebrauchsüberlassung an Dritte zu informieren.

Schließlich hat der Mieter nur dann einen Kündigungsgrund, wenn die Verweigerung nicht durch einen wichtigen Grund in der Person des Dritten begründet ist. Hier ist fraglich, ob es ausreicht, wenn der wichtige Grund in der Person des Dritten nur im Hinblick auf einen der Vermieter besteht. Dies ist beispielsweise dann denkbar, wenn der Dritte nur mit einem der Vermieter verfeindet ist, der im selben Haus wohnt.[650] Ein wichtiger Grund liegt vor, wenn dem Vermieter nach den Umständen des Einzelfalls mit Rücksicht auf die Person des Dritten die Überlassung an diesen Dritten nicht mehr zuzumuten ist.[651] Da das Mietverhältnis als auf persönlichen Beziehungen beruhendes Dauerschuldverhältnis von der gegenseitigen Rücksichtnahme beider Parteien geprägt ist, muß es ausreichend sein, wenn der wichtige Grund nur hinsichtlich eines Vermieters vorliegt. Bereits hier ist die Vertrauensgrundlage aller Beteiligten derart gestört, daß die Aufnahme des Dritten den Vermietern nicht zugemutet werden kann.

3. Mietvertrag über mehr als 30 Jahre nach § 544 BGB

Wird ein Mietvertrag für eine längere Zeit als dreißig Jahre geschlossen, kann nach Ablauf von dreißig Jahren jeder Teil das Mietverhältnis unter Einhaltung der gesetzlichen Frist kündigen. Die Regelung beruht auf volkswirtschaftlichen Erwägungen und soll eine Erbmiete oder ähnliche überlange schuldrechtliche Nutzungsverhältnisse verhindern.[652] Dabei richtet sich die Regelung gegen eine überlange Bindung, so daß es nicht auf die tatsächliche Laufzeit ankommt, sondern auf die vereinbarte Laufzeit.[653] Fraglich ist, ob dem Mieter das Kündigungsrecht aus § 544 BGB nach Ablauf von dreißig Jahren hinsichtlich eines unter die Vorschrift fallenden Mietverhältnisses auch dann zusteht, wenn nicht alle Vermieter dreißig Jahre am Mietverhältnis beteiligt waren. Dies ist durch Erbfolge oder Eintritt in das Mietverhältnis gemäß § 566 BGB möglich. Da sich die Vorschrift des § 544 BGB gerade gegen die Bindung für einen Zeitraum von mehr als dreißig Jahre richtet, ist es unerheblich, ob in der Zwischenzeit ein Vermieterwechsel stattgefunden hat. Es ist allein auf die vertragliche Verpflichtung über den genannten Zeitraum abzustellen, so daß der Kündigungsgrund immer bei allen Vermietern besteht, und zwar unabhängig von ihrer tatsächlichen oder persönlichen Beteiligung.

---

650 So bei einem Einzelvermieter als wichtiger Grund anerkannt, Soergel/*Heintzmann*, § 549 Rn. 15.

651 Staudinger/*Emmerich*, § 549 Rn. 60; *Schmidt-Futterer/Blank*, § 549 Rn. 69, 77; Soergel/*Heintzmann*, § 549 Rn. 15.

652 Soergel/*Heintzmann*, § 567 Rn. 1.

653 *Sternel*, IV Rn. 273, 532 f.

IV. Kündigung durch die Vermietermehrheit

Eine Kündigung kann auch durch die Vermietermehrheit erklärt werden. Geht die Kündigung wie in diesem Fall von einer Personenmehrheit aus, ist zunächst eine interne Willensbildung erforderlich, ob die geplante Maßnahme ergriffen werden soll. Es ist somit nach Innen- und Außenverhältnis zu unterscheiden.

1. Das Innenverhältnis

a. Die Bruchteilsgemeinschaft

Bilden die vermietenden Personen eine Bruchteilsgemeinschaft gemäß §§ 741 ff., 1008 BGB, so handelt es sich bei der Kündigung im Innenverhältnis um eine Maßnahme der Verwaltung i.S.d. §§ 744 ff. BGB.[654] Auch hier gelten somit die bei der vertraglichen Begründung eines Mietverhältnisses für das Innenverhältnis einer Bruchteilsgemeinschaft dargestellten Grundsätze entsprechend. Die Teilhaber müssen also grundsätzlich gemäß § 744 Abs. 1 BGB den einstimmigen Beschluß fassen, daß das über den gemeinschaftlichen Gegenstand bestehende Mietverhältnis gekündigt werden soll. Stellt die Kündigung eine ordnungsgemäße Verwaltung dar, so genügt gemäß § 745 Abs. 1 BGB ein Mehrheitsbeschluß. Die Kündigung wird im Regelfall eine ordnungsgemäße Verwaltung darstellen, insbesondere wenn es sich um eine außerordentliche Kündigung handelt, da sich hier die Lage derart geändert hat, daß ein Festhalten am Mietverhältnis den Parteien regelmäßig nicht zugemutet werden kann. Unter Umständen kann die Kündigung auch unter § 744 Abs. 2 BGB fallen, wenn sie eine notwendige Erhaltungsmaßnahme darstellt.[655] Eine Erhaltungsmaßnahme ist dann notwendig, wenn durch sie der Wert oder die Substanz des Gegenstands erhalten bleibt. Dies beurteilt sich nach dem Standpunkt eines vernünftig und wirtschaftlich denkenden Berechtigten. Es ist nicht zwingend, daß die notwendige Erhaltungsmaßnahme keinen Aufschub duldet. Daher ist eine außerordentliche fristlose Kündigung nach § 543 Abs. 2 BGB regelmäßig eine Maßnahme i.S.d. § 744 Abs. 2 BGB, wenn der Mieter die Sache durch Vernachlässigung gefährdet.[656] Nach einer Minderansicht erhält der Teilhaber in diesem Fall auch im Außenverhältnis Vertretungsmacht, die Kündigung im Namen der übrigen Teilhaber auszusprechen.[657]

Bei der Beschlußfassung nach § 745 Abs. 1 BGB ist wieder auf den Sonderfall hinzuweisen, daß einer der Teilhaber die gemeinsame Sache gemietet hat und diesem gekündigt werden soll. Analog § 34 BGB ist der mietende Teilhaber wegen

---

654 Staudinger/*Huber*, § 745, Rn. 6; MünchKomm/*Schmidt*, §§ 744, 745 Rn. 5; *Sonnenschein*, FS für Kraft, 607, 623; RGRK/*von Gamm*, § 746 Rn. 5.

655 MünchKomm/*Schmidt*, §§ 744, 745 Rn. 36; Erman/*Aderhold*, § 744 Rn. 7; LG Berlin, NJW 1961, 1406, 1406 ff. m. Anm. *Breetzke*.

656 Vgl. *Schopp*, ZMR 1967, 193, 194.

657 MünchKomm/*Schmidt*, §§ 744, 745 Rn. 38 m.w.N. auch zur h.M.

Interessenkollision von der internen Beschlußfassung ausgeschlossen. Seine sicherlich zu erwartende Ablehnung der Maßnahme soll nicht ausschlaggebend dafür sein, daß die Kündigung unterbleibt.[658]

Daneben kann sich ein weiterer Sonderfall ergeben, der dazu zwingt, einen weiteren Teilhaber von der Beschlußfassung wegen Interessenkollision auszuschließen. Dieser Fall liegt vor, wenn dem Teilhaber, der die gemeinsame Sache gemietet hat, wegen Eigenbedarfs eines anderen Teilhabers gekündigt werden soll. Bei der Wohnraummiete liegt dann ein berechtigtes Interesse i.S.v. § 573 Abs. 2 Nr. 2 BGB vor, das den Vermieter zu einer ordentlichen Kündigung eines auf unbestimmte Zeit geschlossenen Mietvertrags berechtigt, so daß eine Kündigung im Außenverhältnis möglich wäre.[659] Die gleichen Erwägungen gelten auch dann, wenn es sich bei der Mietsache nicht um Wohnraum handelt. Einziger Unterschied ist, daß die Vermieter im Außenverhältnis ohne Vorliegen eines Kündigungsgrundes zur Kündigung berechtigt sind. Bei der Beschlußfassung im Innenverhältnis nach § 745 Abs. 1 S. 1 BGB besteht die Interessenkollision des interessierten Teilhabers in beide Fällen gleichermaßen. Wie von dem mietenden Teilhaber keine Zustimmung zu seiner Kündigung zu erwarten sein wird, wird der interessierte Teilhaber sicherlich keiner Kündigung widersprechen. Auf die Stimmen der besagtem Teilhaber darf es bei der Entscheidung nicht ankommen. Ein Ausschluß beider Teilhaber entsprechend § 34 BGB ist daher sachgemäß. Die Beschlußfassung ist in diesem Fall nur von den übrigen Teilhabern vorzunehmen.

Da die Teilhaber der Bruchteilsgemeinschaft im Außenverhältnis das Mietverhältnis nur gemeinsam kündigen können, stellt sich die Frage, ob für den einzelnen Beteiligten eine Pflicht zur Zustimmung der Maßnahme im Innenverhältnis besteht. Eine solche Pflicht zur Mitwirkung wird in Literatur und Rechtsprechung im Rahmen der Kündigung durch eine Mietermehrheit intensiv und kontrovers diskutiert. Hier stellt sich das Problem in der Praxis eher als auf der Mieterseite. So ist es beispielsweise für den Bewohner einer Wohngemeinschaft von erheblicher Bedeutung, ob er einen Anspruch gegen seine Mitbewohner auf Mitwirkung bei einer Kündigung hat, wenn er die Wohngemeinschaft aufheben und umziehen möchte. Gleiches gilt für nichteheliche Lebensgemeinschaften, wenn die Partner sich trennen und infolgedessen einer der Partner ausziehen will.[660]

Die Gründe für eine beabsichtigte Kündigung liegen auf der Vermieterseite selbstverständlich anders, dennoch existieren auch hier Motive für einzelne Teilhaber, ein Mietverhältnis über die gemeinsame Sache zu beenden. Wie bereits oben angesprochen ist es möglich, daß einer der Teilhaber eine Kündigung des Mietvertrages über die gemeinsame Sache anstrebt, weil er die Sache anschließend selbst nutzen will. Wollen die übrigen Teilhaber einer Kündigung nicht zustimmen, fragt sich, ob sie eine Pflicht auf Zustimmung zu der Maßnahme trifft. Ist die gemein-

---

658 *Sonnenschein*, FS für Kraft, 607, 623.

659 Vgl. dazu auch S. 193 ff.

660 Staudinger/*Sonnenschein*, § 564 Rn. 26.

same Sache an einen Dritten, der nicht Miteigentümer der Sache ist, vermietet, könnte sich ein Anspruch des interessierten Teilhabers auf Zustimmung der übrigen Teilhaber und damit eine Mitwirkungspflicht aus § 745 Abs. 2 BGB ergeben. § 745 Abs. 2 BGB greift ein, wenn keine Verwaltungsregelung durch Vereinbarung oder Mehrheitsbeschluß vorliegt, eine solche lückenhaft ist, oder eine Änderung der Sachlage eingetreten ist nach der keine Vereinbarung oder Mehrheitsentscheidung zustande gekommen ist. Dabei kann nur eine Maßnahme verlangt werden, die bestmöglich die Interessen aller Teilhaber wahrt.[661] Im Wesentlichen kommt es darauf an, ob die Kündigung eines bestehenden Mietverhältnisses die Interessen aller Teilhaber wahrt, wenn einer von ihnen die Sache selbst nutzen will. Das Interesse der übrigen Teilhaber besteht darin, ein problemlos verlaufendes Mietverhältnis zu erhalten, da jede Kündigung und Vertragsneubegründung arbeitsaufwendig ist. Übernimmt jedoch der Teilhaber, der kündigen möchte, alle Kosten, die eventuell aus der Kündigung und Neubegründung entstehen, so ist das gegenläufige Interesse der übrigen Teilhaber mit Null zu bewerten. Kommen dazu noch Vertragsverletzungen des bisherigen Mieters wie beispielsweise unregelmäßige Mietzahlungen, die aber ihrerseits noch nicht zur Kündigung berechtigen, wahrt die Kündigung und anschließende Vermietung an einen der Teilhaber bestmöglich die Interessen aller.

Fraglich ist, ob die Ausführungen auch gelten, wenn die gemeinsame Sache an einen der Teilhaber vermietet ist. In diesem Fall könnte man annehmen, daß dem interessierten Teilhaber generell kein Anspruch auf eine Kündigung zusteht, da der mietende Teilhaber bereits die gemeinsame Sache nutzt und insofern Bestandsschutz genießt. Die Treuepflicht der übrigen Teilhaber gegenüber dem mietenden Teilhaber könnte eine Zustimmung zur Kündigung sogar verbieten. Allerdings besteht diese Pflicht auch gegenüber dem interessierten Teilhaber. Es bleibt damit bei den oben ausgeführten Grundsätzen. Dies ist auch sachgerecht, um dem Zufall, ob die Sache an einen Teilhaber oder einen Dritten vermietet ist, kein Gewicht beizumessen. Genauso ist zu entscheiden, wenn einer der Teilhaber kündigen will, obwohl er nicht selbst die gemeinsame Sache nutzen will. Die Interessen aller Teilhaber sind im Einzelfall nur dann bestmöglich gewahrt, wenn den Teilhabern keine zusätzlichen Kosten entstehen oder besondere Umstände für eine Kündigung sprechen.

Des weiteren könnte sich ein Anspruch auf Kündigung gegen die übrigen Teilhaber aus § 744 Abs. 2 Hs. 2 BGB ergeben.[662] Nach § 744 Abs. 2 BGB kann jeder Teilhaber die zur Erhaltung des Gegenstands notwendigen Maßnahmen ohne Zustimmung der anderen Teilhaber treffen. Die Vorschrift gilt in erster Linie im Innenverhältnis. Das bedeutet, daß sich die übrigen Teilhaber im Innenverhältnis solchen Maßnahmen auch nicht widersetzen können. Daß § 744 Abs. 2 2. Hs BGB dem ausführenden Teilhaber dennoch einen Anspruch auf Einwilligung gewährt, soll verhindern, daß die übrigen Teilhaber nachträglich die Notwendigkeit der Maß-

661 Erman/*Aderhold*, § 745 Rn. 6.
662 Vgl. OLG München, NZM 1998, 474, 474.

nahme bestreiten.[663] Voraussetzung ist daher, daß die Kündigung eine notwendige Maßnahme ist. Dies ist beispielsweise anzunehmen, wenn der Mieter seine vertragsmäßigen Pflichten derart verletzt, daß sich daraus eine Gefahr für die Mietsache ergibt, oder wenn sich der Mieter im Zahlungsverzug gemäß §§ 543 Abs. 2 S. 1 Nr. 3, 569 Abs. 3 BGB befindet.[664] Bereits bei Zahlungsverzug die Voraussetzungen des § 744 Abs. 2 BGB anzunehmen, strapaziert den Begriff der notwendigen Maßnahme nicht über Gebühr. Durch die Miete sollen in erster Linie die Lasten und Unterhaltungskosten finanziert werden,[665] so daß durch Mietverluste mittelbar der Wert der Mietsache bedroht wird, da anfallende Reparaturen möglicherweise nicht mehr sofort bezahlt und daher nicht vorgenommen werden können. Man kann dem Anspruch auf Mitwirkung auch nicht die praktische Relevanz absprechen, indem man darauf verweist, daß jeder Teilhaber durch § 744 Abs. 2 BGB berechtigt ist, die Maßnahme im Außenverhältnis allein vorzunehmen. Zwar kann jeder Teilhaber bei Vorliegen der Voraussetzungen des § 744 Abs. 2 BGB alle Maßnahmen, die sich im rein Tatsächlichen erschöpfen, allein vornehmen. Muß der Teilhaber aber, um die Maßnahme durchführen zu können, eine schuldrechtliche Verpflichtung eingehen, ist er nach ganz herrschender Meinung auf die Mitwirkung der übrigen Teilhaber angewiesen.[666] Folglich besteht für eine notwendige Kündigung ein Anspruch auf Mitwirkung aus § 744 Abs. 2 2. Hs BGB. Grundsätzlich muß der Teilhaber zuerst die Einwilligung aus § 744 Abs. 2 2. Hs BGB einholen, bevor die Kündigung ausgesprochen werden kann. Hat er die Kündigung bereits vorher ausgesprochen, ist die Genehmigung durch die übrigen Teilhaber gemäß §§ 177, 180 S. 2 BGB dann ausreichend, wenn der Mieter die vom Vermieter behauptete Vertretungsmacht nicht beanstandet hat.[667]

Schließlich ist zu erwägen, ob sich ein Anspruch auf Mitwirkung an einer Kündigung auch aus § 749 BGB ergeben könnte. Ein solcher kann sich nach umstrittener Ansicht[668] bei der Aufhebung der Mietergemeinschaft ergeben. Der Aufhebungsanspruch hat in diesen Fällen den Inhalt, daß der einzelne Teilhaber von den übrigen Mitwirkung an der Kündigung verlangen kann.[669] Allerdings könnte einem solchen Anspruch auf der Vermieterseite entgegenstehen, daß der Anspruch aus § 749 Abs. 1 BGB auf Aufhebung der Gemeinschaft nur den Inhalt hat, den gemeinschaftlichen Gegenstand gemäß § 752 BGB in Natur zu teilen oder, falls es sich um

663 Motive II, 878; Staudinger/*Langhein*, § 744 Rn. 27.

664 Für den Fall des § 554 BGB vgl. OLG München, NZM 1998, 474, 474 f.

665 Staudinger/*Noack*, § 432 Rn. 432.

666 Staudinger/*Langhein*, § 744 Rn. 35 ff.; Soergel/*Hadding*, § 744 Rn. 6; RGRK/*von Gramm*, § 744 Rn. 10; MünchKomm/*Schmidt*, §§ 744, 745 Rn. 38; BGHZ 17, 181, 184. a.A. Palandt/*Sprau*, § 744 Rn. 3; *Planck/Lobe*, § 744 Anm. 3.

667 In diesem Sinne ist wohl auch OLG München, NZM 1998, 474, 474 zu verstehen, wenn es davon ausgeht, daß die Voraussetzung der bereits erklärten Kündigung vorlagen.

668 Näher und mit weiteren Nachweisen Staudinger/*Sonnenschein*, § 564 Rn. 26.

669 *Behrens*, 105 ff.; Staudinger/*Langhein*, § 749 Rn. 11 m.w.N.

eine unteilbare Sache handelt, gemäß § 753 BGB zu verkaufen und anschließend den Erlös zu verteilen.

Um den Inhalt des Aufhebungsanspruchs in § 749 BGB bestimmen zu können, muß man sich den Begriff der Aufhebung verdeutlichen. Dieser umfaßt als Oberbegriff der Teilung verschiedene gesetzliche Modalitäten der Beendigung der Gemeinschaft.[670] Eine Bruchteilsgemeinschaft, die eine gemeinsame Sache vermietet hat, wird jedoch nicht durch die Kündigung des Mietverhältnisses beendet, sondern durch das Ende der gemeinschaftlichen Berechtigung und somit des Miteigentums am gemeinsamen Gegenstand. Dies ist nur durch Teilung in Natur oder Verkauf zu erreichen. Insofern passen anders als bei der Beendigung einer Mietermehrheit die gesetzlichen Teilungsregeln bei der Beendigung einer Vermietermehrheit, die eine Bruchteilsgemeinschaft i.S.d. §§ 1008 ff., 741 ff. BGB bildet.[671] Dies bedeutet, daß sich aus § 749 BGB für den einzelnen Teilhaber einer Bruchteilsgemeinschaft kein Anspruch auf Mitwirkung an einer Kündigung ergeben kann.

Fraglich ist jedoch, ob sich nach der Teilung oder dem Verkauf ein solcher Anspruch ergeben kann. Dieser könnte insofern bedeutsam sein, als es sich beispielsweise bei dem gemeinsamen Gegenstand um eine bewegliche Sache handelt, die zur Aufhebung der Gemeinschaft verkauft wurde. Hier rücken die Teilhaber nicht automatisch aus ihrer Vermieterstellung aus, so daß sie vertraglich weiterhin verpflichtet sind, dem Mieter den vertragsgemäßen Gebrauch zu gewähren, obwohl sie dazu mangels Eigentum regelmäßig nicht mehr in der Lage sind. Eine Anwendung des § 749 BGB könnte jedoch bereits aus dem Grund ausscheiden, daß die Bruchteilsgemeinschaft bereits beendet ist und daher die §§ 741 ff. BGB nicht mehr anwendbar sind. In diesem Fall wären die Beteiligten auf eine vertragliche Vertragsübernahme zu verweisen,[672] der jedoch alle ehemaligen Teilhaber voraussichtlich zustimmen werden, da auch sie ansonsten Schadensersatzforderungen des Mieters ausgesetzt sind.

Allerdings besteht auch nach Aufhebung der Bruchteilsgemeinschaft eine Gemeinschaft an dem potentiellen Versteigerungserlös und an den sonstigen gemeinschaftlichen Forderungen fort, bis auch diese nach den §§ 752 ff. BGB aufgehoben wird.[673] Die §§ 741 ff. BGB bleiben also anwendbar, so daß die ehemaligen Teilhaber nach § 754 S. 2 BGB weiterhin zur Einziehung der Mietforderung und anteiligen Auskehrung an die ehemaligen Miteigentümer der vermieteten Sache berechtigt bleiben.[674] Da ein Mietvertrag wie jeder zweiseitig verpflichtende Vertrag für den Vermieter jedoch nicht nur mit Rechten, sondern auch mit Pflichten verbunden ist, besteht für die ehemaligen Teilhaber nach Aufhebung der Gemeinschaft ein

---

670 Staudinger/*Langhein*, § 749 Rn. 5 ff. mit ausführlicher Darstellung der insofern entgegenstehenden herrschenden Meinung, genauso MünchKomm/*Schmidt*, § 749 Rn. 18 f.

671 Vgl. Staudinger/*Langhein*, § 749 Rn. 11.

672 Vgl. oben auf S. 69.

673 MünchKomm/*Schmidt*, § 753 Rn. 30 und § 741 Rn. 36 m.w.N.; BGH WM 1983, 604, 604; BGH NZM 2001, 45, 45.

674 Vgl. dazu BGH NZM 2001, 45, 45.

Interesse an der Beendigung des Mietverhältnisses, die durch eine Kündigung herbeigeführt werden muß, wenn sich der Mieter nicht einverstanden erklärt oder andere Gründe für eine Beendigung vorliegen. Fraglich bleibt, ob dieses Begehren auf § 749 Abs. 1 BGB gestützt werden kann. Ein Vorrang der §§ 755, 756 BGB besteht nicht, da diese Normen nur die Berichtigung von Verbindlichkeiten, die sich auf den gemeinschaftlichen Gegenstand beziehen, aus dem gemeinschaftlichen Vermögen regeln.[675]

Bei der Frage nach der Beendigung des Mietverhältnisses geht es aber nicht um die Begleichung einer Verbindlichkeit. Die Vorschriften der §§ 755, 756 BGB werden vielmehr bei bestehendem Mietverhältnis nach Aufhebung relevant, wenn der Mieter Ansprüche gegen die ehemaligen Teilhaber aus dem Mietverhältnis geltend macht. Statt dessen ist auf § 749 Abs. 1 BGB zurückzugreifen. Zwar geht der Anspruch grundsätzlich nur auf eine Teilung i.S.v. § 752 BGB oder § 753 BGB. Allerdings kann sich aus Treu und Glauben nach § 242 BGB ein Aufhebungsanspruch ergeben.[676] Hier spricht der Umstand, daß durch die Veräußerung die ehemaligen Teilhaber regelmäßig nicht mehr in der Lage sein werden, ihre Hauptpflicht aus dem Mietvertrag – nämlich die Gebrauchsüberlassungspflicht – zu erfüllen, dafür, dem einzelnen Teilhaber einen Anspruch auf Kündigung zuzusprechen. Folglich ergibt sich aus § 749 BGB für den einzelnen Teilhaber ein Anspruch auf Mitwirkung an einer Kündigung nur nach erfolgter Aufhebung der Miteigentümergemeinschaft, wenn die Vermieter nicht bereits gemäß § 566 BGB aus der Vermieterposition herausgerückt sind.

b. Die BGB-Innengesellschaft

Bei der Kündigung durch die Beteiligten einer BGB-Innengesellschaft handelt es sich im Innenverhältnis um eine Maßnahme der Geschäftsführung i.S.d. § 709 Abs. 1 BGB, so daß mangels abweichender Regelungen im Gesellschaftsvertrag die Zustimmung aller Gesellschafter erforderlich ist.[677] Denn die Kündigung ist keine Maßnahme, die die Grundlagen der Gesellschaft betrifft und daher als Grundlagengeschäft nicht zur Geschäftsführung gehören würde. Zuzugeben ist zwar, daß unter Grundlagengeschäften auch Bestimmungen über den Gegenstand oder Änderungen des Gesellschaftszwecks zu verstehen sind und die Kündigung als eine Änderung des gemeinsamen Zweckes anzusehen sein könnte, wenn dieser allein in der Verwaltung eines Gegenstands bestand. Diese Sichtweise ist jedoch zu eng. Es ist nicht zutreffend, den gemeinsamen Zweck in der Vermietung einer Sache zu sehen. Vielmehr stellt hier das Halten und Verwalten von beweglichen oder unbeweglichen Sachen den gemeinsamen Zweck dar. Hierin kann nach heute allgemeiner Ansicht ein zulässiger Gesellschaftszweck liegen, auch wenn es sich insoweit um Aufgaben handelt,

---

675 MünchKomm/*Schmidt*, §§ 755, 756 Rn. 1.

676 MünchKomm/*Schmidt*, § 749 Rn. 19.

677 *Sonnenschein*, FS für Kraft, 607, 623 zur Außengesellschaft bürgerlichen Rechts.

die auch im Rahmen der Rechtsgemeinschaft an einer Sache anfallen.[678] Durch die bloße Kündigung eines bestehenden Mietverhältnisses ändert sich damit nicht der Zweck der Gesellschaft. Vielmehr soll der gemeinsame Zweck des Haltens und Verwaltens durch eine andere Form der Verwaltung geregelt werden. Sei es, daß die Gesellschaft die Sache selbst nutzen will, sei es, daß sie die Sache erneut vermieten will. Keinesfalls ist daher auch ein Erlöschen der Gesellschaft durch die Kündigung des Mietverhältnisses anzunehmen, weil der gemeinsame Zweck entfiele.

Schließlich ist fraglich, ob die Gesellschafter im Innenverhältnis eine Zustimmungspflicht zu einer beabsichtigten Kündigung trifft. Wie bereits bei der vertraglichen Begründung von Mietverhältnissen angesprochen, trifft den einzelnen Gesellschafter keine Zustimmungspflicht hinsichtlich einer bestimmten Erklärung.[679] Dennoch kann sich aus der Treuepflicht der Gesellschafter ergeben, daß eine Zustimmung im Innenverhältnis erteilt werden muß. Denkbar ist hier einerseits eine Treuepflicht gegenüber den Interessen der Gesellschaft. So muß der einzelne Gesellschafter einer Kündigung zustimmen, wenn die Aufrechterhaltung des Mietverhältnisses der Innengesellschaft als solcher schaden würde. Hier ist daran zu denken, daß der Mieter sich vertragswidrig verhält, indem er die Substanz der Mietsache gefährdet oder zumindest durch Schäden an der Mietsache Kosten verursacht, die zunächst durch die Gesellschaft beglichen werden müssen. Des weiteren besteht die Treuepflicht aber auch gegenüber den Gesellschaftern. Eine Verletzung der Treuepflicht könnte somit in der Weigerung zur Kündigung eines Mieters liegen, der einen der Gesellschafter in der Weise körperlich verletzt oder beleidigt hat, daß ein Kündigungsgrund gemäß §§ 543, 569 BGB eingreifen würde.

Zu beachten bleibt weiterhin in den Fällen der Mehrheitsentscheidung oder Einzelgeschäftsführung, daß der mietende Gesellschafter von der Beschlußfassung entsprechend § 34 BGB ausgeschlossen ist. Insbesondere wird an dieser Stelle auch ein Ausschluß vom Widerspruchsrecht nach § 711 BGB bedeutsam, da der mietende Gesellschafter ansonsten durch seinen Widerspruch in der Lage, eine Kündigung auf Dauer auszuschließen.

c. Die Erbengemeinschaft

Anders als bei der Bruchteilsgemeinschaft ist es bei der Erbengemeinschaft äußerst umstritten, ob es sich bei der Kündigung eines Mietverhältnisses um eine Verfügung i.S.d. § 2040 BGB handelt oder ob eine Verwaltungsmaßnahme gemäß § 2038 BGB vorliegt.[680] Diese unterschiedliche Behandlung von Erbengemeinschaft und

---

678 MünchKomm/*Ulmer*, § 705 Rn. 112 m.w.N.; zur Abgrenzungsfrage zwischen Gemeinschaft und Gesellschaft beim gemeinsamen Halten einer Sache siehe Staudinger/*Langhein*, § 741 Rn. 40, 212 ff., 225.

679 *Flume* I/1, § 15 II 1.

680 Die Kündigung als Verwaltungsmaßnahme (§ 2038 BGB) sehen an MünchKomm/*Dütz*, § 2038 Rn. 16; BGH LM zu § 2038, Nr. 1; AG Gießen, WuM 1997, 560, 560 f.; BGH NJW 1952, 1111, 1111; LG Köln, MDR 1972, 520, 520; LG Aachen, ZMR 1956, 300, 301; *Son-*

Bruchteilsgemeinschaft könnte auf den ersten Blick merkwürdig erscheinen, da § 2038 Abs. 2 BGB auf die §§ 743, 745, 746, 748 verweist. Dabei würde aber übersehen, daß der Gesetzgeber mit § 2040 BGB eine Vorschrift für die Erbengemeinschaft geschaffen hat, die abweichend von § 2038 BGB bestimmt, daß Verfügungen über einen Nachlaßgegenstand nur von allen Miterben gemeinsam getroffen werden können. § 2040 BGB könnte anders als die entsprechende Vorschrift für die Bruchteilsgemeinschaft in § 747 S. 2 BGB auch einschlägig sein. Bei der Bruchteilsgemeinschaft ist die Kündigung als reine Verwaltungsmaßnahme und nicht als Verfügung anzusehen. Bei der Bruchteilsgemeinschaft ist gemeinschaftlicher Gegenstand das Eigentum an der gemeinsamen Sache. Die Vermietung der Sache ist nur eine Form der Nutzung des Eigentums. Das Eigentum selbst wird weder durch den Abschluß noch durch die Beendigung eines Mietverhältnisse berührt. Das Eigentum verändert sich nicht. Die Rechtslage in Bezug auf das Eigentum an der Sache bleibt daher die gleiche, unabhängig davon, ob ein Mietvertrag besteht, gekündigt oder neu geschlossen wird.[681] Die Kündigung durch eine Bruchteilsgemeinschaft fällt daher keinesfalls unter § 747 S. 2 BGB.

Dies ist bei der Erbengemeinschaft in Bezug auf § 2040 BGB nicht so eindeutig zu sagen. Die Erbengemeinschaft wird nämlich nicht nur Eigentümer der Nachlaßgegenstände, sondern tritt gemäß § 1922 BGB in das Vermögen des Erblassers als Ganzes ein. Damit wird nicht nur das Eigentum an der Mietsache, sondern auch das Mietverhältnis Nachlaßgegenstand. Dies gilt unabhängig davon, ob es schon vom Erblasser oder erst von den Miterben begründet wurde. Im letzten Fall wird das Mietverhältnis aufgrund des Surrogationsprinzips in § 2041 BGB zum Nachlaßgegenstand und fällt damit ebenfalls unter § 2040 BGB.[682] Das Mietverhältnis hat somit eine Doppelstellung inne, nämlich einerseits als Nutzung des Eigentums an der Mietsache und andererseits als Nachlaßgegenstand selbst.[683]

Daher ist auch die Begründung des BGH zweifelhaft, warum es sich bei der Kündigung um eine Verwaltungsmaßnahme handeln soll. Der BGH führt aus, daß die Kündigung eines Pachtverhältnisses keine Verfügung über den Nachlaßgegenstand an sich darstelle, sondern nur das über den Gegenstand geschlossenen Pachtverhältnis beenden solle.[684] Nach den obigen Ausführungen wird jedoch klar, daß die Argumentation so nicht haltbar ist, da auch das Mietverhältnis zum Nachlaß gehört. Auch eine Differenzierung danach, ob das Mietverhältnis vom Erblasser oder von

nenschein, FS für Kraft, 607, 623; *Schopp*, ZMR 1967, 193, 195; unentschieden aber wohl auch RGRK/*Kregel*, § 2040 Rn. 2 und § 2038 Rn. 1; a.A. Staudinger/*Werner*, § 2040 Rn. 6 f.; LG Mannheim, WuM 1964, 138, 138; LG Mannheim, ZMR 1966, 178, 178; AG Oberndorf, WuM 1957, 137, 137 = ZMR 1958, 25; Erman/*Schlüter*, § 2040 Rn. 1; *Bartholomeyczik*, FS für Reinhardt, 19; Soergel/*Wolf*, § 2040 Rn. 3; Palandt/*Edenhofer*, § 2038 Rn. 7 und § 2040 Rn. 2; RGZ 146, 314, 316 f.; RGZ 65, 5, 6, die die Kündigung als Verfügung ansehen (§ 2040 BGB).

681 Vgl. *Schopp*, ZMR, 1967, 193, 194.

682 Soergel/*Wolf*, § 2040 Rn. 7.

683 *Schopp*, ZMR 1967, 193, 194,

684 BGH LM zu § 2038 Nr. 1.

den Miterben begründet worden ist,[685] ist aufgrund des § 2041 BGB nicht vertretbar, denn das Mietverhältnis gehört unabhängig davon zum Nachlaß, wer den Mietvertrag geschlossen hat.

Stellt die Kündigung durch eine Erbengemeinschaft damit sowohl eine Verwaltungsmaßnahme als auch eine Verfügung dar, ist fraglich, welche Regelung Vorrang genießt. Da das Gesetz hierzu keine Aussage trifft,[686] muß sich jede Entscheidung den Vorwurf der Willkür gefallen lassen. Hier bietet ein weiterer Lösungsansatz einen interessanten Ausweg. Er geht dahin, daß der Verfügungscharakter erst der nach außen gerichteten Kündigungserklärung zukommen könne.[687] Die Beschlußfassung über eine solche Verfügung selbst sei keine Verfügung. Diese Argumentation ist konsequent, da durch die Entscheidung über eine Maßnahme, sei es auch eine Verfügung, noch kein Rechtsgeschäft vorliegt, durch das ein Recht, das zum Nachlaß gehört, unmittelbar übertragen, belastet, inhaltlich geändert oder aufgehoben wird.[688] Das Kollisionsproblem zwischen §§ 2038 Abs. 2, 745 Abs. 1 BGB und § 2040 BGB stellt sich somit erst im Außenverhältnis. Im Innenverhältnis ist die Kündigung auch bei einer Erbengemeinschaft folglich eine Verwaltungsmaßnahme. Es kann damit auf die Ausführungen zur Bruchteilsgemeinschaft verwiesen werden.

d. Die eheliche Gütergemeinschaft

Handelt es sich bei der Vermietermehrheit um Ehepartner, die im Güterstand der Gütergemeinschaft nach §§ 1415 ff. BGB leben, ist die Kündigung eine Maßnahme der Verwaltung. Es ist daher zwischen der gemeinschaftlichen Verwaltung nach §§ 1450 ff. BGB und der Verwaltung durch nur einen der Ehegatten nach §§ 1422 ff. BGB zu unterscheiden. Bei der gemeinschaftlichen Verwaltung müssen die Ehepartner nach § 1450 Abs. 1 S. 1 1. Var. BGB grundsätzlich gemeinsam für eine Kündigung stimmen. Etwas anderes gilt nur in den Fällen der §§ 1454, 1455, 1456 BGB. Hier ist insbesondere daran zu denken, daß die Mietsache durch vertragswidrigen Gebrauch des Mieters gefährdet wird. Auch wenn die Voraussetzungen für die genannten Vorschriften nicht vorliegen, haben die Ehepartner nach § 1451 BGB gegeneinander einen Anspruch auf Mitwirkung, wenn es sich bei der Kündigung um eine ordentliche Maßnahme der Verwaltung handelt. Verweigert ein Ehepartner seine Mitwirkung grundlos, kann seine Zustimmung nach § 1452 BGB ersetzt werden. § 1452 BGB spricht zwar nur von der Vornahme eines Rechtsgeschäftes und betrifft daher das Außenverhältnis. Damit die Maßnahme aber auch im

685 AG Gießen, WuM 1997, 560, 560; nachgehend auch LG Gießen, WuM 1997, 560, 560.

686 So auch *Schopp*, ZMR 1967, 193, 195 m.w.N.; a.A. MünchKomm/*Dütz*, § 2038 Rn. 53; Staudinger/*Werner*, § 2038 Rn. 7, 40 a.E., die annehmen, daß Verfügungen den Verwaltungsmaßnahmen vorgehen und Soergel/*Wolf*, § 2038 Rn. 1, der § 2038 BGB als vorrangige Spezialregelung einstuft.

687 *Sonnenschein*, FS für Kraft, 607, 623.

688 So die Definition von Verfügungen über Nachlaßgegenstände, vgl. nur Soergel/*Wolf*, § 2040 Rn. 2.

Innenverhältnis Bindungswirkung hat, muß § 1452 BGB für das Innenverhältnis ebenfalls gelten.

Wird das Gesamtgut durch einen der Ehepartner verwaltet, ist dieser gemäß § 1422 S. 1 BGB grundsätzlich allein befugt, über eine Kündigung zu entscheiden. Er ist dem anderen Partner jedoch gemäß § 1435 S. 1 BGB zu einer ordnungsgemäßen Verwaltung verpflichtet. Eine Ausnahme gilt im Fall des § 1429 BGB. Hier kann der nicht verwaltende Ehepartner über eine Kündigung entscheiden.

2. Das Außenverhältnis

Haben die beteiligten Vermieter im Innenverhältnis beschlossen, das Mietverhältnis zu beenden, müssen sie im Außenverhältnis gemeinsam kündigen.[689] Dazu muß jeder der Vermieter eine Willenserklärung abgeben, die zum Ausdruck bringt, daß er das Mietverhältnis beenden will. Diese Erklärungen müssen dem Mieter zugehen. Die Kündigung muß also nicht in einer einheitlichen Erklärung erfolgen. Denkbar ist dies aber, wenn einer der Vermieter die übrigen Vermieter bei der Abgabe der Erklärung vertritt. Allerdings ist dabei insbesondere zu beachten, daß für die Kündigung alle Vorschriften über einseitige Rechtsgeschäfte anwendbar sind.[690] Wird die Kündigung der Vermietermehrheit nur von einem in Vollmacht oder mit Zustimmung der übrigen Vermieter ausgesprochen, ist es daher ratsam, die Vollmacht oder die Zustimmung schriftlich beizufügen, um eine Zurückweisung der Kündigungserklärung gemäß §§ 174 oder 182 Abs. 3 BGB zu vermeiden.[691] Ansonsten reicht die eigene Erklärung eines jeden Beteiligten aus. Allerdings ist dabei ein enger zeitlicher Zusammenhang zwischen den einzelnen Erklärungen erforderlich. Nur dann kann von einer einheitlichen Kündigung gesprochen werden.[692]

Erfolgt die Kündigung durch eigene Erklärungen der Vermieter, so ist weiter § 573 Abs. 3 BGB zu berücksichtigen. Seine Anforderungen sind im Falle der Wohnraummiete gewahrt, wenn das Kündigungsschreiben des später kündigenden Vermieters einen Verweis auf die im ersten Schreiben dargestellten Gründe enthält.[693] § 573 Abs. 3 S. 1 BGB, der die Angabe von Gründen für ein berechtigtes Interesse des Vermieters im Kündigungsschreiben als Wirksamkeitsvoraussetzung der Kündigung vorschreibt, bezweckt, dem Mieter frühzeitig Klarheit über seine Rechtsposition zu verschaffen und ihn somit in die Lage zu versetzen, rechtzeitig alles Erforderliche zur Wahrung seiner Interessen zu veranlassen. Diesem Zweck ist

---

689 Staudinger/*Sonnenschein*, § 564 Rn. 23; Emmerich/Sonnenschein/Wietemeyer/*Sonnenschein*, § 564 Rn. 11; Erman/*Jendrek*, § 564 Rn. 10; MünchKomm/*Voelskow*, § 564 Rn. 24; Palandt/*Weidenkaff*, § 542 Rn. 18; *Behrens*, 250 ff.; RGZ 97, 79, 81 f.; LG Augsburg, WuM 1984, 199, 199; LG Düsseldorf, DWW 1991, 24, 24; AG Bonn, WuM 1989, 380, 380; AG Gelsenkirchen-Buer, WuM 1972, 110, 110.

690 Emmerich/Sonnenschein/Weitemeyer, *Sonnenschein*, § 564 Rn. 11.

691 *Schopp*, ZMR 1967, 193, 193.

692 Vgl. oben auf S. 168; Staudinger/*Sonnenschein*, § 564 Rn. 25.

693 LG Limburg, NJW-RR 1991, 138, 138 f.

Genüge geleistet, wenn der Mieter zwei Kündigungsschreiben innerhalb kurzer Zeit erhält, die erkennbar aufeinander Bezug nehmen.[694] Diese Ausführungen gelten für alle Arten der Personenmehrheiten auf Vermieterseite, allerdings ergeben sich Unterschiede bei der Stellvertretung. Bei der Bruchteilsgemeinschaft muß die Kündigung grundsätzlich von allen Teilhabern erklärt werden, wenn keine Bevollmächtigungen vorliegen.[695] Liegt im Innenverhältnis ein Mehrheitsbeschluß gemäß § 745 Abs. 1 BGB vor, ist nach hier vertretener Ansicht die Mehrheit der Teilhaber im Außenverhältnis zur Vertretung der überstimmten Teilhaber berechtigt. Äußerst problematisch stellt sich die Situation bei der Erbengemeinschaft dar. Stark umstritten und noch nicht abschließend geklärt ist, ob die Kündigung im Außenverhältnis als Verfügung im Sinne des § 2040 BGB nur von allen Miterben gemeinsam erklärt werden kann, oder ob ein interner Mehrheitsbeschluß nach §§ 2038 Abs. 2 S. 1, 745 BGB der Mehrheit der Miterben im Außenverhältnis Vertretungsmacht einräumt. Der Streit ist darin begründet, daß die §§ 2038, 2040 BGB kollidieren, wenn eine Maßnahme sowohl Verfügung als auch Verwaltungsmaßnahme ist, wie es bei der Kündigung durch eine Erbengemeinschaft der Fall ist. § 2038 Abs. 2 BGB läßt bei der ordnungsgemäßen und der notwendigen Verwaltung durch einen Verweis auf die Regelungen der Bruchteilsgemeinschaft eine Durchbrechung des Grundsatzes der gemeinschaftlichen Verwaltung zu. § 2040 BGB hält dagegen für Verfügungen über Nachlaßgegenstände daran fest, daß sie von allen Miterben gemeinschaftlich getroffen werden müssen. Fallen Maßnahmen begrifflich unter beide Vorschriften, ist daher fraglich, welche Norm die speziellere ist und damit Vorrang genießt, da die Rechtsfolgen nicht in Einklang zu bringen sind.

Zunächst läßt sich eine Meinung finden, die als ergebnisorientiert einzustufen ist. Sie will den Widerspruch zwischen § 2038 BGB und § 2040 BGB im Interesse einer zügigen Verwaltungsführung sowie im Interesse einer größeren Beweglichkeit der Erbengemeinschaft im Rechtsverkehr zugunsten des § 2038 BGB lösen.[696] § 2040 BGB gelte nur für Verfügungen über Nachlaßgegenstände, die keine Verwaltungsmaßnahmen sind. Dazu gehörten beispielsweise Schenkungen oder Verfügungen im Zusammenhang mit der Auseinandersetzung des Nachlasses.[697] Das Erfordernis einer gemeinsamen Vornahme durch die gesamte Erbengemeinschaft sei zu schwerfällig und auch nicht einsichtig, weil es für Verpflichtungen durch § 2038 BGB unter bestimmten Voraussetzungen aufgehoben werde. Ein vernünftiger Grund, Verpflichtungen und Verfügungen anders zu behandeln, gebe es nicht. Insoweit werde § 2038 BGB bei einer Kündigung nicht durch § 2040 BGB verdrängt mit der Folge,

694 LG Limburg, NJW-RR, 1991, 138, 138.

695 *Sonnenschein*, FS für Kraft, 607, 624; LG Berlin, WuM 1979, 25, 25 f.; LG Hamburg, WuM 1994, 423, 424; AG Frankfurt/a.M., ZMR 1969, 85, 85.

696 Soergel/*Wolf*, § 2040 Rn. 1.

697 Soergel/*Wolf*, § 2038 Rn. 5.

daß die Mehrheit der Erben die überstimmten Miterben auch im Außenverhältnis vertreten können.[698]

Daneben gibt es Vertreter, die § 2040 BGB als Spezialnorm auffassen. Danach fielen unter § 2038 sowohl Verfügungs- als auch Verpflichtungsgeschäfte, erstere jedoch nur, solange es sich nicht um solche über Nachlaßgegenstände handele.[699] Der Gesetzgeber habe die Schwerfälligkeit durch den Vorrang des § 2040 BGB in Kauf genommen, um dem Prinzip der Gesamthandsgemeinschaft in größerem Maß zu entsprechen und den einzelnen Miterben davor zu schützen, von der Mehrheit beherrscht zu werden.[700] Für die Kündigung durch eine Erbengemeinschaft bedeutete dies, daß die Mehrheit der Erben die überstimmten Erben nicht ohne deren Vollmacht vertreten könnte. Der überstimmte Erbe müßte folglich immer zur Abgabe einer entsprechenden Kündigungs- oder Vollmachtserklärung gezwungen werden.

Beide Ansichten lassen sich in das vorhandene System einfügen. Auch wenn meines Erachtens mehr dafür spricht, § 2040 BGB als die speziellere Norm anzusehen, da § 2038 BGB als allgemeine Vorschrift vorangestellt ist, lassen sich doch beide Positionen gleichermaßen vertreten. Man sollte sich daher eingestehen, daß die gesetzliche Regelung in diesem Punkt unzureichend ist und eine Entscheidung wohl eher von persönlichen Neigungen und Bewertungen abhängt. Vielmehr ist an dieser Stelle der Gesetzgeber aufgerufen, die widersprüchliche Regelung zu beseitigen und durch eine klare zu ersetzen. In der Praxis sollten die Beteiligten einer Erbengemeinschaft den überstimmten Erben letztendlich immer auf Mitwirkung zur Kündigung nach § 2038 Abs. 1 S. 2 1. Hs BGB verklagen. Nur so kann verhindert werden, daß im Falle eines Rechtsstreites das Gericht die Kündigung unter Zugrundelegung der zweiten Ansicht als unwirksam ansieht. Die Mitwirkung sollte auch dann eingeklagt werden, wenn der Mieter einer der Miterben ist. Das Argument, daß in diesem Fall eine so schwerwiegende Interessenkollision vorliege, daß der betroffene Miterbe von jeglicher Mitwirkung ausgeschlossen sei, so daß es auf seine Mitwirkung im Außenverhältnis gar nicht ankomme,[701] scheint nicht zwingend zu sein.

Zum Schluß soll noch auf eine Selbstverständlichkeit eingegangen werden.[702] Ein einzelner Erbe ist auch dann nicht berechtigt, eine Kündigung allein vorzunehmen, wenn zwar im Testament bestimmt ist, daß er „Erbe" des betreffenden Mietobjektes ist, neben ihm aber noch weitere Miterben vorhanden sind und eine Auseinandersetzung noch nicht erfolgt ist. Sind mehrere Erben vorhanden, geht nach dem Prinzip der Universalsukzession das Vermögen des Erblassers gemäß §§ 1922, 2032 f. BGB

698 Vgl. auch *Presser*, JW 33, 145, 145 f.; *Boehmer*, AcP 144 (1938), 32, 66; *Kipp/Coing*, § 114 IV 2 c; *Leipold*, Rn. 530; *Lange*, JuS 1967, 453, 456.

699 MünchKomm/*Dütz*, § 2038 Rn. 11, 53, § 2040 Rn. 14, der allerdings § 2038 Abs. 1 S. 2, 2. Hs BGB wiederum dem § 2040 BGB vorgehen lassen will; Staudinger/*Werner*, § 2038 Rn. 1, 6 f., § 2040 Rn. 1 m.w.N.

700 Staudinger/*Werner*, § 2038 Rn. 7.

701 *Sonnenschein*, FS für Kraft, 607, 625.

702 Vgl. AG Rheine, WuM 19992, 372, 372.

mit dem Tod auf die Miterben zur gesamten Hand über. Der einzelne Erbe erwirbt kein Alleineigentum an den einzelnen Nachlaßgegenständen, sondern nur einen Anteil am Gesamtnachlaß.[703] Die testamentarische Zuordnung bestimmter Vermögensgegenstände an einzelne Personen kann somit nur als Teilungsanordnung i.S.v. 2048 BGB verstanden werden. Bis zur Auseinandersetzung ist der bestimmte Erbe aber weder alleiniger Eigentümer noch Vermieter und damit nicht allein zur Kündigung berechtigt.

Bei der ehelichen Gütergemeinschaft hat der einzelne Ehepartner wie bereits dargestellt unter bestimmten Voraussetzungen eine gesetzliche Vertretungsmacht.[704] In diesen Fällen ist er nicht auf die Mitwirkung des anderen Partners angewiesen.

Die Kündigung ist nur wirksam, wenn sich der Vermieter auf einen Kündigungsgrund stützen kann. Dies gilt für außerordentliche Kündigungen unabhängig von der Art des Mietobjekts, bei der ordentlichen Kündigung nur im Falle der Wohnraummiete. Hier bestimmen die §§ 573, 573a, 573b, 577a BGB, daß der Vermieter ein berechtigtes Interesse an der Kündigung vorweisen muß, um wirksam kündigen zu können. Einen weiteren Schutz des Mieters im Wohnraummietrecht gewährleisten die §§ 574, 574a, 574b BGB, die als Nachfolgeregelungen der sogenannten Sozialklausel § 556a BGB a.F. zum Kern des sozialen Mietrechts gehören. Danach kann der Mieter von Wohnraum in bestimmten Härtefällen einer Kündigung des Vermieters widersprechen und die Fortsetzung des Mietverhältnisses verlangen.[705] Der sogenannten Kündigungswiderspruch des Mieters ist eine einheitliche und einseitig empfangsbedürftige Willenserklärung.[706] Sie bedarf gemäß § 574b Abs. 1 S. 1 BGB der Schriftform und muß allen beteiligten Vermietern zugehen. Dabei ist darauf zu achten, daß die Erklärungen den einzelnen Vermietern in einem engen zeitlichen Zusammenhang zugehen müssen, wenn sie die Vermieter nicht in einem einheitlichen Schreiben erreichen.[707]

Dagegen spricht auch nicht, daß der Widerspruch gemäß § 574b Abs. 2 S. 1 BGB innerhalb einer Frist von zwei Monaten erhoben werden muß. Es ist den Vermietern nicht zuzumuten, über eine Zeitspanne von bis zu zwei Monaten nicht im klaren darüber zu sein, ob der Widerspruch in dem Sinne wirksam ist, daß er einen Anspruch auf Fortsetzung des Mietverhältnisses begründen kann. Aber auch die rechtliche Konstruktion des Widerspruchsrechts nach § 574 BGB macht deutlich, warum der Widerspruch zwingend an alle Vermieter gerichtet sein muß. Der Widerspruch hat keine rechtsgestaltende Wirkung, wodurch die Kündigung des Vermieters unwirksam würde. Vielmehr begründet er einen Anspruch gegen den

---

703 Siehe nur *Brox*, Erbrecht, Rn. 22.

704 Siehe oben auf S. 47 und 49.

705 Dies gilt unstreitig bei einer ordentlichen Kündigung des Vermieters, nach umstrittener Ansicht auch bei der ordentlichen, befristeten Kündigung, vgl. zu dem nach §556b a.F. bestehenden Anspruch bei befristeten Mietverträgen Emmerich/Sonnenschein/Weitemeyer/*Sonnenschein*, § 556a Rn. 2, 8 ff.

706 Palandt/*Weidenkaff*, § 574b Rn. 2.

707 Vgl. dazu S. 168.

Vermieter auf Fortsetzung des Mietverhältnisses. Dieser Anspruch richtet sich auf die Abgabe einer Willenserklärung des Vermieters, nämlich der Annahme des im Fortsetzungsverlangen liegenden Vertragsangebot auf Änderung des bisherigen Mietvertrags gemäß § 311 Abs. 1 BGB.[708] Würde der Mieter den Kündigungswiderspruch nur gegenüber einem der Vermieter erklären, würde auch der Änderungsvertrag nur mit ihm zustande kommen. Ein Änderungsvertrag muß aber unter Beteiligung aller Personen vorgenommen werden, um den bisherigen Mietvertrag wirksam verändern zu können.

Der Vermieter ist gemäß § 574 Abs. 1 BGB nur dann verpflichtet, sich mit dem Mieter über eine Änderung des Mietvertrags zu einigen, wenn eine Interessenabwägung zwischen den Härtegründen auf Mieterseite und den berechtigten Interessen auf Vermieterseite zu einem Übergewicht der Interessen des Mieters gelangt.[709] Die Abwägung erfolgt im konkreten Einzelfall unter Würdigung des gesamten Sachverhalts und ist dem Tatrichter vorbehalten.[710] Fraglich ist, ob bei der Abwägung ein berechtigtes Interesse auch dann zu berücksichtigen ist, wenn es nur in einer Person der Vermietermehrheit vorliegt[711] und ob eine solche Berücksichtigung möglicherweise das Gewicht des abzuwägenden berechtigten Interesses der Vermieter mindern müßte. Soweit ersichtlich, fließt dieser Gesichtspunkt in der Rechtsprechung auf Vermieterseite nicht in die Abwägung mit ein.[712] Dies ist auch konsequent: Das Maß des gestörten Hausfriedens hängt beispielsweise nicht davon ab, ob alle oder nur einige Vermieter beleidigt wurden, sondern vielmehr von der Schwere der Beleidigung. Auch der Eigenbedarf wird nicht dadurch weniger dringend, daß nur einer der Vermieter in die Wohnung ziehen will.

Muß der Vermieter seine Kündigung im Regelfall auf einen Kündigungsgrund stützen, stellt sich bei einer Vermietermehrheit die Frage, welche Auswirkungen es hat, wenn der Kündigungsgrund nicht in der Person aller Vermieter vorliegt. Kann die Vermietermehrheit dennoch kündigen? Dieser Problemkreis ist wie bereits dargelegt streng von der Frage nach der Einheitlichkeit oder der Beteiligung an der Kündigung zu unterscheiden. So folgt beispielsweise nicht allein aus der Tatsache, daß ein Mietverhältnis nur mit Wirkung für oder gegen alle Vermieter gekündigt werden kann, daß ein Kündigungsgrund, der nur in einer Person der Vermieter-

---

708 Emmerich/Sonnenschein/Weitemeyer/*Sonnenschein*, § 556a Rn. 47.

709 Emmerich/Sonnenschein/Weitemeyer/*Sonnenschein*, § 556a Rn. 37.

710 Emmerich/Sonnenschein/Weitemeyer/*Sonnenschein*, § 556a Rn. 36; BayObLG WuM 1984, 9, 9 f.

711 Siehe zu den einzelnen Fällen unten auf S. 193.

712 LG Berlin, GE 2001, 57, 57 f. = NZM 2001, 583; LG Berlin, GE 1992, 207, 207; anders kann dies bei der Gewichtung der Härte hinsichtlich einer Mietermehrheit sein: Die schwere Krankheit eines Mitmieters und die damit verbundene erhöhte Schwierigkeit des Zurechtfindens in einer neuen Wohnung kann durch übrige Mitmieter besser aufgefangen werden als bei einem Alleinmieter, vgl. LG Freiburg, WuM 1996, 704, 705.

mehrheit vorliegt, die Vermieter insgesamt zur Kündigung berechtigt. Vielmehr muß jeweils anhand der einzelnen Kündigungsgründe entscheiden werden.[713]

a. Die Vernachlässigung oder unbefugte Überlassung an Dritte nach § 543 Abs. 2 Nr. 2 BGB

Nach § 543 Abs. 2 Nr. 2 BGB kann der Vermieter außerordentlich fristlos kündigen, wenn der Mieter die Rechte des Vermieters dadurch in erheblichem Maße verletzt, daß er die Mietsache durch Vernachlässigung der ihm obliegenden Sorgfalt erheblich gefährdet, oder sie unbefugt einem Dritten überläßt. Gemäß § 543 Abs. 3 BGB ist die Kündigung jedoch erst nach erfolglosem Ablauf einer zur Abhilfe bestimmten Frist oder nach erfolgloser Abmahnung zulässig. Eine Fristsetzung kommt dann in Betracht, wenn die Verletzung noch andauert, eine Abmahnung erfolgt dagegen, wenn die Verletzung abgeschlossen ist, weil eine Fristsetzung nicht mehr sinnvoll wäre.[714] Diese Differenzierung ist jedoch von formaler Natur und bringt keinen bedeutenden Unterschied zu § 553 BGB a.F., der nur von einer Abmahnung sprach.

Es kann sich die Situation ergeben, daß nur einer der beteiligten Vermieter den Mieter abmahnt oder eine Abhilfefrist setzt. Fraglich ist dann, ob die Abmahnung oder Fristsetzung ausreichend ist und den übrigen Vermietern zugerechnet wird, oder ob alle Vermieter den Mieter abmahnen beziehungsweise ihm eine Frist setzen müssen. Letztere Ansicht hätte zur Folge, daß bei Erklärung durch nur einen Vermieter die Vermietermehrheit nicht gemäß § 543 Abs. 2 Nr. 2, Abs. 3 BGB kündigen könnte. Diese Frage hatte das LG Heidelberg[715] anhand der alten Rechtslage in § 553 BGB a.F. zu entscheiden. Das LG Heidelberg stellte fest, daß die Abmahnung durch alle Vermieter erklärt werden muß. Bei der Abmahnung handele es sich um eine der Mahnung vergleichbare, rechtsgeschäftsähnliche, einseitige und empfangsbedürftige Erklärung, auf die die Vorschriften über Willenserklärungen entsprechend anzuwenden seien.[716] Das Mietverhältnis betreffende Willenserklärungen müßten bei der Beteiligung mehrerer Personen von allen Beteiligten der entsprechenden Seite abgegeben werden. Erfolge dies nicht, sei die Erklärung unwirksam. Dies gelte auch für die Abmahnung.[717]

Allerdings ist der Zweck der Abmahnung bereits dann erreicht, wenn sie nur von einem der Vermieter ausgesprochen worden ist. Sinn und Zweck der Abmahnung ist es nämlich, ein Verhalten des Mieters zu rügen, das in seinem Verantwortungsbereich liegt, vertragswidrig und veränderbar ist und den Mieter gleichzeitig vor den Folgen bei unverändertem Verhalten zu warnen. Daher ist es bei einer Mehrheit von Mietern unschwer einzusehen, daß die Abmahnung allen gegenüber ausgesprochen

713 Siehe Fn. 632.
714 Palandt/*Weidenkaff*, § 543 Rn. 46.
715 LG Heidelberg, NZM 2001, 91, 91 f.
716 *Bub/Treier/Grapentin*, IV Rn. 167; MünchKomm/*Voelskow*, § 550 Rn. 7.
717 LG Heidelberg, NZM 2001, 91, 91.

werden muß.[718] Nur in diesem Fall ist gewährleistet, daß alle Beteiligten eine Chance erhalten, ihr störendes Verhalten abzustellen, bevor einschneidende Konsequenzen drohen. Dieses Argument trifft bei einer Vermietermehrheit jedoch nicht zu. Hier stellt das LG Heidelberg vielmehr darauf ab, daß es für den Mieter entscheidend zu wissen ist, ob nur einer der Vermieter, oder ob alle Vermieter mit seinem Verhalten nicht einverstanden sind. So sei es durchaus denkbar, daß ein Teil der Vermieter das Verhalten des Mieters störe und für abmahnungswürdig halte, der andere Teil dagegen das Verhalten noch als im Rahmen des Vertretbaren einstufe und nichts dagegen unternehmen wolle. Zu wissen, ob alle Vermieter oder eben nur diejenigen, die die Abmahnung ausgesprochen haben, mit dem Verhalten nicht einverstanden sind, sei für den Mieter von grundlegender Bedeutung. Denn nur, wenn sich alle Vermieter am Verhalten störten, würden sie gemeinsam eine Kündigung aussprechen, die nur von allen gemeinsam erklärt werden könne.[719]

Diese Argumentation ist sehr weitreichend. Dem Mieter wird ein Schutz zugebilligt, der im Grunde nicht notwendig ist. Denn auch bei einer Abmahnung durch einen Einzelvermieter ist nicht mit Sicherheit für den Mieter erkennbar, ob der Vermieter tatsächlich kündigen wird, oder ob er sich letztlich mit dem Verhalten des Mieters abfindet. Als weitere Möglichkeit bietet sich dem Vermieter auch eine Klage auf Unterlassung gemäß § 541 BGB. Dennoch ist der Entscheidung im Ergebnis zuzustimmen. Grundsätzlich sind alle Erklärungen durch die gesamte Vermietermehrheit abzugeben. Sind die Vorschriften über Willenserklärungen entsprechend auf die Abmahnung anwendbar, muß dies auch gelten, wenn es um die Frage nach der Beteiligung an einer solchen Abmahnung geht. Entgegensprechende Gründe sind nicht ersichtlich, so daß die Abhilfefristsetzung oder Abmahnung wie die Kündigung durch alle beteiligten Vermieter ausgesprochen werden muß. Dies bedeutet für die eingangs gestellte Frage, daß die Vermietermehrheit nicht zur Kündigung nach § 543 Abs. 2 Nr. 2, Abs. 3 BGB berechtigt ist, wenn nur einer der Vermieter dem Mieter eine Abhilfefrist gesetzt oder ihn abgemahnt hat.

b. Der Zahlungsverzug i.S.v. § 543 Abs. 2 Nr. 3 BGB

Nach § 543 Abs. 2 Nr. 3 BGB kann der Vermieter das Mietverhältnis unter bestimmten Voraussetzungen ohne Einhaltung einer Frist kündigen, wenn der Mieter sich im Zahlungsverzug mit der Miete befindet. Ob der Mieter in Verzug geraten ist, beurteilt sich nach § 286 BGB. Wie bereits oben dargestellt, handelt es sich bei der Mietforderung unabhängig von der Art der Vermietermehrheit um eine unteilbare Leistung i.S.d. § 432 BGB, die die Gläubiger nur an alle fordern können.[720] Das bedeutet, daß der Mieter nur dann erfüllt hat und von seiner Leistungspflicht frei wird, wenn er an alle Vermieter gezahlt hat. Daher ist ausgeschlossen, daß der Mie-

718 *Bub/Treier/Grapentin*, IV Rn. 167; *Sternel*, IV 393; AG Hamburg, WuM 1990, 74, 74.
719 LG Heidelberg, NZM 2001, 91, 92.
720 Siehe oben auf S. 125 ff.

ter nur hinsichtlich eines Vermieters in Verzug gerät. Es ist daher nicht denkbar, daß der Kündigungsgrund, nämlich Verzug des Mieters mit der Mietzahlung, nur in einer Person der beteiligten Vermieter vorliegt. Zu den Einzelheiten der Mietzahlung und des Verzugs des Mieters wird auf die Ausführungen im Rahmen des Abschnitts zu den Rechten und Pflichten der Beteiligten verwiesen. Hier ist insbesondere auf die Aufrechnung hinzuweisen, durch die eine Kündigung gemäß § 543 Abs. 2 S. 2 BGB unter bestimmten Voraussetzungen unwirksam wird. Nicht ausreichend für eine wirksame Aufrechnung ist es, wenn der Mieter mit einer Forderung aufrechnet, die nur gegenüber einem der Vermieter besteht. Es fehlt an einer aufrechnungsfähigen Gegenforderung des Mieters, so daß es auch nicht denkbar ist, daß der Verzug nur in der Person eines Vermieters rückwirkend beseitigt wird.

Die Kündigung kann jedoch im Einzelfall gegen § 242 BGB verstoßen, auch wenn formell die Voraussetzungen des § 543 Abs. 2 Nr. 3 BGB erfüllt sind. Man spricht von sogenannten rechtsmißbräuchlichen Kündigungen.[721] Sie sind im Einzelfall unwirksam, wenn ihr Ausspruch treuwidrig ist. Hier ist insbesondere der Fall zu nennen, daß der Vermieter sich mit dem Ausspruch der Kündigung zu seinem eigenen früheren Verhalten in Widerspruch setzt oder sein Verhalten als arglistig einzustufen ist.[722] Fraglich ist, ob die Kündigung nach § 543 Abs. 2 Nr. 3 BGB für alle Vermieter ausgeschlossen ist, wenn nur einer der Beteiligten sich arglistig oder widersprüchlich verhält. Denkbar ist beispielsweise, daß nur einer der Vermieter den Mieter durch arglistiges Verhalten in den Zusammenbruch treibt und alle Vermieter dem Mieter sodann wegen Verzugs kündigen.[723] Da es sich beim vorliegenden Ausschlußtatbestand um einen Ausfluß des § 242 BGB handelt, um innerhalb des außerordentlichen Rechtsbehelf des § 543 Abs. 2 Nr. 3 BGB den Geboten von Treu und Glauben gerecht zu werden,[724] steht es außer Zweifel, daß die Interessenabwägung auch dann zugunsten des Mieters ausfällt, wenn nur einer der Vermieter sich arglistig oder widersprüchlich verhalten hat. Es ist wieder darauf abzustellen, daß das Verhalten der Mitvermieter im Einflußbereich der Vermietermehrheit liegt und daher die Vermieter die Pflicht trifft, auf ihre Mitvermieter einzuwirken. Gelingt ihnen dies nicht, so müssen sie sich das Verhalten des einzelnen zurechnen lassen. Die Kündigung nach § 543 Abs. 2 Nr. 3 BGB ist daher bereits dann treuwidrig, wenn nur einer der Vermieter ein Fehlverhalten vorweist.

Eine zusätzliche, ungeschriebene Anforderung an die Kündigungsvoraussetzungen gilt, wenn der Vermieter unpünktliche Zahlungsweisen des Mieters längere Zeit nicht beanstandet hat. In diesem Fall muß der Vermieter, um nach § 543 Abs. 2 Nr. 3 und Abs. 3 BGB kündigen zu können, den Mieter zunächst abmahnen. Anderen-

---

721 Emmerich/Sonnenschein/Weitemeyer/*Emmerich*, § 554 Rn. 11; *Schmidt-Futterer/Blank*, § 554 Rn. 38.

722 So bei einem Einzelvermieter AG Walsrode, WuM 1973, 118, 118 f.; BGH ZMR 1959, 8, 10 = LM zu § 242 Nr. 55; AG Bonn, WuM 1992, 478, 479; vgl. auch AG Bergheim, WuM 1992, 478, 478.

723 Vgl. BGH ZMR 1959, 8, 10 = LM zu § 242 Nr. 55.

724 Staudinger/*Emmerich*, § 554 Rn. 48.

falls stellt sich das Verhalten des Vermieters für den Mieter als plötzlich und unerwartet dar, so daß ihm gegenüber eine dann erfolgende Kündigung nicht gerechtfertigt erscheint.[725] Es stellt sich wiederum die Frage, was gelten soll, wenn nur einer der Vermieter den Mieter abmahnt. Man könnte einerseits auf die Erwägungen zurückgreifen, die im Rahmen des § 543 Abs. 2 und 3 BGB erheblich waren. Auch im vorliegenden Fall soll die Abmahnung den Mieter vor den Folgen der Zahlungsverweigerung warnen. Zusätzlich wird dem Mieter durch die Abmahnung die Möglichkeit gegeben, eine Kündigung abzuwenden.[726] Dazu muß der Mieter erkennen können, wie sich seine Situation konkret darstellt. Haben ihn nicht alle Vermieter abgemahnt, kann es für ihn zweifelhaft bleiben, ob tatsächlich alle Vermieter entschlossen sind, aufgrund der Zahlungsrückstände zu kündigen. Dies ist für den Mieter aber insofern bedeutsam, als die Kündigung nur von allen Vermietern gemeinsam ausgesprochen werden kann.[727] Allerdings ist im vorliegenden Fall zu beachten, daß es sich bei der Abmahnung um ein Erfordernis handelt, das gesetzlich nicht ausdrücklich vorgeschrieben ist. Vielmehr ergibt sich das Erfordernis aus den Erwägungen zu Treu und Glauben i.S.v. § 242 BGB. Dabei ist zu beachten, daß ein solches Korrektiv erst dann eingreifen soll, wenn bei wörtlicher Anwendung der Gesetzesvorschriften eine nicht interessengerechte Situation eintritt. Dabei ist eine umfassende Interessenabwägung erforderlich. Im Rahmen dieser Abwägung spricht für die beteiligten Vermieter, daß eine Abmahnung nicht gesetzlich vorgeschrieben ist, so daß es für den Mieter ausreicht, wenn er durch einen der Vermieter von einer möglicherweise bevorstehenden Kündigung erfährt. Folglich reicht es aus, wenn nur einer der Vermieter die Abmahnung ausgesprochen hat.

c. Störung des Hausfriedens nach §§ 543 Abs. 1, 569 Abs. 2 BGB

Bereits bei der Kündigung durch den Mieter wurde auf die Möglichkeit der fristlosen Kündigung gemäß §§ 543 Abs. 1, 569 Abs. 2 BGB bei nachhaltiger Störung des Hausfriedens eingegangen. Da die §§ 543 Abs. 1, 569 Abs. 2 BGB beiden Vertragsteilen ein Kündigungsrecht gewähren, kann sich auch eine Vermietermehrheit auf diesen Kündigungsgrund stützen, wenn die Voraussetzungen vorliegen. In dieser Variante stellt sich die Frage, ob es genügt, wenn die Unzumutbarkeit der Fortsetzung des Mietverhältnisse nur gegenüber einem der Vermieter besteht. Dies ist denkbar, wenn beispielsweise nur einer von mehreren Vermietern vom Mieter schwer beleidigt wurde.[728] Mit vergleichbaren Argumenten wie bereits bei der Kündigung durch den Mieter ist die Kündigungsmöglichkeit für alle Vermieter zu bejahen. Auch hier ist der Hausfrieden nur herzustellen, indem die Vermieter dem Mieter kündigen. Dies ist nur durch alle Vermieter möglich. Anders als bei der Kündigung durch den Mieter liegt hier jedoch keine Frage der Zurechenbarkeit von bestimmtem

725 Staudinger/*Emmerich*, § 554 Rn. 51; *Schmidt-Futterer/Blank*, § 554 Rn. 38.
726 *Schmidt-Futterer/Blank*, § 554 Rn. 38 m.w.N.
727 Dies schließt nicht die Möglichkeit der Stellvertretung aus.
728 So das Beispiel bei *Sternel*, I 10, Fn. 9.

Verhalten vor. Vielmehr ergibt sich allein aus dem Verhalten des Mieters, daß es allen Vermietern nicht zuzumuten ist, das Mietverhältnis mit einem Mieter weiterzuführen, der sich einem der Vermieter gegenüber i.S.d. Kündigungsvorschrift ausfallend verhalten hat. Dies wird um so einsichtiger, wenn man sich vor Augen führt, daß zwischen den Vermietern regelmäßig eine enge Bindung bestehen wird, wie beispielsweise eine Ehe. Eine nennenswerte Bindung liegt aber auch schon dann vor, wenn die Verbindung der Vermieter allein auf der Beziehung zur gemeinsamen Sache basiert. Anderenfalls würde dem Mieter der Umstand, daß er zufällig nicht nur einen sondern mehrere Vermieter hat, ohne Begründung zu Gute kommen.

d. Mietvertrag über mehr als 30 Jahre i.S.v. § 544 BGB

Da es bei der Kündigungsmöglichkeit nach § 544 BGB wie oben dargelegt allein auf die Bindung über einen Zeitraum von mehr als dreißig Jahren ankommt,[729] ist es unproblematisch, wenn ein Vermieterwechsel aufgrund der §§ 1922, 566 BGB stattgefunden hat und damit einer der Vermieter oder sogar alle beteiligten Vermieter sich nicht länger als dreißig Jahre in der Vermieterposition befinden. Die Vermieter sind unabhängig von der persönlichen Vertragsbeteiligung nach Ablauf von dreißig Jahren unter den weiteren Voraussetzungen des § 544 BGB zur Kündigung berechtigt.

e. Das berechtigte Interesse i.S.d. § 573 BGB

Der § 573 BGB stellt die zentrale Norm des sozialen Mietrechts im BGB dar. Die Vorschrift regelt den Kündigungsschutz von Mietverhältnissen über Wohnraum. Der Schutz des Mieters besteht darin, daß ihm durch eine ordentliche oder außerordentlich befristete Kündigung nur gekündigt werden kann, wenn der Vermieter ein berechtigtes Interesse vorweisen kann. Das berechtigte Interesse ist damit nichts anderes als ein Kündigungsgrund. § 573 BGB zählt einzelne Gründe beispielhaft auf. Fraglich ist, wie es sich bei diesen Gründen im einzelnen auswirkt, wenn sie nicht bei allen Vermieter vorliegen.

Nach § 573 Abs. 2 Nr. 1 BGB hat der Vermieter ein berechtigtes Interesse, wenn der Mieter seine vertraglichen Verpflichtungen schuldhaft nicht unerheblich verletzt hat. Der Begriff der vertraglichen Verpflichtung ist in einem umfassenden Sinn zu verstehen. § 573 Abs. 2 Nr. 1 BGB ist zunächst immer dann einschlägig, wenn Gründe vorliegen, die den Vermieter zur fristlosen Kündigung nach den §§ 543 Abs. 1 i.V.m 569 Abs. 2, 543 Abs. 2 Nr. 2 – 3 BGB berechtigen würden, er aber statt der fristlosen die ordentliche Kündigung wählt. Daneben berechtigen auch schuldhafte Vertragsverletzungen von geringerer Bedeutung, die kein Recht zur außerordentlichen Kündigung geben, aber dennoch nicht unerheblich sind, den

729 Siehe oben auf S. 174.

Vermieter zu einer Kündigung nach § 573 Abs. 2 Nr. 1 BGB.[730] Die sich aus der Wahlmöglichkeit zwischen fristloser und ordentlicher Kündigung ergebenden Probleme hinsichtlich einzelner Tatbestandsvoraussetzungen sind allgemeiner Natur und nicht spezifisch für das Vorliegen einer Vermietermehrheit, so daß auf sie nicht näher eingegangen werden soll.[731] Für die Frage, ob die Vermietermehrheit zur Kündigung berechtigt ist, wenn der Mieter seine vertraglichen Verpflichtungen nur einem der Vermieter gegenüber verletzt hat, kann daher insgesamt nach oben verwiesen werden.[732] Da die Erwägungen, warum in diesen Fällen alle Vermieter zu einer Kündigung berechtigt sind, sich nicht auf die Erheblichkeit der Verletzung des Mieters stützen, gelten sie auch für die nicht unerheblichen, schuldhaften Verletzungen des Mieters. So ist die Vermietermehrheit beispielsweise nach § 573 Abs. 2 Nr. 1 BGB zur Kündigung berechtigt, wenn der Mieter nur einen der Vermieter wiederholt belästigt hat.[733]

Gemäß § 573 Abs. 2 Nr. 2 BGB ist es als berechtigtes Interesse des Vermieters anzusehen, wenn er die vermieteten Räume für sich oder für Personen benötigt, die zu seinem Hausstand gehören und zu seinen Familienangehörigen zählen. Nach ganz herrschender Meinung ist es dabei ausreichend, wenn bei einem der Vermieter Eigenbedarf vorliegt.[734] Dies gilt unabhängig von der Höhe der einzelnen Beteiligungen,[735] so daß beispielsweise auch der Eigenbedarf eines Miteigentümers, dem die gemeinsame Sache nur zu einem geringeren Anteil als den übrigen Miteigentümern gehört, ausreichend ist. Allerdings muß der Eigenbedarf in der Person eines Vermieters vorliegen. Nicht ausreichend ist der Eigenbedarf in der Person eines Miteigentümers, der den Mietvertrag nicht selbst abgeschlossen, sondern diesem nur zugestimmt hat. Nach hier vertretener Ansicht wird er dadurch nicht zur Vertragspartei. *Sternel* geht davon aus, daß die übrigen Miteigentümer durch die Genehmigung in die Vermieterposition einrücken.[736] Diese Ansicht ist jedoch abzulehnen, da sie die Grenzen der Privatautonomie überschreitet, indem sie dem Mieter einen Vertrag aufzwängt, den er nicht geschlossen hat. Dagegen kann auch nicht eingewendet werden, daß der Vertrag gerade für den Mieter im Hinblick auf eine Herausgabepflicht vorteilhaft ist, weil sich aus einer Personenmehrheit auf der anderen Vertragsseite immer auch Nachteile durch eine schwierigere Vertragsdurchführung

---

730 Staudinger/*Sonnenschein*, § 564b Rn. 43; *Schmidt-Futterer/Blank*, § 564b Rn. 10; Soergel/*Heintzmann*, § 564b Rn. 29; Erman/*Jendrek*, § 564b Rn. 10; MünchKomm/*Voelskow*, § 564b Rn. 41 ff.

731 Vgl. Staudinger/*Sonnenschein*, § 564b Rn. 43.

732 Siehe oben S. 189 ff.

733 Vgl. MünchKomm/*Voelskow*, § 564b Rn. 46.

734 Palandt/*Weidenkaff*, § 573 Rn. 26; Emmerich/Sonnenschein/Weitemeyer/*Sonnenschein*, § 564b Rn. 39; LG Berlin, GE 2001, 57, 57 f. = NZM 2001, 583; LG Berlin, GE 1992, 207, 207; LG Berlin, GE 1992, 549, 549; LG Karlsruhe, WuM 1982, 209, 210; LG München I, WuM 1990, 211, 211; *Bub/Treier/Grapentin*, IV 67; LG Hamburg, DWW 1991, 189, 189 f.; *Sternel*, IV 133; *Schmidt-Futterer/Blank*, § 564b Rn. 44.

735 *Sonnenschein*, FS für Kraft, 607, 624.

736 *Sternel*, I Rn. 4, mit Verweis auf *Roquette*, § 535 Rn. 98.

ergeben. Statt dessen ist davon auszugehen, daß eine berechtigte Vermietung vorliegt, so daß sich der Mieter auch gegenüber den übrigen Miteigentümern auf ein Recht zum Besitz berufen kann.[737] Daher ist der Zustimmende nicht als Vermieter i.S.d. § 573 Abs. 2 Nr. 2 BGB anzusehen.[738]

An dieser Stelle ist am Beispiel der Bruchteilsgemeinschaft auf den Sonderfall einzugehen, daß einer der Vermieter gleichzeitig Mieter der gemeinsamen Sache ist. Beansprucht hier einer der übrigen Teilhaber die Wohnung wegen Eigenbedarfs i.S.d. § 573 Abs. 2 Nr. 2 BGB, ist fraglich, ob darauf eine Kündigung gestützt werden kann. Der Unterschied zu der oben dargestellten Situation liegt darin, daß der Eigenbedarf nicht nur bei einem, sondern bei zwei der beteiligten Vermieter besteht, wovon der eine Teilhaber bereits Mieter ist. Es könnte im freien Ermessen der Teilhaber liegen, den Mietvertrag über die gemeinsame Sache zu kündigen und mit dem anderen Teilhaber neu abzuschließen. Diese Möglichkeit steht den Teilhabern nämlich offen, wenn anders als vorliegend zwei Teilhaber Eigenbedarf haben und die Sache an einen Dritten vermietet ist. In diesem Fall ist eine Kündigung gestützt auf § 573 Abs. 2 Nr. 2 BGB möglich. An welchen der Teilhaber die gemeinsame Sache sodann vermietet werden soll, ist im Innenverhältnis von allen Teilhabern zu entscheiden. Hat jedoch bereits einer der Teilhaber die Sache gemietet, ist fraglich, ob die Teilhaber weiterhin frei in ihrer Entscheidung sind und durch einfache Mehrheitsentscheidung festlegen können, in wessen Person der Eigenbedarf berücksichtigt werden soll.[739] Soll dem Miteigentümer, der den Wohnraum gemietet hat, wegen Eigenbedarfs eines anderen Teilhabers nach § 573 Abs. 2 Nr. 2 BGB gekündigt werden, müßte bei einer Mehrheitsentscheidung nicht das Gesamtinteresse der Gemeinschaft gegen das Einzelinteresse des mietenden Teilhabers abgewogen werden, da sich zwei Einzelinteressen gegenüberstehen.

Die Situation weist insoweit Parallelen zu dem Fall auf, daß ein Einzelvermieter das mit einem Familienangehörigen bestehende Mietverhältnis kündigen will, um den Wohnraum einem anderen Familienangehörigen überlassen zu können.[740] Da es nicht möglich ist, aufgrund der Nähe der Verwandtschaft auf engere persönliche Beziehungen zu schließen, ist bei Konkurrenz innerhalb des Familienkreises allein die von der Eigentumsgarantie gedeckte Entscheidung des Vermieters ausschlaggebend.[741] Gehören die konkurrierenden Personen jedoch wie im vorliegenden Fall zum Kreis der Eigentümer und Vermieter, fragt es sich, ob es sich bei der Bruchteilsgemeinschaft als Vermietermehrheit um eine dem Einzelvermieter vergleichbare, von den Interessen der konkurrierenden Personen losgelöste Einheit handelt, auf deren Entscheidung man abstellen könnte. Zwar sind aufgrund einer entsprechenden Anwendung des § 34 BGB sowohl der mietende als auch der

---

737 *Schmidt-Futterer*, Vor §§ 535, 536 Rn. 172.

738 Palandt/*Weidenkaff*, § 573 Rn. 26; LG Karlsruhe, WuM 1989, 241, 241.

739 *Sonnenschein*, FS für Kraft, 607, 624.

740 *Sonnenschein*, FS für Kraft, 607, 624; Staudinger/*Sonnenschein*, § 564b Rn. 76.

741 Staudinger/*Sonnenschein*, § 564b Rn. 76; vgl. aber auch LG Bochum, WuM 1972, 107, 108.

interessierte Teilhaber von der Beschlußfassung ausgeschlossen. Dennoch ist es nicht möglich, allein auf die Entscheidung der übrigen Teilhaber abzustellen, da dadurch gegen das Eigentumsrecht der von der Beschlußfassung ausgeschlossenen Teilhaber verstoßen würde. Auch eine Entscheidung anhand der Höhe der Beteiligung der konkurrierenden Personen ist nicht sachgerecht. Denn allein der höhere Anteil an der Gemeinschaft kann kein Recht geben, den anderen Teilhaber zu verdrängen. Ein Mehrheitsentschluß ist damit ausgeschlossen.

Statt dessen wird vorgeschlagen, auf soziale Aspekte abzustellen. Hiernach soll entscheidend sein, welcher Teilhaber das dringendere Bedürfnis an der Nutzung der Wohnung hat.[742] Diesem Ansatz ist zuzustimmen, da der Sinn und Zweck des § 573 Abs. 2 Nr. 2 BGB für die Bewertung und Abwägung sozialer Elemente spricht. Zwar stellt § 573 Abs. 2 Nr. 2 BGB Anforderungen an das Interesse des Vermieters an einer Kündigung, um den Mieter vor einem Verlust seiner Wohnung zu schützen.[743] Diese Vorschrift erschien erforderlich, um einen Ausgleich für die überlegene Marktstellung des Vermieters zu schaffen.[744] Dennoch spricht das in der Vorschrift angelegte Prinzip der Unterscheidung in sozial anzuerkennende Interessen, sogenannte berechtigte Interessen, und solche, die nicht zu berücksichtigen sind, dafür, diese Differenzierung auch dann vorzunehmen, wenn wie im vorliegenden Fall nicht die Interessen zweier sondern dreier Parteien zu bewerten sind.

Nach § 573 Abs. 2 Nr. 3 S. 1 berechtigt auch die Hinderung angemessener wirtschaftlicher Verwertung den Vermieter zur Kündigung des Mietverhältnisses. Hier liegt in jedem Fall das berechtigte Interesse bei jedem Vermieter vor, da es sich um objektive Gründe handelt, die nicht an die Person des Vermieters anknüpfen.

f. Die Teilkündigung nach § 573b Abs. 1 BGB

Nach § 573b Abs. 1 BGB ist eine Teilkündigung ausnahmsweise zulässig, wenn dadurch neuer Wohnraum geschaffen wird. Gehört den Vermietern wie im Regelfall die Sache gemeinschaftlich, so muß im Innenverhältnis zunächst der Beschluß gefaßt werden, ob im Außenverhältnis eine Kündigung ausgesprochen werden soll. Wird der Beschluß einstimmig gefaßt, ist davon auszugehen, daß alle beteiligten Vermieter die Sache zu den in § 573b Abs. 1 BGB genannten Zwecken verwenden wollen. Kommt der Beschluß nur durch Mehrheitsentscheid zustande,[745] sind die überstimmten Vermieter an den Beschluß gebunden, so daß auch dann alle Vermieter die Räume zur Schaffung von Wohnraum i.S.d. Vorschrift verwenden wollen.

742 *Sonnenschein*, FS für Kraft, 607, 624 f.

743 Staudinger/*Sonnenschein*, § 564b Rn. 21.

744 Staudinger/*Sonnenschein*, § 564b Rn. 9.

745 Dies ist bei der Bruchteilsgemeinschaft gemäß § 745 Abs. 1 S. 1 BGB unstreitig, bei der Erbengemeinschaft gemäß §§ 2038 Abs. 2 S. 1, 745 Abs. 1 S. 1 BGB dann möglich, wenn man die Kündigung als Verwaltungsmaßnahme qualifiziert.

Probleme können sich jedoch bei der Umwandlung in Wohnungseigentum ergeben.[746] Hierbei kann es nach der hier vertretenen Ansicht dazu kommen, daß eine Wohnung und der dazugehörige Dachbodenraum an zwei verschiedene Erwerber veräußert werden. In diesem Fall werden beide Erwerber Vermieter. Fraglich ist, ob es hier ausreicht, wenn nur der Erwerber des Dachbodens den Mietvertrag über den Dachboden kündigen will, um auf dieser Fläche eine neue Wohnung zu schaffen. Einen ähnlichen Fall hatte das OLG Celle zu entscheiden.[747] Dabei ging es neben der Frage, wer bei der Umwandlung und anschließender Veräußerung Vermieter der betreffenden Wohnung geworden ist, darum, ob eine Teilkündigung nach § 573b Abs. 1 BGB wirksam ist, die nur ein Mitvermieter unter Beschränkung auf den ihm allein gehörenden Teil der Mietsache erklärt hat. Zwar sind die Ausführungen zu der ersten Frage nach dem Rechtsentscheid des BGH[748] vom 28.04.1999 zur Vermieterstellung nach WEG-Umwandlung nicht mehr haltbar, die Erörterungen zur Kündigung durch eine Vermietermehrheit können dagegen weiterhin volle Geltung beanspruchen. Obwohl es sich um Nebenräume handelt, die allein im Teileigentum eines Vermieters stehen und daher auch nur dieser ein Interesse an der Kündigung hat, bleibt es bei dem Grundsatz, daß ein einheitliches Mietverhältnis mit mehreren Vermietern nur durch diese gemeinsam im ganzen gekündigt werden kann.[749] Dies liegt daran, daß die Folgen der Kündigung alle Vermieter treffen.

Nach § 573b Abs. 4 BGB kann der Mieter bei einer zulässigen Teilkündigung eine angemessene Senkung des Mietpreises verlangen. Daher muß auch derjenige, gegen den sich der Herabsetzungsanspruch richtet, an der Kündigung beteiligt sein.[750] Indem das OLG Celle erklärt, die Kündigung sei nur dann wirksam, wenn sie von allen Vermietern ausgesprochen werde, setzt es zugleich voraus, daß der Wille, neuen Wohnraum zu schaffen, für eine Kündigung auch dann ausreichend ist, wenn er nur bei einem der Vermieter vorliegt. Dieser These ist zuzustimmen. Rechtfertigt doch der Sinn und Zweck des § 573b BGB, nämlich zusätzlichen Wohnraum zu schaffen,[751] eine Kündigung bereits dann, wenn nur einer der Vermieter neue Wohnfläche schaffen will.

Ob Wohnungs- und Teileigentümer im Innenverhältnis einander verpflichtet sind, bei der Kündigung insoweit mitzuwirken, daß sie nicht aus formellen Gründen scheitert,[752] ist fraglich.[753] Die Fälle, in denen die Rechtsprechung einen solchen An-

---

746 Siehe oben auf S. 73, insbesondere S. 99.

747 OLG Celle, NJWE-MietR, 1996, 27, 27 ff. = WuM 1996, 222 zu § 564b Abs. 2 Nr. 4 BGB a.F., der noch als ordentliche Kündigung mit berechtigtem Interesse ausgestaltet war.

748 BGHZ 141, 239, 239 ff.

749 OLG Celle, NJWE-MietR, 1996, 27, 28.

750 OLG Celle, NJWE-MietR, 1996, 27, 28.

751 Begr zum RegE BT-Drucks 11/6508, 10.

752 *Bub/Treier/Grapentin*, IV 6; OLG Hamburg, ZMR 1996, 614, 614 ff. = WuM 1996, 637; *Sonnenschein*, FS für Kraft, 607, 623; *Weitemeyer*, NZM 1998, 169, 174; *Riecke*, WuM 1997, 88, 89 f.; zu der Problematik des Anspruchs auf Mitwirkung im Innenverhältnis schon oben auf S. 176, 181, 183 und 183.

spruch gewährt hat,[754] sind nach dem Rechtsentscheid des BGH vom 28.04.1999 zur Vermieterstellung nach WEG-Umwandlung und den damit verbundenen Grundsätzen, wie sie im Rahmen der Untersuchung herausgearbeitet wurden,[755] nicht mehr problematisch, da entgegen den Ausführungen in den Urteilsbegründungen keine Vermietermehrheiten entstehen. Denn es werden nicht alle Wohnungseigentümer aufgrund des Eigentumserwerbs am Gemeinschaftseigentum gemäß § 566 BGB Mitvermieter. Vielmehr rücken aufgrund einer telelogischen Reduktion des § 566 BGB nur diejenigen Erwerber als Vermieter in das Mietverhältnis ein, die Sondereigentum erworben haben. Hier ist der Sondereigentümer des Dachbodens nicht ohne weiteres als hauptsächlicher Partner des Mietvertrags anzusehen, so daß die Argumentation, im Innenverhältnis müsse der Hauptvertragspartner die Entscheidung über eine Kündigung treffen können,[756] den Dachbodeneigentümer nicht zum Ziel führt.

Daher sollte man sich zunächst die Frage stellen, nach welchen Vorschriften ein solcher Anspruch zu beurteilen ist. Da es sich bei der Mietsache um Wohnungseigentum handelt, könnten die Regelungen des WEG anwendbar sein. Vorschriften über die gemeinsame Verwaltung finden sich in den §§ 20 ff. WEG. Allerdings beschränkt sich die Verwaltung auf das Gemeinschaftseigentum, das Sondereigentum der einzelnen Wohnungseigentümer wird nicht erfaßt.[757] Einerseits könnte man für den Fall, daß zwei Sondereigentümer aufgrund ihrer gemeinsamen Vermieterstellung miteinander verbunden sind, die §§ 20 ff. WEG in der Weise entsprechend anwenden, daß eine Entscheidung nur von den betroffenen Sondereigentümern gefällt wird. Andererseits könnte man auf die Regelungen zur Verwaltung der Gemeinschaft gemäß §§ 741 ff. BGB zurückzugreifen. § 10 Abs. 1 S. 1 WEG bestimmt, daß die Regeln zur Bruchteilsgemeinschaft für das Verhältnis der Wohnungseigentümer untereinander herangezogen werden sollen, wenn die Vorschriften des WEG keine Regelungen enthalten. Da dies der Fall ist, muß auf die §§ 741 ff. BGB, insbesondere auf § 745 Abs. 2 BGB abgestellt werden.

§ 745 Abs. 2 BGB war Vorbild für § 21 Abs. 4 WEG, der dem Wohnungseigentümer einen Anspruch auf eine ordnungsgemäße Verwaltung einräumt.[758] Der Sondereigentümer hat somit einen Anspruch auf Mitwirkung an der Kündigung, wenn es sich dabei um eine ordnungsgemäße Verwaltung handelt. Wie § 21 Abs. 4 WEG ist der Begriff der Ordnungsmäßigkeit i.S.d. § 745 Abs. 2 BGB ein der

753 Diese Frage stellt sich, wenn sich bei einer Beschlußfassung der Sondereigentümer keine Mehrheit für eine Kündigung gefunden hat. Andernfalls ist der überstimmte Sondereigentümer an den Beschluß gebunden, vgl. § 745 Abs. 1 S. 1, § 21 Abs. 3 WEG.

754 OLG Hamburg, ZMR 1996, 614, 614 ff., wonach zumindest hinsichtlich der Gemeinschaftsflächen alle Wohnungseigentümer in das Mietverhältnis gemäß § 571 BGB a.F. (§ 566 BGB n.F.) als Mitvermieter eintreten.

755 BGHZ 141, 239, 239 ff.; siehe oben auf S. 107 ff.

756 OLG Hamburg, ZMR 1996, 614, 616.

757 Bärmann/Pick/Merle/*Merle*, § 20 Rn. 2; .

758 Bärmann/Pick/Merle/*Merle*, § 21 Rn. 76; *Weitnauer/Lüke*, § 21 Rn. 10.

Konkretisierung im Einzelfall bedürftiger offener Rechtsbegriff, der einen gewissen Entscheidungsspielraum bietet und seinen Inhalt durch die Umstände und Verhältnisse des Einzelfalls gewinnt. Als ordnungsgemäß ist damit insbesondere anzusehen, was dem Interesse der Gesamtheit der Wohnungseigentümer nach billigem Ermessen entspricht, wobei das Gemeinschaftsinteresse im Vordergrund steht.[759] Liegen die Voraussetzungen des § 573b Abs. 1 BGB bei einem der Sondereigentümer vor, so ist davon auszugehen, daß die Interessen der Gesamtheit der Wohnungseigentümer betroffen sind: Das Interesse des Sondereigentümers, der einer Kündigung nicht zustimmen möchte, ist rechtlich nicht schützenswert. Da es sich bei § 573b Abs. 1 BGB um eine ausnahmsweise zulässige Teilkündigung handelt, ist auch nur der Teil der Mietsache von der Kündigung betroffen, der im Sondereigentum des die Kündigung anstrebenden Sondereigentümers steht. Die nach § 573b Abs. 4 BGB mögliche Mietminderung durch den Mieter muß der Eigentümer der anderen Sondereigentumseinheit hinnehmen, da ihm wirtschaftlich der Teil der Miete, der auf den ihm nicht gehörenden Teil der Mietsache entfällt, nicht zusteht. Folglich hat der Sondereigentümer einen Anspruch auf Mitwirkung an der Kündigung.

Ein Anspruch auf Mitwirkung ist jedoch nicht in allen Fällen gegeben. So ist beispielsweise vorstellbar, daß nicht der Erwerber des nicht zu Wohnzwecken bestimmten Raumes kündigen will, sondern der Erwerber der Wohnung. Hier läßt sich eine Teilkündigung nicht auf § 573b Abs. 1 BGB stützen und ist daher unzulässig.[760] Vielmehr ist das gesamte Mietverhältnis unter Mitwirkung des Erwerbers des mitvermieteten Nebenraumes zu kündigen. Dabei ist fraglich, ob der Wohnungseigentümer einen Anspruch gegen den Erwerber des mitvermieteten Nebenraums auf Mitwirkung an der Kündigung hat, wenn deren Voraussetzungen im übrigen erfüllt sind. Dies ist ohne das Hinzutreten besonderer Umstände zu verneinen. Dem Interesse des Wohnungseigentümers an der Kündigung steht hier das Interesse des anderen Sondereigentümers am Bestehen des Mietverhältnisses entgegen, da jede Vertragsbeendigung und möglicherweise anschließende Neubegründung mit Kosten oder zumindest Arbeitsaufwand verbunden ist. Ausschlaggebend kann auch nicht das Argument sein, daß durch die Kündigung die nur durch WEG-Umwandlung entstandene und zumeist unerwünschte Vermietermehrheit beendet wird. Der Sondereigentümer hat daher nur im Einzelfall bei Hinzutreten weiterer Umstände einen Anspruch auf Mitwirkung an der Kündigung. Ein solcher Fall kann beispielsweise vorliegen, wenn der Mieter schuldhaft seine vertraglichen Verpflichtungen verletzt, weil er die Miete nicht regelmäßig zahlt. Im Einzelnen wird auf die Ausführungen zur Kündigung durch die Vermietermehrheit verwiesen.[761]

759 *Weitnauer/Lüke*, § 21 Rn. 12, 16, der als Maßnahme ordnungsmäßiger Verwaltung die Kündigung eines Mietverhältnisses nennt.

760 *Sternel*, IV 27, 471, 508.

761 Siehe oben auf S. 176, 181, 183 und 183.

V. Das Spezialitätsverhältnis zwischen Gemeinschaftsrecht und Mietrecht bei der Vermietung an einen der beteiligten Vermieter

Wurde damit für den Normalfall der Vermietermehrheit, nämlich daß die Mietsache an einen unbeteiligten Dritten vermietet ist, geklärt, nach welchen Regeln eine Kündigung zu beurteilen ist, soll nun auf den Sonderfall der Vermietung an einen der Vermieter eingegangen werden. Die obigen Ausführungen haben verdeutlicht, daß im Außenverhältnis auf die Regelungen des Mietrechts, im Innenverhältnis auf die Regelungen des Gemeinschaftsrechts abzustellen ist. Zu prüfen ist, ob das gleiche auch gilt, wenn die Mietsache an einen der beteiligten Vermieter vermietet wurde. Für diesen Sonderfall nimmt der BGH[762] nämlich ein Spezialitätsverhältnis zwischen dem Gemeinschaftsrecht und dem Mietrecht an.

In dem der Entscheidung des BGH zugrundeliegenden Fall überließ einer der Miteigentümer eines Grundstücks aufgrund einer als „Vorvertrag" bezeichneten Regelung den übrigen beiden Miteigentümern die gemeinsame Sache zur ausschließlichen Nutzung. Nachdem die übrigen Teilhaber in Zahlungsverzug geraten waren, kündigte der betroffene Teilhaber den „Vorvertrag" fristlos und wies darauf hin, daß die übrigen Teilhaber nicht mehr zur Nutzung seines Anteils berechtigt seien. Nachdem die übrigen Teilhaber die Nutzung nicht unterließen, erhob der betroffene Teilhaber Klage auf Zahlung einer Nutzungsentschädigung. Der BGH nimmt in Übereinstimmung mit der bisherigen Rechtsprechung[763] an, daß es sich bei der entgeltlichen Nutzungsüberlassung eines Grundstücks von mehreren an einzelne Miteigentümer sowohl um einen Mietvertrag mit der Miteigentümergemeinschaft als auch um eine Benutzungsregelung i.S.d. § 745 BGB handele.[764] Der Qualifizierung ist unter dem Vorbehalt zuzustimmen, daß der Mietvertrag nicht zwischen den einzelnen Teilhabern und der Bruchteilsgemeinschaft, sondern mangels Rechtsfähigkeit der Bruchteilsgemeinschaft allein zwischen den Teilhabern besteht.[765] Mit der Kündigung des „Vorvertrages" entsprechend § 554 Abs. 1 BGB a.F. oder aus wichtigem Grund sei auch die ursprüngliche Verwaltungs- und Benutzungsregelung weggefallen.[766]

Bereits hier drängen sich erste Zweifel auf. So ist es keineswegs selbstverständlich, daß der klagende Miteigentümer ohne Mitwirkung der übrigen Miteigentümer den als „Vorvertrag" bezeichneten Mietvertrag kündigen konnte.[767] Jedoch steht nach hier vertretener Ansicht der Mehrheit der Teilhaber im Außenverhältnis Vertretungsmacht für die überstimmte Minderheit gemäß § 745 Abs. 1 S. 1 BGB zu. Im

762 BGH NJW 1998, 372, 373 = NZM 1998, 75 = LM zu § 557 BGB Nr. 23 m. Anm. *Sonnenschein.*

763 BGH NJW 1974, 364, 364 = WM 1974, 201 = LM zu § 745 BGB Nr. 9; BGH NJW 1982, 1753, 1754 = WM 1982, 537 = LM zu § 745 BGB Nr. 11.

764 BGH NZM 1998, 75, 76.

765 *Erbarth*, NZM 1998, 740, 741; siehe auch oben S. 22.

766 BGH NZM 1998, 75, 76.

767 Anm. *Sonnenschein* zu LM § 557 BGB Nr. 23.

konkreten Fall konnte der klagende Teilhaber einen Mehrheitsbeschluß nach § 745 Abs. 1 S. 1 BGB daher allein herbeiführen, da die übrigen Teilhaber analog § 34 BGB wegen Interessenkollision von der Beschlußfassung ausgeschlossen waren.[768] Genauso war es ihm auch möglich, einen Mehrheitsbeschluß gemäß § 745 Abs. 1 BGB herbeizuführen, der für die Kündigung aus wichtigem Grund der im Innenverhältnis bestehenden Regelung der Verwaltung oder Benutzung erforderlich ist.[769]

Zahlungsansprüche wegen der weiteren Nutzung der übrigen Teilhaber könnten sich daher nach den mietrechtliche Vorschriften[770] oder den Regeln über die Gemeinschaft ergeben, wenn nicht die eine Regelung durch die andere verdrängt würde. Dies ist laut BGH der Fall: Die §§ 546a, 584b BGB seien durch die speziellen und in erster Linie anzuwendenden Regelungen des Gemeinschaftsrecht überlagert und daher nicht anwendbar.[771] Es könne daher allein auf die gemeinschaftsrechtlichen Regelungen abgestellt werden, die dem klagenden Teilhaber in § 745 Abs. 2 BGB einen Anspruch gewähren würden.

Der Argumentation des BGH ist zu widersprechen.[772] Bereits der Umstand, daß einige mietrechtlichen Vorschriften, wie beispielsweise der Anspruch auf Nutzungsentschädigung nach § 546a BGB bei verspäteter Rückgabe, überlagert sein sollen, andere Vorschriften, wie das Recht zur Kündigung wegen Zahlungsverzug nach § 543 Abs. 2 Nr. 3 lit. a BGB, aber zumindest entsprechend anwendbar sein sollen,[773] erscheint willkürlich. Das grundlegende Problem liegt darin, daß der BGH zwar auf die Differenzierung zwischen Innen- und Außenverhältnis eingeht, indem er zwischen dem Mietverhältnis und der Benutzungsregelung in § 745 Abs. 1 BGB unterscheidet[774], diese Trennung aber nicht durchhält.[775]

Haben die §§ 741 ff. BGB und die §§ 535 ff. BGB einen ganz unterschiedlichen Anwendungsbereich, nämlich einmal das Innen-, einmal das Außenverhältnis, so können sie sich nicht aufgrund von Spezialität verdrängen oder wie der BGH formuliert „überlagern“.[776] Besonders bei der Wohnraummiete wird deutlich, daß die These, die mietrechtlichen Vorschriften würden bei der Vermietung an einen der Teilhaber durch die Regeln des Gemeinschaftsrechts verdrängt, nicht anzuerkennen ist:[777] Hier schreibt das Gesetz in § 573 BGB vor, daß der Vermieter auch bei einer

---

768 Anm. *Sonnenschein* zu LM § 557 BGB Nr. 23; *Erbarth*, NZM 1998, 740, 743; vgl. auch oben auf S. 35.

769 *Erbarth*, NZM 1998, 740, 743 m.w.N. in Fn. 26.

770 Der BGH bezog sich auf § 557 BGB a.F., der durch §§ 546a, 571 BGB n.F. ersetzt wurde.

771 BGH NZM 1998, 75, 76.

772 So auch *Erbarth*, NZM 1998, 740, 742; Anm. *Sonnenschein* zu LM § 577 BGB Nr. 23; *Sonnenschein*, FS für Kraft, 607, 624.

773 BGH NZM 1998, 75, 76.

774 BGH NZM 1998, 75, 76.

775 *Sonnenschein*, FS für Kraft, 607, 608; *Sonnenschein*, Anm. zu LM § 557 Nr. 23.

776 Vgl. *Erbarth*, NZM 1998, 740, 743 mit ausführlicher Ablehnung eines Spezialitätsverhältnisses zwischen den §§ 557 Abs. 1 S. 1, 584b BGB und § 745 Abs. 1 und 2 BGB noch zur alten Fassung.

777 *Sonnenschein*, FS für Kraft, 607, 624; Anm. *Sonnenschein* zu LM § 557 Nr. 23.

ordentlichen Kündigung einen Kündigungsgrund aufweisen muß, damit eine von ihm ausgesprochene Kündigung wirksam ist.

Ist es im Innenverhältnis ohne Vorliegen eines besonderen Grundes möglich, mit Stimmenmehrheit eine Kündigung des Mietverhältnisses zu beschließen, müssen die Teilhaber im Außenverhältnis ein berechtigtes Interesse i.S.d. § 573 BGB aufweisen, um wirksam zu kündigen. Ansonsten würde die zwingende Bestimmung des § 573 BGB durch das Innenverhältnis außer Kraft gesetzt.[778] Dies bedeutet gleichzeitig, daß die Bindung des mietenden Teilhabers auch im Innenverhältnis nicht so weit geht, daß er in seiner Eigenschaft als Mieter im Außenverhältnis einen Aufhebungsvertrag abschließen muß. Zwar ist jeder Teilhaber den übrigen gegenüber verpflichtet, an der Ausführung des Beschlusses mitzuwirken.[779] Das bedeutet aber nur, daß die Mehrheit die beschlossene Maßnahme ohne Zuziehung der überstimmten Minderheit durchführen kann.[780] Ist dies aus rein rechtlichen Gründen nicht möglich, so bedeutet dies nicht, daß die überstimmten Teilhaber an anderen Maßnahmen, die denselben Erfolg haben, nämlich vorliegend die Beendigung des Mietverhältnisses, in einer anderen Eigenschaft als der des Teilhabers mitwirken müssen.

Deshalb ist der mietende Teilhaber auch nicht aufgrund von Treue- und Schutzpflichten dazu verpflichtet, einem Aufhebungsvertrag im Außenverhältnis zuzustimmen. Anderenfalls würde der Schutz des § 573 BGB umgangen werden. Zwar ist der Beschluß im Innenverhältnis nicht nichtig. Die Wirksamkeit konnte vor Inkrafttreten des Schuldrechtsmodernisierungsgesetzes gemäß § 306 BGB a.F. angezweifelt werden, wenn man die Vereinbarung als auf eine objektiv unmögliche Leistung gerichtet ansehen wollte. § 311a BGB bestimmt in seiner neuen Fassung jedoch, daß auch diese Verträge wirksam sind. Der Beschluß ist damit eindeutig wirksam. Allerdings stehen ihm rechtliche Hindernisse bei der Umsetzung entgegen, so daß sich für den Mieter aus dem Beschluß keine nachteiligen Konsequenzen ergeben dürfen, solange kein berechtigtes Interesse i.S.v. § 573 BGB bei einem der übrigen Teilhaber vorliegt. Es ist folglich nur möglich, von einer Wechselwirkung der §§ 741 ff. BGB und der §§ 535 ff. BGB zu sprechen, nicht aber von Spezialität.

Dies bedeutet für den der Entscheidung des BGH zugrunde liegenden Fall, daß dem klagenden Teilhaber sowohl nach den mietrechtlichen Vorschriften als auch nach den gemeinschaftsrechtlichen Vorschriften bei Vorliegen der sonstigen Tatbestandsvoraussetzungen ein Anspruch auf Nutzungsentschädigung zusteht, da es keine Spezialität zwischen mietrechtlichen und gemeinschaftsrechtlichen Regelungen gibt.

---

778 *Sonnenschein*, FS für Kraft, 607, 624.

779 Staudinger/*Langhein*, § 745 Rn. 27.

780 Staudinger/*Langhein*, § 745 Rn. 28 m.w.N.

Nichts anderes kann bei der Vermietung durch eine Erbengemeinschaft an einen der Miterben[781] oder durch eine eheliche Gütergemeinschaft an einen der Ehepartner gelten. Denn auch bei der Vermietung durch eine Gesamthandsgemeinschaft an eines ihrer Mitglieder kann keine Spezialität gegenüber den mietrechtlichen Regelungen begründet werden.[782] Auch hier ist zwischen dem Innen- und Außenverhältnis zu unterscheiden, mit der Folge, daß auch beim Zusammenfallen der unterschiedlichen Vereinbarungen in einen Akt für die Beziehungen im Innenverhältnis die Vorschriften der §§ 2038 ff. BGB mit dem Verweis auf die Regelungen der Gemeinschaft im BGB beziehungsweise die der §§ 1421 ff. BGB anzuwenden sind, für die Beziehungen im Außenverhältnis die mietrechtlichen Vorschriften.

E. Sonstige Beendigungsgründe

Außer durch Zeitablauf oder Kündigung, die beide in § 542 BGB beispielhaft aufgezählt werden, kann ein Mietverhältnis durch weitere Gründe beendet werden.[783]

Zu den in der Praxis bedeutsamsten Beendigungsgründen zählt der Aufhebungsvertrag, der Einvernehmlichkeit der Parteien voraussetzt. Der Aufhebungsvertrag ist gesetzlich nicht speziell geregelt, aber gemäß § 311 Abs. 1 BGB möglich, auch wenn die Vorschrift des § 311 Abs. 1 BGB dies nicht gesondert ausspricht.[784] Bei einer Mehrheit von Beteiligten müssen alle Personen rechtsgeschäftlich zusammenwirken.[785] Das bedeutet, daß jeder Vermieter im Außenverhältnis eine auf Aufhebung gerichtete Willenserklärung abgeben muß, die dem Mieter auch zugeht. Fraglich ist, ob ein beschränkter Mietaufhebungsvertrag in der Art, daß die Beendigung nur hinsichtlich einzelner Vermieter vereinbart wird, möglich ist, oder ob wie bei der Kündigung nur eine Beendigung des gesamten Mietverhältnisses in Frage kommt.[786] Es ist einzuräumen, daß der normale Sprachgebrauch nahe legt, einen Aufhebungsvertrag nur anzunehmen, wenn damit das gesamte Mietverhältnis beendet wird.[787] Andererseits handelt es sich um eine Ausgestaltung des § 311 Abs. 1 BGB, wonach es den Vertragsparteien möglich ist, Schuldverhältnisse durch Vertrag zu begründen oder aufzuheben. Daß es sich dabei um das gesamte Schuldverhältnis handeln muß, ist nicht Voraussetzung. Insofern sind auch beschränkte Mietaufhebungsverträge möglich. Solche Konstellationen sind in der Praxis denkbar, wenn beispielsweise einer der Vermieter seinen Miteigentumsanteil an einen der übrigen Miteigentümer veräußert. Handelt es sich nicht um ein Grundstück oder einen Raum, so ändert sich

---

781 Auch hier ist die entgeltliche Gebrauchsüberlassung an einen der Miterben als Miete zu qualifizieren, BGH WM 1969, 298, 298 ff. = LM § 535 BGB Nr. 42 zur Erbengemeinschaft.

782 *Sonnenschein*, FS für Kraft, 607, 627.

783 Vgl. dazu Staudinger/*Sonnenschein*, § 564 Rn. 106 ff.

784 Palandt/*Heinrichs*, § 305 Rn. 7.

785 Emmerich/Sonnenschein/Weitemeyer/*Sonnenschein*, § 564 Rn. 62; LG Berlin, WuM 1995, 105, 105; LG München I, WuM 1990, 335, 335 f.

786 *Behrens*, 286 zur Mietermehrheit.

787 *Behrens*, 286.

an der Vermieterstellung nichts. Möchte der veräußernde Vermieter aus der Vermieterstellung austreten, bietet sich ein beschränkter Mietaufhebungsvertrag an. Da die Folgen einer solchen Vereinbarung auch die verbleibenden Vermieter treffen, die zum Beispiel Kosten für Schönheitsreparaturen oder ähnliches alleine tragen müssen, ist auch hier die Willensübereinstimmung aller Beteiligten notwendig.[788]

Denkbar ist es auch, eine Kündigung, die nur von einem der Vermieter ausgesprochen wurde und daher unwirksam ist, unter den Voraussetzungen des § 140 BGB in einen Antrag auf Abschluß eines beschränkten Aufhebungsvertrags umzudeuten.[789] Die Umdeutung muß dem Parteiwillen entsprechen.[790] Entscheidend ist daher, ob der Vermieter bei Kenntnis der Nichtigkeit der Kündigung einen Aufhebungsvertrag im Hinblick auf die von ihm verfolgten wirtschaftlichen Ziele vernünftigerweise vorgenommen hätte. Das ist nur anzunehmen, wenn der allein kündigende Vermieter seiner Kündigung fälschlicherweise Einzelwirkung zugesprochen hat, daß heißt, er irrtümlich glaubte, er könne sich durch eine Kündigung ohne die übrigen Vermieter aus dem Mietverhältnis lösen. Wollte der Vermieter dagegen mit Wirkung für alle Vermieter kündigen und glaubte er, seine Kündigungserklärung sei dafür ausreichend, kommt eine Umdeutung in einen beschränkten Aufhebungsvertrag nicht in Betracht. Hier kommt nur eine Umdeutung in einen Aufhebungsvertrag bezüglich aller Vermieter in Frage,[791] dem die übrigen Vermieter anders als einem einseitigen Rechtsgeschäft nachträglich gemäß §§ 177 Abs. 1, 180 S. 1 BGB zustimmen können.

Wird der Fortbestand eines Mietverhältnisses von einer auflösenden Bedingung abhängig gemacht, endet das Mietverhältnis gemäß § 158 Abs. 2 BGB grundsätzlich mit deren Eintritt. Hier ergeben sich keine Probleme, die auf der Tatsache beruhen, daß nicht ein Einzelvermieter, sondern eine Vermietermehrheit beteiligt ist. Für Wohnraum stellte § 565a Abs. 2 S. 1 BGB a.F. jedoch abweichend von § 158 Abs. 2 BGB die gesetzliche Fiktion auf, daß nach Eintritt der Bedingung das Mietverhältnis entgegen § 158 Abs. 2 BGB als auf unbestimmte Zeit verlängert galt. Grund der Regelung war der Schutz des Wohnungsmieters: die Fiktion hatte zur Folge, daß das Mietverhältnis durch Kündigung unter Berücksichtigung der Kündigungsschutzvorschriften des sozialen Mietrechts beendet werden mußte.[792] Den gleichen Schutz bezweckt jetzt § 572 Abs. 2 BGB. Es ist daher auf die Ausführungen zur Kündigung zu verweisen.

Des weiteren ist an die Möglichkeit der Anfechtung des Mietvertrags zu denken. Auf diese Frage wurde bereits im Rahmen der vertraglichen Begründung eines Mietverhältnisses eingegangen, da nach umstrittener Ansicht die Anfechtung auch bereits

---

788 Emmerich/Sonnenschein/Weitemeyer/*Sonnenschein*, § 564 Rn. 63.

789 Vgl. AG Neuss, WuM 1986, 339, 339 für die Kündigung eines Mitmieters, Staudinger/*Sonnenschein*, § 565 Rn. 111, Emmerich/Sonnenschein/Wietemeyer/*Sonnenschein*, § 564 Rn. 63.

790 Palandt/*Heinrichs*, § 140 Rn. 8.

791 Zum Meinungsstand vgl. Staudinger/*Sonnenschein*, § 564 Rn. 100 m.w.N.

792 Emmerich/Sonnenschein/Weitemeyer/*Sonnenschein*, § 565a Rn. 8 ff.

vollzogener Mietverträge Rückwirkung hat und daher der Mietvertrag von Anfang an als nichtig anzusehen ist.[793]

Im Innenverhältnis muß bei allen angesprochenen Beendigungsgründen ein dahingehender Beschluß gefaßt werden.[794] Da bei Vornahme aller Beendigungsgründe ein bestehendes Recht, nämlich der Mietvertrag, mit unmittelbarer Wirkung aufgehoben wird, handelt es sich bei allen Maßnahmen um Verfügungen.[795] Dies ist entsprechend der Kündigung bei der Beurteilung der anwendbaren Vorschriften im Innenverhältnis zu berücksichtigen. Es kann daher insgesamt auf die Ausführungen zur Kündigung verwiesen werden. Kurz zusammengefaßt bedeutet dies, daß bei der Bruchteilsgemeinschaft alle das Mietverhältnis beendenden Erklärungen Maßnahmen der Verwaltung sind, die sich nach den §§ 744 f. BGB richten. Bei der Erbengemeinschaft ist die Einordnung fraglich, da der Mietvertrag, der als solcher zum Erbschaftsvermögen gehört, beendet wird, so daß es sich entweder um eine Verwaltungsmaßnahme oder um eine Verfügung handelt kann. Bei der ehelichen Gütergemeinschaft handelt es sich wie bei der Bruchteilsgemeinschaft eindeutig um eine Verwaltungsmaßnahme. Für die BGB-Innengesellschaft stellt die Entscheidung über eine Anfechtung eine Maßnahme der Geschäftsführung dar.[796]

Neben den aufgezählten Beendigungsgründen, die eine auf Beendigung gerichtete Willenserklärungen der Parteien erfordern, gibt es auch andere Umstände, bei deren Vorliegen das Mietverhältnis endet. An dieser Stelle soll nur der Fall erwähnt werden, daß der Mieter das Eigentum oder ein Nießbrauchrecht an der Mietsache erwirbt.[797] Das läßt sich dadurch erklären, daß der Eigentümer oder Nießbraucher grundsätzlich für das ihm kraft Gesetz zustehende Gebrauchsrecht niemandem etwas zahlen muß.[798] Daher erlischt das Mietverhältnis bei einer Beteiligung mehrer Vermieter nur dann, wenn der Mieter das Eigentum vollständig erlangt. Ein Einrükken des Mieters in die Miteigentümerstellung des Veräußerers oder als Miterbe[799] ist nicht ausreichend.[800] Es liegt nämlich keine Vereinigung von Recht und Verbindlichkeit vor, da die übrigen Miteigentümer ihren vertraglichen Anspruch auf die Mietzahlung nicht durch die Veräußerung des Teilhabers oder Miterben verloren haben. Vielmehr kommt es auf diese Weise zu dem bereits mehrfach erwähnten Sonderfall, daß die gemeinsame Sache an einen der Teilhaber oder Miterben vermietet ist, aller-

---

793 Siehe oben auf S. 61 ff.

794 Dies gilt im Fall der Wohnraummiete auch beim Eintritt einer Bedingung, da gemäß § 572 Abs. 2 BGB n.F. (§ 565a Abs. 2 S. 1 BGB a.F.) zur Beendigung eine Kündigung erforderlich ist.

795 Vgl. dazu Staudinger/*Werner*, § 2040 Rn. 5 m.w.N.

796 Vgl. dazu oben die Ausführungen zur Kündigung auf S. 175 ff.

797 Soergel/*Heintzmann*, §§ 535, 536 Rn. 126 nimmt ein Erlöschen des Mietvertrages nur an, wenn der bisherige Vermieter seine Rechtsstellung als Vermieter ausdrücklich oder konkludent verlieren soll, da auch die Vermietung fremden Eigentums möglich ist. Allerdings stellt dieser Fall die Ausnahme dar, so daß die Gegenmeinung das Verhältnis von Regel und Ausnahme besser trifft.

798 Staudinger/*Sonnenschein*, § 564 Rn. 133; RGRK/*Gelhaar*, § 564 Rn. 22; RGZ 49, 285, 286.

799 Zwar wird der Erbkäufer nicht Miterbe, ihn treffen jedoch die gleichen Rechte und Pflichten.

800 Soergel/*Heintzmann*, §§ 535, 536 Rn. 126.

dings mit dem Unterschied, daß der Mieter nicht ohne weiteres auch in die Vermieterposition einrückt.

Schließlich ist noch auf einen letzten Fall hinzuweisen, der dogmatisch als Beendigungsgrund einzuordnen ist, auch wenn bei einer ersten Betrachtung das Mietverhältnis bestehen zu bleiben scheint.[801] Veräußern alle Vermieter das gemeinsame Mietobjekt, so erlischt bei der Grundstücks- und Raummiete grundsätzlich das Mietverhältnis mit ihnen, da der Erwerber gemäß § 566 BGB kraft Gesetzes aufgrund selbständigen Rechts und nicht als Rechtsnachfolger in das bestehende Mietverhältnis eintritt. Insofern liegt hier ein weiterer Beendigungsgrund hinsichtlich des gesamten Mietverhältnisses vor.[802]

F. Keine stillschweigende Verlängerung

Um einen vertragslosen Zustand bei Fortsetzung des Mietgebrauchs durch den Mieter zu verhindern, fingiert § 545 BGB, daß ohne Widerspruch einer Vertragspartei das Mietverhältnis auf unbestimmte Zeit verlängert ist. Da die Vorschrift nicht nur für den Ablauf der vertraglich vereinbarten Mietdauer, sondern genauso für die Beendigung durch Kündigung oder durch Aufhebungsvertrag gilt[803], muß immer dann, wenn der Mieter den Mietgebrauch trotz formeller Beendigung des Mietverhältnisses fortsetzt, ein Widerspruch erfolgen, um eine Weiterführung des Mietverhältnisses zu verhindern. Es handelt sich beim Widerspruch um eine einseitige empfangsbedürftige Willenserklärung, aus der sich eindeutig ergeben muß, daß der Erklärende unter keinen Umständen mit einer Fortsetzung des Mietverhältnisses zu den bisherigen Bedingungen einverstanden ist.[804] Ob für die Anforderungen an Abgabe und Zugang bei Personenmehrheiten die gleichen Regeln gelten wie bei der Kündigung,[805] ist fraglich. Grundsätzlich müssen das Mietverhältnis betreffende Willenserklärungen bei Personenmehrheiten von und gegenüber allen Personen abgegeben werden. Davon scheint die Abgabe eines Widerspruchs i.S.d. § 545 BGB eine Ausnahme zu bilden. So soll wegen der Einheitlichkeit des Mietverhältnisses bereits der Widerspruch eines Vermieters ausreichen, um die Fiktion des § 545 BGB auszuschließen.[806] Hinsichtlich des Zugangs eines Widerspruchs soll dagegen wieder – zumindest bei einem Widerspruch des Vermieters gegen eine Mietermehrheit – der Zugang bei allen Mietern erforderlich sein.[807] Letzterer Aussage ist uneingeschränkt zuzustimmen, da sie dem oben erwähnten Grundsatz entspricht. Die erste

---

801 Zur Rechtsnachfolge im Zusammenhang mit §§ 566, 578 BGB n.F. (§ 571 a.F. BGB) siehe auch oben S. 72 und unten S. 207.

802 Vgl. Staudinger/*Sonnenschein*, § 564 Rn. 135; Staudinger/*Emmerich*, § 571 Rn. 7 ff.

803 Emmerich/Sonnenschein/Weitemeyer/*Emmerich*, § 568 Rn. 2.

804 Staudinger/*Emmerich*, § 568 Rn. 18 m.w.N.; *Sternel*, IV 83; Bub/Treier/Grapentin/*Grapentin*, IV Rn. 42; Erman/*Jendrek*, § 568 Rn. 5.

805 Bub/Treier/Grapentin/*Grapentin*, IV Rn. 42.

806 Staudinger/*Emmerich*, § 568 Rn. 18; *Wolf/Eckert*, Rn. 844.

807 Staudinger/*Emmerich*, § 568 Rn. 18; LG Aschaffenburg, WuM 1994, 691, 691.

Aussage verwundert jedoch, da sie von diesem Grundsatz abweicht. Als Begründung wird die Einheitlichkeit des Mietverhältnisses herangezogen. Allerdings verkennt diese Argumentation, daß aus der Einheitlichkeit nur folgt, daß das gesamte Mietverhältnis von der Verlängerungsfiktion des § 545 BGB erfaßt werden muß und nicht einzelne Vermieter durch einen Widerspruch gemäß § 545 BGB aus dem Mietverhältnis ausscheiden können. Wer die Erklärung abzugeben hat, folgt noch nicht aus der Einheitlichkeit. Gibt es somit keinen Grund, von der allgemeinen Regel abzuweichen, daß Willenserklärungen von allen Beteiligten abgegeben werden müssen, muß auch die Erklärung eines Widerspruchs von allen Vermietern ausgehen. Im Innenverhältnis ist wiederum ein hierauf gerichteter Beschluß notwendig. Hier kann auf die Ausführungen im Rahmen der Kündigung durch eine Vermietermehrheit verwiesen werden.[808]

G. Von der Vermietermehrheit zum Einzelvermieter

Das Ende einer Vermietermehrheit muß nicht zwangsläufig bedeuten, daß das gesamte Mietverhältnis beendet wird. Möglich ist auch, daß das Mietverhältnis weiter bestehen bleibt, die Vermietermehrheit jedoch durch einen Einzelvermieter ersetzt wird. Zu denken ist hier an eine Rechtsnachfolge, die sowohl vertraglich vereinbart werden kann als auch in bereits erwähnten Sonderfällen gesetzlich vorgeschrieben ist. Von einer Vermietermehrheit zu einem Einzelvermieter aufgrund erbrechtlicher Vorgänge kommt es zunächst in den Fällen, in denen alle Vermieter gleichzeitig versterben und von derselben Person beerbt werden. Dies ist in der Praxis beispielsweise bei der Vermietung durch Ehepartner vorstellbar, die ihr einziges Kind als Erben bestimmt haben. Des weiteren kommt es durch die Anwendung der §§ 1922, 1967 BGB dazu, daß aus einer Vermietermehrheit ein Einzelvermieter wird, wenn von zwei Vermietern einer verstirbt und er von dem Überlebenden beerbt wird.

Schließlich ist an die Veränderung der Vermieterstellung bei Veräußerung der Mietsache zu denken. Dabei ist der Fall zu betrachten, in dem eine Vermietermehrheit die vermietete Sache an eine Einzelperson veräußert. Handelt es sich bei der Mietsache um eine bewegliche Sache, ändert sich an der Vermieterposition zunächst nichts. Erst, wenn alle Beteiligten eine vertragliche Übernahme vereinbaren, rückt der Käufer anstelle des bisherigen Vermieters in die Vermieterstellung ein. Anders stellt sich die Situation bei einem Mietvertrag über Wohnraum und sonstige Räume dar. Hier kann es gemäß § 566 BGB bei einer Veräußerung dazu kommen, daß eine Personenmehrheit durch einen Einzelvermieter ausgetauscht wird.

Der Fall liegt einfach, wenn alle Vermieter Eigentümer waren und das betreffende Mietobjekt gemeinsam an einen Dritten veräußern. Alle Voraussetzungen des § 566 BGB liegen unproblematisch vor, so daß sich keine weiteren Fragen ergeben. Komplizierter wird es, wenn nicht alle Miteigentümer des Grundstücks beziehungsweise der Räume auch Vermieter sind. Hier mangelt es an der von § 566 BGB vor-

---

808 Siehe oben auf S. 175 ff.

ausgesetzten Identität zwischen Vermieter, Grundstückseigentümer und Veräußerer. Dieses Identitätserfordernis ergibt sich aus der Formulierung des § 566 Abs. 1 BGB. So muß der Vermieter das Grundstück oder die betreffenden Räume veräußern. Veräußerung i.S.v. § 566 BGB bedeutet Rechtsübergang, genauer Eigentumsübergang. Da grundsätzlich nur der Eigentümer das Eigentum an einen Dritten übertragen kann, folgt aus der Formulierung somit die notwendige Identität von Vermieter, Eigentümer und Veräußerer.[809] An dieser Identität fehlt es, wenn mehrere Miteigentümer ein Grundstück, das ihnen gemeinsam gehört, veräußern, aber nicht alle von ihnen den Mietvertrag abgeschlossen hatten. In diesem Fall ist § 566 BGB grundsätzlich nicht anwendbar, Vermieter bleiben weiterhin die ehemaligen Miteigentümer, die die Vermietung vorgenommen hatten. Der Erwerber tritt nicht – auch nicht neben die vermietenden Miteigentümer – in das Mietverhältnis ein. Begründet wird dies zunächst mit der Verpflichtung des vermietenden Veräußerers aus § 566 Abs. 2 S. 1 BGB. Danach haftet er für Schadensersatzpflichten des Erwerbers wie ein Bürge, der auf die Einrede der Vorausklage verzichtet hat. Diese Haftung soll den veräußernden Eigentümer aber nur dann treffen, wenn die Verpflichtungen, die aufgrund des § 566 BGB nun einen Dritten treffen, vorher durch ihn begründet wurden und vor dem Eigentumsübergang ihn getroffen hätten. Dies ist aber gerade nicht der Fall, wenn ein veräußernder Miteigentümer den Mietvertrag selbst nicht abgeschlossen hatte. Der Veräußerer soll somit nur für eigene Verbindlichkeiten haften, nicht für die eines anderen.[810]

Weiterhin wird die Schutzrichtung des § 566 BGB zur Begründung herangezogen. Und zwar will die Vorschrift eine Schlechterstellung des Grundstückmieters, die sich durch die Veräußerung des Grundstücks ergibt, verhindern. Nicht Sinn der Vorschrift ist es dagegen, die Rechtsstellung des Mieters bei Veräußerung der Mietsache zu verbessern.[811] Dies wäre jedoch vorliegend der Fall. Hatte der Mieter den Mietvertrag nämlich nur mit einem der Miteigentümer abgeschlossen, so hatte er auch nur diesem gegenüber ein Besitzrecht aus dem Mietvertrag gemäß § 986 BGB, nicht jedoch gegenüber den anderen Miteigentümern. Es stellt folglich für den Mieter keine Schlechterstellung dar, wenn er sich nach der Veräußerung einem neuen (Mit-) Eigentümer gegenübersieht, dem er kein vertragliches Besitzrecht entgegenhalten kann. Aufgrund dieser Erwägung soll das Identitätserfordernis dennoch als erfüllt angesehen werden, wenn die anderen Miteigentümer dem Vertragsschluß zugestimmt hatten.[812] Die Zustimmung bewirke, daß alle Miteigentümer den gewoll-

---

809 Staudinger/*Emmerich*, § 571 Rn. 41; Emmerich/Sonnenschein/Weitemeyer/*Emmerich*, § 571 Rn. 7; Soergel/*Heintzmann*, § 571 Rn. 4; RGRK/*Gelhaar*, § 571 Rn. 12; MünchKomm/*Voelskow*, § 571 Rn. 10; BGH NJW 1974, 1551, 1551 f. = LM zu § 571 Nr. 22 = WM 1974, 908.

810 Soergel/*Heintzmann*, § 571 Rn. 4.

811 Soergel/*Heintzmann*, § 571 Rn. 4.

812 OLG Karlsruhe NJW 1981, 1278, 1278 f. = WuM 1981, 179; a.A. Staudinger/*Emmerich*, § 571 Rn. 42, der das Identitätserfordernis nur als gewahrt sieht, wenn in der Zustimmung eine Bevollmächtigung liegt und der Miteigentümer deshalb selbst Vermieter wird.

ten Vertragsinhalt gegen sich gelten lassen müssen. Die Vertragswirkungen lasteten jetzt auch materiell auf den nicht unmittelbar daran beteiligten Miteigentümern, auch wenn damit nicht gesagt sei, daß der zustimmende Miteigentümer selbst Vermieter werde. Dieser Entscheidung ist zuzustimmen, da der Mieter vor der Veräußerung aufgrund der Zustimmung auch den anderen Miteigentümern, die nicht seine Vermieter sind, ein Recht zum Besitz i.S.v. § 986 BGB entgegenhalten kann[813], so daß Sinn und Zweck von § 566 BGB es in diesem Fall erfordern, die Vorschrift anzuwenden. Hatten also mindestens zwei jedoch nicht alle Miteigentümer den Mietvertrag abgeschlossen und liegt die Zustimmung der restlichen Miteigentümer vor, kommt es bei der Veräußerung des Grundstücks an eine Einzelperson gemäß § 566 BGB somit dazu, daß Vertragspartei auf Vermieterseite nicht mehr eine Personenmehrheit, sondern eine Einzelperson ist.

Fraglich ist, ob auch dann auf das Identitätserfordernis verzichtet werden kann, wenn ein Ehepaar gemeinsam ein Grundstück vermietet, das nur einem von ihnen gehört. Vermieter sind in diesem Fall beide Ehegatten, Eigentümer nur einer von ihnen. Bei einer anschließenden Veräußerung an eine Einzelperson könnte es zu einer Anwendung des § 566 BGB kommen, so daß Vermieter statt der Personenmehrheit bestehend aus den Ehepartnern nunmehr der Erwerber als Einzelperson wird.[814] Das LG Waldshut-Tiengen führt zu diesem Fall aus, daß das Identitätserfordernis des § 566 BGB nicht gewahrt sei, der Mieterschutz jedoch eine analoge Anwendung der Vorschrift erfordere, so daß Vermieter entsprechend § 566 BGB der Erwerber des Grundstücks werde.

Im Ergebnis ist den Ausführungen zuzustimmen, allerdings handelt es sich vielmehr um eine teleologische Reduktion des § 566 BGB als um eine analoge Anwendung. Der Gesetzgeber hat nämlich den Fall, daß eine Wohnung von mehreren vermietet, aber nur einer von diesen Eigentümer ist, entgegen der Ansicht des LG Waldshut-Tiengen geregelt.[815] Er hat mit dem Identitätserfordernis aber eine Regelung getroffen, die nicht auf das angeführte Problem paßt. Es liegt somit eine verdeckte Lücke vor, weil die Regelung zu weit geht. Der Gesetzgeber hätte die Regelung eingeschränkt, wenn er die besondere Problematik beachtet hätte.[816] Tritt der Erwerber im dargestellten Fall mangels Identität von Veräußerer und Erwerber nicht in das Mietverhältnis ein, steht der Mieter einem Eigentümer gegenüber, dem er keine Recht zum Besitz aus dem Mietvertrag entgegen halten kann. Er steht folglich schlechter da als vor der Veräußerung, da er zu diesem Zeitpunkt mit dem Eigentümer vertraglich verbunden war. Daß zugleich ein Nichteigentümer Mitvermieter war, ändert daran nichts. Auch unter dem Gesichtspunkt der Bürgenhaftung des vermietenden Nichteigentümers steht einer Anwendung des

---

813 *Schmidt-Futterer*/Schmidt-Futterer, Vor §§ 535, 536 Rn. 172.

814 Vgl. LG Waldshut-Tiengen, WuM 1993, 56, 56; zweifelnd Staudinger/*Emmerich*, § 571 Rn. 43.

815 LG Waldshut-Tiengen, WuM 1993, 56, 56.

816 *Brox*, AT, Rn. 67.

§ 566 BGB nichts entgegen, da der vermietende Nichteigentümer selbst die Verbindlichkeiten begründet hat. Folglich kommt es bei einer Veräußerung an eine Einzelperson gemäß § 566 BGB zu einer Eintritt eines Einzelvermieters, während die Vermietmehrheit aus der Vermieterrolle ausscheidet.

Des weiteren ist zu untersuchen, ob § 566 BGB anzuwenden ist, wenn eine Erbengemeinschaft ein Grundstück, das zur Erbmasse gehört, an einen der Miterben vermietet hat und dann alle gemeinsam das Grundstück an eine Einzelperson veräußern.[817] Hier liegt keine mangelnde Identität zwischen veräußerndem Eigentümer und Vermieter vor, da die Erbengemeinschaft sowohl veräußernder Eigentümer in Form einer Gesamthandsgemeinschaft als auch Vermieter in Form der Gesamthandsgemeinschaft ist. Dennoch soll § 566 BGB nicht zur Anwendung kommen, da kein Schutzbedürfnis des mietenden Miteigentümers bestehe. Anders als ein „Fremdmieter"[818] habe der „Miteigentümermieter" jederzeit die Möglichkeit, eine Veräußerung der Mietsache gegen seinen Willen zu verhindern. Mit der Zustimmung zur Veräußerung habe er das Recht, von der Mietsache Gebrauch zu machen, nämlich das Miteigentum, endgültig aufgegeben.[819] Diese Argumentation ist abzulehnen, da sie verkennt, daß ein sogenannter „Miteigentümermieter" sowohl Eigentümer als auch Mieter ist. Veräußert ein solcher Mieter sein Eigentum, so verliert er seine Rechte, die aus dem Eigentum fließen. Er bleibt jedoch Mieter und ist insofern auf den Schutz des § 566 BGB angewiesen. Folglich muß § 566 BGB anwendbar sein, so daß die Miterben als Vermieter ausscheiden und der Erwerber als neuer Vermieter in den Mietvertrag mit dem mietenden Miterben eintritt.

H. Die Abwicklung des Mietverhältnisses

Mit der Beendigung geht das Mietverhältnis in ein Abwicklungsstadium über, dessen Kern die Rückgabeverpflichtung des Mieters an den Vermieter gemäß § 546 BGB bildet.[820]

I. Die Rückgabe der Mietsache

Gemäß § 546 Abs. 1 BGB ist der Mieter bei Beendigung des Mietverhältnisses verpflichtet, dem Vermieter die Mietsache zurückzugeben. Gläubiger des Rückgabeanspruchs ist daher der Vermieter, Schuldner der Mieter.[821] Der Anspruch auf Rückgabe richtet sich grundsätzlich auf die Einräumung des unmittelbaren Besitzes. Dies

---

817 Vgl. LG Bayreuth, NJW 1965, 2210, 2210 f.

818 In der Entscheidung des LG Bayreuth, NJW 1965, 2210, 2210 f. handelte es sich um einen Pachtvertrag, auf den gemäß § 581 Abs. 2 BGB die Vorschriften über die Miete anwendbar sind, soweit nicht Vorschriften über den Pachtvertrag entgegenstehen.

819 So LG Bayreuth, NJW 1965, 2210, 2211.

820 *Sternel*, IV Rn. 563.

821 Staudinger/*Emmerich*, § 556 Rn. 7 f.; Emmerich/Sonnenschein/Wietemeyer/*Sonnenschein*, § 556 Rn. 4; Erman/*Jendrek*, § 556 Rn. 8; *Eisenschmid*, PiG 26 (1987), 73, 75; *Sternel*, IV Rn. 575 f.

bedeutet eine Veränderung der Besitzlage, an der der Vermieter mitwirken muß, so daß die bloße Besitzaufgabe durch den Mieter im Grundsatz nicht ausreichend ist.[822] Fraglich ist, in welcher Form der Mieter die Mietsache zurückgeben muß, wenn die Vermieterpartei aus mehreren Personen besteht. Insbesondere ist zu erörtern, ob er die Mietsache an alle Vermieter gemeinsam übergeben muß, oder ob es ausreichend ist, wenn er die Sache einem der Vermieter zurückgibt. Ob die Rückgabepflicht durch Übertragung des Besitzes an den Vermieter erfüllt worden ist, richtet sich nach den besitzrechtlichen Regeln. Daher ist es unzweifelhaft ausreichend, wenn der Mieter allen Vermietern gemeinsam die Sache übergibt und ihnen somit Mitbesitz i.S.d. § 866 BGB verschafft. Bei der Rückgabe an nur einen Vermieter könnte zunächst daran gedacht werden, daß dieser als Besitzdiener anzusehen ist. Es ist nämlich ausreichend, wenn die Mietsache einem Besitzdiener i.S.d. § 855 BGB übergeben wird.[823] Dies kann beispielsweise bei einer Übergabe einer Mietwohnung an den Hauswart angenommen werden.[824] Allerdings liegt die Situation bei einer Vermietermehrheit anders, da einer der Vermieter nicht für die anderen im Rahmen eines sozialen Abhängigkeitsverhältnisses besitzen will, wie es in § 855 BGB vorausgesetzt wird.[825] Die Rückgabe kann auch an einen Besitzmittler des Vermieters i.S.d. § 868 BGB erfolgen, wenn dieser zur Rücknahme der Mietsache beauftragt ist. Hier ist zunächst an einen zum Empfang ermächtigten Nachmieter[826] oder Rechtsanwalt[827] zu denken. Hier liegt es nahe, auch die Übergabe an einen von den übrigen Vermietern zum Empfang ermächtigten Vermieter ausreichen zu lassen, da es nicht einzusehen ist, warum man einen unbeteiligten Dritten aber keinen Beteiligten ermächtigen können soll.

Problematisch ist nur, daß der ermächtigte Vermieter bereits gemäß § 866 BGB Mitbesitzer ist, so daß sich die Frage stellt, ob er gleichzeitig auch noch Besitzmittler i.S.v. § 868 BGB sein kann. Diese soweit ersichtlich bisher nicht erörterte Frage sollte man derart beantworten, daß der Vermieter, der die Mietsache mit Ermächtigung der restlichen Vermieter entgegennimmt, sowohl Mitbesitzer als auch mittelbarer Besitzer hinsichtlich der gesamten Sache ist. Diese Annahme führt zu interessengerechten Ergebnissen, da es in der Praxis bei der Beteiligung mehrerer Vermieter oft zu einer Rückgabe an nicht alle beteiligten Vermieter kommen wird. Nimmt nur einer der Vermieter die Sache zurück, ohne von den übrigen Vermietern ermächtigt zu sein,[828] leistet der Mieter insofern an einen Nichtberechtigten, als der

822 Staudinger/*Sonnenschein*, § 556 Rn. 9 f.; Schmidt-Futterer/Blank/*Gather*, § 556 Rn. 22; Bub/Treier/Grapentin/*Scheuer*, V.A Rn. 6.

823 Staudinger/*Sonnenschein*, § 556 Rn. 9.

824 *Eisenschmid*, PiG 26 (1987), 73, 76 m.w.N.

825 Palandt/*Bassenge*, § 855 Rn. 1.

826 Staudinger/*Sonnenschein*, § 556 Rn. 15 m.w.N.

827 *Eisenschmid*, PiG 26, (1987), 73, 76 m.w.N.

828 Dieser Fall wird in der Praxis äußerst selten vorkommen, da eine Ermächtigung auch konkludent oder gemäß § 362 Abs. 2 i.V.m. § 185 Abs. 2 nachträglich erteilt werden kann. Denkbar

Vermieter nicht empfangszuständig ist.[829] Hielt der Schuldner den Nichtberechtigten gutgläubig für empfangsberechtigt, wird er nur in den gesetzlich besonders bestimmten Fällen frei.[830] Hat der Vermieter bereits während des Bestehens des Mietverhältnisses berechtigt für die übrigen Vermieter gehandelt, könnte man erwägen, § 370 BGB analog anzuwenden, da der durch die bisherige Tätigkeit gesetzte Rechtsschein genauso schützenswert erscheint wie der durch die Überbringung einer Quittung.

Für den Sonderfall, daß einer der Teilhaber oder Miterben die gemeinsame Sache gemietet hatte, muß die Einräumung von Mitbesitz entsprechend den genannten Grundsätzen ausreichen.

Die Herausgabe an nur einen der Vermieter kann nicht verlangt werden.[831] Mehrerer Vermieter sind daher keine Gesamtgläubiger hinsichtlich des Rückgabeanspruchs,[832] sondern Mitgläubiger i.S.d. § 432 Abs. 1 S. 1 BGB. Der Anspruch kann von jedem Vermieter einzeln im Wege der Prozeßstandschaft geltend gemacht werden.[833] Auch hier muß jedoch die Herausgabe an alle verlangt werden.[834] Für die Bruchteilsgemeinschaft und die eheliche Gütergemeinschaft folgt dies direkt aus § 432 Abs. 1 S. 2 BGB, für die Erbengemeinschaft stellt § 2039 BGB dies noch einmal ausdrücklich fest.[835]

II. Sonstige Fragen der Rückabwicklung

Gemäß § 537 BGB hat der Vermieter einen Anspruch auf Mietzahlung bei vorzeitiger Räumung und nach § 546a BGB einen Anspruch auf Nutzungsentschädigung bei verspäteter Rückgabe der Mietsache nach Beendigung des Mietverhältnisses. In beiden Fällen sind mehrere Vermieter Mitgläubiger i.S.v. § 432 Abs. 1 S. 1 BGB, wenn sie eine Bruchteilsgemeinschaft oder eine BGB-Innengesellschaft bilden. Für die Vermietung durch eine Erbengemeinschaft oder Eheleute, die im Güterstand der Gütergemeinschaft leben, gelten die speziellen Regelungen der §§ 2038 ff. BGB

---

ist daher nur, daß einer der Vermieter ohne das Wissen der übrigen Vermieter die Mietsache zurücknimmt, um diese von ihrem Mitbesitz auszuschließen.

829 Vgl. Palandt/*Heinrichs*, § 362 Rn. 3 f.; *Larenz*, § 18 I.

830 Palandt/*Heinrichs*, § 362 Rn. 4.

831 *Sternel*, IV Rn. 575; für die Bruchteilsgemeinschaft Staudinger/*Noack*, § 432 Rn. 24; RGRK/*Weber*, § 432 Rn. 10 und Soergel/*Wolf*, § 432 Rn. 2.

832 So aber *Eisenschmid*, PiG 26, (1987), 73, 75, der die Vermieter als Gesamtgläubiger, die Mieter als Gesamtschuldner hinsichtlich des Rückgabeanspruchs einordnet; hier soll ausdrücklich darauf hingewiesen werden, daß bei Beteiligung mehrere Personen auf beiden Seiten nicht stets Gesamtgläubigerschaft einerseits, Gesamtschuldnerschaft andererseits vorliegen muß. Es sind vielmehr fast alle Kombinationen von Gläubiger- und Schuldnermehrheiten denkbar, vgl. Staudinger/*Noack*, § 420 Rn. 1.

833 Staudinger/*Sonnenschein*, § 556 Rn. 7; *Sternel*, IV Rn. 575, LG Berlin, ZMR 1986, 313, 313 f. = WuM 1986, 326 (LS).

834 Anders LG Berlin, WuM 1986, 326, 326 (LS) = ZMR 1986, 313 ohne nähere Begründung.

835 Vgl. Staudinger/*Werner*, § 2039 Rn. 1.

beziehungsweise §§ 1414 ff. BGB, so daß auch diese Vermietermehrheiten nur gemeinsam forderungsberechtigt sind. Es kann auf die Ausführungen zu den Rechten einer Vermietermehrheit, insbesondere der Mietzahlung verwiesen werden.

In der Schuldnerposition nach Beendigung des Mietverhältnisses befinden sich die ehemaligen Vermieter, wenn der Mieter Ersatzansprüche aus §§ 536a, 552 BGB gelten machen kann oder aufgrund einer bei Abschluß des Mietvertrags gezahlten Sicherheitsleistung i.S.v. § 551 BGB einen Anspruch auf Rückzahlung hat. Die Vermieter haften unabhängig davon, welche Art der Personenverbindung vorliegt, als Gesamtschuldner. Schließlich gilt auch nach Beendigung des Mietverhältnisses, daß grundsätzlich alle Erklärungen von und gegenüber allen Vermietern geltend gemacht werden müssen. Dies wird beispielsweise beim Recht der Vermieter deutlich, bei der Raummiete nach § 552 BGB durch Zahlung einer angemessenen Entschädigung das Wegnahmerecht des Mieters hinsichtlich solcher Einrichtungen, mit denen er die Mietsache versehen hat, abzuwenden. Nach Sinn und Zweck der Regelung hindert nicht nur die Zahlung der Entschädigung die Ausübung des Wegnahmerechts des Mieters, sondern bereits das Angebot der Vermieter, eine angemessene Entschädigung zu zahlen, wenn es in annahmeverzugbegründender Weise gemäß § 294 BGB erklärt wird.[836] Sind mehrere Vermieter am Rückabwicklungsverhältnis beteiligt, müssen auch alle gemeinsam das Angebot erklären. Genauso müssen alle beteiligten Vermieter das Vermieterpfandrecht gemäß § 562 BGB geltend machen.

Um Mieter und Vermieter zu einer schnellen Auseinandersetzung des Abwicklungsverhältnisses zu veranlassen, bestimmt § 548 BGB, daß Ersatzansprüche des Vermieters sowie Ansprüche des Mieters auf Ersatz von Verwendungen oder auf Gestattung der Wegnahme in sechs Monaten verjähren. Zusätzliche Probleme der kurzen Verjährung aufgrund der Tatsache, daß am Mietverhältnis mehrere Vermieter beteiligt waren, ergeben sich nicht. Tritt die Verjährung allerdings nur bei einem Vermieter ein, weil beispielsweise nur bei ihm die Verjährung nicht gehemmt oder unterbrochen wurde, so wirkt dieser Umstand gemäß §§ 425 Abs. 2, 432 Abs. 2 BGB nur für den Vermieter, in dessen Person er eingetreten ist.

---

836 Staudinger/*Emmerich*, § 547a Rn. 25 m.w.N.

5. Teil: Abschließende Würdigung

In der vorliegenden Arbeit sind die Hauptprobleme, die sich durch die Beteiligung mehrerer Vermieter an einem Mietverhältnis ergeben, zunächst zusammengetragen worden. Dies war der erste Schritt, um einen weißen Fleck auf der juristischen Landkarte auszufüllen. Der zweite Schritt bestand sodann darin, die aufgefundenen Problemkreise einer rechtlich wie praktisch zufriedenstellenden Lösung zuzuführen, auch wenn „die“ Lösung für die sich aus der Beteiligung mehrerer Vermieter ergebenden Probleme nicht zu erwarten war. Dafür ist das Spektrum mietrechtlicher Probleme zu groß, das über die Begründung, Durchführung und Beendigung eines Mietverhältnisses reicht. Charakteristisch für die vorliegende Untersuchung war daher gerade die große Fülle der unterschiedlichen Einzelprobleme, die sich aus der mangelnden Rechtspersönlichkeit der Vermietermehrheit ergibt. An vielen Stellen treten Probleme auf, die man auf den ersten Blick nicht vermutet. Es hat sich jedoch gezeigt, daß sich die unterschiedlichen Einzelprobleme, die sich aus der mangelnden Rechtspersönlichkeit der Vermietermehrheit ergeben, anhand der allgemeinen Regelungen des BGB im Zusammenspiel mit den mietrechtlichen Sondervorschriften wie beispielsweise die Einheitlichkeit des Mietverhältnisses lösen lassen. Eine kombinierte Anwendung der allgemeinen Vorschriften des BGB und der gewachsenen mietrechtlichen Sondervorschriften macht Mietverhältnisse, an denen mehrere Vermieter beteiligt sind, in der Tat handhabbar. Dabei haben sich folgende Kernaussagen herausgebildet:

1. Die Vermietermehrheit als Vertragspartei

Vermietermehrheiten ohne eigene Rechtspersönlichkeit stellen die Bruchteilsgemeinschaft, die BGB-Innengesellschaft, die Erbengemeinschaft und die eheliche Gütergemeinschaft dar. Kennzeichen dieser Vereinigungen ist es, daß die Personenvereinigung als solche kein eigenes Rechtssubjekt darstellt.

Der BGH hat durch ein Grundsatzurteil zur Gesellschaft bürgerlichen Rechts vom 29.01.2001 einen alten Streit zur Rechtsfähigkeit zumindest für die Praxis begraben. Dafür haben sich neue Probleme ergeben, da die Entscheidung ausdrücklich nicht für die Innen-Gesellschaft bürgerlichen Rechts gelten soll. Für die vorliegende Arbeit bedeutet dies, daß die Innen-Gesellschaft bürgerlichen Rechts eine Vermietermehrheit darstellt, wenn die Gesellschafter im Innenverhältnis auf gemeinsame Rechnung vorgehen, im Außenverhältnis bei Abschluß der Mietvertrags jedoch als Einzelpersonen aufgetreten sind.

Die Gemeinschaft der Wohnungseigentümer ist grundsätzlich keine Vermietermehrheit. Auch wenn mehrere Wohnungseigentümer ihre Wohnung vermieten, bestehen grundsätzlich rechtlich selbständige Mietverträge, obwohl sich die einzelnen Vermieter in einer Wohnungseigentümergemeinschaft befinden. In den sogenannten Umwandlungsfällen kommt es zwar nach wörtlicher Auslegung der §§ 566,

578 BGB in Verbindung mit dem Grundsatz der Einheitlichkeit des Mietverhältnisses zu Vermietermehrheiten bestehend aus allen Wohnungseigentümern. Aber hier sind die §§ 566, 578 BGB teleologisch zu reduzieren, so daß auch hier keine Wohnungseigentümergemeinschaft als Vermietermehrheit vorliegt.

2. Die vertragliche Entstehung von Vermietermehrheiten

Sind am Vertragsschluß mehrere Vermieter beteiligt, entsteht ein Mietverhältnis mit der Beteiligung mehrerer Vermieter. Dabei kommt es bei der Vermietung durch eine Personenmehrheit einerseits darauf an, in welchem Rechtsverhältnis diese Personen zueinander stehen und andererseits, welche Rechtsbeziehungen zwischen ihnen und dem Mieter bestehen. Die Vorschriften für das Innenverhältnis richten sich nach der jeweiligen Rechtsform der Personenmehrheit. Grundlage für die Rechtsbeziehungen zwischen der Vermietermehrheit und dem Mieter im Außenverhältnis bildet dagegen der Mietvertrag.

Bilden die Vermieter eine Bruchteilsgemeinschaft, stellt der Abschluß des Vertrags im Innenverhältnis eine Maßnahme der Verwaltung i.S.d. §§ 744 – 746 BGB dar, die grundsätzlich gemeinschaftlich getroffen werden muß. Das gleiche gilt für die Erbengemeinschaft nach § 2038 Abs. 1 BGB. Bei der BGB-Innengesellschaft stellt der Abschluß des Mietvertrages eine Geschäftsführungsmaßnahme dar, die sich in erster Linie nach dem Gesellschaftsvertrag richtet. Ehepartner, die im Güterstand der Gütergemeinschaft leben, müssen eine Entscheidung über die Verwaltung des Gesamtgutes treffen. Bei der gemeinschaftlichen Verwaltung müssen sich beide Partner für eine Vermietung aussprechen, bei der Verwaltung durch einen Ehegatten trifft dieser die Entscheidung allein. Bei allen Vermietermehrheiten ist aufgrund einer Interessenkollision eine analoge Anwendung des § 34 BGB geboten, wenn die Mietsache an einen der Teilhaber vermietet werden soll.

Im Außenverhältnis muß sodann ein Mietvertrag abgeschlossen werden. Hier müssen grundsätzlich alle Vermieter eine eigene Willenserklärung abgeben. Die Regelungen der §§ 164 ff. BGB über die Stellvertretung sind anzuwenden. Dabei kann die Vertretungsmacht rechtsgeschäftlich erteilt werden oder sich aus dem Gesetz ergeben, wenn der im Innenverhältnis getroffene Entschluß Außenwirkung besitzt.

Das Zustandekommen des Mietvertrags läßt sich weiter anhand des Allgemeinen Teils des BGB lösen. Hierbei sind insbesondere die Vorschriften des §139 zur Teilnichtigkeit, § 150 Abs. 2 zum modifizierten Angebot, der §§ 125 S. 2, 127, 154 Abs. 2 im Zusammenhang mit der Formvorschrift des § 550 BGB und die §§ 142 f. BGB zur Anfechtung anzuwenden.

3. Die Umwandlung von vermieteten Grundstücken in Wohnungseigentum

Die Umwandlung von vermieteten Grundstücken in Wohnungseigentum und anschließende Veräußerung wirft erhebliche Probleme auf. Bei wörtlicher Anwendung der §§ 566, 578 BGB in Verbindung mit dem allgemein anerkannten Grundsatz der

Einheitlichkeit des Mietverhältnisses würde die gesamte Wohnungseigentümergemeinschaft in das Mietverhältnis eintreten, da sie als Erwerber der gemeinschaftlichen Flächen wie Treppenhäuser oder Gemeinschaftskeller im Sinne der Vorschrift anzusehen ist. Aufgrund des vom BGH ergangenen Rechtsentscheids zu dieser Frage wird der Erwerber einer vermieteten Eigentumswohnung alleiniger Vermieter, wenn die Wohnung nach Überlassung an den Mieter in Wohnungseigentum umgewandelt worden ist und zusammen mit der Wohnung ein Kellerraum vermietet ist, der nach der Teilungserklärung im Gemeinschaftseigentum aller Wohnungseigentümer steht.[837] Die Verallgemeinerungsfähigkeit dieser Entscheidung ist anhand aller denkbaren Varianten der Aufteilung vermieteten Wohnraums im Zusammenspiel mit dem Schutzzweck der §§ 566, 578 BGB zu prüfen. Dabei ergibt sich, daß eine Reduzierung wie sie der BGH vorgenommen hat, nicht in allen Fällen geboten ist. Am deutlichsten zeigt sich dies, wenn zwei Einheiten an verschiedene Sondereigentümer veräußert werden. Hier müssen beide Erwerber in die Vermieterposition einrücken. Eine andere Entscheidung käme einer Enteignung gleich. Die Lösung muß die Besonderheit des Wohnungseigentums beachten, nämlich das Nebeneinander von Gemeinschafts- und Sondereigentum. Daneben darf es durch eine Reduktion auch nicht dazu kommen, daß der Veräußerer nicht aus seiner Vermieterposition ausscheidet. Eine teleologische Reduktion muß daher auf der Rechtsfolgenseite, und hier beim Erwerberbegriff, ansetzen. Als alleinige Erwerber können somit immer nur dann die Sondereigentümer angesehen werden, wenn gleichzeitig Sondereigentum und Gemeinschaftseigentum zu den veräußerten Mietobjekten zählen. Nur in diesen Fällen ist eine Reduktion der §§ 566, 578 BGB im Interesse von Mietern und Vermietern geboten.

4. Der Wechsel innerhalb einer Vermietermehrheit

Nicht jede Änderung im Personenkreis der Personenmehrheit verursacht automatisch eine Änderung der Vermieterstellung. Diese wird erst durch eine Anwendung der §§ 1922, 1967 BGB im Todesfall eines Vermieters oder der §§ 566, 578 BGB herbeigeführt. Im Erbfall gelten die bereits getroffenen Verwaltungsmaßnahmen ohne weiteres gegen den eintretenden Vermieter. Gleiches gilt für den eintretenden Innengesellschafter, da jeden Gesellschafter auch bereits vor seinem Eintritt liegende Maßnahmen als Mitglied binden. Veräußert ein Miteigentümer dagegen seinen Anteil an einen Dritten, muß die Bindung des Nachfolgers an die getroffenen Verwaltungs- oder Benutzungsregelungen durch spezielle Vorschriften wie §§ 746, 1010 BGB herbeigeführt werden.

---

837 Die Entscheidung erging nach der Rechtslage, wie sie bis zum 31.08.2001 bestand, und betraf damit § 571 a.F. BGB. Inhaltlich hat sich durch die neue Fassung jedoch nichts verändert.

5. Die Rechte einer Vermietermehrheit

Die Entrichtung der Miete ist die Hauptpflicht des Mieters und wirtschaftlich gesehen das bedeutendeste Recht des Vermieters. Im Außenverhältnis geht es um die Frage, wer von den Vermietern die Miete fordern kann. Bilden die Vermieter eine Bruchteilsgemeinschaft oder eine BGB-Innengesellschaft, ist § 432 BGB anwendbar, so daß grundsätzlich jeder Vermieter als Gläubiger Mietzahlung an alle fordern kann. Für die Erbengemeinschaft regelt dies § 2039 BGB, der als speziellere Regelung dem § 432 BGB vorgeht. Ehepaare im Güterstand der Gütergemeinschaft müssen bei gemeinschaftlicher Verwaltung die Mietforderung nach § 1450 Abs. 1 2. Var. BGB gemeinsam geltend machen. Haben sie die Verwaltung durch einen Ehegatten vereinbart, steht die Geltendmachung nach § 1422 S. 1 2. Hs BGB dem Verwalter allein zu.

Im Innenverhältnis geht es um die Verteilung der Miete. Bilden die Vermieter eine Bruchteilsgemeinschaft, wird die Miete nach Abzug aller Kosten und Lasten entsprechend den Anteilen unter den Teilhabern verteilt. Ähnliches gilt für die Erbengemeinschaft: Wird die Miete bereits vor der Auseinandersetzung verteilt, erhält jeder Erbe nach Abzug der Kosten und Lasten einen seinem Erbteil entsprechenden Anteil. Bei der BGB-Innengesellschaft enthält zumeist der Gesellschaftsvertrag entsprechende Vorgaben, ansonsten sind alle Gesellschafter zu gleichen Teilen unabhängig von der Höhe ihres Beitrags berechtigt. Bei der ehelichen Gütergemeinschaft scheidet entsprechend dem Sinn und Zweck des gewählten Güterstandes eine Aufteilung aus, da die eheliche Gütergemeinschaft gerade das beiderseitige eheliche Vermögen vereinigen soll.

6. Die Pflichten einer Vermietermehrheit

Die beteiligten Vermieter haften in der Regel als Gesamtschuldner i.S.v. § 421 BGB. Gemäß § 535 BGB ist der Vermieter verpflichtet, dem Mieter den Gebrauch der Mietsache zu gewähren. Diese Verpflichtung stellt eine Hauptleistungspflicht dar. Für die Überlassungspflicht haften die beteiligten Vermieter regelmäßig als Gesamtschuldner i.S.v. § 421 BGB, wenn nicht abweichend von der Vermutung aus § 431 BGB vertraglich eine gemeinschaftliche Schuld vereinbart wurde oder besondere Umstände eine solche Auslegung erfordern. Das bedeutet, daß der einzelne Vermieter in den Fällen, in denen ihm eine Überlassung ohne Mitwirkung der übrigen Vermieter nicht möglich ist, weil diese beispielsweise noch eigene Schlüssel besitzen, verpflichtet ist, auf die übrigen Vermieter einzuwirken mit der Folge, daß ihm die Überlassung möglich wird.

7. Die Beendigung von Mietverhältnissen mit mehreren Vermietern

Den wichtigsten Beendigungsgrund in der Praxis stellt die Kündigung dar. Aus der Natur des Mietverhältnisses als Dauerschuldverhältnis ergibt sich, daß eine Kündigung nicht auf einzelne Vermieter beschränkt werden kann. Das bedeutet, daß eine

Kündigung, die nur einen der Vermieter aus dem Mietvertrag entläßt, entgegen dem Grundsatz der Einzelwirkung in § 425 Abs. 1 BGB nicht möglich ist. Dies würde eine unzulässige Umgestaltung des Mietverhältnisses zu Lasten der anderen am Vertrag Beteiligten darstellen. Wollen die Vermieter kündigen, müssen alle eine dahingehende Willenserklärung abgeben, eine Kündigung des Mieters muß allen Vermietern zugehen.

Bei der Kündigung handelt es sich um eine Verwaltungsmaßnahme, wenn die Vermieter eine Bruchteilsgemeinschaft oder eine Erbengemeinschaft bilden. Dabei trifft die übrigen Vermieter unter Umständen eine Pflicht zur Zustimmung zur angestrebten Kündigung nach § 745 Abs. 2 BGB, wenn die Kündigung bestmöglich die Interessen aller Beteiligten wahrt oder nach § 744 Abs. 2 2. Hs. BGB, wenn die Kündigung zur Erhaltung des Mietobjekts notwendig ist. Bei der BGB-Innengesellschaft stellt die Kündigung eine Geschäftsführungsmaßnahme dar. Für den einzelnen Innen-Gesellschafter kann sich aus der Treuepflicht eine Zustimmungspflicht für eine angestrebte Kündigung ergeben. Auch die Kündigung einer ehelichen Gütergemeinschaft ist eine Maßnahme der Verwaltung. Bei der gemeinschaftlichen Verwaltung müssen grundsätzlich beide Ehepartner für eine Kündigung stimmen. Verweigert einer der Partner die Zustimmung grundlos, kann sie nach § 1452 BGB ersetzt werden. Bei der Verwaltung durch einen Ehepartner entscheidet dieser im Rahmen seiner Pflicht zur ordnungsgemäßen Verwaltung alleine über die Kündigung.

Im Außenverhältnis müssen die Vermieter gemeinsam kündigen. Ob eine Kündigung auch dann zulässig ist, wenn ein bestimmter Kündigungsgrund nur in einer Person der beteiligten Vermieter vorliegt, ist anhand der einzelnen Kündigungsgründe festzustellen.

Anhang

Da das Mietrechtsreformgesetz vom 19.06.2001[838] erst zum Ende des Erstellungszeitraums der vorliegenden Arbeit beschlossen wurde und die zur Verfügung stehenden Kommentare noch nicht auf die neue Normierung umgestellt waren, werden im Gutachtentext durchgehend die Normen in der ab dem 01.09.2001 geltenden Fassung verwendet, die Paragraphenangaben in den Fußnoten dagegen beziehen sich überwiegend auf die alte Gesetzesfassung. Da auch für sogenannte Altfälle aufgrund bestimmter Überleitungsregelungen im EGBGB teilweise weiterhin die Vorschriften des BGB und des Miethöhegesetzes in der bis zum 31.08.2001 geltenden Fassung anzuwenden sind, soll die nachfolgende Synopse dem Leser ein schnelles Abgleichen der unterschiedlichen Gesetzesfassungen ermöglichen. Dabei beschränkt sich die Gegenüberstellung auf die Angabe der Paragraphen, für eine Gegenüberstellung des genauen Wortlautes sei zum Beispiel auf die Beilage zum Schönfelder, Deutsche Gesetze verwiesen.[839]

Normen des BGB in der Fassung seit dem 01.09.2001	**Normen des BGB in der Fassung bis zum 31.08.2001**
§ 535	§ 535
§ 535	§ 536
§ 535 Abs. 1	§ 546
§ 536 Abs. 1, 2 und 4	§ 537
§ 536 Abs. 3	§ 541
§ 536a	§ 538
§ 536a Abs. 2	§ 547 Abs. 1
§ 536b	§ 539
§ 536c	§ 545
§ 536d	§ 540
§ 537	§ 552
§ 538	§ 548
§ 539 Abs. 1	§ 547 Abs. 2
§ 539 Abs. 2	§ 547a Abs. 1
§ 540	§ 549 Abs. 1 und 3
§ 541	§ 550
§ 542	§ 564

838 BGBl. I, 1149; Mietrechtsreformgesetz (Regierungsentwurf) mit Begründung BT-Drucks. 14/4553 vom 9.11.2000 = BR-Drucks. 439/00 vom 18.08.2000.

839 108. Ergänzungslieferung; für einen inhaltlichen Überblick über das Mietrechtsreformgesetz vgl. z.B. *Ritter*, NZM 1999, 146, 146 ff.; *Derleder*, ZRP 2000, 243, 243 ff.; *Eisenschmid*, WuM 2001, 215, 215 ff.; *Sternel*, ZMR 2001, 937, 937 ff.; *ders.*, ZMR 2002, 1, 1 f.

Normen des BGB in der Fassung seit dem 01.09.2001	Normen des BGB in der Fassung bis zum 31.08.2001
§ 543	§ 542
§ 543 Abs. 2	§ 553
§ 543 Abs. 2	§ 554 Abs. 1
§ 543 Abs. 4	§ 543
§ 544	§ 567
§ 545	§ 568
§ 546	§ 556 Abs. 1 und 3
§ 546a	§ 557 Abs. 1
§ 547	§ 557a
§ 548	§ 558
§ 549 Abs. 2	§ 556a Abs. 8
§ 549 Abs. 2 und 3	§ 564a Abs. 3
§ 550	§ 566
§ 551	§ 550b
§ 552	§ 547a Abs. 2 und 3
§ 553	§ 549 Abs. 2
§ 554 Abs. 1	§ 541a
§ 554 Abs. 2 bis 5	§ 541b
§ 555	§ 550a
§ 556b Abs. 1, 579	§ 551
§ 556b Abs. 2	§ 552a
§ 562	§ 559
§ 562a	§ 560
§ 562b	§ 561
§ 562c	§ 562
§ 562d	§ 563
§ 563a	§ 569b
§ 565	§ 549a
§ 566a	§ 572
§ 566b	§ 573
§ 568	§ 564a Abs. 1 und 2
§ 569	§ 544
§ 569 Abs. 3 und 4	§ 554 Abs. 2
§ 571	§ 557 Abs. 2, 3 und 4
§ 572 Abs. 1	§ 570a
§ 572 Abs. 2	§ 565a Abs. 2
§ 573c	§ 565 Abs. 2 und 3
§ 574	§ 556a Abs. 1, 4 und 7
§ 574a	§ 556a Abs. 2 und 3

Normen des BGB in der Fassung seit dem 01.09.2001	Normen des BGB in der Fassung bis zum 31.08.2001
§ 574b	§ 556a Abs. 5 und 6
§ 574c	§ 556c
§ 575	§ 564c
§ 576	§ 565c
§ 576°	§ 565d
§ 576b	§ 565e
§ 577	§ 570b
§ 578a	§ 580a
§ 580	§ 569
§ 580a	§ 565 Abs. 1, 1a, 4 und 5
§§ 543 Abs. 1, 569 Abs. 2 und 4	§ 554°
§§ 563, 563b	§ 569°
§§ 566, 578	§ 571
§§ 566c, 578	§ 574
§§ 566d, 578	§ 575
§§ 566e, 578	§ 576
§§ 567, 578	§ 577
§§ 567a, 578	§ 578
§§ 567b, 578	§ 579
§§ 570, 578 Abs. 1	§ 556 Abs. 2
§§ 573, 573a, 573b, 577a	§ 564b Abs. 1, 2 und 3
§§ 573d Abs. 1 und 2, 580a Abs. 4	§ 565 Abs. 5
§549 Abs. 2 und 3	§ 564b Abs. 7
§569 Abs. 5	§ 554b
Keine Entsprechung	§ 555
Keine Entsprechung	§ 556b
Keine Entsprechung	§ 565b
Keine Entsprechung	§ 570
Keine Entsprechung	§ 580

Normen des BGB in der Fassung seit dem 01.09.2001	Normen des MHG in der Fassung bis zum 31.08.2001
§ 29a WoBauG Saarland	§ 6
§ 549 Abs. 2 und 3	§ 10 Abs. 3
§ 556 Abs. 2 und 3	§ 4 Abs. 1
§ 556a Abs. 2	§ 4 Abs. 5
§ 557 Abs. 1	§ 10 Abs. 1
§ 557a	§ 10 Abs. 2
§ 557b	§ 10a
§ 558	§ 2 Abs. 1, 1a und 5
§ 558a	§ 2 Abs. 2 und 6
§ 558b	§ 2 Abs. 3 und 4
§ 558c	§ 2 Abs. 2 und 5
§ 559	§ 3 Abs. 1 S. 1 und 2
§ 559a	§ 3 Abs. 1 S. 3 bis 7
§ 560	§ 4 Abs. 2 bis 4
§ 561	§ 9 Abs. 1
§ 569 Abs.3	§ 9 Abs. 2
§ 569b	§ 3 Abs. 3 und 4
§§ 557 Abs. 3, 573 Abs. 1	§ 1
Keine Entsprechung	§ 5
Keine Entsprechung	§ 7
Keine Entsprechung	§ 8
Keine Entsprechung	§ 10 Abs. 3 Nr. 1
Keine Entsprechung	§§ 11 bis 17

Literaturverzeichnis

Armbrüster, Christian, Das BGH-Urteil zur GBR: Konsequenzen für die Praxis, GE 2001, S. 821– 832

Bärmann, Johannes, Die Wohnungseigentümer – Gemeinschaft als rechtliches Zuordnungsproblem, Heidelberg 1985

Bärmann, Johannes/Pick, Eckhart/Merle, Werner, Wohnungseigentumsgesetz, Kommentar zum Gesetz über das Wohnungseigentum und das Dauerwohnrecht, 8. Auflage, München 2000

Barthelmess, Jochen, Die Mieterhöhung nach neuem Recht, ZMR 1972, S. 166 – 170

Ders., Wohnraumkündigungsschutzgesetz, Miethöhegesetz, Kommentar, 5. Auflage, Düsseldorf 1995

Bartholomeyzik, Horst, Willensbildung, Willensverwirklichung und das Gesamthandsprinzip in der Erbengemeinschaft, in: Festschrift für Rudolf Reinhardt zum 70. Geburtstag, hrsg. von Pleyer, Klemens/Schultz, Dietrich u.a., Köln-Marienburg 1972, S. 13 – 35

Baumann, Jürgen, Einführung in die Rechtswissenschaft, 8. Auflage, München 1989

Behrens, Peter, Beteiligung mehrerer Mieter am Mietverhältnis, Berlin 1989

Beitzke, Günther/Lüderitz, Alexander, Familienrecht, Ein Studienbuch, 27. Auflage, München 1999

Beuermann, Rudolf, Die BGB-Gesellschaft als Vermieter, GE 1993, S. 290 – 294

Ders., Der Herausgabeanspruch des Nichtvermietenden Miteigentümers, GE 1995, S. 334 – 336

Ders., Die Umwandlungsfalle – wer wird Vermieter der Eigentumswohnung?, WuM 1995, S. 5 – 8

Ders., Die BGB-Gesellschaft im Mietrecht, GE 1997, S. 1282 – 1286

Ders., Nicht auf halbem Wege stehenbleiben! BGH und BGB-Gesellschafen, GE 1998, S. 596 – 597

Blank, Hubert, Das Vierte Mietrechtsänderungsgesetz, Teil 2: Die Änderungen des Bürgerlichen Gesetzbuchs und des Heimgesetzes, WuM 1993, S. 573 – 580

Boehmer, Gustav, AcP 144 (1938), Zur Rechtsform des Pflichtteilsrechts, S. 32 – 88

Börstinghaus, Ulf, Mieterhöhungen bei Wohnraummietverträgen, 3. Auflage, Berlin 1997

Breetzke, Ernst, Anmerkung zum Urteil vom LG Berlin, Urt. v. 29.11.1960 – 63 S 186/60, NJW 1961, S. 1406 – 1408

Brox, Hans, Die Einschränkung der Irrtumsanfechtung, Ein Beitrag zur Lehre von der Willenserklärung und deren Auslegung, Karlsruhe 1960 *(zitiert als Brox, Irrtumsanfechtung)*

Ders., Erbrecht, 17. Auflage Köln/Berlin/Bonn/München 1998 *(zitiert als Brox, Erbrecht)*

Ders., Allgemeiner Teil des BGB, 24. Auflage, Köln/Berlin/Bonn/München 2000 *(zitiert als Brox, AT)*

Bub, Wolf-Rüdiger, Der Formularmietvertrag und das AGB-Gesetz, PiG 20 (1985) S. 45 – 67

Ders., Mietverhältnis und Wohnungseigentum, PiG 31 (1989), S. 163 – 178

Bub, Wolf-Rüdiger/Treier, Gerhard, Handbuch der Geschäfts- und Wohnraummiete, 3. Auflage, München 1999

Crezelius, Georg, Zivilrechtliche Beziehungen beim Bauherren-Modell – BGH, NJW 1980, 992, JuS 1981, S. 494 – 498

Demharter, Johann, Grundbuchordnung, 23. Auflage, München 2000

Derleder, Peter, Anmerkung zu BGH, Rechtsentscheid vom 28.4.1999 – VIII ARZ 1/98, JZ 2000, S. 260 – 262

Ders., Die Reform des Mietrechts – Aufgaben, Chancen und Kritik, ZRP 2000, S. 243 – 251

Derleder, Peter/Bartels, Klaus, Der Vermieterwechsel bei der Wohnraummiete, JZ 1997, S. 981 – 989

Dölle, Hans, Familienrecht I, Darstellung des deutschen Familienrechts mit rechtsvergleichenden Hinweisen, Karlsruhe 1964

Drasdo, Michael, Der Gesellschafterwechsel auf Vermieterseite, DWW 1999, S. 73 – 77

Ders., Kündigungsprobleme nach unzureichender Umwandlung in Wohnungseigentum, DWW 2000, S. 6 – 12

Ders., Die Beziehungen des Mietrechts zum Wohnungseigentumsrecht in den Entwürfen zur Neuordnung des Mietrechts, NZM 2001, S. 13 – 19

Ebbecke, Beitragspflicht der Miterben zur Tilgung der Nachlaßverbindlichkeiten, LZ 1920, S. 945 – 952

Eisenschmid, Norbert, Abwicklung des Mietverhältnisses bei Ende der Mietzeit, in PiG Band 26 (1987), S. 73 – 92

Ders., Das Mietrechtsreformgesetz, WuM 2001, S. 215 – 221

Emmerich, Volker, Anmerkung zu BGH, Urt. v. 18.2.1998 – XII ZR 39/96 (Dresden) – NJW 1998, 1220 = MDR 1998, 525 = BB 1998, 763, LM H. 7/1998 § 571 Nr. 38

Ders., Eintritt des Erwerbers einer Eigentumswohnung in den Mietvertrag, Anmerkung zu BGH, Rechtsentscheid vom 28.4.1999 – VIII ARZ 1/98, JuS 1999, S. 1231 – 1232

Emmerich, Volker/Sonnenschein, Jürgen/Weitemeyer, Birgit, Miete, Handkommentar, 7. Auflage, Berlin/New York 1999

Endemann, Friedrich, Die Rechtsstellung des Erwerbers eines Erbanteiles und sein Recht auf Erteilung eines Erbscheines, JW 1910, S. 89 – 95

Enneccerus, Ludwig/Lehmann, Heinrich, Recht der Schuldverhältnisse, 15. Auflage, Tübingen 1958

Enneccerus, Ludwig/Nipperdey, Hans Carl, Allgemeiner Teil des Bürgerlichen Rechts,
- Erster Halbband, 15. Auflage, Tübingen 1959
- Zweiter Halbband, 15. Auflage, Tübingen 1960

Erbarth, Alexander, Das Verhältnis der §§ 741 ff. BGB zu den miet- und pachtrechtlichen Vorschriften, NZM 1998, S. 740 – 744

Erman, Walter/Westermann, Harm Peter (Hrsg.), Handkommentar zum Bürgerlichen Gesetzbuch,
- 1. Band, 10. Auflage, Münster 2000,
- 1. Band, 9 Auflage, Münster 1993 *(zitiert als Erman/Bearbeiter[9])*
- 2. Band, 10. Auflage, Münster 2000
- 2. Band, 9. Auflage, Münster 1993 *(zitiert als Erman/Bearbeiter[9])*

Ertl, Rudolf, Gutgläubiger Erwerb von Sondernutzungsrechten?, in: Festschrift für Hanns Seuss zum 60. Geburtstag, hrsg. von Bärmann, Johannes, München 1987, S. 151 – 161

Esser, Josef/Schmidt, Eike, Schuldrecht, Band I, Allgemeiner Teil, Teilband 2, 8. Auflage, Heidelberg 1999 *(zitiert als Esser/Schmidt, SR I/2)*

Fabricius, Fritz, Relativität der Rechtsfähigkeit, Ein Beitrag zur Theorie und Praxis des privaten Personenrechts, München/Berlin 1963

Fischer, Anmerkung zu BGH, Urt. v. 28.11. 1963 – II ZR 41/62 (Hamburg) BGHZ 40, 326 = NJW 64, 648 = MDR 64, 296 = BB 64, 148 LM H. 16-18/1964 § 1010 BGB Nr. 1

Fischer-Dieskau, Hans-Joachim/Pergande, Hans-Guenther/Schwender, Hans Werner, Wohnungsbaurecht,
- Band 5, Mietrecht, Bürgerliches Gesetzbuch, Essen, Stand 7/01
- Band 6, Mietrecht, Bürgerliches Gesetzbuch, Miethöhegesetz, u.a., Essen, Stand 7/01

Fleischmann, H.G., Der neue Bauherren-Erlaß, DB 1981, Beilage 9, S. 1 – 11

Flume, Werner, Allgemeiner Teil des bürgerlichen Rechts,
- Erster Band, Teilband 1, Die Personengesellschaft, Berlin/Heidelberg/New York 1977 *(zitiert als Flume I/1)*,
- Zweiter Band, Das Rechtsgeschäft, Berlin/Heidelberg/New York 1965 *(zitiert als Flume II)*

Ders., Gesellschaft und Gesamthand, ZHR 136 (1972), S. 177 – 207

Gather, Hans-Herbert, Die Rechtslage beim Wechsel des Vermieters, in: Festschrift für Johannes Bärmann und Hermann Weitnauer, München 1990, S. 195 – 218

Gernhuber, Joachim/Coester-Waltjen, Dagmar, Lehrbuch des Familienrechts, 4. Auflage, München 1994

Gitter, Wolfgang, Gebrauchsüberlassungsverträge, Handbuch des Schuldrechts in Einzeldarstellungen, Band 7, Tübingen 1988

Gläser, Peter, Die Mietzinsklage der BGB-Gesellschaft, GE 1997, S. 838 – 842

Greiner, David, Die Reichweite des § 571 BGB bei Veräußerung einer Eigentumswohnung, ZMR 1999, S. 365 – 369

Ders., Anmerkung zu LG Hamburg, Urteil vom 15.7.1999 333 S 30/99, ZMR 1999, S. 766 – 767

Ders., Anmerkung zu LG Bonn, Urteil vom 28.10.1999 6 S 199/99, ZMR 2000, S. 832 – 832

Ders., Wird der Erwerber einer vermieteten Eigentumswohnung „alleiniger Vermieter"?, WE 2000, S. 106 – 107

Grunewald, Barbara, Die Rechtsfähigkeit der Erbengemeinschaft, AcP 197 (1997), S. 305 – 315

Habersack, Mathias, Die Haftungsverfassung der Gesellschaft bürgerlichen Rechts – Doppelverpflichtung und Akzessorietät, JuS 1993, S. 1 – 8

Hadding, Walther, Actio pro socio, Die Einzelklagebefugnis des Gesellschafters bei Gesamthandansprüchen aus dem Gesellschaftsverhältnis, Marburg 1966

Ders., Zur Mehrheit von Gläubigern nach § 432 BGB, in: Recht und Rechtserkenntnis. Festschrift für Ernst Wolf zum 70. Geburtstag, hrsg. von Bickel, Dietrich u.a., Köln/Berlin/Bonn/München 1985, S. 107 – 131

Happ, Jürgen, Rechtsprobleme durch unterschiedliche wohnungseigentums- und mietrechtliche Aufteilungen, Hamburger Grundeigentum 1994, S. 372 . 373, veröffentlicht auch in DWE 1994, S. 126 – 128

Heile, Bernhard, Gesetzlicher Formzwang nach § 566 BGB für Mietvorverträge über Grundstücke und Räume, NJW 1991, S. 6 – 12

Hellwig, Konrad, Anspruch und Klagerecht, Leipzig 1924

Herzfelder, Franz, Stimmrecht und Interessenkollision bei den Personenverbänden des deutschen Privatrechts, München 1927

Honsell, Heinrich/Holz-Dahrenstaedt, Andrea, Grundprobleme des Vertragsschlusses, JuS 1986, S. 969 – 972

Hopt, Klaus/Hehl, Guenther, Gesellschaftsrecht, 4. Auflage, München 1995

Hübner, Heinz, Allgemeiner Teil des Bürgerlichen Gesetzbuches, 2. Auflage, Berlin/New York 1996

Hueck, Alfred, Das Recht der offenen Handelsgesellschaft, 4. Auflage, Berlin/New York 1971 *(zitiert als Hueck OHG)*

Hueck, Götz, Gesellschaftsrecht, 19. Auflage, München 1991 *(zitiert als Hueck, GR)*

Jauernig, Othmar, Bürgerliches Gesetzbuch, 9. Auflage, München 1999

Jülicher, Friedrich, AcP 175 (1975), Mehrheitsgrundsatz und Minderheitenschutz bei der Erbengemeinschaft, S. 143 – 157

Kinne, Harald/Schach, Klaus, Mietvertrags- und Mietprozeßrecht, 2. Auflage, Berlin 1999

Kipp, Theodor/Coing, Helmut, Erbrecht, Ein Lehrbuch, 14. Auflage, Tübingen 1990

Kloster-Harz, Doris/Schmid, Michael, Ehewohnung, Partnerwohnung, Wohngemeinschaften, Kriftel/Neuwied 1999

Klunzinger, Eugen, Grundzüge des Gesellschaftsrechts, 11. Auflage, München 1999 *(zitiert als Klunzinger, Gesellschaftsrecht)*

Ders., Einführung in das Bürgerliche Recht, 9. Auflage, München 2000 *(zitiert als Klunzinger, Bürgerliches Recht)*

Kossmann, Ralph, begründet von *Köhler, Wolfgang*, Handbuch der Wohnraummiete, 5. Auflage, München 2000

Kraft, Alfons/Kreutz, Peter, Gesellschaftsrecht, 11. Auflage, Neuwied/Kriftel 2000

Kress, Hugo, Die Erbengemeinschaft nach dem Bürgerlichen Gesetzbuch des Deutschen Reiches, Jena 1903

Krüger, Wolfgang, Eigentumsübertragung mittels Besitzkonstitut und Einwendungen des mittelbaren Besitzers – BGHZ 111, 142, JuS 1993, S. 12 – 14

Lange, Heinrich/Kuchinke, Kurt, Lehrbuch des Erbrechts, 2. Auflage München 1978

Lange, Hermann, Verwaltung, Verfügung und Auseinandersetzung bei der Erbengemeinschaft – BGH FamRZ 1965, 267, JuS 1967, S. 453 – 457

Langenfeld, Harald, Das Innenverhältnis bei Gläubigermehrheiten nach §§ 420 bis 432 BGB, Frankfurt am Main 1994

Larenz, Karl, Lehrbuch des Schuldrechts, Band I, Allgemeiner Teil, 14. Auflage, München 1987 *(zitiert als Larenz I)*

Ders., Allgemeiner Teil des Bürgerlichen Rechts, 7. Auflage München 1989 *(zitiert als Larenz AT)*

Ders., Lehrbuch des Schuldrechts, Band II, Besonderer Teil, 13. Auflage, München 1989 *(zitiert als Larenz II)*

Ders., Methodenlehre der Rechtswissenschaft, 6. Auflage, Berlin/Heidelberg/New York/Tokio 1991 *(zitiert als Larenz Methodenlehre)*

Larenz, Karl/Wolf, Manfred, Allgemeiner Teil des Bürgerlichen Rechts, 8. Auflage München 1997 *(zitiert als Larenz/Wolf)*

Lauer, Georg, Rechtsfragen des „Kölner Modells“, WM 1980, S. 786 – 792

Leenen, Detlef, Abschluß, Zustandekommen und Wirksamkeit des Vertrages, AcP 188 (1988), S. 381 – 418

Leipold, Dieter, Erbrecht, 13. Auflage, Tübingen 2000

Leverenz, Kent, Gestaltungsrechtsausübungen durch und gegen Personenmehrheiten, Berlin 1995

Maser, Axel, Bauherrenmodelle im Spiegel der neueren Gesetzgebung und Rechtsprechung, NJW 1980, S. 961 – 967

Medicus, Dieter, Mehrheit von Gläubigern, JuS 1980, S. 697 – 704

Ders., Allgemeiner Teil des BGB, 7. Auflage, Heidelberg 1997 *(zitiert als Medicus AT)*

Ders., Schuldrecht I, Allgemeiner Teil, 12. Auflage, München 2000 *(zitiert als Medicus SR I)*

Ders., Schuldrecht II, Besonderer Teil, 10. Auflage, München 2000 *(zitiert als Medicus SR II)*

Michalski, Lutz, Auswirkungen des Gesellschafterwechsels auf die Vermieterstellung der GbR, NZG 1998, S. 372 – 374

Mikat, Paul, Schranken der Vertragsfreiheit im Ehegüterrecht, in: Festschrift für Wilhelm Felgentraeger zum 70. Geburtstag, hrsg. Kaser, Max, Göttingen 1969, S. 323 – 352

Mittelstein, Kurt/Stern, Carl, Die Miete nach dem Rechte des Deutschen Reiches, 4. Auflage, Berlin 1932

Motive zu dem Entwurfe eines Bürgerlichen Gesetzbuches für das Deutsche Reich,
- Band II, Recht der Schuldverhältnisse, 2. unveränderte Auflage, Berlin 1896
- Band IV, Familienrecht, Berlin/Leipzig 1888

Münchener Kommentar, Kommentar zum Bürgerlichen Gesetzbuch,
- Band 1, Allgemeiner Teil, §§ 1 – 240, 4. Auflage, München 2001,
- Band 2, Schuldrecht Allgemeiner Teil, §§ 241 – 432 u.a., 4. Auflage, München 2001
- Band 3; Schuldrecht Besonderer Teil I, §§ 433 – 606, 3. Auflage, München 1995
- Band 4; Schuldrecht Besonderer Teil II, §§ 607 – 704, 3. Auflage, München 1997
- Band 5, Schuldrecht Besonderer Teil III, §§ 705 – 853, 3. Auflage, München 1997
- Band 6, Sachenrecht, §§ 854 – 1297, WEG u.a., 3. Auflage, München 1997
- Band 7, Familienrecht I, §§ 1297 – 1588, HausratsVO u.a., 4. Auflage, München 2000
- Band 9, Erbrecht, §§ 1922 – 2385; §§ 27 – 35 BeurkG, 3. Auflage, München 1997

Nicknig, Paul-Georg, Die Haftung der Mitglieder einer BGB-Gesellschaft für Gesellschaftsschulden, Köln 1972

Nies, Günter, Fallstricke bei Abgabe von Willenserklärungen bei Personenmehrheit und Stellvertretung: Abmahnung, einseitige Willenserklärung, Mieterhöhung, NZM 1998, S. 221 – 222

Palandt, Otto (Begr.), Bürgerliches Gesetzbuch, 61. Auflage, München 2002

Pause, Hans-Egon, „Kellereigentum" – eine Antwort auf die Rechtsprechung des BVerwG zur Abgeschlossenheitsbescheinigung, NJW 1992, S. 671 – 673

Pietsch, Arno, Gebrauch einer Mietwohnung durch mehrere, Bonn 1967

Planck's Kommentar zum Bürgerlichen Gesetzbuch nebst Einführungsgesetz, II. Band 2. Hälfte, Teil a), Recht der Schuldverhältnisse (Besonderer Teil) §§ 433 – 754, 4. Auflage, Leipzig 1925

Poggeler, Wolfgang, Grundlagen und Probleme der Vertragsübernahme, JA 1995, S. 641 – 646

Presser, Kompetenzfragen unter Miterben, JW 1933, S. 145 – 147

Protokolle der Kommission für die zweite Lesung des Entwurfs des Bürgerlichen Gesetzbuches,
– Band II, Recht der Schuldverhältnisse, Berlin 1898
– Band V, Erbrecht, Berlin 1899

Reinicke, Dietrich/Tiedke, Klaus, Gesamtschuld und Schuldsicherung durch Bürgschaft, Hypothek, Grundschuld, Pfandrecht an beweglichen Sachen und Rechten, 2. Auflage, Neuwied 1988 *(zitiert als Reinicke/Tiedtke[2])*

Reithmann, Christoph, Bauherrenmodell und Bauträgermodell in zivilrechtlicher Hinsicht, BB 1984, S. 681 – 684

Ders., Neue Vertragstypen des Immobilienerwerbs, NJW 1992, S. 649 – 654

RGRK, Das Bürgerliche Gesetzbuch mit besonderer Berücksichtigung der Rechtsprechung des Reichsgerichts und des Bundesgerichtshofes, Kommentar, 12. Auflage,
– Band I, §§ 1 – 240, Berlin/New York 1982,
– Band II, 2. Teil, §§ 414 – 610, Berlin/New York 1978
– Band II, 4. Teil, §§ 631 – 811, Berlin/New York 1978
– Band III, 1. Teil, §§ 854 – 1011, Berlin/New York 1979
– Band IV, 1. Teil, §§ 1297 – 1563, Berlin/New York 1984
– Band V, 1. Teil, §§ 1922 – 2146, Berlin/New York 1974
– Band IV, 2. Teil, §§ 1303 – 1320; §§ 1564 – 1588; HausratsVO u.a., Berlin/New York 1999

Riecke, Olaf, Rechtsfolgen für bereits bestehende Mietverhältnisse und für die Verwaltung aus der Umwandlung in Wohnungseigentum, WuM 1997, S. 88 – 93

Riecke, Olaf/Schütt, Oliver, Die Beseitigung der „Umwandlungsfalle“?, WuM 1999, S. 499 – 501

Riering, Wolfgang, Gemeinschaftliche Schulden, Berlin 1991

Ritter, Hasso, Mietrecht auf dem Weg ins nächste Jahrtausend, NZM 1999, S. 146 – 151

Roquette, Hermann, Anmerkung zu RG, II. Zivilsenat, Urt. v. 31.7.1940, II 27/40, DR 1940, S. 2170 – 2170

Ders., Das Mietrecht des Bürgerlichen Gesetzbuches, Systematischer Kommentar, Tübingen 1966

Rütten, Wilhelm, Mehrheit von Gläubigern, Tübingen 1989

Schach, Klaus, Die Personenmehrheit als Vermieter, GE 1997, S. 1270 – 1282

Schlegelberger/Franz (Begr), Handelsgesetzbuch, Kommentar,
– Band III 1. Halbband, §§ 105 – 160, 5. Auflage, München 1992

Schlüter, Wilfried, Erbrecht, 14. Auflage, München 2000

Schmidt, Karsten, Nacherbschutz bei Vorerbschaft an Gesamthandsanteilen, FamRZ 1976, S. 683 – 689

Ders., Gesellschaftsrecht, 3. Auflage, Köln/Berlin/Bonn/München 1997

Ders., Die BGB-Außengesellschaft: rechts- und parteifähig, NJW 2001, S. 993 – 1003

Schmidt-Futterer, Wolfgang, Mietrecht, Großkommentar des Wohn- und Gewerberaummietrechts, 7. Auflage, München 1999

Schmidt-Futterer, Wolfgang/ Blank, Hubert, Wohnraumschutzgesetze, Kommentar, 6. Auflage, München 1988

Scholz, Gangolf, Rechtsprobleme bei Personenmehrheit an Mietern und Vermietern, WuM 1986, S. 5 – 8

Schopp, Heinrich, Die Kündigung des Mietverhältnisses durch eine Erben- oder Bruchteilsgemeinschaft, ZMR 1967, S. 193 – 196

Schünemann, Wolfgang B., Ehegattengesellschaft in Gütergemeinschaft?, FamRZ 1976, S. 137 – 138

Schuschke, Winfried, „Dingliche" und „schuldrechtliche" Sondernutzungsrechte – Versuch einer Begriffsklärung, NZM 1999, S. 241 – 246

Selb, Walter, Handbuch des Schuldrechts in Einzeldarstellungen, Hrsg. Gernhuber, Walter, Band 5, Mehrheit von Gläubigern und Schuldnern, Tübingen 1984

Soergel, Kommentar zum Bürgerlichen Gesetzbuch,
– Band 1, Allgemeiner Teil, §§ 1 – 103, 13. Auflage, Stuttgart 2000,
– Band 2, Allgemeiner Teil 2, §§ 104 – 240, 13. Auflage, Stuttgart 1999,
– Band 2, Schuldrecht I, §§ 241 – 432, 12. Auflage, Stuttgart 1990,
– Band 4/1, Schuldrecht III/1, §§ 516 – 651, MHG u.a., 12. Auflage, Stuttgart 1998,
– Band 4, Schuldrecht III, §§ 705 – 853, 11. Auflage, Stuttgart 1985, *(zitiert als Soergel/Bearbeiter[11])*
– Band 6, Sachenrecht, §§ 854 – 1296, WEG u.a., 12. Auflage, Stuttgart 1990,
– Band 7, Familienrecht I, §§ 1297 – 1588 u.a., 12. Auflage, Stuttgart 1989,
– Band 9, Erbrecht, §§ 1922 – 2385 u.a., 12. Auflage, Stuttgart 1992,

Sonnenschein, Jürgen, Kündigung, Ablauf der Mietzeit, Aufhebungsvertrag und sonstige Beendigungstatbestände des Mietverhältnisses, PiG 26 (1987) S. 45 – 72

Ders., Anmerkung zu BGH, Urt. v. 15.9.1997 – II ZR 94/96 (Frankfurt a.M.) – NJW 1998, 372 = MDR 1998, 95 = BB 1998, 9 LM H. 3/1998 § 557 Nr. 23

Ders., Innen- und Außenverhältnis bei einer Mehrheit von Vermietern, in: Festschrift für Alfons Kraft zum 70. Geburtstag, hrsg. von Hönn, Günther u.a., Neuwied u.a. 1998, S. 607 – 627

Ders., Anmerkung zu BGH, Rechtsentscheid vom 28.4.1999 – VIII ARZ 1/98, LM H. 10/1999 § 571 BGB Nr. 40

von Staudinger, Julius, Kommentar zum Bürgerlichen Gesetzbuch mit Einführungsgesetz und Nebengesetzen,
- Erstes Buch, Allgemeiner Teil, §§ 21 – 103, 13. Bearbeitung, Berlin 1995
- Erstes Buch, Allgemeiner Teil, §§ 90 – 240, 12. Auflage, Berlin 1980, *(zitiert als Staudinger/Bearbeiter*[12]*)*
- Erstes Buch, Allgemeiner Teil, §§ 134 – 163, 13. Bearbeitung, Berlin 1996
- Erstes Buch, Allgemeiner Teil, §§ 164 – 240, 13. Bearbeitung, Berlin 1995
- Zweites Buch, Recht der Schuldverhältnisse, §§ 315 – 327, 13. Bearbeitung, Neubearbeitung 2001, Berlin 2001
- Zweites Buch, Recht der Schuldverhältnisse, §§ 397 – 432, 13 Bearbeitung, Berlin 1999
- Zweites Buch, Recht der Schuldverhältnisse, §§ 398 – 432, 12. Auflage, Berlin 1994 *(zitiert als Staudinger/Bearbeiter*[12]*)*
- Zweites Buch, Recht der Schuldverhältnisse, §§ 535 – 563 (Mietrecht 1), 13. Bearbeitung, Berlin 1995,
- Zweites Buch, Recht der Schuldverhältnisse, §§ 564 – 580 a (Mietrecht 2), 13. Bearbeitung, Berlin 1997,
- Zweites Buch, Recht der Schuldverhältnisse, §§ 741 – 764, 13. Bearbeitung, Berlin 1966,
- Drittes Buch, Sachenrecht, §§ 985 – 1011, 13. Bearbeitung, Neubearbeitung 1999, Berlin 1999
- Viertes Buch, Familienrecht, §§ 1363 – 1563, Neubearbeitung 2000, Berlin 2000,
- Fünftes Buch, Erbrecht, Einleitung; §§ 1922 – 1966, 13. Bearbeitung, Neubearbeitung 2000, Berlin 2000
- Fünftes Buch, Erbrecht, §§ 1967 – 2086, 13. Bearbeitung, Berlin 1996
- Fünftes Buch, Erbrecht, §§ 2339 – 2385, 13. Bearbeitung, Berlin 1997
- Wohnungseigentumsgesetz
  - Band 1, Einleitung zum WEG; §§ 1 – 25 WEG, 12. Auflage, Berlin 1997
  - Band 2, §§ 26 – 64 WEG; Anhang zum WEG, 12. Auflage, Berlin 1997

Sternel, Friedemann, Mietrecht, 3. Auflage, Köln 1988

Ders., Erfüllungs- und Gewährleistungsansprüche des Wohnungsmieters bei nachfolgender Umwandlung in Wohnungseigentum, in: Festschrift für Johannes Bärmann und Hermann Weitnauer, hrsg. von Bub, Wolf-Rüdiger, München 1990, S. 661 – 670

Ders., Mietrecht aktuell, Erläuterung der neuen Mietgesetze, aktuelle Rechtsprechung, Gesetzestexte, 3. Auflage, Köln 1996

Ders., Übergang des Mietverhältnisses bei Begründung und Veräußerung von Wohnungseigentum, MDR 1997, S. 315 – 317

Ders., Probleme des neuen Mietrechts, (Teil I), ZMR 2001, S. 937 – 943

Ders., Probleme des neuen Mietrechts, (Teil II), ZMR 2002, S. 1 – 7

Stürner, Rolf, AcP 173 (1973), Der lediglich rechtliche Vorteil, S. 402 – 449

Summ, Cornelia, Anmerkung zum Urteil vom LG Düsseldorf vom 23.9.1992 23 S 532/91, WuB VI E § 857 ZPO 2.93

Teichmann, Arndt/Beck, Markus, Anmerkung zu BGH Urteil vom 18.2.1998 – XII ZR 39/96, JZ 1998, S. 1011 – 1013

Teitge, Gustav, Rechtsfragen zur umgewandelten Eigentumswohnung, ZMR 1987, S. 281 – 284

Ulmer, Peter, Die Gesamthandsgesellschaft – ein noch immer unbekanntes Wesen?, AcP 198 (1998), S. 113 – 151

Ders., Die höchstrichterlich „enträtselte" Gesellschaft bürgerlichen Rechts, ZIP 2001, S. 585 –599

Weber-Grellet, Heinrich, Die Gesamthand – ein Mysterienspiel? AcP 182 (1982), S. 316 – 334

Weitemeyer, Birgit, Probleme der Vermietung von Eigentumswohnungen – Der Eintritt des Erwerbers in das Mietverhältnis nach der Begründung von Wohnungseigentum, NZM 1998, S. 169 – 175

Dies., Neues zum Eintritt der Wohnungseigentümer in das Mietverhältnis nach § 571 BGB, NZM 1999, S. 111 – 112

Dies., Die Gesellschaft bürgerlichen Rechts als Vermieterin, in: Gedächtnisschrift für Jürgen Sonnenschein, hrsg. von Jickeli, Joachim/Kreutz, Peter/Reuter, Dieter, Berlin 2003, S. 431 – 461

Weitnauer, Hermann, Wohnungseigentumsgesetz, Kommentar zum Gesetz über das Wohnungseigentum und das Dauerwohnrecht, 8. Auflage, München 1995

Westermann, Harm Peter/Bydlinsky, Peter, Schuldrecht Allgemeiner Teil, 4. Auflage, Heidelberg 1999

Wilhelm, Jan, Stimmrechtsausschluß und Verbot des Insichgeschäfts, JZ 1976, S. 674 – 678

Wolf, Eckhard/Eckert, Hans-Georg, Handbuch des gewerblichen Miet-, Pacht- und Leasingrechts, 7. Auflage, Köln 1995

Wolf, Manfred, Gesamtschuld und andere Schuldnermehrheiten, JA 1985, S. 369 – 380

Wolf, Manfred/Horn, Norbert/Lindacher, Walter F., Gesetz zur Regelung des Rechts der Allgemeinen Geschäftsbedingungen, Kommentar, 4. Auflage, München 1999

Wolf, Manfred/Niedenführ, Werner, Gesamtschuld und andere Schuldnermehrheiten, JA 1985, S. 369 – 380

FSC
www.fsc.org
MIX
Papier | Fördert
gute Waldnutzung
FSC® C083411

Kolibri 360 GmbH
Ferdinand-Jühlke-Straße 7
99095 Erfurt, Deutschland
produktsicherheit@kolibri360.de

Druck:
CPI Druckdienstleistungen GmbH
im Auftrag der
Kolibri 360 GmbH
Ferdinand-Jühlke-Str. 7
99095 Erfurt